国家哲学社会科学成果文库

NATIONAL ACHIEVEMENTS LIBRARY
OF PHILOSOPHY AND SOCIAL SCIENCES

人的城镇化研究

吴业苗 著

社会科学文献出版社
SOCIAL SCIENCES ACADEMIC PRESS (CHINA)

作者简介

吴业苗 南京师范大学公共管理学院教授、博士生导师。主要研究方向为中国政府与城乡基层治理、城乡融合发展与一体化治理。近年来主持了国家社会科学基金重点项目、后期资助项目和一般项目，以及教育部社科规划基金项目、农业农村部软科学项目、江苏省社会科学基金重点项目和江苏高校哲学社会科学研究重大项目等。出版学术专著4部，代表作有《城乡公共服务一体化的理论与实践》《农村社区化服务与治理》等。

《国家哲学社会科学成果文库》
出版说明

为充分发挥哲学社会科学研究优秀成果和优秀人才的示范带动作用，促进我国哲学社会科学繁荣发展，全国哲学社会科学工作领导小组决定自2010年始，设立《国家哲学社会科学成果文库》，每年评审一次。入选成果经过了同行专家严格评审，代表当前相关领域学术研究的前沿水平，体现我国哲学社会科学界的学术创造力，按照"统一标识、统一封面、统一版式、统一标准"的总体要求组织出版。

全国哲学社会科学工作办公室

2021 年 3 月

目　　录

Contents

引　言

人的城镇化（people-centered urbanization）是新型城镇化发展的核心，包括促进越来越多农民进城，让城镇基本公共服务全覆盖常住人口，以及促进现代城市文明向农村辐射，让居村农民过上"城里人的生活"。近年来，国家深化户籍、农村土地、城镇住房等多项制度改革，大力发展新型城镇化，城镇化质量逐渐提高。然而，在新型城镇化实践中进城农民和居村农民享有的公共服务权益与市民相比还存在一定差距，亟须通过人的城镇化进一步发展予以消弭，从而促进农民市民化既好又快地发展。

一　人的城镇化发展意义重大

家庭承包制实施、农业税费取消，以及新农村建设、乡村振兴等重大改革和建设举措的相继推出，促进了农业生产发展，提高了农民生活水平，农村面貌发生了翻天覆地的变化。但由于人的城镇化滞后于物的城镇化发展，中国城乡二元经济社会结构没有因农村社会变化和经济发展而解构，农民向城市流动、向市民转身仍有较大阻力，广大农民包括进城打工农民及其家属还不能均等化享有公共服务权益。城镇化发展进程中出现的这些问题与人的城镇化发展缓慢有密切关系。唯有以人的城镇化为着力点，满足农民进城、转身等城镇化需求，才能切实保障城乡居民的公共服务权益，也才能有效地促进传统城镇化向新型城镇化转型。

1. 人的城镇化发展是维护农民"公民权益"的新途径

平等、公正是社会主义核心价值观在社会层面的体现，作为公民的农民理当享有与市民均等化的公共服务和社会保障权益。客观地说，国家实施的新农村建设和新型城镇化发展都在一定程度上提高了农民权益。在新农村建设中，国家实施的"少取、多予"和"工业反哺农业、城市支持农村"的支农、强农、惠农政策，改善了农民的生存和发展条件，农民的多方面权益得到显著改善；在新型城镇化发展中，国家全面放开建制镇和小城市落户限制，有序放开大中等城市落户限制，落实积分落户，打开了大城市农民转身通道，通过实施居住证制度，推进基本公共服务向常住人口全覆盖，进城农民能享有越来越多的同城待遇。但必须承认，由于农村建设、乡村振兴和城镇化发展没有充分重视农民权益保障，农民包括进城农民拥有的权益仍低于城镇居民。除了经济收入、公共服务上的差距外，农民的福利待遇比市民低很多。比如，城镇居民 55 岁、60 岁甚至 50 岁就能享有退休养老待遇，而65 岁以上农民在城镇打工、70 岁以上农民在农村种田的情况比比皆是，绝大多数农民没有真正意义上的退休养老待遇。实施人的城镇化，将居村农民和进城农民纳入城乡一体化和新型城镇化发展中，赋予他们均等化的社会权益，广大农民才有可能与城镇居民们一样享有"公民待遇"。

2. 人的城镇化发展是推进城镇化协调发展新要求

长期以来，中国城乡发展不协调、不同步，城市发展快于农村，市民生活好于农民。改革开放后，虽然国家允许农民进城打工，越来越多农民涌进城市，成为居住、工作和生活在城市的打工者，但由于城乡二元结构形成的结构力依旧强大，阻碍了进城农民身份转变，农民向城镇流动易和向市民转身难的矛盾一直没有得到很好解决。对此，尽管国家进行了诸多制度改革和政策调整，进城农民生存环境有所改善，但人口城镇化落后于土地城镇化、人的城镇化滞后于物的城镇化的局面没有改变，并成为新型城镇化发展最棘手的问题。如此，城镇化协调及有序发展不仅要继续推进以土地城镇化和空间城镇化为主要内容的物的城镇化发展，而且必须将城镇化发展重点转移到农村人口向城镇转移和实现市民化上，加速发展人的城镇化。

3. 人的城镇化发展是全面建成小康社会和基本实现现代化的新引擎

中国为在 2035 年基本实现社会主义现代化目标，不断改革进取，社会发展经历了从贫困到温饱再到总体小康阶段，2020 年建成了全面小康社会。与此同时，中国城镇化持续推进，从"离土不离乡、进厂不进城"的小城镇发展到城镇土地、人口规模化扩张式的物的城镇化发展，目前正在推进以人的城镇化为核心的新型城镇化，城镇化质量不断提高。新形势下，全面建设社会主义现代化国家需要调整城乡二元结构，促进农民进城和实现市民化。人的城镇化发展是基本实现现代化的动力和抓手，没有农村人口减少和城乡公共服务、社会保障一体化，现代化发展与实现也就没有依托。

二　人的城镇化发展的"中国思考"

回溯中国城镇化发展历程，道路漫长且充满挫折。计划经济时期国家优先发展城镇工业，禁止农民进城，城镇化发展停滞不前，甚至在一段时期里出现了逆城镇化。改革开放后，国家逐步放开城市，准许农民进城打工，但没有赋予进城农民的市民权益，城镇化发展陷入"半城镇化"状态。农民进城打工易而市民化难的"人的问题"一直没有得到解决，并成为中国城镇化发展的主要症结。就此看，中国城镇化发展存在诸多不足，有必要借鉴其他国家的城镇化经验来确定中国人的城镇化道路。

世界上大多数国家城镇化与工业化是同步发展的，人口向城镇流动与进城农民向市民转移几乎同步进行，人的城镇化问题在城镇化发展进程中得到了基本解决。美国等西方发达国家为了促进工业化发展，采用强制手段将农民驱逐到城市就业，其过程带有暴力倾向，但城镇及其企业对进城农民是开放的，一旦农民进城，就意味着他们彻底脱离农村，不需要再从事农业劳动。并且，政府和企业为进城居住、工作的农民提供公共服务和福利待遇，保证他们享有市民权益。虽然这些国家有不少农民最初不愿意进城，曾不同程度地反对政府的城镇化"暴力"，但进城后的农民市民化问题不是很严重；虽然一些国家在城镇化进程中出现进城农民因暂时找不到工作而流浪、无处安身等贫困问题，但多数国家依靠工业化发展成果陆续为他们建立了社会保障体系，比较好地促进了进城农民市民化。

东亚的日本、韩国和中国台湾地区的城镇化发展晚于西方发达国家，但城镇化发展质量不逊于西方发达国家和地区。这些国家和地区采用城乡协调发展方式推进城镇化发展：一方面大力促进工业化、城镇化发展，动员、吸引广大农民到城市就业、生活；另一方面开展"新村"建设，促进农村的公共设施、公共服务的均等化发展。值得一提的是，日本、韩国和中国台湾地区的农民进城就业即成为城镇企业正式员工，享有市民、单位员工的所有待遇，而且政府保留进城农民返乡权，农民可以自主选择在城市或在农村生活。从某种程度上说，日本、韩国和中国台湾地区的农民在城镇化进程中遭受的"痛苦"比欧美一些发达国家小,多数农民心甘情愿地进行市民化并成功转身为市民。

还有一个颇受争议的城镇化发展途径,即南非的"有序城镇化"。南非在种族隔离时期推进"白人"城镇化发展,鼓励黑人进城打工、挣钱,但不准许或禁止黑人在城市定居、安家,以保障城镇"建筑的华丽、秩序的良好以及市容的整洁"。与此同时,南非为了黑人在农村有个"美丽"的家园,一方面推行"部落所有制"制度,规定黑人平均拥有部落集体下的家庭"份地"的使用权,并禁止土地交易、流转,另一方面实施"黑人家园复兴计划",投资建设农村公共设施,建造居民区,实施部落集体所有制养老,支持乡土工业发展,鼓励黑人就地工作。遗憾的是,南非的"有序城镇化"并没有解决因劳动力进城带来的留守老人、留守妇女和留守儿童问题,农村黑人还是源源不断地进城。到南非民主化后,黑人进城定居大量增加,越来越多的城市出现"脏乱差"。

中国农村人口多,城镇化发展情况复杂,不能贪图快速,让农民承担城镇化发展成本。此外,即使城镇化程度达到70%以上,中国也有3亿~5亿人口生活在农村。因此,中国城镇化发展不能采取类似于美国等西方国家的做法,驱赶农民进城,也不能像南非那样,采取"低人权"方式推进"有序城镇化"。中国在城镇化发展中,虽然农民的权益低于市民,但国家一直重视这方面问题的解决,积极推进城乡一体化、公共服务均等化发展。日本、韩国城镇化的社会、经济状况与中国类似,城镇化发展有效地保障居村农民和进城农民权益,其过程发展平稳,对农村冲击小,农民受到的伤害微乎其微。因此,中国城镇化发展不能采用强制方式驱使农民进城,也不能采取"弱农村、低人权"策略限制农民向市民转身,最好要在兼顾农村建设、乡村振兴以及城乡一体化发展基础上有序推进人的城镇化发展。

三 本研究成果说明

本研究主要从理论、实践和政策三个方面展开,即人的城镇化的理论研究、人的城镇化实践研究和人的城镇化政策研究。

(1) 在理论研究上,注重从发展社会学的理论视角分析人的城镇化,深入探讨了人的城镇化与公共服务均等化之间的耦合性、农业转移人口向城镇转移和实现市民化的内在逻辑、人的城镇化困境和诉求。

（2）在实践研究上，基于新时代人的城镇化社会背景，具体阐述人的城镇化实践状况及存在问题。

（3）在政策研究上，全面探讨了建立和完善促进农业人口转移和人的城镇化的体制机制，主要包括增强农民市民化意愿、寻求进城农民落户新途径、保障进城农民享有深层次公共服务、解决进城农民居住问题、促进居村农民市民化发展等政策研究。

学界系统研究人的城镇化的成果很少，本书的内容特色主要有以下几方面。

（1）全面且科学界定了人的城镇化，讨论了实现人的城镇化的基本条件。

（2）详细阐述人的城镇化实践状况、存在问题，探究人的城镇化实践中的关键性问题。

（3）结合国家扶贫攻坚实践问题研究人的城镇化。

（4）考虑人的城镇化发展最终要有助于"三农"问题的解决，成果注重研究人的城镇化与解决农业、农村和农民的关系。

（5）根据公共服务的"公共性"理念要求，探究人的城镇化的"公共性"问题。

（6）将政策研究重点放在农业人口转移、户籍制度改革、人的城镇化下的乡村治理和农民获得感方面。

第 一 章
人的城镇化新形态与新情境

相比物的城镇化，人的城镇化发展要求更高。不同农业人口群体在城镇化中的处境不同，他们的城镇化诉求也不尽相同，甚至有较大的差别，人的城镇化发展需要回应这些诉求。新形势下，农民工市民化意愿以及农业人口转移任务、困境等都进入常态。因此，人的城镇化发展要冲破"打工内卷化"新情境，根据农业人口转移、市民化的新常态，回应不同诉求，在保障城镇所有常住人口享有均等化公共服务权益基础上，多途径引导农民"转身"。

第一节　人的城镇化新诉求

在物的城镇化发展中，农业人口主要作为劳动力参与城镇化建设，国家与城市政府赋予他们市民权益不多，也缺乏有效措施推进他们市民化，以至于出现进城农业人口市民化难，以及农村的"留守""空心"等诸多"人"的问题。因此，新型城镇化战略将物的城镇化升级为人的城镇化，不仅要着力消除人口城镇化滞后于土地城镇化发展的问题，促进更多的农业人口实现市民化，而且要坚持城乡公共服务一体化发展理念，努力让农村公共服务与城镇公共服务对接，并使城镇公共服务覆盖城镇所有常住人口。

一　城镇化与人的城镇化研究及其不足

在西方国家，城镇化和城市化都被称为"urbanization"，往往仅指农村人口向"city"转移和集中的过程。① 借此，不仅人口学将"城市地区人口上升"作为重要研究内容，而且经济学、地理学和社会学等学科在研究城镇化的农村经济向城市经济转变、乡村地域景观向城市地域景观的转变、乡村生活方式向城市社会方式的转变中都重视农村人口向城市转移和集中，② 并进行相应的人口城镇化研究。③ 此外，西方的"二元结构理论"、"区位理论"、"人口推拉理论"（push-pull theory）、"最佳城市规模理论"（optional city size）等，也对城镇化进程中农村人口迁移方向、迁移路径、迁移模式等展开了全面论述。由于西方多数国家的工业化、城镇化和人口城镇化几乎是同步进行的，农民进城后不久就能享有城市人权益，市民化问题不是很突出。因此，虽然学者们在城镇化、人口迁移或流动、现代化研究中论及进城人口的城市适应、融入等问题，④ 但很少有关于人的城镇化研究。在Cambridge Journals Online、Journal Storage、Web of Science 等外文数据库中，鲜见人的城镇化（people-centered urbanization）研究。

中国学者如潘家华、魏后凯、⑤ 蔡禾、王进、⑥ 蔡昉、⑦ 陆益龙等，⑧ 对城镇化的研究集中在中国特色城镇化道路、户籍制度改革、农业人口转移以及农民工市民化等方面，几乎没有研究人的城镇化问题。严格意义上看，人的城镇化范畴正式进入学术领域是在党的十八大提出新型城镇化战略后。近几年来，人的城镇化研究已经全面展开，但存在以下多方面不足。

（1）人的城镇化要义日渐清晰，但研究集中在人口城镇化上。学者们对人的城镇化有比较明确的认识，即人的城镇化是新型城镇化的本质含义，

---

① 简新华等：《中国城镇化与特色城镇化道路》，山东人民出版社，2010。

② Louis Wirth, "Urbanism as Way of Life", *American Journal of Sociology*, Vol. 44, No. 1, 1938.

③ Mike Savage, Alan Warde, Kevin Ward, *Urban Sociology, Capitalism and Modernity*, New York：Palgrave Macmillan, 2003；Wolman, H. and Goldsmith, M., *Urban Politics and Policy：A Comparative Approach*, Oxford：Blackwell, 1992.

④ Giddens, A., *The Consequences of Modernity*, California：Stanford University Press, 1990；Harvey, David, *The Urban Experience*, Baltimore, MD：Johns Hopkins University Press, 1989.

⑤ 潘家华、魏后凯主编《中国城市发展报告 No. 6：农业人口转移的市民化》，社会科学文献出版社，2013。

⑥ 蔡禾、王进：《"农民工"永久迁移意愿研究》，《社会学研究》2007 年第 6 期。

⑦ 蔡昉：《人口转变、人口红利与刘易斯转折点》，《经济研究》2010 年第 4 期。

⑧ 陆益龙：《户口还起作用吗——户籍制度与社会分层和流动》，《中国社会科学》2008 年第 1 期。

没有人的城镇化，任何城镇化都不可持续。但多数研究没有将人口城镇化与人的城镇化区别开来，正如任远所说，"当前人口城镇化表象下存在人的城镇化的不足"。①

（2）广泛阐述人的城镇化，但实际价值有限。学人们广泛阐述了实施人的城镇化意义：农民工正处于巨大转型期的社会裂变中，其候鸟般往来于城市和乡村之间的生存现状令人担忧，实施人的城镇化十分迫切；加快推进人的城镇化，有助于城乡一体化发展、经济稳步增长、内需有效启动和"三农"问题的根本解决；中国特色新型城镇化发展要着力解决人的城镇化问题，促进人的生产和生活方式转变。但学界对人的城镇化讨论仍局限于"是什么""为什么"，至于"实践情况""如何实践"等还缺乏有价值的理论与应用研究。

（3）应然性研究多，缺乏置于公共服务均等化视阈中人的城镇化实践创新的实然研究。在人口城镇化研究中，多数学者进行的是土地城镇化应该与人口城镇化协调发展、公共服务应该覆盖城镇常住人口等"应然"研究。② 尽管李强等人围绕"什么是人的城镇化""如何通过排除制度障碍，实现人的城镇化"展开理论研究，并结合典型经验做了一些实然研究，③ 但该研究没有凸显公共服务均等化发展对人的城镇化的重要性，更没有在理论和实践上解决基本公共服务从广度和深度上向城镇常住人口全覆盖的问题。

总的来说，人的城镇化研究尚处于起步阶段，缺乏完整理论框架，主要存在以下问题。

（1）在研究角度上，更多从经济学的路径来研究，如中国（海南）改革发展研究院主编的《人的城镇化：40余位经济学家把脉新型城镇化》，④主要是40余位经济学家为新型城镇化而不是为人的城镇化把脉，并且研究的出发点、论证体系均烙印经济学痕迹，社会学理论视角的研究较弱。

（2）在研究范围上，局限于对新型城镇化、人口城镇化和农民工市民

① 任远：《人的城镇化：新型城镇化的本质研究》，《复旦学报》（社会科学版）2014年第4期。
② 徐匡迪主编《中国特色新型城镇化发展战略研究》（综合卷），中国建筑工业出版社，2013。
③ 李强主编《中国特色新型城镇化发展战略研究》（第四卷），中国工业建筑出版社，2013。
④ 中国（海南）改革发展研究院主编《人的城镇化：40余位经济学家把脉新型城镇化》，中国经济出版社，2013。

化的静态描述，未能以公共服务均等化发展为理念，深刻探究人的城镇化的主要矛盾和需要解决的棘手问题。

（3）在研究结果上，没有重视人的城镇化与公共服务均等化的耦合关系，过于强调理论推演，而缺少体制改革和创新的可行性研究，理论成果的政策指导意义不强。

出于人的城镇化对"人"关怀的考量和多个实现可能的比较分析，本书认为，人的城镇化研究需要特别关注两个方面的问题。一方面，人的城镇化研究必须解决人口城镇化发展对农业人口的排斥和隔离问题。虽然《国家新型城镇化规划（2014～2020年）》将中国常住人口城镇化率和户籍人口城镇化率列为规划目标，但是新型城镇化的重点和难点不是人口城镇化，而是人的城镇化。也就是说，新型城镇化发展要坚持以人为本的理念，尊重广大民众尤其是农业人口的城镇化意愿。唯有将城镇化发展重心真正转移到"人"上，并尽可能多地回应人的城镇化诉求，才能让城镇化发展充满"人情味"，才能既好又快地促进人的城镇化发展。另一方面，由于人的城镇化是"以人为核心"的城镇化，人的诸多城镇化诉求的实现需要有一定的保障条件，因此实现条件理所当然地成为人的城镇化研究的重要内容。影响新型城镇化发展的因素很多，但就人的城镇化发展境遇而言，城乡二元结构、城乡公共服务不平衡发展是妨碍农业人口进城和实现市民化的瓶颈，人的城镇化发展必须化解它与城乡一体化和公共服务均等化的矛盾，以求得城乡一体化和公共服务均等化的支持。如此，在人的城镇化实现条件的研究上要明确：人的城镇化有效推进必须消弭城乡二元结构，促使日趋庞大的农业转移人口实现市民化；人的城镇化主阵地在大中小城市，但农村是其"稳定器"，乡村振兴搞好了，不仅能促进人的城镇化又好又快地发展，而且可以让广大居村农民就地拥有城镇化生活；人口城镇化与土地城镇化一样，都是"粗放"式城镇化，而人的城镇化是城乡居民享有均等化公共服务的城镇化，是全体居民公正追求幸福生活的"有质量"的城镇化，需要公共服务均等化支撑。

二　城镇化与人的城镇化

国家是城镇化推进的最重要主体，但长期以来，国家无论根据现代化发展进程实施城镇化，还是根据不同时期国情选择具体的城镇化道路，总是把城镇化发展作为推进经济发展的动力或手段。20世纪80年代中国实施小城镇发展战略，尽管主要出于发展乡镇企业可以解决部分农村劳动力因农村家庭联产承包责任制实施而产生的剩余问题，但还有一个主要影响因素，即乡镇企业发展对国家、地方财政贡献大。在城市经济体制改革还没有启动之前，国家必须重视农民的乡镇企业创新行动，并鼓励农村在农民"离土不离乡、进厂不进城"方针下进行小城镇建设。20世纪90年代初，尤其是党的十四大以后，城市经济体制改革不断加速，并且很快产生了超过农村发展的势能，于是，国家经济发展重点再度由农村转移到城市，[①] 中国土地城镇化、空间城镇化的发展也随之突飞猛进。考量中国30多年的城镇化发展历程，不难看出，城镇化发展以促进经济发展为第一要务，并且始终坚持以经济建设为中心的"基本路线"。从国家经济发展角度看，正是由于国家重视经济发展来推进城镇化建设，中国的城镇化率才能在较短的时间里得以快速提高——由改革开放初1981年的19.39%提升到目前的60%以上。

尽管国家基于经济发展需要推进城镇化的战略无可厚非，并且经济发展也有力地助推了城镇化快速发展，但城镇化发展肯定不等于经济发展，城镇化发展除了经济方面诉求外，还有其他方面，如农业人口流动、转移以及市民化诉求等。国家之所以在城镇化快速发展进程中提出新型城镇化发展战略，不仅希望城镇化发展能拉动消费，继续推动经济发展，而且更希望能纠正物的城镇化发展偏差，通过发展人的城镇化提高城镇化发展质量，进而使中国的城镇化能够更好、更健康地发展。人的城镇化发展战略实施，一方面要修正国家在城镇化发展中过于重视"经济中心"而忽视农业人口转移和市民化的偏差，另一方面要在城镇化发展中坚持"人本"理念，根据人的城镇化诉求推动城镇化健康、可持续发展，以期逐步实现城乡居民基本权益平等化和公共服务一体化。

城镇化是空间的不断扩张和农业人口持续向城镇聚集的过程，在"物"上的诉求表现为扩大城镇占地面积和增加城镇人口数量，并且要求土地城镇化与人口城镇化的协调发展。出于"城镇化的根本目标是人口的城镇化，

① 1949年3月，毛泽东在中共七届二中全会上提出党的工作重心开始由农村向城市转移，进入城市领导农村的新时期。中华人民共和国成立后，尽管国家重视农业、农村的发展，但建设重点已转移到工业、城市。

土地的城镇化则只是前提条件和载体"的共识,① 以及户籍人口城镇化率滞后于常住人口城镇化率的事实,② 学者们普遍认为未来中国城镇化发展必须解决土地城镇化与人口城镇化协调发展问题,并将推进人口城镇化作为新型城镇化的重要目标。还有学者在对人口城镇化解读的基础上,指出人口城镇化是农业人口向城镇转移、农业人口转变为非农业人口、农村地区逐渐变为城镇地区的一个动态演进过程。③ 如是,推动更多农业人口进城,促进更多农民工实现市民化势必成为下一步城镇化发展的最大任务,即城镇化的诉求。

就城镇化发展规模和程度来看,中国城镇化进一步发展仍需要推动农业人口向城镇转移,但毫无疑问,农业人口向城镇转移不是人的城镇化诉求。一方面,20 世纪 80 年代以来,尤其在 1992 年后,中国人口城镇化一直在快速发展。周一星研究指出,0.6% ~0.8% 的城镇化发展速度是比较正常的,超过 0.8% 就是高速度,个别年份达到 1% 是有可能的,但连续多年超过 1% 是有风险的。他还指出,0.6% ~0.8% 的城镇化发展速度已经超过了世界上目前的平均速度。④ 依此来说,尽管中国总体上城镇化水平不高,人口城镇化仍然落后于土地城镇化,但中国城镇化发展年均在 1% 以上,速度并不慢。拉美一些国家在 1950~1980 年城镇化快速发展的 30 年间,墨西哥和巴西的城市人口也只是增长了 3 倍,智利增长不过 2 倍。⑤ 相比于这 3 个国家的人口总量(巴西 2 亿人、墨西哥 1.1 亿人、智利 1.8 亿人),中国城镇化人口规模是非常庞大的,速度与墨西哥、巴西、智利不在一个水平上。也就是说,中国近 35 年来人口城镇化速度不仅不慢,甚至还是相当快的。人口城镇化与土地城镇化不是同一类别的范畴,城镇土地面积扩大的倍数高于人口增长的倍数,并不一定意味着人口城镇化与土地城镇化不协调。事实上,中国土地城镇化快速发展并没有带来普遍性的空心城或有城无市现象,相

---

① 范进、赵定涛:《土地城镇化与人口城镇化协调性测度及其影响因素》,《经济学家》2012 年第 5 期。

② 车海刚、张菀航:《以人为核心的城镇化应坚持二维改革路径——辜胜阻谈新型城镇化》,《中国发展观察》2014 年第 11 期。

③ 蓝庆新、郑学党、韩雨来:《我国人口城镇化质量发展的空间差异研究》,《社会科学》2013 年第 9 期。

④ 周一星:《城镇化速度不是越快越好》,《科学决策》2005 年第 8 期。

⑤ 马侠等:《关于墨西哥、巴西、智利的城市化和人口迁移问题》,《人口与经济》1985 年第 3 期。

反，不仅各大中城市存在人满为患的问题，而且农村尤其是中西部地区的农村还出现了大范围的"空心化"或"过疏化"问题。[①]

中国农业人口向城镇快速流动、转移已经持续了 30 多年，城镇聚集了近三亿农业人口。很明显，未来城镇化发展要解决的主要问题不是如何加快农业人口向城镇转移，中国人口城镇化发展中农民向市民"转身"的质量问题比数量问题更突出。如是，将人口城镇化视为新型城镇化发展核心是欠妥的：它有可能加剧城市病，让城市空间变得更加拥挤，公共设施压力变得更大；也有可能加剧农村病，让农村空心化程度变得更严重，"谁来种地"的现实问题也将变得更加严峻；[②] 还有可能激化城乡二元结构矛盾，并将这一矛盾传导给城镇内部，让城镇内部结构呈现二元化。因此，促进农业人口向城镇流动、转移是城镇化的诉求，但在严格意义上，它不是人的城镇化诉求。

人的城镇化重点、难点在"人"，发展要凸显人的诉求。在城镇化进程中，中国农业人口已经分化为居村农民、城郊失地农民与城镇农民工三大群体，人的城镇化能否取得成效，关键在于迎合这三大群体的城镇化诉求。居村农民中的留守老人，他们是村庄看守人，是农业劳动的主力军，即使城镇化程度继续提高，他们中绝大多数人还是没有城镇意愿的。居村农民中"60 后""70 后"两代人，包括打工回乡的第一代农民工，他们因年龄逐渐增大，到城镇找工作越来越困难，加上这部分人对乡村有一定情感，他们中不少人愿意回到或留在农村从事农业生产。居村农民中一些留守妇女和留守儿童，如果她们的丈夫或他们的父亲在城镇有了稳定的工作，并且有足够养活家人的收入，这些留守妇女和留守儿童将逐渐进入城镇打工、居住、上学。就此来看，居村农民的城镇化诉求比较复杂，留守老人、"60 后"和"70 后"农民、中青年留守妇女和留守儿童这三大群体的城镇化意愿一个比一个强，相应地，对城镇化的教育、医疗、卫生、就业等公共服务诉求也一个比一个多。

城郊失地农民是被动城镇化的农民群体，他们已经、正在或将要失去土地，被国家统一改造为城镇居民。城郊农民居住在城镇郊区，土地本来就

---

① 田毅鹏：《乡村"过疏化"背景下城乡一体化的两难》，《浙江学刊》2011 年第 5 期。

② 本报评论员：《高度关注明天"谁来种地"》，《人民日报》2014 年 1 月 10 日。

少，大多数人从事的主业不再是农业，他们对非农工作比较熟悉，家庭收入也主要来自非农劳动。再者，城郊农民的土地、宅基地被城镇建设吞噬后，相关的实物补偿、就业安排和社会保障基本上能够及时到位，足够他们在城镇过上与市民一样的甚至比普通市民还要好的生活。总体上，与其说城镇化建设和发展侵占了城郊农民土地，他们被迫无奈地选择城镇生活，不如说城郊失地农民是城镇化发展的"获利者"。他们的城镇化境遇比农民工好得多，国家把城镇生活几乎无偿地送给他们，而农民工则需要自己到城镇打拼，即使经过几代人的不懈努力，也不一定能获得完整的城镇生活。如此，城郊失地农民的城镇化诉求除了想从城镇化过程中获得更多补偿、更完善的保障外，其他的诉求对城镇政府的压力微乎其微。

农民工群体分第一代和第二代两大群体，其城镇化诉求不一样。有些学者将进城打工的农民工整体归结为主动城镇化者，这是不准确的。因为第一代打工者虽然参与城镇化过程，但他们中多数人打工的主要目的是挣钱，再把钱拿到农村盖房子、培养子女或贴补家用，没有留在城镇成为城镇居民的预期。尽管有个别农民工在城镇"混得不错"，成为老板、农民企业家，或转身为城镇正式居民，但这类人群在农民工总数中比例极低。以江苏为例，自实施对表现突出的优秀农民工率先落户城镇政策以来，全省在城市稳定就业半年以上的农民工有1000万人，其中符合条件的优秀农民工有两万多人，但由于高房价等原因，仅有1%的优秀农民工能落户城镇。① 现实中，第一代农民工正在不断地撤离城镇，回老家创业或重操农业劳动。第二代即"80后""90后"的新生代农民工，他们进城打工不仅仅为了挣钱，更希望成为城镇人。换言之，他们中多数人自进城第一天开始，就没有再回去的想法，他们的城镇化诉求特别强烈，希望工作稳定、收入较高、子女能在城镇上学、拥有自己的住房，他们迫切期望城镇政府给他们市民"名分"。

由上可见，物的城镇化与人的城镇化诉求不同，物的城镇化诉求是土地城镇化以及土地城镇化与人口城镇化协调发展，而人的城镇化诉求更侧重于人的城镇化权益及其实现。居村农民、城郊失地农民、城镇农民工三大群体参与城镇化程度不同，其城镇化诉求也不尽相同，后一个群体的诉

---

① 黄红芳：《2万优秀民工只有1%落户城镇》，《新华日报》2012年12月18日。

求普遍比前一个群体多，更关心市民权益的实现。虽然人的城镇化发展需要兼顾居村农民、城郊失地农民和城镇农民工三大群体的城镇化利益诉求，但城市尤其是大城市新生代农民工的城镇化诉求最强烈，矛盾与问题也最突出。

三　人的城镇化实现条件：城乡一体化与公共服务均等化

人的城镇化既是新型城镇化发展的内在要求和价值旨趣，也是城镇化质量提高并完善的过程。作为价值旨趣，人的城镇化赋予新型城镇化发展"人本"理念，必须努力让广大农业人口享有市民"待遇"。作为城镇化改进、完善的过程，人的城镇化不仅要求新型城镇化区别于传统的城镇化，着力推进农业人口由农村向城镇集中，消除人口城镇化滞后于土地城镇化问题，而且要求农业人口全面参与城镇化发展，城镇农民工、城郊农民和居村农民都要加入其中，尤其是居村农民，不能让他们成为城镇化发展中被遗忘的群体，他们也要参与城镇化进程，分享城镇化发展成果，过上与城镇居民相同水平的生活。如此，人的城镇化绝非是人口城镇化。人口城镇化的内涵是"人口由农村向城镇集中，以及与此相伴的生产、生活方式的转变"，[①]它一般有两个阶段：一是让更多的农业人口流动、转移到城镇，成为城镇常住人口；二是引导、支持城镇农业人口转变生产和生活方式——市民化，促使他们转身为市民，即城镇居民。而人的城镇化内涵更丰富，除了人口城镇化一般要求外，它还要求城乡携手并进，共同驱动城镇化发展，并且要赋予城乡所有居民均等化公共服务权益。就此来看，城乡一体化、公共服务均等化与人的城镇化紧密相连，人的城镇化发展离不开城乡一体化、公共服务均等化发展，否则，人的城镇化就可能沦落为人口城镇化，新型城镇化也就有可能成为单纯推进农业人口向城镇转移的、没有质量的粗放型城镇化，并且还有可能导致城镇化发展成为一场农业人口进城运动。

城乡一体化是人的城镇化发展的外在条件，只有在城乡一体化进程中进行城镇化建设，才能更有效地推进人的城镇化发展。改革开放前，中国城乡二元结构阻碍了农业人口城镇化。国家在 20 世纪 50 年代中后期实施的户

---

① 相伟：《我国人口城镇化的难点与对策》，《宏观经济研究》2011 年第 10 期。

籍、农产品统购统销等制度，使城乡、工农关系结构二元化，城市与乡村、市民与农民之间有了一道难以跨越的沟壑，只有极少数家庭成分为"贫下中农"的农民才有可能通过参军、提干等有限途径转变为非农业户口，成为城镇人，而更多农民都被禁锢在农村中，一辈子只能从事农业生产劳动。改革开放后，城乡二元结构出现部分松动：首先是乡镇企业发展和小城镇建设，农村城镇的大门向农民打开，农村多余劳动力可以利用农闲时间到家乡附近的城镇或企业从事非农劳动；紧接着的是，国家在 20 世纪 90 年代初取消了统购统销政策，城市大门随之向农民打开，农民不需要自带"口粮"流动到沿海地区和城市打工。尽管农村城镇和大中小城市相继为农民进城敞开了大门，在 20 世纪 90 年代中期农民进城还一度出现"民工潮"，但城乡二元结构依旧牢固，绝大多数农民工在城镇从事脏、累、有污染、危险的工作，并且工资待遇低，社会保障少，没有被城镇社会完全接纳，成为居住在城镇的"边缘人"，或流动在城乡间的"双边人"。也就是说，虽然城乡二元结构有所松动，农村城镇和大中小城市的大门都向农业人口打开，但由于维系城乡二元结构的制度、政策没有完全废除，农民向城镇转移不彻底，更多的农民始终走在漫长的市民化道路上，不能实现市民化。城镇对进城农民"只用不养"的状况已经并正在引发越来越严重的社会不公正感，[①] 农业人口转移及其市民化问题成为城镇化发展的一大隐患。溯及城镇化进程中的农业人口难转移和市民化没有成效的原因，城乡二元结构具有不可推卸的责任，它强大的结构力阻碍了农业人口享有市民待遇。如此，人的城镇化发展必须彻底消除城乡二元结构，形塑城乡一体化格局，让城镇打工者、城郊失地农民、居村农民与城镇市民在城乡一体化平台上共同生活和工作。

公共服务均等化是人的城镇化发展的内在要求，只要公共服务供给做到均等化，能保障城镇农民工、城郊失地农民、居村农民享有与市民同等的公共服务权益，人的城镇化就没有实质性困难。"公共服务是指行政主体为了直接满足公共利益的需要而从事的活动，以及私人在行政主体的控制下，为了完成行政主体所规定的目的而从事的满足公共利益需要的活动"，[②] 内容

① 郭志刚：《我国人口城镇化现状的剖析——基于 2010 年人口普查数据》，《社会学研究》2014 年第 1 期。
② 〔法〕孟德斯鸠：《论法的精神》（上册），张雁深译，商务印书馆，1987，第 154 页。

非常广泛，包括文化教育、医疗卫生、劳动就业、社会保障、生态环境、社会治安等方面的无形公共服务，以及道路、水电等公共设施方面的有形公共服务。[①] 结合中国城镇化现实状况和发展需求，人的城镇化对教育、就业、社会保障、住房等无形公共服务要求比较强烈，但道路、交通等有形公共服务也不是可有可无。尽管城镇的道路、交通等公共设施与服务不能屏蔽农业人口，城镇农民工及其家属和子女都可以无条件享有，但农村城镇、新型农村社区的道路建设、交通发展直接影响农业人口城镇化意愿，农村较好的有形公共服务品质不仅对农业人口迁入具有极大的吸引力，对城市居民也有一定吸引力。公共服务是人的城镇化发展的核心内容，其均等化程度是检测人的城镇化发展的重要指标。在城镇化进程中，农业人口转身对基本公共服务的需求是"刚性"的，政府必须纠正因地区、城乡和社会阶层间的差异而提供不同水平公共服务的错误做法。唯有广大农业人口真正享有了与市民一样的公共服务，进城打工者和城郊失地农民才能拥有市民条件，并能在此基础上完成市民化。同样，只有当居村农民拥有了与城镇居民同质公共服务的时候，广大居村农民才有可能过上与城镇居民等值的生活，并能共享城镇文明。

　　进一步而言，人的城镇化推进及其实现需要城乡一体化和公共服务均等化的辅佐。如果将人的城镇化比作中国城镇化进程中的一场大戏，那城乡一体化和公共服务均等化分别就是舞台和演出的情节。演好这台大戏要有城乡一体化这个舞台，它的坚固程度、场地大小决定城镇化发展能承载多少农业人口。有调查显示，流动人口更倾向到大城市居住、生活，但毫无疑问，由于中国农业人口基数太庞大，仅靠大城市这个舞台是不现实的。目前，一些大城市、特大城市和超大城市的常住人口已经超负荷，道路、交通、学校、医疗等公共设施普遍人满为患。纵然大城市舞台档次高，舞台装备也比较高级，但必须对农业人口和其他城镇人口的继续流入进行一定限制。其实，中国人的城镇化主舞台在中小城市和农村城镇。中小城市经过几十年快速发展，其公共设施、空间场景已经接近大城市，只要中小城市政府增加公共服务投入，提高公共服务质量，并且真正赋予进城的农业人口市民权益，不愁没有更多的农业人口上台表演，尽情施展才艺。农村城镇包括县城镇、中心镇、

---

① 吴业苗：《城乡公共服务一体化的理论与实践》，社会科学文献出版社，2013，第181页。

重点镇，它们在农村建设和振兴中获得较快发展，加上一些地方政府采用"置换"方式有计划地引导农业人口向农村城镇聚集，① 其空间规模、集聚人口，以及公共服务设施不比小城市逊色。相比较大城市，这些农村城镇更接地气，更能让进城的人记住"乡愁"，它们应该成为人的城镇化最大的舞台。

仅有城乡一体化这个舞台是不够的，人的城镇化大戏的演出还需要有精彩的故事情节。每一项公共服务就是演出的具体情节，人的城镇化演出是否精彩，关键在于公共服务的有效供给。政府是公共服务最主要的供给者，农业人口是公共服务的承受者，农业人口在城镇化进程中需要的公共服务主要仰仗政府供给。借此，人的城镇化这台戏能否唱得好，政府必须全程配合农业人口表演，唯有政府围绕公共服务内容演好配角，人的城镇化才有可能如期实现。即是说，政府要根据基本公共服务内容和均等化原则，尽心尽力为进城、失地和居村的农民提供基本教育、就业、居住，以及医疗保障、养老保障等服务。具体要求包括：一是农业人口城镇化的公共服务供给要立足中国现实国情，政府提供的主要是基本服务，非基本的公共服务可选择由市场或社会提供；二是政府要把公共服务覆盖全体常住人口作为执政、行政的目标要求，不能敷衍应付，不能随意降低为农业人口提供服务的标准，要坚决落实均等化原则；三是政府要充分掌握农业人口的城镇化需求和需求的不同层级，优先解决农业人口城镇化的最基本需求，并逐步满足农业人口其他方面的城镇化需求，既不能缺位，也不能错位、越位，否则，有可能造成宝贵的公共服务资源浪费。

综上而言，作为新型城镇化核心的人的城镇化，虽然要继续推进人口城镇化，使人口城镇化与土地城镇化相协调，但人口城镇化并非是人的城镇化的全部内涵，人的城镇化发展还有更多、更高的城镇化诉求。人的城镇化是人本导向（human-oriented guidance）的城镇化，必须将农民（进城农民工、城郊失地农民和居村农民）及其利益诉求放在首位，唯有在城镇化进程中做到情为农民系、利为农民谋，广大农民群众才能真心实意地参与城镇化建

① 重庆市、成都市、苏州市等在城乡一体化发展中采用"三置换"方式引导农民进城，即将农户集体资产所有权、土地承包经营权、宅基地及住房置换成股份合作社股权、社会保障和城镇住房。虽然"三置换"在学界、政界仍存在不少争议，但它产生了较大的社会反响，对促进城镇化发展也有一定的现实意义。

设。为使农民真正参与城镇化建设，也为使农民在城镇化进程中的利益诉求得到满足，人的城镇化发展需要诉诸城乡一体化和公共服务均等化，如果中国实现了城乡一体化和公共服务均等化，那人的城镇化发展障碍就会迎刃而解。需要强调的是，人的城镇化发展不能采用孤军作战的策略，也不能只在城镇一个阵地进行，它需要城乡"双轮驱动"，消弭城乡二元结构，推进城乡无缝对接。

第二节　人的城镇化新形态

20世纪50年代建立的城乡二元户籍制度在20世纪80年代开始松动，农业人口可以在"离土不离乡、进厂不进城"的规约下自由流动。到20世纪90年代，统购统销政策取消、城市改革推进和沿海经济发展为农业人口跨地区跨行业流动提供了便利条件，越来越多的农民离土离乡，加入气势磅礴的农民工大潮中。然而，中国农业人口向市民转移的速度与规模严重滞后于农民流动，农民市民化速度一直缓慢，并且新形势下农业人口"流动易－转移难"的状态还将延续。为了更多地转移农业人口，更快地实现农民市民化，各地政府应该根据国务院深化户籍制度改革的新部署，用新理念、新策略和新举措应对农业人口流动与转移的新情况，化解农民市民化的新问题。

一　户籍制度改革背景下农业人口转移

早在20世纪80年代，国家逐步放开了小城镇非农户口的准入条件，准予在城镇有固定住所、有经营能力，或在乡镇企事业单位长期务工、经商、办服务的农民及其家属落户城镇，并将他们统计为"非农业人口"，赋予其与城镇居民同等权利。进入21世纪，北京、江苏等省市进一步放开本地非农业户口。2003年北京市准许持有北京市农业户口，且在14个卫星城和33个中心镇规划区范围内有合法固定住所、稳定职业和生活来源的人员及其共同居住的直系亲属自愿转变为城镇常住户口，准许北京市农业户口妇女新生子女和北京市农业户口的职校学生自愿登记或转为非农业户口。2004年江苏省在全国率先打破城乡分割的户籍管理体制，不区分农业户口和非农业户口，实行以居住地登记为基本形式、以合法固定住所或稳定生活来源为户口准迁条件的新型户籍管理制度。其他省市的户籍管理制度也进行了不同程度的改革，农业户口和非农业户口的管理界限渐趋淡化。2014 年国务院在一系列户籍制度变革的基础上颁布《国务院关于进一步推进户籍制度改革的意见》，取消农业户口与非农业户口性质区分，将农业户口与非农业户口统一登记为居民户口。这意味着城乡二元户籍制度中农业户口将正式退出历史舞台，中国城乡居民进入"平权"时代，农业人口转移将步入新常态。

中国农业人口流动与转移将在新场景下进行。这个新场景为：随着城乡发展一体化、乡村振兴和新型城镇化战略的实施，中国正在突破"三农"问题瓶颈制约，消解城乡二元结构，缩小城乡经济社会发展差距，弥合城乡居民权益不平等，并将最终消除影响城乡要素平等交换的各种制度藩篱，建构公平、公正的新型城乡社会共同体。具体来说，农村建设和乡村振兴不再是在城乡二元结构下依靠农村内生力量改善农村居住环境、改造农田水利设施的自我发展，而是以城乡一体化发展理念为指导，借助"工业反哺农业、城市支持农村"的外力，将国家公共资源更多地引向农村，进而富裕农民、提高农民、扶持农民，让务农成为体面的职业；新型城镇化发展也不再是简单的城市规模扩大和小城镇数量增加，它更注重城乡产业协同、空间联系和要素流动，以实现城乡经济统筹发展，促进城乡社会转型融合，形成城乡经济社会新秩序；承载乡村振兴和新型城镇化发展的城乡发展一体化，除了要实现城乡空间布局、基础设施建设、产业发展、劳动就业与社会保障、社会发展一体化外，① 还要实现城乡人口流动与管理一体化，因为农业人口多、农业人口向城镇流动与转移不通畅的问题得不到解决，不仅会阻滞乡村振兴和新型城镇化发展，使乡村振兴和新型城镇化发展的成效大打折扣，而且可能减缓城乡一体化发展进程，降低城乡发展一体化的质量和水平。尽管乡村振兴和新型城镇化发展的主战场一个在农村，另一个在城镇，但城乡发展一体化与它们构成了"一体两面"的关系，并将它们统一到同一个平台上，对农业人口向城镇转移或就地转移产生了深刻影响。

城镇与农村的一体化发展正在改变居村农民和流动农民的生存状况。在 20 世纪 90 年代，城乡二元结构牢固，城市打工者曾一度被视为"盲流"，备

---

① 黄坤明：《城乡一体化路径演进研究：民本自发与政府自觉》，科学出版社，2009，第 36 页。

受城市社会歧视——虽然他们做着城市人不愿意做的苦活、累活、脏活和危险活，但工资待遇低，居住生活条件差，劳动权益屡受侵犯，几乎没有劳动保险和社会保障。进入 21 世纪，国家为使城乡居民都能享有改革开放的成果，在和谐社会建设中着力打造以工促农、以城带乡、工农互惠、城乡一体化的新型工农、城乡关系，以从根本上消解城乡二元分化结构和实现城乡经济社会协调发展。受其影响，各地政府以城乡一体化发展理念为指导，一方面加大发展农业、建设农村的力度，努力改善农民生存环境，提高农民的生活水平；另一方面将城市农民工视为新市民，尽力让城市的文化教育服务、就业培训服务、卫生健康服务、休闲娱乐服务、社会保障服务等公共服务覆盖进城打工者及其家属子女，农民工的城市生存状况比 20 世纪 90 年代有了明显改善。

农村建设与发展正在促使居村农民向城市、村镇和农村中心社区转移。自 2006 年国家全面开展新农村建设以来，各地政府在新农村建设中实施了农业现代化工程、农民培训工程、农民健康工程、农村文化工程、农村保障工程等一系列建设工程，农村社会面貌由此发生了翻天覆地的变化。例如，村庄整治和美丽乡村建设工程，改善了农民生存环境，农村更具有活力、魅力；村村通硬质道路工程，打破农村经济发展的交通瓶颈，解决了广大农民尤其是山区农民出行难问题；改水改厕改厨改圈工程，综合治理了农村生态环境和卫生环境，让农民基本过上了"绿色生活"。乡村振兴不再是传统意义的道路修建、水利维修、造林绿化等活动，除了发展农业生产、改善农民生活、打造文明村风、整治村容村貌和推进民主管理外，各地在建设实践中还大力推进人口向镇区集中、工业向园区集中、土地向规模集中、公共资源向社区集中，尽可能地将乡村振兴纳入城乡一体化发展。如此，乡村振兴除了让居村农民过上幸福美满生活、享有均等化公共服务外，还间接地引导、鼓励散居农民向村镇、农村中心社区和城市转移。

以人的城镇化为核心的新型城镇化发展正在打造、形塑完整的城镇化。把城市化、城镇化发展战略升级为新型城镇化发展战略，不仅表明中国城镇化发展的不断变化和深入，[①] 而且它对农业人口流动与转移将产生深刻影响。新型城镇化是产业结构优化升级、农业现代化和城乡一体化的前提条

---

① 周毅、罗英：《以新型城镇化引领区域协调发展》，《光明日报》2013 年 1 月 6 日。

件，它将更多更快地转移农业人口，并且新型城镇化发展还将化解城市中普遍存在的使用农民工劳动力而不向其提供市民均等化公共服务的不公正现象，以避免新市民变为城市游民的风险。就此而言，新型城镇化战略的提出主要为了解决中国当前的空间城镇化和土地城镇化发展过快和人的城镇化滞后，以及就业在城市而户籍在农村、劳力在城市而家属在农村、收入在城市而积累在农村、生活在城市而根基在农村的"半城镇化"或"夹生"的城镇化问题，以防止中国城镇化发展重蹈拉美城镇化失败的覆辙。新型城镇化的实施，重点在于增强城镇的包容性，提高我国城镇化建设的内涵和质量，打造惠及全体城镇居民包括城市农民工在内的"完全城镇化"，进而有序地推进农业流动人口市民化。

乡村振兴和新型城镇化发展的"双轮"正驱动着中国城乡发展一体化"大车"快速前行，并将促进农业人口流动、转移与市民化。乡村振兴和新型城镇化发展形成的"加和"效应日渐明显，不仅成为促进中国城乡经济社会协调发展和基本实现现代化的重要推力，而且将彻底消解城乡二元结构，使农村人进城市成为一种常态。城乡发展一体化还将对城镇和农村重新洗牌，虽然洗牌后的城镇与农村仍各有特色，也有不同优势，但城乡的空间、资源、服务、管理将相互依存、深度嵌入，城乡居民可以自主选择居住地，公正、公平地分享公共服务。在户口上，国家取消了农业户口和非农业户口，农业人口不再是低于市民的身份标识，他们在农村从事农业劳动的时候是农业劳动者，一旦到城镇，不再从事农业劳动，就自然转变为非农职业的市民；在空间上，尽管城镇空间与农村空间风格迥异，但两大空间没有阻隔的藩篱，城镇人和农村人可以根据工作需要和个人喜好自主选择工作场地和住处；在公共服务上，尽管城乡居民对公共服务项目有不同的要求，有一定的侧重，但城乡公共服务一体化发展让城乡居民都能享有均等化公共服务；在社会管理上，随着城乡社区建设一体化发展和网络化管理水平的提高，户口将不再是社会管理的重要手段，一个人无论流动到哪里，都会有相应的社区收留他们、接纳他们，养老、医疗、低保等社会保障也会及时跟进。

二　农业人口转移与市民化的几个常态性问题

随着新型城镇化发展战略的全面实施，中国将有越来越多的农业人口

"离农""脱农"成为市民。在这些人当中，有些人因长年在城镇打工、做生意，具备了做城镇人的经济条件，将成为主动市民化的城镇人；有些人因城镇空间扩张失去了农村土地和住房，将在政府拆迁—补偿—安置下成为被动市民化的城镇人；有些人因村庄综合整治、土地规模经营和产业结构调整，被政府统一安置到新社区，将成为村镇或中心社区的居村市民；还有一些人，虽然他们仍散居在大小不等的村庄中，继续从事着农业劳动，但他们正在"去小农化"，[①] 将逐渐成为有知识、懂管理、会经营的新型农民或职业农民，或由于受到城乡公共服务均等化发展的惠及，成为拥有城镇居民同质生活的市民化农民。毋庸置疑，随着中国城镇化程度进一步提高，必将有更多农业人口"去农"而成为市民、镇民、市民化农民。但是，当下人口城镇化严重滞后于空间城镇化和土地城镇化，一些深层次矛盾与问题还很尖锐，并且呈现常态化。

1. 本地农民工增速快于外出农民工增速，有些农业人口不愿意离开农村

《2014 年全国农民工监测报告》指出，2010～2014 年农民工总量增速持续回落，《2017 年全国农民工监测报告》指出，2015 年后农民工总量增速逐年提高，但近年来本地农民工增速始终快于外出农民工增速。

与此变化相关的另一个问题是农村中一些人不愿意到城镇居住、生活。江苏省住房和城乡建设厅进行的"2012 江苏乡村调查"显示，65.51% 的受访村民愿意留在农村生活。[②] 尽管中国农村外出农民工数量一直在增长，城市农民工的队伍日趋庞大，但仍有相当多的农村居民尤其是老年人舍不得离开农村。其中原因有：新农村建设开展后，农村道路、水电、通信等公共设施明显改善，农村文化教育、卫生健康、社会保障等公共服务水平大幅度提高，农村居住条件和生存环境与城市的差距正在缩小；国家进入"工业反哺农业、城市支持农村"时代后，种粮直接补贴、良种补贴和大型农机具购置补贴等强农、惠农、富农政策实施，不仅让广大农民富起来了，而且越来越多的农民觉得农业是有希望、有"钱途"的产业；农村空气好、环境好、人情味浓、生活成本低等因素，也成为部分农民不愿意向城镇转移的重

---

① 吴业苗：《小农的终结与居村市民的建构——城乡一体化框架下农民的一般进路》，《社会科学》2011 年第 7 期。

② 倪方方：《江苏六成农民仍愿留在农村生活》，《新华日报》2014 年 8 月 13 日。

要影响因素。

其实,农民是否要进城,进城务工者是否一定要转变为城镇居民,利益是至关重要的影响因素,只有当迁移的好处大于迁移成本时,人们才会选择迁移。[①] 曾几何时,城市户口拥有诸多超国民待遇,让无数农村人魂牵梦萦。而如今时过境迁,粘贴在城市户口上的各项福利与待遇被逐一剥离,已经所剩无几;相反,农业户口的附加值却在不断看涨。姑且不论国家年年增加的各种农业补贴,就农民作为农村集体成员资格所拥有的承包地、宅基地,就潜藏着巨大的升值空间。每一个理性农民都不会对农业户口和非农业户口附加值的增减变化置之不理。“留农”可能有更多获利机会,至少能保住现有的承包地、宅基地和集体经济利益的“本”,而“去农”充满多种风险和不确定性,并且成本高。更何况,国家规定“不允许城里人到农村买地建房”的政策,以及不准许农村迁出户口再迁回农村的地方“土政策”,让农民们产生“做城里人容易,做农村人难”的预期,从而更加珍惜农业户口身份。农业户口如同以前的非农业户口,将成为农业人口转移的最大壁垒。

2. “城镇指向”正在发生变化,一些农民工不愿意“转身”

一直以来,中国农业人口流动、转移及其市民化的指向都在城镇,城市是农业人口转移的主要归属地。虽然“没有什么根据可以证明将城市作为比较参照对还是不对”,[②] 也没有足够的经验让政府放弃动员农民进城的行动,但中国近年来的城乡协调发展,已经部分地改变了城乡面貌,“城镇指向”正在弱化。一方面,目前中国城镇问题并不比农村问题少,如蜗居、流浪乞讨、盗窃、贫困等问题仍旧严峻,甚至有进一步加剧的趋势。在这些老问题没有得到很好的解决前,不断促进农业人口向城镇转移,势必增加城镇管理负担,让城市问题的解决变得更加棘手。另一方面,自新农村建设开展以来,国家将公共事业发展重点转移到农村,并不断加大强农、惠农、富农的力度,农村公共设施与公共服务水平都有了大幅度改善和提高,城乡日趋一体化。随着城乡一体化发展程度不断提高,城市先进

① D. , Massey, "Social Structure, Household Strategies, and the Cumulative Causation of Migration", *Population Index*, Vol. 56, No. 1, 1990, pp. 3 – 26.

② 孙津:《后“三农”阶段的新问题》,《中国农业大学学报》(社会科学版) 2014 年第 2 期。

的生产方式和生活方式向农村扩散，发达的物质文明和精神文明向农村地区普及，身为农业户口的农民工对这些不可能充耳不闻，这些将改变他们的"城镇指向"。

因此，城镇一些打工者不再渴望转变身份，甚至不愿意放弃农业户口。城镇中，固然有一定数量的农民工出于孩子就学、购房、生活的实际需要，迫切期望转变农民身份，成为名副其实的城镇居民，以充分享有城市公共服务和其他市民权益，但也有一些城市打工者，甚至有相当多的人，[①] 压根就不想转身为城镇人。其主要原因在于他们的工作、生活指向不一定就是城镇，具体地说，或考虑城市空气污染严重、生活成本高等方面的因素，不愿意转变为城市居民；或因买不起城市住房，只能"望城兴叹"；或对现在的工作环境和工资待遇不满意，频繁地变换打工城市，短期内难以确定居住地，这部分人以新生代农民工为主；或抱有打工就是为了挣钱的传统想法，自始至终就没有打算在城市定居，这部分人主要为第一代农民工；还有一定数量的农民工不愿意放弃家乡的承包地，他们担心转化为市民后会失去土地承包经营权、宅基地使用权和集体收益分配权。因此，即使农民工在城市有比较稳定的工作，有比农业劳动高得多的收入，甚至有的农民工家属和子女已经来到了城市，但他们中仍有不少人把城市看成人生的过往客栈，对能不能、要不要转变户口性质不是特别在意。

3. 转移农业人口任务沉重，大城市落户问题难以解决

农业人口转移任务重、成本高。就当前任务看，《国务院关于进一步推进户籍制度改革的意见》要求，到 2020 年要"实现 1 亿左右农业转移人口和其他常住人口在城镇落户"。由此，2015～2020 年的 6 年中政府每年需要转移近 2000 万农业人口。如果按照全国农民工市民化平均公共成本 13 万元计算，[②] 每年要有 2.6 万亿元的转移资金，资金压力非常大。中国城镇化增长必须保持年均 1% 的速度，这是一个长期、巨大的投资工程，静态资金至

---

① 中国社会科学院的一项调查显示，80% 的第一代农民工、75% 的新生代农民工不愿意转变为非农业户口，如果要转移者交回承包地，不愿意"农转非"的多达 90% 以上。参见朱隽《莫要强拉农民进城》，《人民日报》2014 年 8 月 15 日。

② 潘家华、魏后凯主编《中国城市发展报告 No. 6：农业转移人口的市民化》，社会科学文献出版社，2013，第 17 页。

少在 40 万亿元以上。如此浩大的农业人口转移工程，仅依靠政府财政投入是不现实的，必须动员市场、社会力量广泛参与。

农业人口转移任务大且重，还需要大中小城市和农村城镇共同分担，尤其需要大城市能解决农业转移人口的落户难题。然而，无论是国家严格控制特大城市人口规模的规定，还是完善大城市的积分落户制度，都将普通农业人口落户排斥在大城市之外，他们中的多数人只能在大城市常住，享有有限的公共服务。一是大城市、特大城市外来人口最集中。"百度迁徙"数据显示，2015 年正月初七 17 时人口迁入最热的前 10 个城市中有 8 个是大城市，即北京（11.04%）、上海（7.91%）、深圳、天津、广州、重庆、杭州、南京。[①] 二是大城市外来人口规模过大。李铁等按照常规增长的方式和投资增长的中低限年均 8% 分别计算出 2020 年北京市外来人口达到 1047 万人或 1200 万人左右，占城市人口的比重将达到 45% 左右。[②] 有的大城市的外来人口甚至超过了本地户籍人口，公共空间严重超载。三是外来人口包括不少农业人口期望成为大城市居民。大城市就业机会多，创业条件好，发展空间大，教育、文化、医疗等公共资源集中，相比于中小城市和农村城镇，大城市更有魅力，对农业流动人口更有吸引力。2013 年国务院发展研究中心课题组的一项研究指出，68% 的农民工流动人口愿意落户大城市。[③]

大城市难以解决农业人口落户问题，能否让他们均等化享有大城市的公共服务呢？尽管国家政策要求"推进城镇基本公共服务常住人口全覆盖"，但要真正保障打工者及其家属子女享有大城市学有所教、劳有所得、病有所医、老有所养、住有所居等民生权益，还有很长的路要走。

三　新形态下的农业人口市民化

转移农业人口、实现农民市民化的社会情境与 20 世纪八九十年代不同，乡村振兴、新型城镇化和城乡发展一体化已经部分地改变了农民的生存状况和生活场景。无论是流动农民还是居村农民，他们都需要在新常态下确定未

① 邱玥、瞿思杰：《人口流动：揭示城镇化新趋势》，《光明日报》2015 年 5 月 21 日。
② 李铁、范毅等：《我国城市流动人口和北京市人口问题研究》，中国发展出版社，2013，第 54 页。
③ 顾仲阳：《户改，不只是换个户口本》，《人民日报》2014 年 8 月 25 日。

来走向和设计今后的人生，国家也需要根据新常态来谋划农民市民化进路。新常态下农业人口转移与市民化是一个宏大的系统建设工程，涉及人口和资金规模都是空前的，世界上没有任何一个国家曾进行过如此规模的农业人口转移工程；它也是个长期工程，从现在的"半城镇化"到 2050 年"完全城镇化"目标的基本实现，每年都要转移 1000 万左右的农业人口到城镇；它还是个创新工程，虽然在农业人口转移与市民化上欧美国家不乏成功经验，拉美国家也有不少失败教训，中国都可以借鉴，但处于工业社会与后工业社会并存阶段的中国农业人口市民化肯定与欧美、拉美国家不同，需要根据国情选择有中国特色的市民化路径。中国要积极、稳妥、有序地推进农业人口转移与市民化：不能保守，无视城镇化发展趋势与要求，借口维护农民利益，一味地反对政府改造农村和推动农民进城、上楼、集中的做法，因为这样做不仅不利于推动生产力快速发展，而且可能妨碍基本社会主义现代化目标的实现；但也不能冒进，采用行政强制手段、"突飞猛进"地转移农业人口。如此，唯有立足于城乡社会发展和农业人口流动的新常态，才能更有效地促进农业人口转移和实现农民市民化。

1. 多头并进，促进更多的农业流动人口向中小城市和农村城镇转移

大城市流动人口最集中，农业人口市民化难度最大，沉积的问题也最多，并且严格控制特大城市人口规模和统一实行大城市积分落户政策，也使得解决大城市农业流动人口市民化问题变得更加棘手。就目前一些大城市设定的落户积分条件看，落户的居住时间、就业时间、纳税情况、社会保障状况等条件要求对一般农业流动人口来说不难满足，但住所规格、受教育程度、职业技术经历等条件，特别是有些城市将紧缺行业、特定职业作为落户条件，就令那些想成为城市居民的农业流动人口望"城"莫及，绝大多数农民工不可能在这些条件上获得积分。长期以来，大城市农业流动人口多、转移难成为农民市民化问题的死结。就此来看，众多农业流动人口只能作为常住人口滞留在大城市，转移他们为城市正式居民还需要继续等待。但是，中国城镇化已进入发展快车道，农业人口转移与市民化不能等待，国家需要选择其他路径转移农业人口。

其实，国家"推动大中小城市和小城镇协调发展"和"特别重视小城镇发展"的城镇化发展路线图已经明确了农业人口转移进路。既然大城市

人口容量大，难以转移更多的农业流动人口，那么，加快发展中小城市和农村城镇，就有可能分流大城市的农业流动人口，将更多的农业人口吸引到中小城市和农村城镇。中小城市经过 30 多年的快速发展，公共设施和居住条件得到了明显改善，公共服务和社会保障水平与大城市相差无几，更关键的是，中小城市房价比较低，农业人口买房的负担比大城市轻得多。中小城市需要发挥自身的优势，创造更好的居住环境和更多就业机会，以吸纳更多的农业转移人口。

此外，鉴于中国农民具有浓厚土地情结和农业人口庞大的现实，结合城市农业流动人口不愿意转变户口性质和居村农民不想离开农村的现实意愿，农村城镇有理由成为未来中国农业人口转移与市民化的主阵地。学者们对小城镇建设不乏褒扬，认为小城镇建设的价值主要在于"为农民建设富裕之路"，能"加快农业现代化建设"，[1] 但他们较少注意到小城镇对农业人口转移与市民化的意义。农村调查显示，农村城镇是农民集中、转移及其市民化的主要区域：如今的农民几乎不在村庄盖新房，越来越多的农民选择到镇上尤其到县城镇购房，以备孩子上学、成家或自己居住之用；城镇打工者回乡买房、就业、创业也基本选在镇上，真正回到村庄的很少。农村城镇建设即县城镇、中心镇、重点镇或特色镇，以及一些建制镇升级为镇级市的建设，关系到农民转移与市民化成败，是新型城镇化发展的重点。如此，农村城镇建设要强化转移农业人口的功能，围绕农民市民化的中心使命进行空间、产业布局，不论是农村城镇的基础设施和公共服务设施建设，还是引导高等学校、职业院校优质教育和医疗机构到农村城镇设立分支机构，抑或是招商引资、增加就业岗位，都要凸显吸引农业人口聚集、促进农业人口转移的市民化功能。

2. 强化服务，保证农业转移人口享有均等化公共服务

尽管各地政府以城乡发展一体化理念为指导，不断增加居村农民和进城打工者的公共服务供给，农民的公共服务水平有了不同程度的提高，但在现实中，城乡公共服务并没有实现完全对接和并轨，需要继续对城乡不平等制度进行改革，以促进城乡公共服务一体化发展。其中，最重要的是将农业流

---

① 吉炳轩：《加快推进城镇化建设是广大农民的迫切愿望》，《光明日报》2014 年 2 月 24 日。

动人口纳入城镇公共服务体系，让他们充分享有均等化服务。

在当下中国农业流动人口中，外出流动人口约占62%以上，还有一定数量的本地流动人口，他们对公共服务的需求不一样，政府需要根据不同的农民群体需求提供相应的公共服务，以防止政府在公共服务供给上出现错位、越位和缺位。一要有重点，农业流动人口有普遍性和一般性的公共服务需求，各地政府首先要满足农业流动人口的基本公共服务，如劳动权益保障、养老与医疗保障等，但不同类别、不同层级的城市农业流动人口，以及不同农业流动人口群体的公共服务需求不尽相同，政府的公共服务供给还要有所侧重，以满足农业流动人口特殊的公共服务需求。二要同步跟进，农业流动人口到哪里，公共服务就应该跟到哪里，特别是关注大城市、特大城市、超大城市解决农民工住房或子女就学存在较大困难，中小城市和村镇经济发展落后，公共服务资源少。三要体现均等化，公正、平等地享有公共服务是每一个公民的基本权益，国家在强化城乡公共服务一体化建设的前提下，不仅要努力保障城乡居民均等化地享有公共服务，还要强化同一城区居民的公共服务资源分配，不能缩小了城乡公共服务差距，却加大了城镇内部公共服务不平等，要让公共服务惠及城镇所有常住人口，使那些在城镇就业、居住但未落户的农业流动人口也能充分享受城市的基本公共服务。四要有倾斜，不同城市的公共服务资源的存量有很大区别，尤其是大城市拥有更多的公共服务资源，国家调整城市现有的公共服务资源存量难度很大，但公共服务资源的"增量"部分应优先向中小城市特别是村镇倾斜，以吸引更多农业流动人口到中小城市或村镇安家落户。

3. 深化改革，完善农业人口转移的体制机制

农业转移人口市民化是一项长期的艰巨任务，需要对城乡诸多不平等的制度进行综合改革。尽管人们将城乡分化、城乡不平等归咎于城乡户籍制度，户籍制度为此也备受社会各界诟病，但毋庸置疑，捆绑在户籍制度上的福利，有的已经被取消，如城市人的粮食、副食品等补贴；有的正在弱化、缩小，如在最低生活保障标准上，不少城市正在缩小差距并实现城乡一体化。

中国农业人口转移需要国家顶层设计，建立和完善促进农业人口转移的体制机制。

第一，要保护农业流动人口的合理权益。农业流动人口的权益主要集中在两个方面，一是他们担心流动和转移后会失去既有的土地承包权益、宅基地使用权益和集体收益享有权益，二是他们期望能享有与城市居民一样的市民权益。不少人认为流动农民带着"三权"（土地承包经营权、宅基地使用权、集体收益分配权）到城市落户，将比城市人拥有更多利益，这种看法是没有道理的。如果剥夺进城农民的"三权"，就等于让他们"裸体"进城，这不仅对流动农民有失公平，而且还可能导致城市居民阶层断裂，造成新市民整体贫困。因此，国家要保护农业转移人口的合理权益，准许他们带着"三权"进城落户。

第二，要分担农业转移人口市民化成本。按照"谁受益，谁承担"的原则，政府、企业、市民和农民工都要承担农业转移人口市民化的成本。具体而言，政府的责任最大，因为农民进城对消弭城乡二元结构，实现城乡经济社会协调发展有积极作用，政府理当为进城农民提供公共服务；企业利用进城农民劳动获取了巨额利润，因此企业除了要为打工者提供就业岗位、职业培训、工资、福利外，还需要依法为农民工缴纳职工养老、医疗、工伤、失业、生育等社会保险和住房公积金；农民工到城市，建设了城市，美化了城市，服务了市民，市民应该将城市部分公共空间、公共服务让渡给打工者，并帮助他们尽快融入城市；进城农民在城市打工中获得了比农业劳动多得多的收益，并且他们挤占了城市公共空间，分享市民公共服务资源，他们应该遵守城市的规章制度，主动接受城市文化，服从城市管理。

第三，要尊重农民选择意愿。现实中，流动农民和居村农民对是否要向城镇转移存在不同的看法，有的人想到城镇打工，有的进城打工者想成为城镇居民，但也有人觉得农村好，不想进城，或即使进城了，也只是把打工作为挣钱的手段，没有打算成为城镇居民。如此，尽管政府对新型城镇化发展寄予厚望，视其为扩大内需的长期动力、推动经济持续健康发展的"火车头"、基本实现现代化的"王牌"引擎，但肯定不能借口城镇化发展的核心是人的城镇化，就想当然认为农民想进城，流动农民工想成为城镇居民，不顾农民的现实困难和意愿，强制农民转变身份。政府要做的是尊重农民的意愿与选择：如果农民要求进城或转变身份，就顺势帮助他们，让他们享有与城镇居民均等化的公共服务；如果农民不愿意进城或不愿意转变身份，也应该不打折扣地保障居村农民和流动农民享有均等化公共服务和公民权利。

第三节　人的城镇化新情境

自 20 世纪 90 年代初国家取消粮食统购统销政策以来，越来越多的农民冲破城乡二元结构桎梏，离土离乡到城市、沿海经济发达地区乡镇打工，成为游离于城乡间的打工者。随着城镇化不断推进，一些打工者及其家属和子女也来到城镇寻求生存空间，并冀望获得与市民一样的公共服务。然而，绝大多数打工者在城镇陷入"内卷化"困境中，难以转变农民身份，以至于打工者队伍日趋庞大。以人的城镇化为核心的新型城镇化发展除了去"农业内卷化"，更要去"打工内卷化"，采取切实有效的措施促使更多农民向市民转身。

一　"农业内卷化"及其演变

"内卷化"（involution）概念最初由美国人类学家戈登威泽（Alexander Goldenweiser）提出，指一种文化模式达到某种最终形态后，既没有办法让这种模式稳定下来，也没有办法转变到新的形态，只能不断地在内部精细化、复杂化。这个概念后来被美国人类学家格尔茨（Clifford Geertz）用来分析印度尼西亚爪哇地区的农业生产状况——由于农业无法向外延扩展，致使劳动力不断填充到有限的水稻生产中。[1]　由此，刘世定和邱泽奇研究认为，在戈登威泽和格尔茨那里，"内卷化"的基本含义是指"系统在外部扩张条件受到严格限定的条件下，内部不断精细化和复杂化的过程"。[2]

黄宗智把内卷化概念用于中国农村社会变迁研究，认为"内卷化"是"无发展的增长"。[3]"无发展的增长"即为"内卷型增长"，指家庭年收入的增长不是来自单位工作日报酬的增加，而是来自家庭更充分地利用劳动

---

[1]　Geertz, Clifford, *Agricultural Involution: The Process of Ecological Change in Indonesia*, Berkeley and Los Angeles: University of California Press, 1963, pp. 80 - 82.

[2]　刘世定、邱泽奇:《"内卷化"概念辨析》,《社会学研究》2004 年第 5 期。

[3]　〔美〕黄宗智:《长江三角洲小农家庭与乡村发展》, 中华书局, 2000, 第 427 页。

力，如增加妇女、老年劳动力，以及成年男子闲暇时间的劳动力投入。① 郭
继强就此提出"内卷化"新的理解，认为内卷化是对经济主体（包括家庭
农场和农户）自我战胜和自我锁定机理的一种概括。具体地说，"自我战
胜"是指经济主体通过"内卷化"战胜人口增长对生计维持的压力；"自我
锁定"是指经济主体通过"内卷化"将劳动力投入的决策锁定在边际产品
价值和平均产品价值等于生存工资的最小值中。②

尽管"'内卷化'概念远未达到在特定学术研究阶段已无须加以追究的
清晰程度"，③ 学术界对其尚未达成共识，但"内卷化"在中国由于被杜赞
奇、④ 黄宗智等人用于考察农业和农村问题而名声大噪，已经呈现"从农业
领域向其他领域扩张之势"。⑤ 学术界多人选用"内卷化"范式研究制度内
卷化、权力内卷化、文化内卷化等问题，也有人研究农民工行为"内卷化"
和新生代农民工社会交往的"内卷化"现象。

中国"农业内卷化"由来已久，黄宗智在《华北的小农经济与社会变
迁》《长江三角洲小农家庭与乡村发展》等著作中阐述了中国传统农业社会
的小农在人多地少的客观环境下选择增加劳动投入换取有限土地产出的
"过密化"理论，即黄氏的中国农业"有增长、无发展"的"内卷化"。传
统中国社会崇尚以农为本、以商为末的"农本"思想，工业和第三产业极
其落后，农村劳动力只能选择农业劳动养家糊口，极少有人能从农村走出来
从事非农业。如是，一直以来中国农户在有限的土地上不断增加劳动力投
入，精耕细作，提高农田的单位产量，从而勉强维持家庭成员的基本生存需
求。在某种意义上，尽管"农业内卷化"下农户的边际效益低于边际成本，
但正常情况下"过密化"劳动投入总会带来农业生产总量或多或少的提高。
不仅如此，"农业内卷化"还能充分利用家庭成员，如在农忙时老人和小孩
都被动员起来参加农业劳动。即使在农闲时，除了主要劳动力干农活外，老

① 〔美〕黄宗智：《长江三角洲小农家庭与乡村发展》，中华书局，2000，第77页。
② 郭继强：《"内卷化"概念新理解》，《社会学研究》2007年第3期。
③ 刘世定、邱泽奇：《"内卷化"概念辨析》，《社会学研究》2004年第5期。
④ 〔美〕杜赞奇：《文化、权力与国家——1900~1942年的华北农村》，王福明译，江苏人民出版
社，2006，第79页。
⑤ 郭继强：《"内卷化"概念新理解》，《社会学研究》2007年第3期。

人和小孩也可以从事家庭副业劳动，如饲养鸡鸭鹅、放牛放羊等。也就是说，农村社会很少有"闲人"，每一个人包括能走动的老人和孩子，都有适合自己的体力活。再者，在市场经济不发达的传统农村社会，农民几乎没有机会从农业以外的领域获得就业，只能通过"内卷化"方式维系家庭生活的"自给自足"。

中华人民共和国成立后，"农业内卷化"问题仍比较严重。20世纪50年代中国政府对农业进行社会主义改造，通过互助组、初级合作社、高级合作社，最终在农村建立了人民公社。农村人民公社是"政社合一"的管理体制，生产大队和生产小队是农业生产基本单位，农民不能一家一户地从事农业劳动，只能在人民公社的组织下进行集体生产。但农民的个体劳动转变为集体劳动后并没有改变"农业内卷化"现象，在以下这些方面"内卷化"变得更严重。第一，人民公社时期国家提出"以粮为纲"的口号，几乎所有的农业劳动力都从事粮食生产，农村副业发展受到限制，甚至还作为"资本主义尾巴"被强制割掉。第二，户籍、粮食统购统销等制度建构了城乡二元结构，除了极个别的农民可以通过提干、参军、推荐上大学的方式进城外，国家几乎将所有的农民禁锢在农村，不准许他们外流，更禁止他们进城。第三，国家对农村实行"纵向到底、横向到边"的管制，政府对农业生产劳动进行全方位、立体式管理，督促人民公社充分利用土地发展农业生产。在人民公社后期，国家还要求全国农村向大寨学习，开荒种粮，农业生产投入与粮食增产严重失衡，呈现典型的"低增长、无发展"的内卷化特征。集体化时期的"农业内卷化"挫伤了农民劳动积极性，农业劳动中出勤不出力、"磨洋工"现象十分普遍，以至于农业生产效率低，吃不饱饭始终成为集体化时期各级政府和老百姓最头疼的问题。

20世纪80年代农村改革与发展削弱了"农业内卷化"。家庭承包制的实施解放了农业生产力，激发起农民的劳动热情，农业集体内卷化重新回到农户内卷化。承包制的"交够国家、留够集体、剩下都是自己的"分配方式让农户在自家"一亩三分地"上下足了功夫，家庭所有劳动力和生产资料都投入承包地上，粮食亩产量大幅度提高，不仅解决了吃饭问题，而且还有大量余粮交给国家、卖给市场。但家庭承包制并没有改变"农业内卷化"：尽管家庭承包制提高了农户的粮食产量，增加了农民收入，但这些都是依靠农户不断增加农业生产投入带来的。相比于投入，粮食和收入的增加并没有带来农业发展，或更准确地说，没有带来农业实质性突破，大多数农户仍按照传统方式从事农业生产劳动，农业的经营方式也多是"粗放型"的。尽管如此，20世纪80年代初的"农业内卷化"已经不同于集体化时期和传统社会的"农业内卷化"，"无发展"转变为"低发展"。也就是说，家庭承包制对"农业内卷化"的影响是有限的。

对"农业内卷化"形成较大冲击的是乡镇企业发展和小城镇建设。主要在于：20世纪80年代乡镇企业发展使农户的农业生产的外部条件发生变化，农村多余劳动力有可能"洗脚上田"，选择到城镇企业上班，谋取比农业生产更多的经济收入。戈登威泽、格尔茨、黄宗智的"内卷化"都有一个前置条件，即"系统在外部扩张条件受到严格限定的条件下"，而乡镇企业发展让"农业内卷化"失去了这个"限定条件"，进而使农业去"内卷化"成为可能。但是，乡镇企业发展未能根除"农业内卷化"现象。一方面，国家的"离土不离乡、进厂不进城"的小城镇发展政策限制了农民远距离、跨行业流动，多数农民只能在本地城镇范围内流动，且流动的农民也没有完全放弃农业生产，他们采取兼业方式或利用休息日继续从事农业生产劳动，农户粮食产量并没有受到多大影响。另一方面，20世纪80年代城市经济改革滞后于农村，除沿海个别地区外，多数城市还没有形成大规模的劳动力需求，加上粮食统购统销政策仍控制着城乡居民的"口粮"，农民没有办法带着粮食进城打工。因此，尽管20世纪80年代农村经济社会发生了较大变化，"农业内卷化"因受到乡镇企业和小城镇建设冲击而被削弱，但"农业内卷化"的局面没有改变，农业的劳动力投入并没有明显减少，农业增长也没有上升至"发展"。

二　农业去"内卷化"与"打工内卷化"

"农业内卷化"下的农民劳动秉持"生存"理念，只要有限的土地能保障家庭成员有饭吃、有衣穿、有房子住，农民就会不计较劳动收益高低。相比而言，"打工内卷化"下的农民们则以"发展"理念主导经济行动，更看重多挣钱。家庭责任制后，绝大多数农民家庭的生存问题基本解决，如果不出现严重的自然灾害或家庭变故，责任田足以承担起"衣食父母"的保障功能，农民们不需要离妻别子、含辛茹苦地远走到城镇"讨生活"。然而，吃饱了饭的农民们期望有更多收入，日子能过得更好，不再把"土地"作为他们的命根子，纷纷来到城镇打工，致使农村出现农业去"内卷化"、城镇出现"打工内卷化"。

农业生产去"内卷化"是农民理性选择的结果。农民们之所以改变一如既往的生存理念做出如此选择，一方面是改革开放后城镇大门向农民打开，城镇宽敞的马路、鳞次栉比的高楼大厦、健全的公共服务、干净的居住环境和相对富裕的生活让无数农村人向往。另一方面也是最重要的，当一些农民"弄潮儿"衣锦还乡后，农民们再也沉不住气了，亲自或鼓动成年子女出去打工、挣钱。如今，农业人口流动由最初的主要劳动力流出演变为包括妇女、儿童参与的家庭式人口流动，越来越多的农村妇女和儿童也不断地从农村流出。出现这一现象因为条件出现了变化：一是男劳动力在城市打工多年，工作生活比较稳定，且有一定经济积累，有条件将家庭成员接到打工城市工作、生活。二是有相当多的留守妇女原初之所以留在农村，并非她们在城市找不到工作，也并非一定要种田，更主要的是为了照顾子女。当子女长大变成第二代农民工，或子女读书毕业后，她们就没有继续留在农村的必要，纷纷离开农村。三是城市学校对农民工子女就学基本放开，只要农民工在城镇有稳定工作、有保险、有住处，他们的子女就能像城镇儿童一样到公办学校读书，或到普惠学校（民办公助）读书。如此，一些年轻的农民工尤其新生代农民工可以一家人到城市居住、生活。统计资料显示，新生代农民工数量已经超过 3500 万，[①] 他们中 55.8% 的人已婚，其中 61% 以家庭形式迁移。[②]

从某种意义上说，中国农民工总量增长有多快，农业生产去"内卷化"就有多快，甚至农业生产去"内卷化"还要超过农民工增长速度。这是因为，虽然农业人口居住在农村，没有外出打工，但随着现代化农业发展和土地规模化经营的推进，越来越多的农业劳动力退出农业劳动，或从事非农产业，或赋闲在家。笔者在安徽东部的一个自然村调查发现，人民公社后期该

---

①② 国家卫生和计划生育委员会流动人口司：《中国流动人口发展报告 2013》，中国人口出版社，2013，第 51 页。

村有 270 人，20 世纪 90 年代后男劳动力陆续到上海、杭州、常州、福州等地打工，村庄居民少了 1/3。2005 年后，随着第一代农民工子女长大成人，妇女们也陆陆续续离开农村，有的在建筑工地上做丈夫的小工，有的在市场做小生意，有的干脆到城市做家庭妇女。现在这个村子除节日外居民不超过 30 人，并且基本上是 70 岁左右的老人，他们不在乎种田，重要的是要为子女看家。如此，在经济欠发达地区，农业生产去"内卷化"正在加剧农村空心化，越来越多的村庄呈现出"黄昏"景象。

农业去"内卷化"在农村带来的是村庄空心化，而在城镇则表现为"打工内卷化"。严格地说，农业去"内卷化"不一定就会带来"打工内卷化"。如果打工者在一定时间里能成功地转身为市民，并且这种转变是持续、稳定的，再多的农民到城镇打工，也不会导致"打工内卷化"。然而，中国城镇化是在城乡二元结构相对稳定的前提下进行的，农民不能轻易地转身，即使农民工在城市有稳定工作、较高收入，他们也难以成为城市人，仍要以农民身份从事非农职业。"打工内卷化"现象在中国非常严重。

已有一些学者用"内卷化"范式研究农民工，并对农民工"内卷化"给予不同的解释。如甘满堂把农民到农民工，再由农民工到农民的流动形式称为农民工"内卷化"阶层流动，并且指出，要消除农民工阶层流动"内卷化"，除了调整城乡利益关系、改革户籍制度、建立城乡统一的社会保障外，还要加强农民工的教育和培训，提高他们适应市场经济竞争和现代城市生活的能力。[①] 计亚萍等人的研究发现与甘满堂相似，认为大多数农民工流入城市后成为城市社会最底层群体，等到他们打工生涯结束后绝大多数农民工不得不回到农村，继续从事农业生产。由此，计亚萍等人将打工者不能成功地实现职业角色转换的职业行为归结为"典型的'内卷化'"，并且认为城乡二元结构的制约、土地家庭经营的束缚、相关惠农政策的吸引，以及农民工人力资本缺乏等是"内卷化"的重要影响因素。[②] 叶鹏飞从社会交往的角度解析农民工生活世界的"内卷化"现象，认为城市生活不仅具有空间

① 甘满堂：《社会学的"内卷化"理论与城市农民工问题》，《福州大学学报》（哲学社会科学版）2005 年第 1 期。

② 计亚萍、张广济、姜安：《农民工"内卷化"行为倾向研究》，《长白学刊》2010 年第 6 期。

上的边界，而且具有关系网络上的边界，农民工在城市生活中主要是"在群体内部不断扩展各种社会关系和网络"，没有将社会关系的触角延伸到"城市人"空间，体现出社会交往"内卷化"特征。[①] 刘丽也从农民工融入城市的角度研究"内卷化"，所不同的是，研究的对象为新生代农民工群体。她认为新生代农民工在城市生活中的社会交往呈现出"内倾性"，他们与城市人交往缺少感情上的交流，如此，他们在城市建构了"内卷化"的"自我社会关系网络"。[②] 诸如此类的"内卷化"研究，基本上是用"内卷化"形象描述打工者/农民工（包括新生代农民工）流动、社会交往的封闭性和内群性，既没有体现格尔茨"内卷化"的劳动力填充型（labor-stuffed）的生产模式，即将更多劳动力集中在有限农业生产中，使单位面积产量有所提高，也不符合黄宗智"有增长、无发展"的"内卷化"。或者说，这些研究不是很严谨的农民工"内卷化"研究，与"内卷化"基本含义有一定差距。

"打工内卷化"是就农业劳动力在城镇就业状况而言的，指城镇打工者群体内部人数不断增多，而他们的打工收入和打工者的农民身份却很少变化的过程。进入 20 世纪 90 年代，城镇化快速发展，农民源源不断地流动到城镇打工，致使城镇农民打工者逐年增加。然而，由于人的城镇化严重滞后于物的城镇化，只有极少数的城镇打工者能改变身份成为正式市民，绝大多数城镇打工者仍以农民身份从事非农劳动。由此不难发现，打工具有格尔茨的"内卷化"生产特征，即进城农民知道打工难转变身份，难成为正式的城镇居民，但农民们还是选择进城打工，不断"填充"打工者队伍。打工者"内卷化"行动的背后逻辑是：农业劳动收入微薄，农户将家庭主要劳动力安排到城镇打工，能挣到比农业劳动多得多的收入；如此，打工者便沿着自我战胜、自我锁定的路径，不断壮大打工队伍，不断拓展打工领域，进而使打工成为农民进城、从事非农业劳动的稳定性职业和常态化劳动。

城镇化进程中形成的"打工内卷化"，是中国城镇化发展不彻底的"人"的问题，是人的城镇化发展面临的最大困境。相对较高的城镇打工收

---

① 叶鹏飞：《探索农民工城市社会融合之路——基于社会交往"内卷化"的分析》，《城市发展研究》2012 年第 1 期。

② 刘丽：《新生代农民工"内卷化"现象及其城市融入问题》，《河北学刊》2012 年第 4 期。

入促使农民纷纷进入城镇，但城镇缺少相应的农民工转移、减少机制，致使农民工群体像滚雪球似的越滚越大，并固化为农民工群体。城镇农民工群体是中国产业工人的重要力量，在制造业、建筑业、餐饮服务业等劳动密集型产业中发挥着积极作用，但大多数打工者基于"内卷化"的理性与逻辑，既不对城镇抱有更高的希望，也不积极主张自身正当权益，以至于广大打工者的城镇生存状态一直没有发生大的改变，主要表现在以下一些方面。（1）居住条件差，基本生活质量普遍较低。大部分农民工居住在集体宿舍和城郊出租房。国家统计局《2015年全国农民工监测调查报告》指出，仅有1.3%的外出农民工在务工地有自购房。因为大多数农民工在城镇没有自己的住房，他们只能像候鸟一样年复一年地往返于城乡间。（2）社会保障缺乏，不能完整地享有城镇公共服务。国家要求城镇公共服务要全面覆盖城镇常住人口，但实际存在较多问题。（3）户籍准入门槛高，农民城镇落户困难大。有些农民在城镇打工几十年，甚至有的新生代农民工就在城镇出生、长大，但他们或因没有城镇住房，或其他条件达不到"积分落户"的分值要求，难为城镇所接纳。江苏省优秀的农民工也只有1%能落户城镇，[1]普通农民工能落户城镇的就更少。当前，除了经济欠发达地区的中小城镇农民工落户没有什么障碍外，经济发达地区的城镇打工者落户都存在很大困难。

如此来看，城镇化发展带动农村农业"去内卷化"，并导致城镇"打工内卷化"。"打工内卷化"让农民获得了比农业劳动多得多的经济收入，但与此同时，它也让进城打工者在城镇形成了以农民身份从事非农劳动的庞大群体。这个群体即农民工群体，不仅不能完整地享有城镇公共服务，工作还异常辛苦，生活也不尽如人意，而且由于城镇的市民化措施未能及时跟进，他们始终被固化在群体中而不能转身。因此，仅有农业去"内卷化"是不够的，还要进一步消除"打工内卷化"，唯有如此，人的城镇化才能有实质性进展。

三 人的城镇化发展：走出"内卷化"

就农民择业及其走向看，"农业内卷化"在1990年逐渐式微，村庄空

---

[1] 黄红芳：《千万农民工不应"被城市人"》，《新华日报》2013年4月17日。

心化的出现意味着"农业内卷化"终结。村庄空心化的发生机理与"农业内卷化"相反，它是农民离开农村，引起农业劳动力结构失衡，进而导致农业劳动对农业生产投入不足。如果说"农业内卷化"是农业劳动力在相对过剩情况下的一种"自我战胜"，那么，村庄空心化是农业在劳动力不足情况下的又一种"自我战胜"。① 由于绝大多数青壮年劳动力竞相离开农村，农户重新配置了农业劳动资源，采用更加粗放型的方式经营家庭农业，让老人等这些弱劳动者从事农业生产劳动。

农业劳动力外流和农村空心化并没有直接导致粮食产量明显下降，甚至全国粮食产量还出现了连续十多年增长，但农业劳动力大量外流耗损了农业有机体的元气，造成农业"内伤"，即农业劳动力数量急剧减少，农业劳动者素质普遍降低，农业劳动力结构性失衡更加严重。它之所以没有在粮食产量上表现出来，主要在于：（1）农药、化肥、除草剂的"粗放"使用，节省了大量人工，部分地对冲了农业劳动力减少对粮食产量的副作用；（2）农业机械化程度提高，越来越多的人力活和畜力活由机械代替，耕地、栽插、灌溉、收割、烘干等日趋机械化，即使农户缺乏劳动力，妇女、老年人也可以通过购买社会化服务来完成农业生产劳动；（3）近年来，土地规模化流转不断加快，不少农民加入土地股份合作社，加上农村各类经济组织在政府扶持下服务能力越来越强，农业集约经营和社会化程度明显提高，农业生产对农户劳动力的需求大幅度降低。尽管如此，但一定要明白：中国农业并没有完全从"内卷化"中走出来，自然条件不好、经济发展较慢的农村，农业机械化程度低，农业社会化服务组织少，土地流转还没有全面展开，一些留守妇女、老人仍靠透支身体健康，勉强地维持农业生产，农业生产还要继续去"内卷化"。

农业去"内卷化"正朝着好的方向发展，土地规模化经营、专业合作组织和社会化服务组织的发展，以及村庄整治、乡村振兴等系列"组合拳"的实施对化解农业去"内卷化"问题已初见成效。当下，人的城镇化发展关键问题是要去"打工内卷化"。去"打工内卷化"是解决转移农民、减少

---

① 王国敏、罗浩轩：《中国农业劳动力从"内卷化"向"空心化"转换研究》，《探索》2012年第2期。

农民、实现农民工市民化问题，以及推进以人的城镇化为核心的新型城镇化的重要任务。由于城镇累积了两亿多农民工，并且还面临着农民源源不断涌入的问题，去"打工内卷化"任重道远。虽然《国务院关于进一步推进户籍制度改革的意见》明确指出，到2020年实现一亿左右农业转移人口和其他常住人口在城镇落户，但由于国家实行严格控制特大城市人口规模、完善大城市积分落户等政策，大城市的打工者要想转变身份、实现市民化仍旧困难重重，或者说大城市还缺乏有效途径促进打工者转变身份。相形之下，中小城市尤其是农村城镇，由于政府加大了公共设施建设，其公共服务水平几乎与大城市接近，并且住房价格不高，多数打工者和进城农民能够承受得起。只要中小城市和农村城镇大力发展非农产业，开辟出更多的就业岗位，离土的农民们愿意且能够在这些地方居住、生活，并主动接受政府的市民化改造。

进而言之，在城乡快速一体化进程中，农民问题的解决不能局限于农村，需要城乡共同发力。各级政府需要抓住国家"以工带农、以城促乡"的机遇，双管齐下：一方面大力推进乡村振兴，让居村农民在美丽乡村中从事体面职业，成为居村市民；①另一方面，由于更多的农民正在或将要转移到城镇，城镇社会应努力使他们成为名副其实的市民。在计划经济时期，中国农民已经为国家建设、城市发展、市民幸福做出了巨大贡献，需要以人的城镇化发展为抓手，着力化解"打工内卷化"问题。

去"打工内卷化"是人的城镇化发展的重要诉求内容，其进路主要在五个方面。第一，给农民工均等化待遇。既然国家取消了农业户口，就要视他们为城镇居民，给予他们均等化公共服务。国家要在相关的法律法规中增加一些条款，要求地方政府、企事业单位保障农民工合法权益。第二，引导打工者分流。大城市人口多，公共服务供给压力大，政府要适当控制人口流入数量，以免"打工内卷化"进一步恶化。更重要的是，大城市政府需要采取切实可行的措施将劳动力密集的企业或部门迁移到中小城市或农村城镇，如效仿美国、德国等国家的做法，将一些国有大企业甚至大学搬迁到小

①　吴业苗：《居村农民市民化：何以可能？——基于城乡一体化进路的理论与实证分析》，《社会科学》2010年第7期。

城市或农村城镇，进而引导农业人口向城镇转移。第三，大力发展农村重点镇、中心镇。尽管打工者集中于大城市，但随着大城市经济结构调整和产业转型、升级的加快，打工者正在向内地城镇转移，越来越多的打工者会在不久的将来回到家乡城镇，尤其到县城镇买房、创业。调查发现，农民对小城镇没有多大兴趣，更偏向于有一定人口居住规模、有产业支撑的重点镇和中心镇，尤其是县城镇。如此，农村城镇建设要将建设重点放在重点镇和中心镇上。第四，支持打工者回乡。有相当多的打工者在城镇打工并非想成为市民，特别是第一代农民工，他们打工的目的就是挣钱。去"打工内卷化"不一定非要将所有打工者转变为城镇居民，需要适度引导一部分打工者回到乡村。第五，建设好农村社区。中国农村村庄过于分散，政府没有能力按照公共服务均等化标准建设每一个村庄，由此，要求政府建设好农村中心社区或集中社区，并使其公共服务与城镇社区对接，进而吸引更多的散居农民和回乡打工者向"规模社区"集中。

综上，农业去"内卷化"和去"打工内卷化"前后相继，一个发生在农村场域，另一个发生在城镇场域，它们相互掣肘，对以人的城镇化为核心的新型城镇化发展造成叠加压力，需要政府从城乡两个方面共同发力，"两手都要抓""两手都要硬"，否则，极可能重蹈拉美的"农村病"与"城市病"并存的覆辙。新型城镇化建设和城乡一体化发展已经打通了城乡空间边界，农民去"农业内卷化"，可以选择进城，从事非农业工作；同样，农民去"打工内卷化"，既可以选择留在城镇，让自己成为城镇居民，也可以选择返回农村，做"居村市民"。

第　二　章
人的城镇化中农民行动与选择

在人的城镇化进程中，农民面临要不要进城、要不要留城的选择。研究发现，农民的行动与选择具有明显的城镇化取向，遵循的也是城镇化理性，即根据城镇化发展及其趋势要求进行相应行动。尽管城镇化进程中的农民行动多数不是例行化行动，其中不乏创新和无奈，但农民的行动方向是正确的，特别是行动的"意外后果"对促进新型城镇化发展和农民身份转变有着积极作用。

第一节　城镇化中的农民行动与策略

城镇化尤其是新型城镇化是形塑当下农民行动的重要社会情境，广大农民面对城镇化机遇、压力和挑战，从城乡间隙中寻求到诸多有利于自己及其家庭的行动策略，如"跟风""人往高处走""不能苦孩子""小心无大错""有房才有家"等策略。

一　农民理性与城镇化中的农民行动

对农民来说，城镇化发展是把双刃剑，绝大多数农民从城镇化发展中得到了实惠，家庭收入和生活水平都有所提高。然而，自农民踏上城镇化道路那天起，一系列烦恼也纷至沓来。譬如说，处于传统农村社会向城镇社会转型中的农民一心挂两头：进城农民因为他们与农村有着"剪不断、理还乱"的联系，不能、不忍心或舍不得丢下农村的一切，不能专心在城镇谋取市民生活，居村农民也是如此。尽管如此，农民还是在几十年的城镇化进程中逐渐形成一套应对城镇化的行动策略。可以肯定的是，由于农民的这些行动策略是基于城镇化发展，行动受经济、市场的影响更大，"小农理性"行动显著式微。也就是说，农民在城镇化进程中采取的诸多行动不是或不全是小农理性驱使的，有相当多的行动是农民在城镇化实践中创造的。

　　一些学者习惯将农民行动置于乡村共同体中，用乡土性的"有色眼镜"检视农民行动特性。相比于陌生的、不确定的城镇社会，乡村共同体是熟人社区，主要依靠血缘关系、地缘关系维系稳定，人们之间沾亲带故，充满着脉脉温情，只要年景好，生活在乡村共同体中的人们就可以无忧无虑地生活。借此，斯科特认为，传统社会中的农民秉持"避免风险""安全第一"的生存理念，"以稳定可靠的方式满足最低限度的人的需要"，并愿意"做那些利润极低的消耗劳动的事情"。[①] 换言之，传统农村社会中的农民行动由于土地数量有限，加上缺乏资本和非农就业机会，农民只能采用劳动"密集"方式从事农业生产。[②]

　　但今天的农村，已不是宁静、温馨、保持"自然而然性"的"天堂"，不是与城镇隔绝的封闭体，农业也不是农村唯一的产业，非农产业在农村日渐普遍，农民除了从事农业生产外还可以选择其他职业。如此，相比于传统社会中的农民，现代农村社会中农民更崇尚经济理性，他们在追逐利益最大化上与资本家没有多大区别，其"生存理性"也逐渐转化为类似于资本主义企业家的经济理性，即"一旦有了投资机会和有效的刺激"，农民就会"点石成金"。[③] 就中国当下农民而言，说他们是生存理性的农民已经不符合实际，因为家庭承包制实施后，中国基本解决了农民的温饱生存问题，如果农民仍是生存理性的农民，他们就不会背井离乡地进城打工。当然，说中国农民是经济理性或资本理性的农民也欠准确，因为在城镇化进程中，纵使农民在城镇打工能够获得超过农业生产的收益，但绝大多数农民还是把农村的家庭承包地作为进城打工的安全保障，不愿意放弃承包地，"安全第一"

---

① 〔美〕詹姆斯·C. 斯科特：《农民的道义经济学：东南亚的反叛与生存》，程立显等译，译林出版社，2001，第16~17页。

② 〔美〕黄宗智：《华北的小农经济与社会变迁》，中华书局，2000，第6页。

③ 〔美〕西奥多·舒尔茨：《改造传统农业》，梁小民译，商务印书馆，1987，第5页。

的理性仍影响着农民进城行动。如此说来，处于传统农村社会向现代城镇社会转型中的中国农民，应该是兼有生存理性和经济理性的人。尽管不同阶段的不同农民拥有不同理性的程度不同，但还没有由生存理性完全转变或升级为经济理性，农民经济行动更多地受到生存理性和经济理性共同驱使。

有学者认为，中国当代农民不是传统小农，他们已经转变为社会化小农，其特质表现为"货币伦理"，即"小农的生存约束转为货币约束并追求货币收入最大化"。[①] 持这一观点的学者指出，农村改革后小农的社会化程度明显提高，他们"既不担心生存问题，也不追求利润最大化"，但由于生产、生活和交往等消费愈发膨胀，家庭货币压力不断增大，并成为日常生活最主要的烦恼，于是，"小农家庭的一切行为围绕货币展开，生产是为了最大限度地获取货币，生活要考虑最大化地节约货币"。[②] 由此，货币理性的社会化小农便选择低风险而不是高风险、短期的而不是长期的、较低收入的而不是较高收入的、亦工亦农而不是纯非农产业的行动。[③] 用货币理性推演当下农民行动策略有一定的解释力，且不乏时代意义。客观地说，中国绝大多数农民已经不具有经营小块土地的传统小农特征，不再为温饱而烦恼，但否定农民生存理性、经济理性需要进一步探究，更何况，缓解货币压力、多挣钱体现的也是农民经济理性。

其实，争论中国农民理性究竟是生存理性、经济理性还是货币理性已经没有多大意义，因为农民理性与农民面临的压力相联系，不同时代背景、不同约束条件下农民的理性表现是不同的。具体地说，当农民吃不饱、穿不暖时，生活窘迫的农民只能围绕生存进行日常经济活动；当农民面对市场竞争压力时，农民行为必须遵循优胜劣汰的市场规则，追逐经济利益最大化；而当农民面对提高生活水平的压力时，只有想方设法多赚钱，才能过上小康生活，或过上与城镇居民一样的生活。如此来说，农民理性是由农民所在的社会情境和约束其生存、发展的社会条件决定的，唯有根据具体的社会场景和约束条件才能正确识别农民理性，也只有如此，才能较准确地推演农民的行

---

① 邓大才：《社会化小农：动机与行为》，《华中师范大学学报》（人文社会科学版）2006 年第 3 期。
② 徐勇、邓大才：《社会化小农：解释当今农户的一种视角》，《学术月刊》2006 年第 7 期。
③ 王银梅：《中国社会化小农与农村土地流转》，《农业经济问题》2010 年第 5 期。

动策略。遗憾的是，现有的农民理性和行动研究没有看到中国农村社会变化和转型的事实，没有充分预测农村人口大量离土进城的趋势，更没有注意到城镇化发展给农民带来的压力，不能从农民的生存理性、经济理性包括货币理性的纠结中跳出来，以至于不关心农民的城镇化行动，甚至对农民城镇化行动的"不易"、痛苦无动于衷。

从可以观察到的经验看，农民应对城镇化的多数行动无法用农民的生存理性、经济理性或货币理性来解释。城镇化发展施加给农民多重压力，农民的城镇化行动呈现多样性，并且，城镇化发展分解了农村共同体，广大农民失去村庄共同体的保护，不得不面对日趋严峻的城镇化压力和挑战。毫不夸张地说，绝大多数农民陷入"进不去城、留不住乡"的混沌状态中，只能从城乡间隙中寻求对自己及其家庭有利的行动。当然，也不需要过于悲观。尽管在城镇化进程中农民行动具有较大的不确定性，但农民行动方向是正确的，基本上围绕着城镇化进行，即使留守在村庄中的农民，也根据城镇化发展趋势与要求安排自己和家庭行动。本书基于农民的城镇化行动是农民参与城镇化的存在方式，以及城镇化发展是通过农民进城的行动表现出来的"根由"，探究当下农民若干城镇化行动策略及其内在理性，[1] 并从农民例行化行动中发现农民"创造"及其对促进城镇化发展的意义。

二　不同社会情境下的农民行动及其走向

人的行动都是在特定社会"情境限制"下进行的，不仅受到储存于群体记忆中的文化规定，体现出历史延续性、稳定性，而且还受到现实空间场景的制约，呈现出时代性、差异性。从某种意义上说，人的行动就是人对社会情境一定程度的接受，不同的社会情境对人的行动"可能产生振奋的效果"，[2] 驱使人根据社会情境做出相应的行动选择。如此，没有外在于社会情境的"人"及其行动，只有将行动的个体置于广阔的社会情境下，结合"人、事发生互动的背景或舞台"，[3] 以及制度、规范和规则的变化，才可能

---

[1]　文中提及实例来自笔者 2016 年在安徽省庐江县的调研。

[2]　Cass R. Sunstein, *Routine and Revolution, Critique and Construction: a Symposium on Roberto Unger's Politics*, New York: Cambridge University Press, 1990. p. 62, 66.

[3]　王思斌：《多元嵌套结构下的情理行动——中国人社会行动模式研究》，《学海》2009 年第 1 期。

较好地把握人的行动及其背后逻辑。社会情境分别从历史的纵向和现实的横向两方面作用于人们，影响甚至决定着人们的行动选择，农民行动策略是在具体社会情境下形成并加以实施的，农民及其家庭成员的城镇化行动即为城镇化社会情境形塑的产物。

传统农村社会中的农民行动几乎离不开"农"，"生存"是农民的理性祈求。中国传统社会崇尚"农本"文化，重农轻商，将鼓励农耕作为治国安邦的重要举措。并且，农业生产对土地、水利设施有严重依赖性，造成了千万个"一方水土养一方人"的相对独立的村庄。尽管村庄是封闭、保守的，有的极其落后，但每一个村庄中的农民几乎世代视土地为命根，以种地为谋生唯一手段，并认为"世代定居是常态，迁移是变态"，[1] 除非遇到水旱灾害或战争，生活难以继续下去，否则他们极少向外地流动。即使农业是弱质、低效、受自然影响较大的产业，多数农民一年忙到头，其收益仅够家人生存，农民也始终以"安全第一"为理念，不敢轻易丢弃土地和农业生产外出求生。因此，农民为了过上稳定的日子，不得不采用"内卷化"方式提高农业产量。尽管农业生产的边际效益低、"不划算"，但只要能吃饱饭，多数农民是不愿意从事其他职业的。再者，传统农业社会里城镇少且弱，非农职业极其有限，整个社会都围绕农业生产开展经济活动，农民除了安心从事农业生产外，几乎没有其他更好的选择。也就是说，传统农业社会情境决定并固化了农民"重农"的行动，不仅农村生产活动以农业为中心，农村社会日常交往也与农业息息相关，而且形成了不同乡土特色的风俗、习惯和仪式。

集体化时期农民个人理性被"集体理性"取代。中华人民共和国成立后，国家政治在农村逐步建立了高度集中的集体化体制：将农村私有土地收归为农村集体所有，实行社队所有制；对农民进行社会主义改造，亿万农民成为社会主义集体农民；以"政社合一"体制整合农村社会，农村基层管理被纳入国家行政体系。在集体化时期的农村社会，按照国家统一部署进行农业生产、公共设施建设和文化活动。由于国家对农村实施统一管理，农民没有生产积极性、主动性、创造性，社会发展失去活力。僵化的集体化管理

---

[1]　费孝通：《乡土中国　生育制度》，北京大学出版社，1998，第 7 页。

体制阻碍了农业生产力发展，也捆住了农民自由行动的手脚，以至于越来越多的地方出现了农民"反集体""假集体"行动。如高王凌说的，农民为了能够吃饱肚子，一些地方出现了"瞒产私分""盗窃"，且"不把那当成丑事"的行动。[①] 不仅如此，在农村集体化时期农民的城镇化行动极少发生。一是国家倡导"以粮为纲"发展战略，抑制非农经济发展，甚至将非农经济视为资本主义予以严厉打击，农民的经济行动只能围绕粮食生产进行；二是城镇化发展缓慢，1978 年比 1949 年城镇化率仅提高了 7.28 个百分点，[②]农民进城渠道很少；三是国家禁止农村城镇集市交易，农民日常生产、生活用品实行票证供应，农民所有的城镇化行动都被认定是非法的。

农村改革后，农民经济理性不断彰显，行动日趋城镇化。准确地说，在集体化时期的农村，更多由集体组织支配。随着农村家庭承包制实施和村民自治体制推进，农民成为相对自由的独立经济主体，个人理性得以释放，可以按照自己的想法进行农业生产活动和社会行动。当农民生存理性释放出来后，农民主动地在承包地上精耕细作，并很快解决了家庭的温饱问题。紧随其后的是农民经济理性不断成长，一些地方农民利用农业多余劳动力兴办乡镇企业，继后又着力进行小城镇建设。由此，自 20 世纪 80年代起农村的社会情境已不再是"纯农"，非农产业/企业、小城镇发展逐渐成为农民行动必须面对的社会情境。换言之，如果一个地方政府看不到农村社会情境的变化，或把握不住乡镇企业发展和小城镇建设的时机，那个地方经济将难以快速发展。同理，如果一个农民不能面对农村社会情境的变化，只满足农业生产和家庭温饱，就会被生存理性束缚行动，难以获得更多的经济收益。就此来看，20 世纪 80 年代江苏的苏南、浙江的温州、福建的石狮等地农民都走在全国前列，也因之获得了高于农业生产的非农收益。

20 世纪 80 年代农村社会逐步走向开放，出现面向城镇的社会情境，农民由进小城镇谋生转变为到城市打工，其行动具有明显的城镇化特性。城镇化发展首先向农民敞开的是小城镇，乡镇企业兴起吸引农户家庭多余的年轻

---

① 高王凌：《人民公社时期中国农民"反行为"调查》，中共党史出版社，2006，第 17 页。

② 简新华、何志扬、黄锟：《中国城镇化与中国特色城镇化道路》，山东人民出版社，2010，第199 页。

人。农村年轻人进厂工作不全是为了挣钱，而是以城镇的企业为平台，通过成为企业职工而转变非农业户口和成为城镇居民。因为在 20 世纪 80 年代，非农业户口对年轻农民具有强大诱惑力，拥有非农业户口，不仅可以享有城镇居民的福利待遇，更重要的是可以逃离世世代代的面朝黄土、背朝天的农民命运。进入 20 世纪 90 年代尤其是在党的十四大以后，城市改革全面开展，更多的城市像沿海经济特区一样快速发展起来，需要更多的农民劳动力。如此情境下，农民选择职业、工作的空间大，不再限于在小城镇和经济特区工作，更多地在经济发达地区和各类城市寻找工作。进入 21 世纪后，国家和城市政府加大了农民市民化工作力度，城镇社会对打工农民的包容性不断增强，几乎每一农户家里都有进城打工者，他们来往于城乡间，不仅将乡村社会关系带入城市，在城市形成亚乡村文化圈，而且还将城市文化、生活方式等带回农村，越来越多的居村农民对城市不再陌生。农村社会情境与城镇社会情境交融在一起，更多农民不得不根据城乡社会情境选择日常行动。今天检视农民行动肯定不能拘泥于农村社会情境，因为 40 多年来，农民在"进城—回乡"周而复始的循环中缩小了城乡社会距离，促进了城乡一体化发展。准确地说，城乡原本分割的社会情境已经在农民进城打工过程中糅合在一起，任何一个农民不能仅仅根据农村社会情境选择行动，必须考虑城市的社会情境。即使是居村农民的行动也需要充分考量城镇的社会情境，唯有如此，才能避免下一步行动不会因为城镇化进一步发展而受到损失。

三　城镇化进程中农民的行动策略

将农民行动嵌入社会情境中考察，主要在于行动与社会情境具有高度关联性，社会情境中的社会关系、制度政策及其他结构要素等形塑了农民行动，并且农民行动随着社会情境的变化而发生着改变。再者，由于社会情境与农民形成了"结构－行动"关系，即农民需要根据城乡社会情境能动地设计、调整行动策略，也需要根据自身利益要求积极地建构更有效的社会情境和社会结构。但是，学者们习惯用结构规定性和制度批判性来讨论农民行动，将农民行动的损益归咎于城乡二元结构和诸多不合理的制度，而忽视甚至漠视农民行动者的主体性，使研究陷入结构决定论和制度决定主义的迷宫中，进而遮蔽研究者的眼睛，看不到农民行动的主动性，忽视农民主体行动对城镇化发展和城乡一体化发展的促进作用和对新型社会的主体建构意义。以下陈述的农民 5 个行动策略都发生在农村社会向城镇社会转型的社会情境下，体现了农民行动应对城镇化发展压力的主体性和创造性。

1. "小心无大错"策略

农民"小心无大错"行动策略即为斯科特在生存/道义经济学中描述的"安全第一""规避风险"理性。传统社会中的农民主要从事农业生产，受雨水、气温等自然要素影响大，收益不稳定。农民无论在农业生产中付出多少，也不能保证每年都有好收成，一旦遇到水灾或旱灾等自然灾害，一年的辛苦就可能"泡汤"。如此，每一个农民都需要小心谨慎地对待每年的耕作、养殖，将"生存安全"放在行动的第一位上。在相对封闭、没有多少择业机会的农业社会中，农民们一般采用两种方式应对农业生产的不稳定。一种方式是发展多种经营，以水稻、小麦等农作物生产为主业，辅之以花生、棉花、果树等经济作物生产，以及发展一些养殖、编织等家庭副业；另一种方式是，一些农民家庭本着"荒年饿不死手艺人"的逻辑，安排子女学一门手艺，如成为木匠、铁匠、缝纫师、理发师等，既能在正常年份里为家庭多挣经济收入，又能在"荒年"有一个营生途径，从而保证家人有钱活下去。

农民在城镇化进程中的行动也是处处小心、时时谨慎的。20 世纪 80 年代乡镇企业发展和小城镇建设如火如荼，农户一般是将家里的年轻劳动力，即从学校毕业的子女安排到城镇企业上班，或到东南沿海经济发达地区打工，家中主要劳动力仍从事农业生产劳动。当 20 世纪 90 年代中期城市化发展步入快车道后，加上越来越多的农民认可打工能赚到更多的钱，农户才逐渐将家庭主要劳动力安排到城镇打工，但绝大多数家庭没有放弃农业生产。农户的就业结构是"半工半农"，一边是留守妇女、留守老人在农村继续从事家庭农业生产，保障家庭成员生存安全，另一边是外出打工农民在城镇从事非农职业，赚取更多钱。尽管城镇打工一个月挣的钱可能超过家庭留守人员一年的农业收入，但绝大多数农户还是坚守着农业生产，没有放弃承包地。按照一位打工者的话说，虽然打工收入高，城镇的生活条件比农村好，但打工的职业不稳定，城镇的生活成本高，即使一家人都来到城镇打工、生活，也不能放弃农村的家和承包地。

　　庐江县黄山村的农民出门打工早，20 世纪 80 年代有不少农民在上海的建筑业就小有名气。几十年下来，其中一些人已经成为"老板"，有了自己的公司，并且在大城市拥有自己的住房。即使有部分农民仍是纯粹的打工者，从事低端的体力劳动，但由于他们长年在城镇打工，家里也有一定的积蓄，有条件在城镇购买住房。但黄山村的调查发现，即使该村至少 2/3 的农户在城镇有第二套房产，且拥有收入比较稳定的城镇工作，他们也不愿意让出农村宅基地和住房。之所以如此，一方面是国家暂没有这方面的退出政策，他们没有必要让出宅基地和住房，另一方面是他们中不少人觉得农村的家是自己真正的家，假如哪天在城镇没有了工作，他们还要回到农村居住、生活。就农民择业、购房的行动看，除非农民觉得他们在城镇工作、生活是足够安全的，否则，试图让这些已经城镇化的农民退出农村是有较大难度的，因为在他们的世界里没有什么比"安全"更重要。或许有人不理解农民这一行动策略，甚至指责他们贪婪，但我们一定要看到：正是农民"安全""小心""谨慎"的理性，中国农业文明才能绵延至今。

　　2. "跟风"策略

　　跟风又叫"随大溜"，出于人们的从众心理，是个人因受到外界人群行为或公众舆论的影响而做出的与多数人行动一致的行动。有学者认为，跟风的人缺乏理性思考和自我把持，害怕落伍于风尚潮流而选择盲从；"跟风有可能束缚思维、抑制个性发展、扼杀创造力"，使人的行动、人生境界陷入"流行化、浮躁化、庸俗化"。[①] 然而，跟风是非常普遍的社会现象，在农村社会尤为盛行，多数农民"跟风"进行日常生活和生产活动。相比于城镇社会，农村社会发展落后，农民文化水平低，市场信息难以全部被每一个农民掌握，于是"有限理性"[②] 的农民不得不"跟风"实施机会主义行动——采用温和方式谋取自身利益最大化，或最大限度地规避风险。

　　在农村社会中人人都可能成为跟风者，姑且不论日常生活上的跟风行

[①] 周晓燕：《"如何看待社会跟风现象"调查报告》，《人民论坛》2010 年第 22 期，第 14~17 页。

[②] Williamson, O., *Market and Hierarchies*, New York: Free Press, 1975, p. 255.

动，农民在农业生产中的跟风行动就一直很普遍。20 世纪五六十年代农民在办合作社、建人民公社和学习大寨活动中的"比学赶超"就是典型的"跟风"行动——某地农民先做了某事，如果得到了上级政府认可或表扬，全国农民在很短时间里就会效仿，甚至不惜脱离本地实际也跟风模仿，以至于教条主义、经验主义一度在农村地区泛滥成灾。改革开放后，国家实行家庭联产承包制，农民可以按照自己的意愿独立自主地进行农业生产活动，但农业生产中的跟风行动并没有减少。如某农户今年种植某种经济作物赚钱了，第二年更多的农户便一窝蜂地种植这种经济作物，造成产品出现严重过剩，卖不掉。无奈之下，农民们又一窝蜂地毁掉这种作物，再进行新一轮"跟风"。分散农户之所以选择跟风，本来出于逐利动机，但由于群体"在智力上总是低于孤立的个人"，即"群体中累加在一起的只有愚蠢而不是天生的智慧"，[1] 从而造成农民的跟风行动一再失败。

当然，并非农民所有的跟风行动都以失败告终，在城镇化进程中农民采用跟风策略进城打工、进城购房等行动却推动了城镇化发展，促进了农民向市民转身。20 世纪 80 年代初，农村剩余劳动力主要在家乡附近的乡镇打工，只有极个别年轻人勇敢地走出家乡，到沿海城市打工。到沿海经济发达地区打工有更多的不确定因素，风险大，但打工的高收入逐渐让更多农民家庭放弃小城镇打工，而选择到经济发达地区打工。特别是在党的十四大后，农民纷纷跟风外出打工，并形成了"民工潮"。跟风策略驱使农民向城镇靠近：当第一个农民将子女送到城镇学校读书，村庄中其他孩子在羡慕中陆续离开乡村学校，加入进城读书行列；当第一个农户在城镇买房，村庄中其他农户也就不再在村庄盖新房，竞相进城买房；当第一个农民觉得种田没有打工划算，将田地流转出去，其他农户"盘算"得失后，也跟着放弃种田。城镇化进程中，农民的一些集体行动基本上是"跟着"形成的，最初是一两个农民或一两家农户开始某一行动，当这种行动呈现"利好"后，更多的农民便效仿着行动。城镇化中的"跟风"行动具有很强的惯性，除非某一行动遭遇到严重挫折或较大损失，否则，一旦"跟风"形成，农民们是

---

① 〔法〕古斯塔夫·勒庞：《乌合之众：大众心理研究》，冯克利译，中央编译出版社，2004，第16、19 页。

不会轻易放弃的。农民采用"跟风"策略进城打工、购房、送孩子到城镇学校上学等城镇化行动符合城镇化发展趋势，加上这一"跟风"行动因得到国家广泛支持而日渐盛行，很难停下来。也就是说，农民的跟风进城行动正处于上升期，形成的势能将继续推动更多农民进城，并且随着进城农民逐渐认同城镇社会，他们向市民转身的行动也将"跟风"效仿。

3. "人往高处走"策略

用"人往高处走"说明人流动的规则性比较恰当，社会中的人总希望从下层向上层流动，职场上人员跳槽如此，农村社会中农民流动也遵循这个规则。传统农村社会中的农民坚守自家的田地，为了养活家人，长年累月地从事农业生产劳动，世代定居在一个地方，很少发生流动，有的只是水平流动。由于各地农村的农作物耕种、收获的时间不同，少数农民跟随农作物耕种、收获季节流动做工。如在民国时期，浙东、浙西等地每到秋收季节就有大量流动的"稻客"，[①] 西北地区的关中和陇东一带每到麦子成熟时就有跨区流动来的"麦客"。[②] 流动者通常是无田地的或将自家农田转让给别人代耕的农民，他们常年在不同的农村做农活，到了冬季或没有农活做的时候便会回到村庄。这类性质的农民流动至今仍存在，如河南、四川等内地农民到新疆摘棉花，安徽中部、江苏苏北的农民到苏南、浙江采茶叶。流动做农活是临时性、季节性的，主要是为了多挣钱、贴补家用。

相比较而言，农民闯关东、走西口、下南洋等流动则属于向上流动。从农民的流动动机、期望和流动结果看，尽管农民选择异地流动的社会情境不同，有的出于逃避灾荒、战争，但更多的农民选择这类流动是奔着改变现状、能过上更好的生活去的。如此，一旦流动者在流动地扎下了根，通常会将家里其他人接过来，过跟过去不一样的生活。农民将家及其家人从一个地方搬迁到另一个地方，虽然过程不一定顺畅，有的异常坎坷，甚至要付出生命代价，但大多数农民的流动应验了"树挪死、人挪活"的俗语，流动的选择总体上是正确的，它改变了流动者及其家人的贫困命运，退一步说，流动至少能让家人有饭吃，能继续活下去。

---

① 中国社会科学院等：《1949~1952中华人民共和国政府经济档案资料选编》（农村经济体制卷），社会科学文献出版社，1991，第516页。

② 史敬棠等：《中国农业合作化运动史料》（上），生活·读书·新知三联书店，1957，第16页。

改革开放后，农民冲破城乡二元阻隔、进城打工，其行动策略也是"人往高处走"。在绝大多数农村人眼里，城镇尤其是大城市比农村"好"。计划经济时期城乡是两个不同的世界，城市的公共设施、工作和生活条件比农村好，城镇人能享有国家和政府提供的"高水平"公共服务和社会保障，并且，城镇对农村人进入设置高门槛，除了极个别的农村精英，包括大学生、军人、少数干部，绝大多数农村人被城镇社会排除在外，于是，农村人一度将农民身份转变为城镇市民身份看成为"跳龙（农）门"。这一思维定式一直延续几十年，至今在相当多的农民眼里城镇社会仍高于农村社会，如是，新老两代农民都向城镇社会流动，而且越来越多的流动农民希望城镇能留下他们，让他们成为名副其实的城镇居民。这种向上流动已经呈现两个表征：一是越来越多的农民到城镇买房，尤其是年轻人把城镇有住房作为谈婚论嫁的必要条件；二是越来越多的农民到大城市寻求工作，他们认为大城市尤其是特大城市工作机会多，即使大城市居住条件比不上小城市甚至村庄，他们也对大城市情有独钟——在很多农民那里，他们还是不愿意留在农村或者回到农村过安逸、舒坦的日子。向城镇流动就是向上流动，虽苦犹甜！

4. "不能苦孩子"策略

乡村学校教学条件、师资水平没有城镇学校好。为缩小城乡教育差距，提升农村学子上名校的机会，国家高考招生政策向农村和贫困地区倾斜，实施国家专项计划、地方专项计划和高校专项计划，通过降分、特招等方式定向或专项招收边远、贫困、民族等地区县以下勤奋好学、成绩优良的农村学生。并且，政府不断加大对乡村教育的扶持，先后对乡村教育实施了"两基攻坚""两免一补""特岗教师计划""免费培养师范生""乡村教授支持计划"等政策，大力发展乡村教育。这些举措不仅有效地减轻、阻止乡村贫困现象的代际传递，而且让更多的"寒门学子"通过文化知识的学习改变了命运。

国家的一系列优惠政策促进了农村教育发展，并取得了较好的成效，但城镇化快速发展不可避免地对乡村教育形成冲击，尤其是乡村空心化导致农村地方政府不得不关闭一些学校，即使不关闭，一些学校也因生源减少而不愿意提高师资质量和改善教学设施，以致一些农民不得不自己想办法改善孩子的学习条件。其中，一些打工者父母将孩子带到城镇，让孩子在城镇公办学校或政府支持的惠民学校读书，还有一些农民，应该说是更多的农民，仍将孩子留在农村学校读书。但调查发现，越来越多的农民在孩子教育上选择"再苦不能苦孩子"策略，尽可能地让孩子拥有一个较好的学习环境。这个策略的行动包括以下几个方面。

（1）陪伴孩子读书。家庭经济状况好转后，一些学生家长不忍心孩子住集体宿舍、吃学校食堂饭菜，而是在学校附近租房子，让孩子读书有个独立生活空间，并为孩子提供饮食起居服务。在城镇学校陪读的有孩子的爷爷或奶奶，有孩子的母亲，也有极少数陪读者是孩子的父亲。庐江县乐桥镇浮槐村的一位妇联主任，她的孩子被庐江县一所普通高中录取，她和爱人觉得该校教学质量差，于是，每学期交给该校800元保留学籍，选择到安徽省六安市毛坦厂中学借读。借读费用很高，除了每学期向毛坦厂中学交近3000元学费外，她还一次性交了4万元借读费，并且，为了让孩子专心学习，她在学校附近租了一间陪读房，每学期租金是7000元。由于她自己是村干部，事务多、走不开，而她的爱人又在城市打工，她动员自己母亲陪读。孩子上高三时，她担心母亲年纪大照顾不好孩子，便让爱人放弃一年十多万元的打工收入回家陪孩子读书。粗略估算，连同陪读生活费每年1万多元，三年高中读下来，至少花掉20多万元，包括她爱人因陪读损失的钱。尽管如此，她仍高兴：多年辛苦没有白费，钱也没有瞎花，孩子最终考上了一所二本院校。

（2）送孩子到全封闭的民办学校读书。不少农民夫妇都在城镇打工，把孩子交给祖辈看管不放心，于是，越来越多的农民将孩子送到全封闭的民办学校读书。庐江县城的庐州学校、距县城4公里的志成学校，都是全封闭的寄宿式民办学校，里面的学生90%以上是农民工子女。在外打工的孩子父母不惜多花钱让孩子到民办学校读书，主要是为了学校能将孩子全程看管起来：这类民办学校没有正常的周六、周日休息日，一个月集中调休5天，以便学生回家；孩子回家、上学由校车接送，学生进校后不准许出校门，晚上睡觉有生活老师照顾。全封闭的民办学校不同于城市民办学校，它们是根据学生家长外出打工、不能有效监管孩子的情况建立的，采用全方位、立体式管理和教育方式，对学生的学习和生活实施严格管理。庐江县这两所主要招收外出打工者孩子的民办学校，不是教学质量高的重点学校，也不是学习条件比较好的"贵族学校"，但因办学特点迎合了外出打工者孩子就学需求，即使学费比公办学校高不少，外出打工者还是愿意将孩子送进去。庐州学校和志成学校生源充足，每年都是采用考试方式录取新生。

（3）花钱让孩子在学校老师家吃住。还有一些家长将孩子安排到学校老师家里，委托老师家人管理、照顾孩子。庐江县的城乡中学不少老师家里都住着学生，少的一两人，多的十多个，他们就像老师的家人一样，与老师吃住在一起。庐江乐桥中学单职工老师①几乎家家住着本校学生，一般一年一个学生要付1.5万元。庐江县城的一些中学，部分老师家里也住着学生，他们收钱比镇中学高，多数是每生每年3万元。相比于全封闭中学，一些农民工更喜欢让孩子吃住在老师家：吃住在老师家，老师和学生吃的一样，孩子生活不会苦；课余时间在老师家，老师可以看管孩子，孩子不至于学坏；老师家人为孩子提供洗衣等服务，孩子可以有更多的时间读书。

5."有房才有家"策略

中国人对房子有很深的情结。房子是人遮风挡雨的居住空间，无论人在哪里生活都需要房子，它成了家庭最重要的生活资料。房子还是安家立业之本，传统社会中的人们包括在外从商、为官的人，无论他们到哪里，最先要做的大事就是添置房产。很多农民特别看重房子，尽管他们中很多人一辈子省吃俭用，但舍得将家庭积蓄甚至背债做新房、翻旧房——拥有房子，就能娶到媳妇，就能延续后代。房子不仅是家庭重要财产，还是一个人身份、地位的重要标识，没有房子，其他的就无从谈起。因此，传统农村社会中的"察亲"，一方面是女孩家人到男孩家看男孩本人和父母，了解他们品行、能力等情况，另一方面就是看房子，如果男方家房子多、大、好，女孩家人就会觉得男孩家有钱，能放心将女孩嫁过来。农村人"有房才有家"的观念亘古未变。笔者在一些村庄调查发现，自20世纪50年代以来，农民的房子升级了三次：最先由土墙草顶升级为土墙瓦顶，继后升级为砖墙瓦顶，再后升级为砖墙平顶的二层楼房，还有极少数是三四层的多层楼房。农民根据自身经济条件、子女结婚居住需求多次修建房子，即使在中西部经济欠发达

---

① 单职工老师是夫妻一方有正式工作，另一方没有固定工作。庐江农村城镇中学的老师，夫妻都有正式工作的少，一般男的是老师，妻子在家或做小生意、或做临时工。如果家里收留学生，家属就可以不用工作，照顾学生的收入一年也有几万元。

的农村地区，一些农民也是如此，所不同的是他们的房子升级改造比经济发达地区的农村慢。

当下，在村庄盖新房渐少，越来越多的农民进城买房。相比较而言，20世纪八九十年代进城的第一代农民工，他们一般将打工所在地的城镇视为人生的一个客栈，打工不是为了成为城镇人，而是将在城镇挣到的钱带回村庄盖房子、交学费；而21世纪进入城镇打工的新生代农民工，他们进城打工不仅仅为了挣钱，更希望在城镇拥有属于自己的房子，有个家，以便成为城镇正式居民。就此来看，农民进城打工、挣钱是中国城镇化发展的初级阶段，也可以说是人口城镇化阶段，即农民参与城镇化的人口流动，进城农民虽是新市民，但他们多数人不是真正意义上的城镇居民。农民进城购房应该是中国城镇化发展的第二个阶段，它是继人口城镇化后人的城镇化的重要标志——房子是农民向城镇转移、实现市民化的瓶颈，农民只流动、难转身为市民的重要影响因素是进城农民没有自己的城镇住房。进城农民在城镇购房，对促进以人的城镇化为核心的新型城镇化发展有重大意义，进城农民将因在城镇有自己的房子而主动转身为正式城镇居民。

近几年农民购房行动全面展开，主要在于：一是新生代农民工几乎不会种田，他们只能在城镇工作、生活，成为城镇正式居民是唯一出路；二是城镇房地产市场膨胀，尤其是中小城市包括县城镇房子过剩，国家和城镇政府为了拉动内需，鼓励农民购房；三是越来越多的新生代农民想把子女带到城镇，接受更好的教育；四是进城农民中不少人已经具有一定的经济实力，能够在中小城市尤其在城镇购买住房。调查发现，庐江县农民到城镇买房已经普遍化，如盛桥镇的农民几乎不在村庄盖新房，① 家里有钱的在合肥等大城市买房，一般富裕家庭（大多数农户）在庐江县城买房，经济状况不是很好的，也要到盛桥镇买房。城镇有房子已经成为农村青年谈婚论嫁的基本条件。② 再如，泥河镇的一个村庄共25户，5户在南通、常州、合肥、深圳买了房，14户在庐江县城买了房，2户在泥河镇买了房，只有4户出于子女不

---

① 乡镇和村只准许农民旧房改造，基本不批准居村农民在村庄盖新房。现实中，现在农村很少有农民想改造旧房，一般一个行政村一年只有几户。

② 庐江农村盛行的女孩嫁人条件是"一动一不动"："一动"是男方家有车，"一不动"是男方家在城镇有住房。

在身边、自己年纪大、孩子是女儿、家庭经济困难等原因没有购买城镇住房。不难推测，随着城镇化进一步推进和农村年轻人、中青年人不断进城买房，目前农村的"半工半耕"家庭成员分工结构将被农民进城买房行动彻底解构，绝大多数农民因为城镇有住房而不愿意回到农村居住或从事农业生产劳动。

总的来说，上述五个行动策略是农民应对城镇化发展及其影响而采取的一般方法。农民选择这些行动策略不仅较好地解决了城镇化发展给他们带来的困难和问题，而且迎合了城镇化发展趋势，让自己和家人过上更好的生活。以下五个行动策略生成于城镇化发展压力，它们在程度上是递进的。（1）"小心无大错"是农民进行城镇化行动的最基本策略。农民所有的城镇化行动都要遵循这个策略，因为农民的家庭"弱境况"决定了他们必须谨慎、小心行动，进城、孩子就学都不能出现"闪失"，否则将影响全家人的正常生活。这是农民城镇化行动的底线原则。（2）"跟风"是农民在城镇化中进行行为探索的策略。当农民对城镇化发展中出现的新情况、新趋势把握不准时，一般会有少数勇敢者"试错"，等到确定外出没有大的风险且安全后，越来越多的农民才相继跟随。这是农民安全地进行城镇化行动的保证。（3）"人往高处走"是农民发现进城打工比农业劳动有更高收入时而采取的行动策略。随着城镇化不断发展，一些打工者尤其是新生代农民逐渐确立了城镇取向，纷纷由乡下流入城镇。这是农民在跟风并尝到甜头后的进一步城镇化行动。（4）"不能苦孩子"是农民生活好起来后的行动策略。虽然进城农民能得到比农业劳动高得多的收入，但他们打工异常艰辛，如此，很多挣了钱的农民工尽可能地改善孩子的学习、生活条件，期望孩子不走与自己一样的城镇化道路。这是农民根据自己对城镇化生活的认识而做出的为后代前途着想的行动。（5）"有房才有家"是农民希望在城镇留下来的行动策略。农民在城镇打工、将家人带入城镇生活都需要城镇住房，只有在城镇拥有自己的住房，进城农民才算是离开农村，成为真正的市民。这是农民对城镇未来生活做出的永久性安排。

四　农民行动背后的城镇化理性

奥尔森在《集体行动的逻辑》中指出，人在集体行动中存在"搭便车"

倾向，越是大的集团或组织，"搭便车"现象越严重，而在小集团中，由于人们发现"一旦他为集体利益去行动，他从中获得的收益超过了他为之而付出的成本"，如此，"搭便车"的人就少，与大集团相比也更容易组织集团行动。[①] 中国改革开放后，广大农民直接或间接地被卷入城镇化潮流中，进城成为亿万农民的集体行动。然而，除了城郊少数农民是被动城镇化外，大多数农民主动、积极地进行城镇化行动，既看不到他们"搭便车"的行动倾向，也没有多少农民计较进城成本。换言之，除了城郊农村农民因房屋被拆迁、承包地和宅基地被征用而获得进城补偿外，更多的农民主要是自己承担从乡村进入城镇的成本。就此来看，奥尔森的"集体行动逻辑"几乎不适应中国农民集体进城行动。此外，农民们进行的城镇化集体行动与市场活动中的企业行动、行政管理中的组织行动也有较大差异，既看不出公平交易逻辑，也看不到服从、执行逻辑，市场规则、行政规则都解释不了农民进城行动的发生。因此，笔者根据上文陈述的事实，将农民进城的行动理性称为"城镇化理性"。

城镇化发展是中国传统社会向现代社会、农村社会向城镇社会转型的趋势要求，消弭城乡二元结构、实现城乡一体化、发展新型城镇化都需要农民开展广泛的城镇化行动。从30多年的城镇化历程中不难发现，离乡进城的农民从"进城—回乡"的一年又一年、一轮复一轮的流动循环中日渐疏远农村、向城镇靠近，大多数农民的行动呈现明显的城镇化倾向。如果中国城镇化按照现在的速度持续不断地发展下去，可以预见，大多数"70后"、几乎所有的"80后"和"90后"的农民，只要他们已经到城镇打工或到城镇居住，再回农村务农、生活的可能性就很小。正如鲍曼说的，滕尼斯的天堂社区在农业社会向工业社会转型中已经瓦解，并且"一旦'解体'，它就不能像凤凰涅槃一样被再次整合为一体"，[②] 也不可能被找回。也就是说，城镇化发展留给农村的"纯农性"越来越少。

影响农民进城行动的主客观因素随着城镇化发展将被固化为阻止农民回

① 〔美〕曼瑟尔·奥尔森：《集体行动的逻辑》，陈郁、郭宇峰、李崇新译，格致出版社、上海三联书店、上海人民出版社，1995，第6~7页。
② 〔英〕齐格蒙特·鲍曼：《共同体：在一个不确定的世界中寻找安全》，欧阳景根译，江苏人民出版社，2003，第4、12页。

乡的制约因素。村野调查发现，促进农民继续进城的有利条件越来越多，除了国家实施城镇化激励政策外，农民自己在打工中也积累了大量城镇化资源，如形成高于农村且能够在城镇购买住房的经济基础，或拥有足够的经济实力支持孩子在城镇学校读书，甚至一些农民还在城镇中积累了丰富的社会资本，不仅他们的亲戚关系、家族关系在城镇，而且他们在城镇多年的打拼中形成了方方面面的"弱关系"，可以为他们在城镇工作、生活提供有力支持。而在农村，除了承包地、宅基地和老房子等"不动产"外，社会与人际关系方面的"软实力"大幅度减少。如今生活在农村中的人们，家庭活动包括婚丧嫁娶等大事情，亲戚和邻里已不能提供有效帮助，必须从市场上购买服务，村庄社区的个人生活出现严重的"社会的缺席"，① 正变得比城镇社区还缺乏人情味。实质上还有两个客观原因：一方面村庄多数人已经不住在村庄，尤其是能提供帮助的年轻劳动力都离开了村庄，村庄中的老人已经没有能力再提供有"人情味"的帮助；另一方面，村庄已经由过去的熟人社会转变为"半熟人社会"，大家在一起的时间短，见面如陌生的路人，即使有个别年轻人回到村庄，也因他们彼此缺乏类似于传统村庄的深厚感情而不愿意提供帮助。就此来看，城镇化发展不仅仅将农民个人及其家人带进城镇社会，而且他们在城镇社会中逐渐形成了新的社会关系网络，而这又反过来成为阻碍他们回乡的结构力。

农村人对村庄和农业越来越生分。20 世纪 90 年代，甚至在 21 世纪初的 10 年里农民外出打工潮与春节回乡潮都气势磅礴，曾成为中国乃至世界瞩目的人口"候鸟"式大迁移。然而在今天的农村，虽然城乡间农村人口流动仍熙熙攘攘，但规模、气势已不如从前，打工者及其家属、子女选择在城镇生活的逐渐增多，不再频繁地在城乡间来回奔波。即使在春节这一中国人家庭团圆的日子里，不愿意回村庄过年的人逐渐增多，以至于一些村庄在春节期间也没有多少人气和热闹气氛。城镇化理性正在改变着农民的过年行动。

（1）回乡过年的打工者明显减少。一部分长年在城镇打工且在城镇拥有固定住所的农民认为，长期不在农村生活，回家过年很不方便，缺的或要添

---

① 渠敬东：《缺席与断裂：有关失范的社会学研究》，上海人民出版社，1999，第 2 页。

置的物品多，与其带子女回老家过年，不如将父母接到城里过年。近几年，庐江县黄山村回家过年的打工者逐年减少，而将家里老人接到城市过年的打工者却明显增多。一些有子女在城市打工的居村老人，每当年底就早早地赶制年货，如做粑粑、腊肉等，等着子女接他们到城里过年。这些在城里过年的老人，短的在城里停留十几二十天，时间长的要等到农历三月农忙时才回村。在黄山村，每年回家的打工者最多的时节已不是春节，而是清明节前，上海、杭州、南京等大城市的打工者都会拖家带口回乡扫墓，"做清明"。

（2）回乡过年的打工者不愿意待在村庄。这有两种情况：一是打工者在城镇（主要是在县城镇）买了房子，加上城里居住、生活条件好，他们一般选择在城里过年。需要提及的是，农村人有在除夕当天祭祖①的风俗，几乎每家每户都要举办祭祖仪式。这些选择在城里过年的人，通常在大年三十的下午祭祖，仪式后一家人再到城里过年。二是一些回乡打工者在乡下的家里吃年饭、走亲访友，但选择在城镇的旅社或宾馆住宿。这部分人主要是家里有老人，必须回家陪父母过年，但他们自己，更多的是他们的孩子不习惯乡下住宿条件，于是他们选择吃、玩在乡村，而住在城里的方式过年。这类打工者人数不少，庐江县城包括黄山村所在地的乐桥镇大小旅社、宾馆，即使春节期间的价格都比平时高50%～100%，也几乎住满了回乡过年的人。现在农村道路条件好，有硬质路面到家门口，加上越来越多的城镇打工者回乡是开着车的，他们吃在乡下、住在城镇是很方便的。或因如此，春节期间是农村城镇堵车最严重的时候，这跟回乡过年的打工者有很大关系。

（3）送父母或陪父母回家过年的人增多。还有一种现象与上述相反，即一些城镇打工者，主要是在城镇有产业的打工者，他们已经将自己父母接到城镇生活，如黄山村有五六十户的老人在上海等大城市与子女生活在一起，他们或为子女照看孩子，或是孝顺的子女不放心年迈父母在乡下独自生活而被子女接进城里。这部分外出打工者，有的出于满足老人回老家过年的意愿，有的是为了除夕祭祖/接祖，腊月里先将老人送回村庄，让老人为家人回乡过年做准备，待年底时这些打工者便带着子女回乡过年。由于这部分

---

① 庐江农村人叫作"接祖"，即接家族祖宗回家过年。有些人家腊月二十四过小年就将祖宗接回家，大年三十晚上再举办仪式，正月十五"送祖"。一般人家大年三十晚上"接祖"，初一或初二，也有的是初七"送祖"。

人是打工者中的成功人士，要办理的事务多，一般在老家只待几天，就带着子女回城里，而他们的老人多数要到正月十五以后才回到城镇的家。有的老人主要是身体好的老人觉得年过完了，在老家待着没有多大意思，或觉得城里的子女要上班，家里事务多，就自己乘车回城里。就调查情况看，黄山村的老人，更多的是子女开车回来接他们回城的。不难预见，这部分打工者虽然已经成为城里人，甚至属于城里中等以上阶层的人，但由于他们的父母还健在，免不了仍与农村保持一定联系，等到父母百年后，他们就会从农村"拔根"，并将彻底地离开农村。

五　再识农民城镇化中的行动

农民在城镇化中采取的行动繁多且庞杂，本书立足于城镇化社会情境，全面检视农民系列行动，并从中寻觅若干行动策略，即"小心无大错""跟风""人往高处走""不能苦孩子""有房才有家"等行动策略。这些行动策略不是农民的具体行动，而是农民在社会转型中顺应城镇化发展趋势、应对城镇化冲击或挑战的一般"套路"。城镇化快速发展以来，农民在生产活动和日常生活中生成了一系列的行动偏好，尤其重要的是，农民在进城、打工等城镇化实践中逐渐形成了由"城镇化理性"主导、驱使的行动策略，而且这些行动策略与其他群体的集体行动策略不同。虽然农民在城镇化进程中行动千差万别，甚至有些杂乱无章，没有一致性规则，但由于受到城镇化理性驱动，农民行动策略正在指使农民开展城镇化行动，并不断向城镇靠近。农民之所以能生成这些城镇化行动，除了受到行动策略直接影响外，主要在于城镇化发展规律的作用。中国多数农村人进城是社会转型发展的大趋势，农民采取不同策略进行的城镇化行动就是其突出表现。

为了让本书的意图更明确，也为了让国家政策能回应农民的城镇化行动策略，有必要对农民城镇化行动再做以下几点说明。

1. 农民城镇化行动发生在农村社会情境中

学界对人的行动有不尽相同的解释，如社会学学者把人视为完全社会化的个体，经常用社会规范来解释人的社会行动，而一些经济学者把人视为完全独立的经济人，更喜欢用效用最大化来诠释人的经济行动。由于人的行动不会无缘无故发生，也不会孤立地进行，如此，有必要将人的行动嵌入社会关系网络中加以认识。农民有些行动的发生看似令人"匪夷所思"的，但这些行动在农村能被农民广泛地认可，如农民让孩子住在陌生的或没有亲戚关系的老师家里，并与老师家人一起生活的行动。农村中学的学生基本上是住宿生，一般周五下午放学回家，周日下午或周一早晨回到学校，学生吃住都在校园里。农村学校的住宿、餐饮条件不如城市学校，多数学校的食宿条件让家长担忧，于是有些农民就利用老师与自己的亲戚关系，让孩子吃住在老师家。由于吃住在老师家的孩子是老师的亲戚，老师及其家人自然不会怠慢他们，并且，老师收留的学生少，一般只有一人，不会对老师家庭生活造成多大影响。再者，即使学生给老师家人带来不便，但鉴于亲戚关系，老师也不能推脱。这种现象在农村中学一直存在，但自 2005 年以后，一些外出农民工发现吃住在老师家对孩子有很多好处，便找朋友、托熟人，将孩子送到老师家，请老师看管自己的孩子。这些孩子是熟人介绍来的，又不是老师家的亲戚，老师收留他们自然要收费。渐渐地，一些老师便将提供学生食宿当"生意"做。在乐桥镇的一些单职工老师家里基本上住满了学生，甚至有些老师夫妇长年住在客厅，将自己的卧室腾让给学生住。还有的老师为了得到更多的钱将邻居房子租下来，扩大家庭空间规模，从而为更多学生提供食宿。老师有报酬地收留学生的行动遵循的不是市场交易规则，而是"人情"关系。这不仅因为老师家住房有限，不能满足太多学生的需求，而且因为食宿在老师家既比陪读节省，又能得到老师悉心管教。

2. 农民城镇化行动对城镇化发展的意义

（1）农民的城镇化行动具有明确的意图指向。本书指涉的农民行动（action），是农民在城镇化社会情境下为了顺应城镇化发展趋势或应对城镇化发展压力而进行的活动，它不同于农民日常行为（behavior），有明确的目的、动机和迎合城镇化发展的"意向性"（intentionality），并且具有突破城乡二元结构制约的力量。正如鲍尔说的，在纷繁的社会生活中，个体的行动是无法预知的，但是，当个体数量达到一定程度时，群体的行动反而"表现得有章可循，于杂乱中显现秩序与稳定"[1]。广大农民根据既往经验以及

———————————

[1] 〔英〕菲利普·鲍尔：《预知社会——群体行为的内在法则》，暴永宁译，当代中国出版社，2010。

对中国社会发展的预知进行各自所需的行动，表面上有不同的理由和目的，但旁观者包括政府和市场主体都能看出农民行动者的行动意图。譬如，当下越来越多的农民不再视土地为命根，广大农村在土地确权基础上推进土地流转。农民如此做的意图显而易见：土地流出者放弃承包地耕作权，主要在于城镇打工收入高于种田，家庭没有合适的人继续从事农业劳动；而土地流入者即家庭农场主愿意接受进城农民的土地，并非他们觉悟高，不忍心土地撂荒，更重要的是，他们看到了传统的家庭经营土地方式已经不能适应城镇化发展，规模化农业生产才是现代农业发展的方向。也就是说，土地流出者和流入者都看到城镇化发展对家庭承包经营的影响，所不同的是，土地流出者具有了城镇工作、生活的经验，不想再在农村耕种几亩农田，既然现在有人愿意有条件地承接他们承包地的经营权和使用权，他们不仅能获得土地的租金收入，而且可以彻底放下进城的土地包袱；土地流入者将进城农民的土地流转过来耕种是通过市场手段进行的，几乎没有熟人社会的"人情"道义，并且，唯有流转散户土地，发展农业规模经营，才能保证种田收入不低于打工收入。随着城镇化发展，大多数农民把承包地使用权转让出去，家庭农场主们流转到成百上千甚至上万亩的农地。没有城镇化理性取向，农民相当多的行动包括土地流转的行动不会发生，城镇化发展为农民"不可思议"的行动提供了解释理由。

（2）农民城镇化行动带来的"意外后果"。吉登斯认为，行动的意外后果是人们有意图的行动引发出"一系列在时间和地点上远远脱离它的原初情境的事件"，其产生有三种情况：一是某一初始情境引发一系列行动，这些行动累积导致"接续效应"，产生"出乎意料"的后果；二是不同意图的行动复合在一起，相互之间发生"不合人意的效应"，最终使行动结果偏离每一个行动人的意图；三是行动的意外后果反过来成为每一个行动者下一步行动的未被认知的条件或新的社会情境，相对于自身情境而言，它是"较'遥远'的时空情境"，所产生的"例行化的后果"已经不是参与这些活动的那些人意图之中的结果。① 吉登斯的意外行动研究在于增强人的社会风险

---

① 〔英〕安东尼·吉登斯：《社会的构成：结构化理论大纲》，李康、李猛译，生活·读书·新知三联书店，1998。

意识，而农民在城镇化进程中进行的行动除了存在风险外，还给城乡发展带来"意外后果"。在城镇，城镇政府解决农民工在城镇的生存问题，必须将城镇公共服务向农民工及其家属、子女覆盖；在农村，政府有必要进行农村深化改革，如调整农村空间结构、实施土地确权、推进土地流转，以及进行农村集体产权制度改革。城乡为农民进入或离开做出制度改革、政策安排，本不是行动者的最初意图，但随着农民城镇化行动不断深入，城镇和农村都不得不根据农民的行动后果调整策略，并且，农民城镇化行动的后果又成为农民进一步城镇化行动的社会情境，如此反复，不断地推动人的城镇化和城乡一体化发展。

（3）农民的城镇化行动有助于居村农民转变身份。新型城镇化发展把农民分成进城农民和居村农民两大群体：进城农民的工作、生活发生在城镇，其城镇化问题受到城镇政府重视，城镇公共服务逐渐向打工者及其家属覆盖，他们有望成为城镇正式居民；而居村农民中的多数人是主动或被动留守的老人、妇女、儿童，国家实施的"关爱工程"大多针对他们的临时困难，长远规划安排不完善。就中国城镇化发展来看，居村农民是个变化群体：居村妇女和儿童将随着城镇化进一步发展进入城镇，成为进城农民，并逐渐转化为城镇居民；居村老人一般不会跟随子女进城生活，他们是村庄衰落、终结或农村转型的看守人和见证人。未来的村庄中的农民主要是家庭农场、专业大户等新型农业经营主体的经营者，包括打工回乡、受雇于新型经营主体的农民。虽然居村老人、留守老人和新型农业经营主体的经营者不会有直接进城居住、生活的行动，但居村农民不再是经营小规模田地的小农，而将在城镇化进程中蝶变为新型职业农民，即成为"体面的职业者"；新型职业农民将与城镇市民一样，依靠经营利润或劳动力工资生活，并且能享有国家提供的均等化公共服务与社会保障待遇。

第二节　第一代农民工安身归处

以人的城镇化为核心的新型城镇化发展要求从根本上解决农村人口向城镇流动、转移以及市民化问题，提高城镇化发展质量，进而实现传统农业社会向现代城镇社会转型。然而，在城镇化快速发展中农村人口向城镇转移速度和规模一直滞后于人口流动。当前部分第一代农民工处于留城或返乡的关键期，无论他们留在城镇还是返回农村都面临比较严峻的安身问题，亟待城乡融合发展政策予以解决。

一　进城农民面临的现实问题

进城农民生活预期一直是学界研究农村城镇化的热点。进城农民在城镇永久性留下来，既是社会转型和人的城镇化发展的内在要求，也是农民转变社会身份的前提条件。借此，无论出于城镇化发展要求还是基于"三农"问题的彻底解决，新型城镇化发展都需要加大农民向城镇流动、转移力度，推进更多农民进城居住，实现市民化。遗憾的是，在城镇化实践中很多农民只是将打工的城镇视为人生旅途的客栈，只图挣钱而不想成为城镇正式居民。尽管他们中一些人在城镇打工、生活几十年，有的甚至适应了城镇社会，但他们的生活预期还在农村。

进城农民的这一农村生活预期已经被学者们的研究一再证实。陆益龙研究中国综合社会调查（2010CGSS）数据发现，只有24%的农民工定居预期是打工城市，其余的是老家农村，其中定居在老家村庄的达40%以上。① 张翼有类似的研究发现，即第一代农民工转户意愿是20.15%，第二代农民工是24.66%，但如果将交回承包地作为转户条件，只有11.04%的第一代农民工和12.86%的第二代农民工愿意转变户口。② 2016年中国社会科学院的一项"中西部农民向城镇转移意愿"的调查指出，一半以上农民工不愿意留在城市成为市民，66.1%的农民工认为到了一定年龄就回乡。③ 笔者2016年所做的人的城镇化问卷调查数据也显示：④ 如果在城市待不下去，77.09%的农民工选择回到农村老家。

由此不难看出，进城农民城镇生活预期弱，以人的城镇化为核心的新型

---

① 陆益龙：《向往城市还是留恋乡村？——农民城镇化意愿的实证研究》，《人文杂志》2014年第12期。

② 张翼：《农民工"进城落户"意愿与中国近期城镇化道路的选择》，《中国人口科学》2011年第2期。

③ 王品芝：《城市难留：66.1%农民工希望到年龄就回乡》，《中国青年报》2016年4月26日。

④ 此次调查有效问卷1292份，涉及全国13个省市的40多个市、区、县。

城镇化发展面临挑战。按理说，城镇社会公共设施配置、公共服务水平，以及居民经济收入都高于农村，城镇的生活条件和工作环境也好于农村，农民进城是向上流动，没有特殊原因一般不会回流。再者说，城镇化具有保持经济持续健康发展的强大引擎、加快产业结构转型升级的重要抓手、解决农业农村农民问题的重要途径、推动区域协调发展的有力支撑、促进社会全面进步的必然要求等功能，"有序推进农业转移人口市民化"已经成为国家发展战略。但是，长期以来中国城镇化发展未能增强进城农民的"归属感"（sense of belonging），也没有让生活在城镇的农民有"在家"（being at home）的感觉①。进城农民的农村生活预期与新型城镇化发展趋势相抵牾，亟须国家在城乡融合发展中妥善处理，如若不然，将对城镇化下一步发展产生一定程度的负面影响：轻者，中国城镇化发展会由于农民缺乏转身动力而变得更加漫长、艰难；重者，城镇化发展会因为农民不配合、非对抗性抵制而陷入停滞，导致物的城镇化痼疾愈发严重。

诚然，进城农民的农村生活预期并非都能成为现实，只要国家将物的城镇化转型为人的城镇化，②进城农民的农村生活预期就有可能改变。这需要城镇社会善待进城农民，尤其需要国家和政府解决逐渐变老的第一代部分农民工返乡问题。

此外，说第一代农民工进入返乡期是不严谨的，因为第一代农民工至少包括三个年龄段的农民群体。其中"70后"的尚处于中年时期，他们仍是城镇体力劳动者如建筑业的主力军，暂时不着急考虑安身问题。面临返乡的主要是"50后"和"60后"的打工者，他们中的有些人到了城镇职工的退休年龄，用人单位拒绝雇用他们，已经不能继续待在城镇；还有些人年龄逐年增大，体力日渐下降，用工单位正在解雇或辞退他们。但调查发现，虽然他们中的一些人到了应该养老或不得不回农村的年龄，但不少年老的第一代农民工还在城镇坚守着。也就是说，现实与调查数据显示的生活预期并非一致，没有那么多年老的第一代农民工想返乡，他们中不少人仍想在城镇留下

---

① 〔英〕布赖恩·特纳：《公民身份与社会理论》，郭忠华等译，吉林出版集团有限责任公司，2007，第145页。

② 张金庆、冷向明：《现代公民身份与农民工有序市民化研究》，《复旦学报》（社会科学版）2015年第6期。

来，即使无法实现，也努力争取多待几年。

根据进城农民的生活预期与现实不完全吻合以及学界较少关心进城农民的安身选择的现实，本书不讨论第一代农民工返乡创业问题，① 而是根据田野调查的个案，采用多案例研究方法，叙述第一代农民工的城镇生存状况和他们对未来的真实想法。研究将重点讨论进城农民安身的三个问题：（1）既然进城农民生活预期在农村，年老的农民工为何不积极返乡安身；（2）既然老年农民工不愿意回农村，他们想留在哪里安身；（3）在此基础上，鉴于进城农民为城镇化发展做出了巨大贡献和牺牲，冀望国家在乡村振兴和城镇化发展中重视第一代农民工安身问题，将他们留在"春光里"。

二　第一代农民工的返乡尴尬

农民外出和农民工返乡研究一直是学界关心的主题，② 学者们根据城镇化发展趋势和规律，期望农民进城、实现市民化。近年来，随着东南沿海经济发达地区的部分产业向内地转移，农民工返乡打工、创业的越来越多，不少学者将研究重点放在农民工返乡打工、创业上。③ 尤其是在 2015 年国务院办公厅印发《关于支持农民工等人员返乡创业的意见》后，更多学者从理论层面上对农民工返乡创业展开研究，其成果集中在创业困境、创业能力、创业业绩、创业政策支持，以及创业与乡村振兴关系等方面，研究已经具有一定的理论完成度。在实践方面，各地政府积极落实中央鼓励农民工回乡创业的政策，配套实施了一系列农民工返乡创业行动计划和"能人回归"工

---

① 殊不知，从古至今，海内外的成功创业者都是极少数人，第一代农民工中的绝大多数人是老实本分的劳动者，年轻时缺少创业才能，年老时更少有创业能力，他们返乡除了种田、做零活，只能在无可奈何中等待自己自然老去。

② "农民流动与乡村发展"课题组：《农民工回流与乡村发展——对山东省桓台县 10 村 737 名回乡农民工的调查》，《中国农村经济》1999 年第 10 期；白南生、何宇鹏：《回乡，还是进城？——中国农民外出劳动力回流研究》（英文），*Social Sciences in China*［《中国社会科学》（英文版）］2003 年第 4 期。

③ 张秀娥、郭宇红：《农民工返乡创业的现实困境及其化解之策》，《社会科学战线》2012 年第 11 期；马芒、徐欣欣、林学翔：《返乡农民工再就业的影响因素分析——基于安徽省的调查》，《中国人口科学》2012 年第 2 期；朱红根、解春艳：《农民工返乡创业企业绩效的影响因素分析》，《中国农村经济》2012 年第 4 期；谢勇、周润希：《农民工的返乡行为及其就业分化研究》，《农业经济问题》2017 年第 2 期；王国猛、黎建新、郑全全：《多元社会支持对返乡农民工再就业影响的追踪研究——基于湖南返乡农民工的调查》，《中国农村观察》2011 年第 5 期；马男、魏凤：《多元支持网络对返乡农民工再就业的影响》，《中国农业大学学报》2014 年第 6 期。

程，为农民工返乡创业释放出潜力和活力。农民工返乡创业似乎成为乡村振兴和城乡融合发展的新引擎和着力点。

农民工返乡研究涉及外出农民工增速回落、跨省流动农民工减少，以及农民工就近打工增多等。[①] 这些方面研究具有较大的应用价值，因为沿海经济发达地区经济结构调整、升级，一些企业转移到内地，中西部地区城镇就业机会增多，少数农民工选择在家乡附近打工。对农民工返乡就近打工，政界和学界普遍看好。姑且不论农民工返乡打工对地区协调发展有多大作用，就农民工自身来说也是一件好事：沿海经济发达地区或大城市的打工收入高，但生活成本也高；打工地离家远，来去不方便，更不能照顾家庭；跨地域打工一般图的是挣钱，而就近打工既能挣钱，又因能买得起城镇住房，而成为城镇居民。国家统计局《2016 年农民工监测调查报告》指出，2016 年跨省流动农民工比上年减少 79 万人，下降 1%，其中，中部地区跨省流动的农民工比上年下降 0.5 个百分点，西部地区跨省流动的农民工比上年下降 1.3 个百分点，东北地区跨省流动的农民工比上年下降 2.3 个百分点。

农民工返乡研究其次在创业上。尽管农民工返乡创业研究成果多，一些地方政府也给予农民工回乡创业诸多优惠政策，创业者人数不断增多，部分回乡农民工还成为创业成功者，但在总体上农民工为创业而回乡的比较少。据人社部对全国 2000 个行政村监测显示，返乡农民工有近 10% 选择了创业，[②] 不具有普遍性，再者，创业失败的农民工还有再外出打工的可能。

其实，回到家乡地附近企业打工的农民工，他们仍是城镇打工者，不是严格意义上的"返乡者"——假如他们对现在工作或工资状况不满意，他们随时都可以再外出打工。就此来说，返乡打工和创业的农民工仍属于农民工群体，他们都不把"回农村"或"回村庄"作为最终生活预期，因为他们中的多数人是中青年农民工，变化性大，仍有外出打工的能力和可能，还未到决定最终安身地的时候。

而在城镇打工的第一代老年农民工就不同了，他们几乎没有创业或再打

① 李荣彬、王国辉：《省际省内流动人口的分布、关联及影响因素》，《城市问题》2016 年第 10 期；王兴周：《农民工：跨省流动与省内流动》，《中山大学学报》（社会科学版）2006 年第 5 期。
② 白天亮、苏益：《近一成返乡农民工选择创业》，《人民日报》2017 年 7 月 3 日。

工的选择空间，除了勉强维持目前打工现状，多挣些钱外，最关心的是到哪里安身的问题。现实中，农民工是在城乡两个场域居住且以农民身份从事非农职业的人，他们在城乡之间变换生活，进城—返乡是常态行动，即他们在"进城—返乡"的循环中过着城乡"两栖"生活。如此，大多数进城农民已经在长期的进城与返乡历程中习惯过农村和城镇两种生活。尽管农村变化日新月异，农村新事物越来越多，但总的来说，大多数进城农民在返回家乡过年或参加农村社会一般活动中对其都有所了解，不会太陌生，也不存在因为进城打工而不适应农村生产生活的问题。一般来说，第一代农民工是"双面手"，在城镇打工是挣钱的好手，在农村是做农活的能手。拥有城乡生活经历且在城乡得到长期历练的第一代农民工，无论在城市还是在农村，几乎都不存在大的适应障碍。

有研究指出，返乡农民工面临经济层面、生活层面和心理层面的适应困境，并建议对返乡农民工应进行发展社会化和再社会化，以帮助他们适应乡村生活。[①] 这一研究及其建议不适合第一代农民工，对新生代农民工返乡或许有意义。新生代农民工返乡需要再社会化过程，即跟随种田人熟悉农作物生长习性，学会耕地和施肥等田间知识，以及由于农业生产基本实现了机械化或半机械化，需要在父辈帮助下学习农业生产新技能。但相比于新生代农民工，第一代农民工"更容易适应返乡生活"，[②] 甚至根本就不存在适应问题，因为多数第一代农民工与农村联系一直紧密：第一代农民工在农村上有老下有小，他们几乎每年都要回农村老家看望留守老人和孩子；第一代农民工中的不少人不是纯粹的打工者，他们是兼业的，农闲时外出打工，农忙时回家干农活；第一代农民工有较深的农村情结，即使农业生产规模化、现代化程度提高，体力劳动大大减少，也有些第一代农民工不放心家里的农活，在农忙时回家。如果一定要说第一代农民工返乡有适应问题，那则是农村土地流转，农活少了或没有了，一贯勤劳的他们没有办法闲下来，以至于他们不适应轻松、闲暇的生活。

---

① 罗菲、谢恒峰：《返乡农民工社会适应问题研究——基于湖北省的实证调查》，《学习月刊》2015 年第 14 期。

② 田先红：《返乡农民工村庄适应的代际差异——兼谈金融危机对农民工群体的影响》，《东岳论丛》2009 年第 7 期。

也就是说，第一代农民工返乡适应问题不在农业生产上，更多来自家庭和农村社区。卢云龙子等曾用运用毕生发展理论研究返乡农民工生活适应问题，即按照青春期、青年期与中年期三个阶段分别研究返乡农民工的个人角色适应、家庭角色适应和社区角色适应，指出返乡农民工适应问题解决要兼顾农村环境改善。① 不难看出，卢云龙子等人的研究针对的是中青年返乡农民工。尽管他们提出的"返乡农民工的社会适应是一个从个人角色到家庭角色再到社区角色不断递进的适应过程"的观点需要进一步商榷，但将人放到具体情境中研究适应是可行的。适应即为有机体通过自身代谢和结构改变来应对环境改变而受到不利影响的过程，当习惯城镇打工生活的农民工回到农村后势必会有一些不适应，毕竟城镇社会的工作方式、生活方式，以及活动空间和环境与农村社会有较大差别。但这还是其次的，因为第一代农民工对农村劳动、生活及其活动并不陌生，如果农村还是他熟悉的农村，只要他稍做调整就能适应农村社会。问题是，即使多数第一代农民工频繁往返于城乡间，农村还在他们的记忆里，并且这种记忆在他们回家探亲、过节和干农活的过程中得到维系，但这跟他们居住、生活在农村还是不同的，他们需要面对更多的新情况，并且还要自己解决新问题。这些新情况和新问题主要来自家庭和农村社区。

如今的农村与第一代农民工刚进城打工时的农村已有很大不同，他们不能再像从前那样生活。第一代农民工返乡生活困难主要表现在：（1）他们年龄大了，已经没有足够体力像过去那样从事农业劳动，如果他们想通过种田维持现在的生活水平，基本上是不可能的；（2）家庭结构变化大，父母可能离开人世或由于高龄而不能继续从事农业劳动，子女不在身边，家庭变成了空巢，家庭所有问题和困难都要自己解决；（3）村庄变化大，城镇化持续发展不断掏空村庄，中青年人、妇女和儿童几乎不在村庄居住，村庄俨然变成老人村庄，他们回村就成为村庄看守者；（4）村庄难以支持他们养老，农村社区公共设施和公共服务本来就落后于城镇，加上村庄日趋空心，人口少，政府的养老服务、卫生健康服务很难惠及每一个村庄，他们居住的村庄愈发类似"孤岛"，老无所依是大概率的事情。因此，第一代农民工返

---

① 卢云龙子、张世勇：《毕生发展视角下的返乡农民工社会适应》，《当代青年研究》2016 年第 3 期。

乡的悲情甚至大于他们刚进城打拼的痛楚，假如他们选择返乡居住、生活，很难保证有幸福的晚年。

三 留城的可能：个案叙述与分析

第一代农民工占全国农民工总量的 50% 以上，他们中多数人在第二产业的制造业和建筑业中打工，少数人从事商业经营、街道清洁、场地或小区门卫等工作。调查显示，做生意的农民工在年老时更容易留在城镇，而在制造业、建筑业和服务业打工的农民工留城情况复杂，需要一定的外部条件支持。本研究选取四个个案来阐述第一代农民工留城的可能性。

（一）个案叙述

1. 成功型农民工的个案

吴老板，1967 年出生，现在南通市郊做木材生意。吴老板初中毕业后即到安徽省无为县拜师学木匠手艺，1986 年出师，在当地的木材加工厂做家具。经亲戚介绍，1989 年他跟随熟人到南通市做木材买卖生意。因生意扩大需要，1991 年后他向村委会租借 5 亩荒地盖厂房和宿舍，租期 30 年，正式独立从事木材买卖和加工生意。其间，他与家乡一亲戚家女儿结婚成家，大女儿和小儿子先后都在南通市出生，并且他还将老家的两个弟弟及他们的妻子带到南通市。兄弟三家人共同做生意，老二主要负责木材采购，老三主要负责木材加工，他自己和妻子在厂区卖木材和家具，两个弟媳主要为家人和雇工提供做饭、洗衣等生活服务。为了让大女儿能在江苏参加高考，吴老板于 2005 年在南通市区买了 70 平方米的商品房，将自己、女儿和儿子户口从老家迁入南通市并转为非农业户口。如此，他有三处房产：农村房子常年没有人住，父母替他看守着；市区房子离厂区远，自买房后至今从没有住过，一直出租；厂区的房子没有房产证，是做生意且居住的简易场所。此外，吴老板妻子户口以及两个弟弟及家人的户口都在农村老家。对此，他认为：其一，是不是城市户口、是不是本地户口都不影响他们在南通做生意，也不影响他们的日常生活，如果有需要，他们都可以在南通市买房，从而成为南通市正式市民；其二，江苏对农民工孩子上学、升学的政策宽松，只要有学籍和完整学习经历，并且监护人具有合法稳定职业和合法稳定住所（含租赁）的没有户口的外地学生都能升学、参加高考，已经没必要为了孩子读书转移户口；其三，保留农村户口，老家的承包地、宅基地和房子就是自家的，集体收益也能分到一部分。

2. 进取型农民工的个案

张保安，1974 年出生，现为福州市某大饭店的保安员。1991 年他初中毕业后，经熟人介绍到福州马尾打工，一开始在福州一家海洋渔业公司打工，做的工作是剥鱼皮。他嫌弃腥臭味大，干了 4 天，工钱没要就离开了。随后他到一家菲律宾商人创办的手套厂做工，因工资低，只干了 3 个多月。后经熟人引荐，他到一家台湾商人的鞋厂打工，并一直工作到 2015 年。进鞋厂头几年，他做的是普通工，劳动累，工资不是很高，产生过不干的念头。1991 年他跟父亲说想学开车，1993 年又向父亲提出学家电维修，均被拒绝。他父亲看重鞋厂管理规范、工资稳定，要求他一辈子待在厂子里工作。1995 年他被提职为班长，工资比一般员工每月多两三百元。其间，他利用熟人关系将姐姐、姐夫、自己女朋友和其他一些老乡招进工厂，他的工作环境、人际关系有了较大改善。2001 年他又被提升为组长，成了待在办公室的管理者，月工资比一般员工高 500~800 元，手下有 100 多名工人，5 名技术员。2010 年他首付 18.8 万元，贷款 42 万元买了一套商品房，面积 116 平方米。然而，由于妻子赌博，欠下赌债和高利贷，2013 年卖房还债。2014 年他利用住地的城中村改造机会，借款 40 万元、贷款 32 万元从安置农民手中买了一套 77 平方米的住房。可惜的是，又因妻子赌博，2015 年底再次卖房还债。由于债主经常到鞋厂闹，他不得不辞去每月 4700~4800 元的工作，并将公积金和辞职补贴的 16 万多元用于还债。如今，他在一家酒店找了份保安工作，妻子仍在工厂做工，但由于两个孩子上学费用大，加上一些赌债没有还清，他目前的生活状况不是很好，甚至算得上艰难。

3. 依赖型农民工的个案

蔡师傅，1955 年出生，现在南京市纬七路附近工地看场子。1985 年蔡师傅跟三位亲友从安徽省无为县到南京建筑工地打工，一开始在工地上做苦力活，挑砂石、搬水泥、打混凝土，一年三次农忙时还回家帮助妻子做农活。[①] 20

---

① 安徽省无为县农村农忙时节分别是春耕、"双抢"和秋种。其中"双抢"是最累、最忙的，即在中伏和立秋前的气温高、雨水多的几十天里做完早稻收割和晚稻秧苗栽插等农活。

世纪 90 年代中期后，他跟着大舅哥（会木匠手艺）做室内装潢，工作轻松，并且赚钱逐渐增多。随着工作和工资日趋稳定，1998 年他将家里田地丢给大哥耕种，带着妻子和儿子、女儿到南京工作、生活。起初，妻子在家做家务，偶尔到工地帮忙，现在住在儿子家，接送孙子上下学。儿子和女儿都是高中毕业生，刚到南京时在一些商店做帮工，几年后，分别在夫子庙大市场等地租店做生意，收入高，已经在南京买房、买车，成了南京市正式市民。蔡师傅年岁大，做不动装潢等重活，但他依赖子女留在南京，不想回老家：一是老家田地早给他大哥做了，不好要回；二是老伴和孩子都在南京，他一个人回家没意思；三是他有工地作业经历，帮人在工地上看场子，工作轻松，一个月还能挣 3000 多元。

4. 条件较弱的农民工的个案

郑师傅，1964 年出生，现在无锡市建筑工地打工。郑师傅家底穷，在高中读书时父亲生病去世，母亲身体不好，不能做重农活。如此，郑师傅高考失利后没有像其他孩子那样选择复读，而是回家做农活。可能是他从小没有做过农活，缺少种田经验，他家的庄稼收成赶不上人家，家庭经济状况不是很好，以至于年龄大了也找不到对象。无奈下，他母亲用他妹妹"换亲"，[①] 才勉强成了家。结婚后，老婆能干农活，家境逐渐转好。1990 年中后期农村中年人纷纷外出打工，他也跟随他们到杭州、常州等建筑工地打工。但由于没有什么手艺，他在工地只能做小工，挣钱少，每年回家过年总遭老婆抱怨。并且孩子读书成绩差，高中毕业后到省会城市学计算机花了很多钱。为了挣更多的钱，他在 47 岁时拜师学瓦工。一年后，他掌握了瓦工手艺，能独立砌墙、粉刷，工钱有了大幅度提高。在家务农、看家的老婆看他挣钱多，丢弃农活，跟随他做帮工（小工）。如今夫妻俩一年能挣十几二十万元。为了让儿子能找到女朋友，郑师傅在老家的县城买了一套商品房。

（二）案例比较分析

1. 第一代农民工留城的可能性

上面叙述的四个案例的案主有"50 后"的蔡师傅、"60 后"的郑师傅

---

① "换亲"即为难以娶到老婆的男青年用自己的姐姐或妹妹与同样成家困难的男青年的姐妹交换，如此，双方可以免去盖房、彩礼等费用，结婚成本比较低。

和吴老板，还有"70后"的张保安，他们在城镇打工、做生意的时间很长，其中，吴老板和蔡师傅在城镇生活了三十多年，郑师傅和张保安也有二十几年。此外，除郑师傅曾在多个城市打工外，其余的三个人一直在同一个城市打工。客观地说，他们四个人基本上适应了所在城市——除吴老板外他们没有城市户口，没有完成市民化，但他们对生活的城市非常熟悉，能进行正常的经济社会活动，不仅知道城市谋生途径，如孩子上学程序，而且知道如何解决生活中的一般问题。

从四人目前的生存状况看，张保安现在生活艰难，但他不想回农村。张保安因妻子赌博欠债，卖房子、辞职还债，还欠十多万元，并且，两个孩子一个在初中、一个在小学读书，日常开支比较大。尽管如此，张保安仍然没有动摇他的留城信念。一方面，他在城市积累了一定人脉，可以利用下班时间在外面找活做，他兼职做过医院太平间的巡逻员、交通路口的执勤，甚至配合公安干警查酒驾、协助城管维持拆迁秩序，还为一些公司布置晚会会场、结婚场所，收入比在鞋厂上班只多不少。另一方面，他将希望放在孩子身上。他总结自己没有"手艺"的打工教训，打算让学习成绩不好的儿子初中毕业后学汽车维修技术，以便挣更多的钱。张师傅对未来美好生活仍抱有较大信心：只要妻子不再赌博，他努力工作，要不了几年，就可以再买房。在张保安心中，房子就是他及家人未来生活的依托，因为孩子结婚要有房子，他们在城里留下来也要有房子。

吴老板和蔡师傅在城市安身几乎没有问题。吴老板的女儿考上江苏一所"211"大学，毕业后留在南京市工作，儿子学习成绩差些，正在泰州市的一所三本大学读书。虽然吴老板妻子的户口在老家，老家还有种田的父母，也有比较好的住房，但他一家四口人只有在春节时回老家，已经工作和还在上学的孩子放假也回到南通。蔡师傅和老伴的户口仍在农村，子女和孙子孙女户口在南京市，但蔡师傅说老夫妻俩不回老家养老，就在南京跟儿子过。蔡师傅的母亲还健在，每年过年时他都要带着南京的子孙回老家过年，一般在腊月二十七八回家，正月初四回南京。① 蔡师傅老家有楼房，2002年买的，当时花了15万元以上。由于他不想回老家养老，一直想卖掉老家的房

---

① 南京有正月初五迎财神的风俗，多数外地生意人初四要回南京，初五开张营业。

子，但他说 3 万元都没有人买。蔡师傅能在城市待下来主要依靠他儿子，儿子生意做得好，房子也多。① 此外，蔡师傅兄弟六人，只有老大在家务农，耕种兄弟家的承包地，赡养母亲，而四个弟弟都在铜陵市，两个做水果批发生意，一个开商店，还有一个做房屋装潢生意。他们在铜陵市都购买了商品房，回老家养老的可能性小。

郑师傅现在每年收入较高，但他没有打算在打工城市安身。郑师傅说打工很累，吃住都在工地上，除了过年，几乎没有休息日，但收入还可以，前年和去年夫妻两人的打工总收入均在 15 万元左右。由于孩子是 1990 年出生的男孩，已经到了谈婚论嫁的年龄，花钱的地方多。买商品房几乎花完家里所有积蓄，这两年挣的钱一要装修新房，二要留给儿子娶媳妇。郑师傅和他老婆年龄越来越大，不能再像年轻人那样能够拼命挣钱，现在挣的钱除了补贴孩子，还要为养老储备。就郑师傅现在的境况看，若干年后他和老婆在城市干不动了，肯定不能留在打工城市，最好的归宿是回到老家县城与儿子一起生活，其次是回到村庄，依靠种田度过晚年。像郑师傅或收入不及郑师傅的第一代农民工，他们中的多数人是要回村庄养老的，除非国家的城镇化发展战略和乡村振兴战略对他们有新安排。

2. 农村老家对第一代农民工的养老价值

案例中四位第一代农民工，两位老家还有老人。吴老板的父母一直在农村，尽管他们兄弟三人的生意做得风生水起，也有一定经济实力，但年迈的父母在老家仍继续耕种着五口人的承包地②，遇到兄弟有人回家或有熟人从老家到南通市，老人总是给他们带些粮油、家禽和鸡蛋等农产品。吴老板兄弟时常抱怨父母不愿意丢弃农业生产，认为他们没有必要种田。至于他们自己，无论今后生意怎样，都不会回老家种田。即使他们自己老了，不能做生意了，但他们的孩子肯定会接着做下去。吴老板大弟的孩子大专毕业后换了几家工作单位，都因不满意而放弃，现在跟着吴老板和他父亲学做木材生

① 儿媳是铜陵市郊区农村人，因儿媳婚前要求，他在铜陵市为儿子买了婚房。后来儿媳家拆迁，儿媳为得到更多拆迁赔偿，将他儿子户口迁到铜陵市，又获得一套拆迁安置房。现在铜陵市两套房子都空着，没人住，也没有出租。

② 1992 年农村第二轮土地承包，他家里有父母和兄弟三人，共五口人。虽然兄弟三人陆续娶了媳妇，各自有了自己孩子，但家里的承包地一直没有变。

意。回老家养老不是他们要不要的问题，而在于兴趣，如果他们觉得农村养老环境比南通好，他们可能回农村老家养老，但肯定不会像小农那样，依靠种田养老。

蔡师傅老家还有老母亲，但他不会回老家养老。老家的母亲由大哥照顾，他甚至无须给老人养老费。一是老人孙子辈人多，都有自己事业，只要他们回家就给奶奶钱；二是他家承包地以及四个弟弟家的承包地都无偿给大哥耕种，大哥由此而不要求他们承担赡养母亲责任。蔡师傅现在只在过年和清明节时回老家，看望老母亲和祭祀祖先。蔡师傅儿子家境好，做生意忙，他们跟儿子过，帮儿子家做家务。至于农村老家的房子，蔡师傅说，能卖掉就卖，卖不掉就留着，回老家住几天也方便。

郑师傅老家有 3.5 份承包地①，有 3 间平顶房子，他外出打工后一直由妻子看守着，只是在农忙时回家帮助妻子做农活。种田收益低，妻子一年忙到头也只能有 1 万元多点的收入。自从他有了瓦工手艺后他就带着妻子打工，妻子挣钱比农业生产高得多。借此，他将承包地全部转给弟弟，一家人都在外面打工。他现在每年春节回家，只待几天，在弟弟家吃饭。对郑师傅及家人来说，老家已经成为客栈了，他们常年生活在城市，直到无事可做为止。他儿子还没有稳定工作和收入，也没有对象，他和妻子只想儿子早点成家，但没有指望在儿子家安度晚年。如果农村还像现在这样，有房、有地，一旦他和妻子在城市无事做，回村庄度晚年几乎是大概率的事情。

张保安情况与上面三人不同，他几乎没有农业生产经历，即使城里生活再艰难，也不会轻易回老家。主要在于：其一，虽然他父亲生前在村庄里将房子盖得很气派，主房是下三间上两间的楼房，侧房有四五间，有宽敞院子，门楼也高大，但 1995 年父亲去世后，他的家就不像家了。1996 年，母亲也到福州，跟他姐姐一家人生活，并且，他母亲再没回过老家。其二，他妻子是邻村的，他和妻子、孩子有时回老家过年，但由于院子和门前杂草丛生，门都不好进，他几乎没进过房间。其三，他不太重视清明冬至，没有回来祭扫过，春节回来，一般是带着孩子到祖坟上祭拜一下。其四，最重要的

① 他母亲有 1 份承包地，母亲一直跟弟弟生活，承包地由弟弟耕种。母亲去世后，他弟弟将母亲承包地的一半转给了他。

是他自小就到福州打工，已经将打工地视为自己生活一辈子的地方。不难想见，即使张保安老了，他也会留在打工地，回老家养老的可能性不大。

3. 年老的第一代农民工安身之所

年老的第一代农民工不同于新生代农民工，也与"70后"的第一代农民工不同。绝大多数新生代农民工中学一毕业就离开农村、进入城市打工，他们的工作经历始终在城镇。之所以他们中不少人甚至多数人的生活预期在农村，主要由于：城镇不接纳他们的人，户口仍然在农村；城镇没有他们的住房，他们不能在城镇永久租房居住；城镇不给他们社会保障，或给予的社会保障少，不能消除他们以后生活的后顾之忧。也就是说，如果城镇接纳他们，城镇有稳定住房，并能享有与市民一样的生活保障，他们就会选择留在城镇并进行市民化。第一代农民工中的"70后"群体，他们基本上是在中国实施市场化体制后进入城镇的，是20世纪90年代"民工潮"的主要参与者。多数"70后"农民工在成长过程中跟随父母做过农活，有农业生产经历，但成年后即奔赴城镇打工。由此，他们的耐劳吃苦比新生代农民工强，并且，由于他们是踏着市场化发展节拍在城镇打拼，一些人敢于闯荡，成为"老板""农民企业家"等。笔者调研发现，就农民工整体而言，"70后"农民工经济实力最强，最有可能依靠自身能力在城镇买房，成为城镇居民；而新生代农民工吃苦精神、挣钱能力不如"70后"，除非政府给予他们更多外力支持，否则他们的市民化比"70后"的农民工难。

个案中的张保安是典型的"70后"农民工，在农村帮父母做过农活，还在农闲时捕泥鳅卖钱。到福州进厂打工能吃苦，老实、勤快、好学、聪明，几年时间后成为班长，后又被提拔为组长，有了比较高的收入和较好的工作环境。尽管如此，他还利用休息时间到夜市上卖鞋、卖服装等生活用品，不仅养活了一家四口，还有一定结余，并首付、按揭买了一套100多平方米的房子。假如不是他老婆沉溺于赌博，欠下大量赌债和高利贷，按照以前福州购房转变户口的政策，他一家人早就成为城市人。个案中蔡师傅的儿子、女儿都是"70后"，他们在刚进南京几年里帮助别人做生意，学会本事后自己开店、租摊位做生意，并购房成为南京市人。第一代农民工中的"70后"，他们已经有较多的城镇工作、生活经验，有一定经济实力，更重要的是，他们处于中年时期，仍能依靠体力在城镇打拼。哪怕他们现在离城镇居民还有距离，他们中相当多的人会留在城市。大城市留不下，可能到小城市，即使小城市留不下，他们也会在城镇购买住房，让自己或子女成为城镇居民。就笔者在安徽省庐江县的调查看，在县城买房的农民，一半以上是"70后"的打工者。

第一代农民工中的"50后"和"60后"，如做木材生意的吴老板、会瓦工技术的郑师傅，以及从重体力活退下来看场子的蔡师傅，一个在做生意、一个在建筑工地干活，一个依赖儿子留在城市做门卫，目前在城镇生活还可以，并且他们留城或回县城的可能性大。但就调查情况看，年老的第一代农民工多数是做苦力活的，工资不高，居住条件差，若干年后，他们中的多数人是要返乡的。返乡是多数年老的第一代农民工的不二选择，毕竟生意做得好或子女有经济实力的打工者不多。现在的关键在年老的第一代农民工是回村庄还是农村城镇：如果回到村庄，他们能否过好老年生活；如果回到农村城镇，他们有无能力生活下去。

四　农村生活预期再认识：城镇化政策失误

从上面叙述与分析中可以看出，第一代农民工中不少人是想留在城镇而不是真想返乡生活。"70后"的农民工处于中年阶段，他们外出打工时间长，有一定的经济积蓄，即使他们在打工城市留不下来，他们中多数人也有能力选择到城镇居住，一般不会回到村庄，重复父辈的农民式生活。"60后"的农民工正在变老，按照目前国家退休政策，很多人到了城镇职工的退休年龄，但他们中的多数人仍在城镇从事繁重的体力劳动，希望多攒些钱，最好能在城镇买房、住在城镇。"50后"的农民工，打工挣的钱多数花在孩子上学以及盖房、赡养老人上，剩下的钱不足以支撑他们在城镇安家。尽管如此，他们中一些人仍在城市坚持着，争着做年轻人不愿意做的工资待遇低的临时工、散工。或许对多数"50后"农民工而言，进城打工只是城镇化发展留给他们的一段人生经历和记忆，没有解构他们的农民身份，但毋庸置疑的是，由于他们外出打工，他们的孩子有钱得到更好的教育或拥有较好的进城条件，而这也让他们中的一些人有可能跟随进城的子女一起生活。

个案的研究发现似乎否定了第一代农民工的生活预期在农村的样本数

据，即样本数据反映的农民工返乡居住高意愿与个案的案主真实想法不一致。我们不能据此做出对或错的研判，应该将农民工返回农村安身的意愿放到城镇化情境中考量。一方面，当下农民工的城镇生活境况与存在问题导致多数农民工觉得打工城市无法安身，回农村老家养老是比较现实、靠谱的选择；但另一方面，意愿不一定就是真实的，需要立马变现的，如果国家城镇化发展政策形塑更有利于农民工生存或转变身份的环境，每一个农民工可以结合城镇化发展走向和自身情况调整、改变以前的意愿。就此而论，本研究的个案充分考量城镇化发展与他们自己的情况，做出的安身选择比样本数据更具体、更真实。

样本数据反映的农村生活预期是农民工就当前城镇化发展不足而做出的静态选择，表现的是城镇化发展问题，其应用价值在于促进国家解决城镇化和市民化问题。按理说，城镇化发展本该是物的城镇化和人的城镇化协调发展，城镇空间扩大与城镇人口增加、城镇质量提高与人的市民性成长是同步的。然而，一直以来，中国城镇化中，土地、空间的城镇化快于人口城镇化，农民流动进城人数多于农民身份转变的人数，广大进城农民只是城镇建设者。不少进城农民已经在城市生活、工作二三十年，城市社会"特有的劳动分工和细密的职业划分"已经在一定程度上让进城农民有了类似市民的全新思维方式和崭新生活方式，但中国城镇化中相关政策滞后致使第一代农民工的三大群体不得不将农村作为生活预期。尽管近年来的户籍制度深化改革部分地消除了阻碍农民转身的藩篱，但"积分落户"政策又为农民在打工地城市转身设置了新门槛。积分落户要求更多，文化程度、职业资格或专业技术职称资格、社会保险、房产情况、居住年限、计划生育、专利创新、表彰奖励、社会贡献（如捐赠证明、献血证等）、投资纳税、公共卫生等。打工农民主要集中在大中城市，最希望在打工城市就地市民化，而苛刻的落户条件只能让广大农民工知难而退，不得不到家乡置房安身。

中国农民工包括新生代农民在城乡流动中不断寻找自己的真实身份并努力转变身份，而城乡二元社会结构让渡给他们的空间有待拓展。进城农民的职业身份是产业工人，社会身份是农民。但从几十年来农民进城的实际情况看，中国城乡已经发生了巨大变化，可遗憾的是，进城农民始终是"大地上的游走者"和"城市里的异乡人"。[①]

中国在改革开放后的城镇化是加速发展的"有序城镇化",进城农民在国家宏观政策规制下缓慢进行。进入 21 世纪尤其是在党的十八大后,中国进一步加快城镇化发展步伐。一方面,由于中国城乡二元结构及其制度限制了进城农民工作、生活的选择,进城农民进行市民化存在诸多障碍和困难;另一方面,中国也不反对进城农民成为城市居民,相反,自从城镇化发展以来,中国政府一直推进农民进城、促使具备条件的进城农民向市民转身。尽管如此,中国城镇化也有需要完善的地方,主要是针对农民进城制度不完善。

在城镇化发展上,中国应该向日本、韩国学习,这些国家在推进城镇化发展中,既解决了进城农民市民化问题,也没有形成类似印度、巴西的贫民窟,只要农民进城即可以享有市民和职工待遇。正如有学者说的,"我们最大的失误,就是农民刚开始进城的时候,没有把社会保障体系建立起来"[②]。不妨做个假设:如果城乡一体化社会保障制度走在农民市民化前面,如果政府、企业和农民工本人都能承担市民化成本和责任,进城农民哪怕就业失败的进城农民就不用再回农村,城镇化发展的数量与质量也就不会有如今的落差。就此来看,农民进城、农民返乡,解决第一代农民工安身问题的着力点在于完善城镇化政策。

五 留第一代农民工在"春光里"

中国城镇化已经进入中后期发展阶段,乡村振兴和基本实现现代化都需要物的城镇化转换、升级为人的城镇化。乡村振兴、城乡融合发展不仅需要鼓励更多的农民继续进城、向城镇转移,而且需要加大进城农民向市民转身的力度,采取切实可行的措施让进城农民在城镇留下来、过得好,成为名副其实的市民。因此,鉴于第一代农民工中的多数人正在变老,而且到了留城或返乡的关键选择期,亟待国家解决他们到何处安身的问题。

多数第一代农民工如个案中的张保安、郑师傅等,是 20 世纪 90 年代进

---

① 李兴阳:《21 世纪乡土小说的叙事取向与"流动农民"形象》,《学海》2013 年第 5 期。
② 人民论坛编《大国治理:国家治理体系和治理能力现代化》,中国经济出版社,2014,第 263 页。

城的，① 在城镇打工、生活有二三十年之久，他们中的不少人已经深度嵌入城镇社会，打工城镇俨然成为他们的第二故乡。由于进城农民打工收入高于农业劳动收入，一般来说，只要农民进城打工，挣到了更多的钱，他们就将家里的农活丢给留守妇女、留守老人打理，自己不再回老家从事农业劳动。如是，随着打工收入稳定提高，他们愈发看轻农业劳动及其收入，越来越多的第一代农民工把妻子带进城，只剩留守老人。随着老人年纪逐年增大，他们做农活愈加力不从心，农村土地撂荒、半撂荒问题不断加剧。在此情境下，各地兴起家庭农场等新型农业经营主体，它们将农户不种或种不了的农田流转过来进行规模化生产，越来越多的第一代农民工随之成为纯粹的城镇打工者。再者，由于多数第一代农民工在城镇的建筑业打工，虽然工作环境差、劳动强度大，但收入普遍超过制造业的打工者，加上他们居住条件差，生活开支小，每年都有一定的资金结余。有了钱的进城农民跟一直在农村从事农业劳动的农民不同，他们舍不得丢弃高收入的城镇工作回到农村。不少第一代农民工说打工不行就回农村，这多半是说说而已，或者说，不到万不得已他们是不会回农村的。如果国家政策支持他们留城，或者如果他们有条件在城市留下来，他们就不会选择回村。也就是说，调查样本数据显示的农民农村生活预期不是进城农民的真实想法。借此，当前最需要做的是城镇社会为第一代农民工尤其是年老的农民工提供安身之所。

就农民工与城镇社会关系看，农民工与城镇社会、市民已经黏合在一起，但城市社会至今需要的仍是劳动力而不是农民工。一方面，进城农民离不开或舍不得离开城镇，他们清楚，一旦离开城镇，几乎找不到与现在收入水平相当的工作；但另一方面，城镇社会和市民也离不开农民工，农民工已经是城镇社会和市民生活中的重要成员，城镇的建设不能没有农民工。每年春节期间，大批农民工们回家，城市街道变得空旷、不再拥挤，但几乎每个市民都感觉到生活不方便：卖菜的人少了，菜价变贵；电器坏了，没有人上门维修；清洁工少了，小区垃圾得不到及时处理；饭店服务员少了，吃饭要等更长时间；等等。就此而言，年老的第一代农民工曾经为城市建设做出了

---

① 20 世纪 80 年代农民进城主要集中在小城镇，极少数年轻人到经济特区打工。20 世纪 90 年代城市改革尤其是市场经济发展催生了"民工潮"，第一代农民工成为城镇主力打工群体。

巨大贡献。

国家针对农民工应完善养老等社会保障。第一代农民工多数在第二产业和第三产业工作，职业身份是产业工人，他们理当享有《劳动法》赋予的就业保障包括失业、退休权益，然而，针对第一代农民工的社会保障制度仍需完善。一是进城的第一代农民工是产业工人，按照《劳动法》规定，企业有责任为他们提供劳动保障，并且，国家要对其进行监督；二是进城的第一代农民工中很多人打工超过了15年，年老离职符合申领养老金资格；三是获得养老保障是每一个劳动者应有的权利，进城第一代农民工为城镇建设和市民生活做出巨大贡献，国家和城镇社会有必要采取措施，确保他们的权益。此外，既然取消了非农业户口与农业户口的性质区别，进城农民与市民就应该享有同等养老权利。

甄别影响年老农民工留城的诸多因素，不难发现其症结集中在住房和养老保障上。也就是说，政府解决第一代农民工安身问题要以住房和养老保障为抓手。无论是城市还是城镇，只要从住房和养老保障上发力，就能有效解决第一代农民工的安身问题。

一方面，第一代农民工在城市有安身的可能性。样本调查数据和个案调查都显示，第一代农民工中只有极少数人，如包工头、生意人有经济实力在打工城市购买住房，成为市民。此外，由于第一代农民工多数在非正规单位打工，且多在不同城市、多个单位流动打工，几乎没有养老保险或养老保险低，不够他们养老之需。年老的第一代农民工依靠自身能力解决不了居住和生活问题。不仅如此，政府能做的也很有限：允许农民工带着承包地和宅基地的使用权以及集体经营土地收益权进城，有可能弥补养老金不足，部分地解决年老农民工生活问题，但城市住房价格高，政府用公租房解决就业农民工住房问题已经很困难，更不用说解决年老农民工住房问题。如此，年老农民工在打工城市留下来的难度很大，除非像案例中的吴老板，依靠做生意赚钱留城，或像蔡师傅，依靠有能力的儿子留城养老。比较而言，生意做得好的第一代农民工凤毛麟角，依靠"有出息"的子女留在城市是有较大拓展空间的。这是由于：第一代农民工中有不少人的子女考上大学，并在城市工作，他们有住房，工作稳定，年老的父母可以跟随他们在城市养老；第一代农民工的子女成为第二代农民工，他们正在城市打拼，加上国家城镇化政策支持他们在打工城市转变身份，如果他们中一些人能成为有住房、有稳定工作和收入的城市人，年老的第一代农民工就可以跟随第二代农民工在城市生活。需要提出的是，指望第二代农民工在城市赡养年老的第一代农民工的前提条件是国家必须解决第二代农民工的市民待遇问题，给予他们与市民同样的发展条件。这种以时间换空间的方式让第一代农民工留城的成本支付是长期的，国家和城市社会压力不大，第二代农民工的压力也不大。只要城市能持续发展、经济能稳定增长，就可以解决一些年老农民工留城市养老的问题。当然，第一代农民工跟随在城市工作的子女安身还需要国家进行相应的制度改革。如医疗服务要城乡对接，不能让在城市生病的农民为了医疗保险到农村看病；养老服务要城乡对接，不能让留城农民的养老全部由子女承担，城市社会也需要为他们提供居家养老、机构养老等服务；丧葬服务也要城乡对接，不能让居住在城市的老人回到农村老家享受丧葬优惠政策。

另一方面，第一代农民工在农村城镇安身有更大的可能性。年老农民工回家乡的城镇安身空间最大，应该是政府解决年老农民工安身问题的重点。年老农民工回村庄安身有可能性，但会面临许多难以解决的问题。第一代农民工中的一些人是全家进城打工，他们的承包地已经流转给家庭农场等新型农业经营主体，如果他们回家，需要向家庭农场等新型农业经营主体要回耕地。即使新型农业生产经营主体将土地退给他们，或者村委会将村集体预留土地分给返乡的农民工耕种，问题也不一定就能解决：一来他们年龄大，体力不允许他们做重体力活；二来农业现代化、规模化发展快，农业基本实现了机械化，机械耕种不了小块土地；第三，年老农民工多病，加上子女不在身边照顾和农村社区养老服务水平低，他们的日常生活问题突出。相比较而言，鼓励、支持返乡的第一代农民工到城镇包括县城镇安身更好。其一，城镇公共服务水平较高，拥有一定养老、医疗等服务功能，国家可以利用现有的服务资源为返乡农民工安身提供城镇化水平的服务。其二，城镇距离村庄近，如果返乡农民工体力允许，他们可以继续从事农业生产劳动，如果不愿意自己种田，他们也能采用土地流转、土地入股或与服务组织签约的形式维持农业生产，以保持一定的经济收入。其三，可以采用宅基地置换、拆迁补偿、自己出一点钱的方式获得城镇住房，将村庄的家完整地搬迁到城镇。如此，返乡农民工在城镇有房、有钱、有服务，晚年生活不会有大问题，幸福晚年也有所保障。

最后要强调的是，建议国家将第一代农民工安身问题置于城乡融合发展背景下解决。国家除了不断推进城镇化发展、提高城镇化质量，以及促进城乡教育、医疗、养老、就业、居住、社区治理的一体化发展外，消除进城农民向市民转身的藩篱，还需要在乡村振兴战略实施中强化农村城镇包括县城镇公共设施建设和公共服务供给力度，让农村城镇成为村域范围内的公共服务"高地"，以吸引更多的居村农民和返乡农民工居住、生活。如此，乡村振兴战略实施不仅仅是推进村庄复兴，现实中越来越多的农民正在向城镇靠近，渐趋空心的村庄无法担负起返乡农民工养老功能，更需要发展农村城镇的养老、医疗、安居等公共服务事业，只要农村城镇的公共服务与城市实现了均等化、一体化，就能为年老的第一代农民工安身提供老有所养、病有所医、住有所居、弱有所扶的服务。

第 三 章
人的城镇化中居村农民市民化

中国农民市民化有其特殊性，庞大的农村人口不能都涌入城市，采用就地市民化方式可能更切合实际、更卓有成效。因此，在城乡一体化框架下，中国农民正加速分化，将分化为城市市民和居村市民，其中居村市民主要包括居住在农村城镇、集中社区的市民和市民化农民或职业农民。国家不仅要安排好农民工和城郊农民的市民化，还要以城乡一体化为理念大力推进居村农民市民化，使居住在农村的农民也能过上与城市市民等值的社会生活。

第一节 居村农民市民化的可能空间与可为路径

一 概念识别：农民市民化与居村农民市民化

农村和城市、农民和市民都是相比较而言的，法国社会学家孟德拉斯说："农民是相对城市限定自身的，如果没有城市就没有农民"。① 在中国，居住在农村、具有农村户籍并拥有承包耕地的社会成员皆为居村农民。居村农民与农村居民不同，农村居民是一个纯地域意义概念，泛指居住在县城镇及以下地域的所有人，除了居村农民，还包括居住在农村的政府和企事业单位的工作人员，以及其他居住在建制镇、集镇或村庄里的非农人员。按照传统的"农村－城市""农民－城市居民"两分法来区别"农民"和"市民"，越来越不准确、不真实。世界上"一些发达资本主义国家的许多农村

---

① 〔法〕H. 孟德拉斯：《农民的终结》，李培林译，社会科学文献出版社，2005，第 8 页。

地区，都已经改变了昔日单纯只有农民居住的状况，成了城乡社会成员共同的居住地"。① 中国也是这样，生活在城市的人不一定是市民，生活在农村的人不一定是农民。

因此，有学者建议重构"市民"概念：未来的农村和城市，地域不再明显，市民和农民不再是地域上的区别，也不是职业上的区别，而是权利、待遇、生活方式、文明程度等方面的差别；"从事相关产业工作的产业工人，无非有的从事农业生产，有的从事非农生产"，"他们只有分工的区别，都可以享受社会福利和保障，都是居住在一定区域（如城市、城镇、农村社区等）的市民"②。这即是说，居住在农村，从事农业生产劳动和以土地经营收入为主要生活来源的那部分劳动者，只要赋予他们与城市人一样的权利和同等的国民待遇，并完善其生活方式和提高其文明程度，他们就可以算为市民。市民概念的重构，不仅修正了传统的市民概念，即具有城市户籍、生活工作在城市、从事非农产业，且意识、行为方式和生活方式与城市文化相联系的居民，而且对促进中国农民市民化具有理论意义和实践价值。从理论价值上看，它丰富了市民内涵，使市民概念更贴近后工业社会城乡一体化发展实际；从实践价值上看，它大大缓解了中国农民市民化难度，拓宽了中国农民转化为市民的运作空间。

至于农民市民化，虽然仍有一些学者把其视为农民离开土地和农业生产活动、进入城市向城市市民转化的经济社会过程，③ 但早有学者从广义上解读它——农民市民化还应包括借助于工业化和城市化的推动，使现有的传统农民在身份、地位、价值观、社会权利及生产生活方式等方面全面向城市市民转化的过程。④ 就此而言，农民市民化有狭义和广义之分，狭义上的农民市民化是从与国家、政府相关联的技术层面上推进农民获得与城市居民相同的合法身份和社会权利，如受教育权、选举权、居留权、劳动与社会保障权，而广义上的农民市民化更注重从社会、文化层面上转变农民的身份、地

---

① 李守经主编《农村社会学》，高等教育出版社，2000，第 30 页。

② 葛正鹏：《"市民"概念的重构与我国农民市民化道路研究》，《农业经济问题》2006 年第 9 期。

③ 姜作培：《城乡统筹发展的科学内涵与实践要求》，《经济问题》2004 年第 6 期；林拓：《农民市民化：制度创新与社会空间形态的转变》，《经济社会体制比较》2004 年第 5 期。

④ 陈映芳：《"农民工"：制度安排与身份认同》，《社会学研究》2005 年第 3 期；文军：《农民市民化：从农民到市民的角色转型》，《华东师范大学学报》（哲学社会科学版）2004 年第 3 期。

位、价值观、社会权利和生产生活方式，体现出城乡统筹发展、城乡一体化的内在要求。因广义农民市民化凸显"市民"内涵，不再以"市民"的城市居住为其衡量标准，这将大大降低中国农民市民化难度。

其实，无论是广义还是狭义的农民市民化，中国的农民市民化路径都应该多元并进，起码应有农民工市民化、城市郊区农民市民化、居村农民市民化等。现有的研究对农民工市民化和城市郊区农民市民化都给予了足够的关注，研究成果非常多，但却忽略了居村农民市民化的客观存在和现实意义。中国流动在城市的农民和居住在城市郊区的农民只占农村人口总数的一小部分，绝大多数农村人散居在村庄中，他们更需要市民化。中国农民能否成功市民化，一定意义上取决于居村农民的市民转化，因此，居村农民市民化理当成为中国农民市民化的重头戏。然而，中国很多学者在农民市民化的研究中照搬刘易斯的"二元经济结构模型"，仿照西方发达国家的农民向城市迁移方式演绎中国农民市民化的路径。毫无疑问，农民从农村迁移到城市是农民市民化的一般规律，中国的农民市民化肯定不能否定此路径，但中国的现实与西方发达国家当初的市民化场景大相径庭：一是中国城乡差距巨大，城市发展像欧洲、农村落后如非洲的状况还没有根本改变，且城乡二元结构异常牢固；二是中国拥有 14 多亿人口，如果动员七成以上农村人口进入城市，不仅是一个长期而艰难的过程，而且其难度和成本将大大高于西方发达国家；三是如果农村人持续不断地转向城市，国家只能把建设重点仍放在城市，如此下去，中国的城乡差距势必进一步拉大。

在城乡一体化进程中，我们要大力促进居村农民市民化。居村农民市民化是相对于进城打工的农民工和城市郊区农民的市民化而言的，指居住在建制镇、集镇及村庄内的农民转化为市民的过程。与"迁移式"农民市民化不同：（1）居村农民市民化主要借助于农村地区的工业化、农业产业化经营和农村逐步实现的城镇化，使居住在农村的农民转变为市民；（2）居村农民市民化属于内生型为主的市民化，农村经济发展、国家政策扶持、乡村振兴，以及城市社会的组织经营方式在农村社区管理上的运用等，都可以转化为居村农民市民化的有效动力；（3）居村农民市民化的中心工作之一是转变农村居民的思维方式、生活观念、角色意识、社会权利、行为习惯、行为模式和文化认同，使其与城市居民接近或相似；（4）居村农民市民化的实现需要城乡等值化公共服务支撑，唯有农村的公共服务与城市大体相当，农民才能获得与城市居民相同的合法身份和社会权利。

二 城乡一体化：居村农民市民化的可能空间

1. 农民市民化问题的症结

西方发达国家的工业化、城市化与市民化是同步的，在工业化、城市化实现的同时完成了农民向市民转化，而中国的市民化却落后于工业化、城市化。虽然改革开放后大批农民到城市打工，其中一些人在城市生活了十几年甚至几十年，但多数人仍为游离于城乡间的"边缘人""候鸟人"，没有被成功市民化。中国城市农民工难以市民化，固然与城乡二元诸多制度，如户籍制度、社会保障制度等有关，但除此以外，中国农村人口多、城乡差距大、"三农"累积问题沉重等因素也严重制约着农民向市民转化。中国城市在长期的二元体制下，形成了城市人独有的既得利益，尽管这部分利益随着改革的深入有所削弱，有的已被取消。

农民难以市民化，表面上源于城市开放不够、让利不彻底，但深究起来，问题的关键不在城市，城市之所以这样做，有它不得已的苦衷。中国2005年以来城乡居民纯收入差距都在3倍左右，如果加上城乡公共产品与公共服务上的差异，城乡实际差距在5~6倍。试想一下，在城乡差距如此悬殊的情况下放开入城门槛会是何种情形？农民将大量涌入城市，而城市出于稳定的需要，必须尽其所能地解决他们的住房、工作岗位、最低生活保障、养老保障、医疗保障，以及看病和子女就学等问题。城市有这个能力吗？毫无疑问，面对如此庞大的农村人口，任何一个城市都不具有解决这些问题的能力。

单极的城市化肯定不能从根本上解决农民市民化问题，正如陈瑞莲所说，"城市化并不是免费午餐，它面临着一系列的约束，不能盲目地夸大城市化的收益，而忽视城市化的成本约束"。[①] 城市可以反哺农村，工业也可以支持农业，但城市不能解决农村、农业和农民问题。解决中国农民问题的主要出路在农村，其中之一就是让居村农民就地市民化。

---

① 陈瑞莲：《破解城乡二元结构：基于广东的实证分析》，社会科学文献出版社，2008，第174页。

　　进而言之，中国农民市民化缓慢的主要症结在城乡发展不平衡上，是城乡的巨大差距妨碍了农民市民化。其一，城乡差距悬殊，即使长期在城市生活和工作的农民工，他们中的多数人只把城市视为人生的一个客栈，普遍缺乏成为市民的预期。① 其二，由于多数农村人行为理性更多表现为生存理性和经济理性，还没有形成成熟的社会理性。其三，不少农村人始终把承包地看作养家糊口的生存根本，明知道责任田的边际效益不能让他们真正富起来，但仍舍不得永久性放弃。其四，城市生活成本太高，只要城市不为进城农民提供全方位的基本社会保障，一般农民宁可在农村过温饱无忧的生活，也不愿意到城市谋生。可见，城乡发展不平衡，貌似只是经济上的，但它的广泛影响已渗透到农村社会的方方面面，最终冷却了农村人的"城市热情"。

　　2. 城乡一体化与农民市民化最优路径

　　鉴于城乡不平衡发展及其滋生的诸多问题，党的十七大报告首次提出城乡经济社会发展一体化的命题，并且在十七届三中全会上再次明确指出，到2020年基本建立城乡经济社会发展一体化体制机制。城乡一体化要求以全新的理念和思路处理城乡经济社会发展不平衡问题，不仅要加大以工促农、以城带乡的力度，而且还要加快发展农村公共事业，以促进农村社会全面进步。城乡一体化是中国城乡融合的理想模式，是城市化发展的"顶级状态"，② 其提出与实施标志着中国进入着力破除城乡二元结构、构建城乡经济社会发展一体化新格局的重要时期。

　　城乡一体化政策安排为居村农民市民化提供了极大的可能空间，居村农民成为市民的可能发轫于城乡一体化。当城乡边界消融后，城市与乡村便成为城带乡、乡促城的相互依存和相互促进的统一体，即城乡一体化下的城市与乡村是在经济、社会、生态环境、空间布局上的一个整体，在经济、社会上互为资源、互为市场、互相服务，在空间、生态上互为环境、互为协调、互相融合。按照许经勇的理解，城乡一体化要把城市与乡村的经济社会发展看成是统一的经济社会系统，而这个统一系统不同于城市与农村各自独立的

　　① 吴业苗：《农民工市民化的观念障碍与调适》，《理论与改革》2008 年第 1 期。
　　② 邹军、刘晓磊：《城乡一体化理论研究框架》，《城市规划》1997 年第 1 期。

结构系统，它是在城乡一体化基础上形成的新型结构系统。在这个统一、完整的新型结构系统中，农村的内部联系和农村与城市间的外部联系将逐步让位于城市与农村的各个一体化要素，城市与农村的生产、流通、消费、社会、文化、居民点分布等都将紧密地联系在一起。① 城乡一体化统一系统的建成，意味着农村与城市、农民与市民不再泾渭分明，农村居民将拥有与市民同等的公共服务，农村人的生活水平、生活质量将不再低于市民，甚至部分地区还高于市民。

城乡一体化进程中农民市民化的主要路径有农民工市民化、城郊农民市民化和居村农民市民化。农民工和城郊农民的市民化都是围绕城市来减少农村人口，这两种市民化路径在工业化、城市化初期或在城乡二元经济社会结构下是行之有效的，西方发达的资本主义国家和一些发展中国家，包括南美等都在既往的城市化建设中采用这种方式。南美 20 世纪的农民市民化是在城乡二元结构背景下通过城市扩张来转化农村人口的，但这条路径问题非常多，如巴西等国的农村人口大量涌入城市，导致城市病泛滥，学术界将其称为"拉美陷阱"。中国自 1958 年到改革开放前夕实行城市单边发展战略，国家把经济发展的重点放在城市，期望通过城市发展来振兴工业。20 世纪 80 年代，农村家庭联产承包责任制的经济效益逐步显现，加上一些农村地区兴办乡镇企业，农村出现了欣欣向荣的局面，城乡差距也得以缩小。但到了 20 世纪 90 年代，国家的经济建设中心再度转向城市，农村税费负担日趋加重，农民的种粮积极性随之锐减，农村土地撂荒现象非常普遍，农民开始向城市流动，于是形成了 20 世纪 90 年代至今的民工潮。农民工进入城市后，城市发展速度不断加快，城乡差距仍在扩大。这一状况表明：农民市民化不能单纯依靠城市发展。

拉美现代化之所以步入陷阱，其中原因之一在于这些国家在城市化进程中忽视了城乡发展严重失衡的现实，忽视了庞大的农村人口，忽视了农村发展和农村建设在现代化建设中的战略地位和重要作用。这些国家盲目动员农民进城，不仅使城乡差距进一步拉大，而且使城市因不能妥当安置涌入的农民而患上了新老问题综合征，使乡村因农村劳动力大量流失而变得更加衰落

---

① 许经勇：《我国城市化的目标：城乡一体化》，《马克思主义与现实》2006 年第 6 期。

萧条。中国的城市化发展绝不能重蹈拉美覆辙。

农民市民化不是简单的农民进城，城乡一体化视阈下的农民市民化应该是农民工、城郊农民、居村农民"三位一体"的市民化。中国农民市民化的重头戏在居村农民身上，我们必须加大居村农民市民化的工作力度。居村农民就地市民化，能短时间、低成本更多地转移农村人口，它比农民工和城郊农民的市民化更有学理意义和实际价值（见表3-1）。

表3-1　农民工、城郊农民和居村农民的市民化比较

	农民工市民化	城郊农民市民化	居村农民市民化
发生地域	城市	城市郊区	农村城镇、农民集中区
支持理念	城市化	城市化	城乡一体化
市民化意愿	自愿	非自愿	自愿
痛苦指数	高	中	低
经济成本	转化成本高	有经济补偿	转移成本低
人员构成	农民精英	农户	农户
工作难点	身份转变	消除失地后遗症	提供谋生的非农职业

从表3-1中，我们不难看出居村农民市民化的比较优势，它完全有可能成为中国农民市民化的主体力量。

第一，从市民化的可能性上看，居村农民市民化的最大可能来源于国家的城乡一体化政策安排。城乡一体化是在稳妥推进城镇化和扎实推进乡村振兴的"双轮驱动"下进行的，而它反过来又会促进城镇化建设和乡村振兴，进而引发农村社会一系列连锁反应，如现代农业的发展和农业生产方式的转变会使农业生产向种田大户集中，工业向工业园区集中，农村人口向城镇和农民集中区集中；农村多数人既离土又离村，不再从事传统的农业生产，第二产业和第三产业将成为农村劳动力的主要谋生职业，尤其是农村第三产业将集聚大量劳动力；供水、供电、道路、通信等基础设施覆盖农村，并与城市实现无缝对接，农村人可以与城市人一样享有等值的公共服务；农村规划区调整、村庄整治及大村庄和城镇建设为国家集约化、规模化建设新农村提供了便利条件，国家可以像建设城市一样投资农村城镇和农民集中区的建设。

第二，从市民化的意愿看，居村农民市民化是农民的一种自觉自愿的行动。只要农田适度集中，只要城镇和农民集中区建设上规模、上档次，只要城镇和集中区有他们得以谋生的非农职业，散居的农民不需要政府强制动员就会自发聚集起来。这与农民工和城郊农民的市民化意愿不同：农民工市民化是农民自愿选择，但这种自愿出于农民对城市劳动比较效益的追逐，其背后充满着背井离乡的艰辛与酸楚，是农民工的无奈选择；而城郊农民市民化的意愿却是另一番情景，优越的居住位置让他们中一部分人感到城市化剥夺了他们的既得利益，并因之而不愿意成为市民。

第三，从市民化的成本看，居村农民市民化的成本较低。（1）农民工市民化的成本最高。尽管城市政府为农民工市民化提供了诸多优惠政策，但这往往针对打工者本人，还不能惠及农民工家庭成员和找不到工作的农民工。相对于城市的高房价、高消费而言，城市政府提供给农民工的仅够他们在城市生存，根本不能支持他们转变身份，他们想要成为市民，必须自己支付巨额成本。（2）城郊农民市民化的成本最低。城郊农民市民化的成本主要由国家买单。城郊农民因有土地征收、房屋拆迁等补偿款，他们可以用它来购买住房和社会保险，加上他们毗邻城市居住，可以比较容易地找到谋生职业。（3）居村农民到城镇和集中区居住也需要一定的成本，但农民一般能承受。一方面，城镇和集中区的住房价格和生活水平大大低于城市，农民用十几二十万元就可以在城镇和集中区买房；另一方面，一些地方政府采用农村宅基地换城镇住房、承包地换职业和保险的办法鼓励农民到城镇和集中区居住，这大大降低了农民转移成本。另外，居村农民市民化不是单个农民向城镇和集中区转移，它与城郊农民市民化一样，是整个家庭成员的流动和转移。这一点对推进中国农民市民化进程尤其有意义。

第四，从市民化的难点看，农民工、城郊农民、居村农民的市民化面临的主要矛盾不同：农民工因他们是以农民身份从事城市非农职业，他们的工资待遇、社会保障、居住条件都比城市人低很多，市民化的关键在于纠正城市对农民工的歧视，并给予他们真正的、完整的市民待遇；城市化改造后的郊区农民，其社会身份、社会保障、职业、生活水平等都已接近市民，现在要做的主要工作是引导他们认同城市、融入城市；居村农民市民化是以农村为原点的农民市民化，因居住场所的城市化程度低，不可能一下子要求他们与城市市民一样，应该分阶段、分层次实施市民化。第一步，居村农民要集中居住，否则国家无法为分散居住的农民提供与城市同等的公共产品与公共服务；第二步，离土又离农的农村居民要有非农职业，尽管职业农民也可以算作为市民，但相对于中国如此多的农村人口来说，必须要让更多的农村人从事非农职业；第三步，要培养农民的城市性。沃思（Wirth）认为，"城市性"是生活方式的一种，基于规模、人口密度和社会复杂性的不同，城市具有其有别于乡村的一整套社会与文化特质。[①] 为此，农村城镇和农民集中区的治理要仿照城市的组织方式和管理方式，一方面促使居村农民获得与城市居民相同的合法身份和社会权利，另一方面，从根本上转变居村农民的思维方式、生活观念、行为习惯、文化认同，使其拥有"城市性"。

三　居村农民市民化的旨趣所在

中国的城市化发展已进入"工业反哺农业、城市支持农村"的城乡一体化阶段，这标志着工业资源和城市资源将向农业、农村"回流"，预示着中国以工业和城市为中心的发展时代将彻底终结，城乡二元结构将渐趋融合为城乡无边界的统一整体。作为对城乡一体化战略的积极回应，农村建设和发展既要把握好国家惠农强农政策带来的发展机遇，又要遏制住农村因劳动力、资金等生产要素的流出对发展基业的"腐蚀"，并且还要调整其发展思路，将农村中心镇、重点镇和农民集中区建设好，进而更有效地促进农村劳动力向非农产业流动和农村居民向城镇、集聚区转移。

城乡一体化进程中的农村建设，并非对农村进行简单的改造、修复或重建，而要在更高层次上建设与城市协调发展的社会主义新农村。因此，乡村振兴中的村庄建设和城镇建设要大力推进农民市民化。即是说，不仅要通过现代农业的集中化、产业化、市场化、科技化的发展培育更多懂技术、会经营、善管理的新型农民，还要在保持农业生产基本稳定的基础上切实减少农

---

① Louis, Wirth, "Urbanism as a Way of Life", *American Journal of Sociology*, Vol. 44, No. 1, 1938.

民并转移农村人口。由于城市承载量无法接纳庞大的农村人口，中国农村人口的减少不能仅靠城市的单极发展，更需要坚持城乡一体化发展理念，通过提升农村社区公共服务的城市化水平来促进居村农民就地市民化。

当然，要使农民真正成为居住在农村的市民，除了强化乡村振兴中的公共服务外，还需要注意或防止两种不良倾向。一是不能因为居村农民市民化是中国农民市民化的主体，就否定或忽视城市发展对农民市民化的重要作用，并由此减缓城市农民工和城郊农民的市民化步伐。二是乡村振兴、农村城镇建设是长期的、艰巨的系统工程，不能一蹴而就，况且农民向城镇、集中区转移也不是无条件的，当农村非农产业尚处于起步阶段时，当农村城镇和集中区的公共服务还达不到城市水平时，当农民还缺乏市民化的普遍自觉时，任何强制居村农民市民化的行政举措都是非常错误和极其危险的。再者，需要注意的是，城乡一体化不是农村城市化，不是农村城镇化，也不是城乡一样化，与此相应的居村农民市民化，不是要求变农村人为城市人，不是要求所有的农村人都集中居住，也不是要求农村人的所有待遇都与城市人一样。居村农民市民化的真实旨趣是在农村开展"城乡等值化"建设，进而促进居村农民拥有与城市市民等值的公共服务、等值的公民权益和等值的文明生活。

第二节　小农分化与居村市民的建构

一　主要概念与问题

1. 社会化小农

20世纪60年代法国社会学家孟德拉斯提出了"农民的终结"这一命题，他说："尽管乡村还存在，农业还存在，农户和农庄还存在，农产品仍供应有余，但农民作为一个传统的阶级早已终结了"；不过，农民的终结并非职业农民的终结，而是指在农业社会向工业社会和后工业社会转变过程中，农民绝对数量和人口比例的大幅度减少，农民将最终蜕变为农业生产者或农场主。[①] 我国农民是否也会终结呢？虽然在20世纪60年

[①]　〔法〕H. 孟德拉斯：《农民的终结》，李培林译，社会科学文献出版社，2005，第3页。

代就提出"农民的终结"但时隔半个多世纪，至今几乎没有中国学者相信并认为中国农民会终结。

学界对"农民的终结"话题反应冷淡，并非因其敏感而刻意回避，而是因为现实社会中的中国农民群体确实非常庞大，一家一户的农业经营方式仍很普遍，何来终结？但毋庸置疑，中国农民已今非昔比，全然不是古典经济学家们所指的小农：他们居住分散但不孤立，活动范围狭小但与外界联系广泛，从事农业劳动但非农化日趋凸显。因此，一些学者提出了社会化小农概念。他们认为时下中国农民已经不是传统的小农，而是"社会化小农"，其特性表现为"社会化程度比较高但经营规模较小"。[①] 尽管学者们从不同的视角解读社会化小农，并冀望用社会化小农替代农民，[②] 但学界对社会化小农概念始终没有形成共识：或许因"'社会化小农'正处于建构阶段，对这一框架的完善和系统化均需要一个累积、渐进的过程"；[③] 或许因"社会化小农"中的"社会化"缺乏清晰的理论内涵，其外延存在模糊化和泛化倾向；或许因时下中国农民已融入现代化大潮中，"社会化小农"只反映了农民主要特性的一个方面，农民还具有市场化、工业化、非农化、城市化等特性。

本书注意到学界对农民及其演化的相关论述，认为他们把农民分为传统小农和社会化小农，并视中国现代农民为社会化小农，具有一定的学理价值——有利于促进农民从事非农产业和组织经济合作，有利于促进农村劳动力流动和土地流转，有利于引导农民分化和改变社会身份。但这一研究存在明显不足，即他们仍是在城乡二元社会结构下静态审视农民的变化：虽然看到了当今农民与外部世界的密切交往，其行动不再由生存理性驱使而更多受到经济理性驱使等，但没有揭示出这些变化与城乡二元社会结构的对冲关

---

① 徐勇、邓大才：《社会化小农：解释当今农户的一种视角》，《学术月刊》2006 年第 7 期。

② 郝亚光：《社会化小农：空间扩张与行为逻辑》，《华中师范大学学报》（人文社会科学版）2007 年第 4 期；李晖：《社会化小农：制度分解与逻辑演绎——基于湖南新村养鸡维度》，《文史博览》2008 年第 8 期；刘金海：《社会化小农的历史进程：中国的经验》，《华中师范大学学报》（人文社会科学版）2007 年第 4 期；贺青梅：《生活社会化：小农的经济压力与行为逻辑》，《华中师范大学学报》（人文社会科学版）2009 年第 1 期。

③ 黄振华：《要素继替："社会化小农"概念的延伸探讨》，《华中师范大学学报》（人文社会科学版）2009 年第 1 期。

系，没有具体分析这些变化将给我国城乡二元结构带来或巩固或消融的影响，更没有把这些变化放到城乡一体化视阈下，进而推演出农民未来的命运。

2. 城市化与农民市民化

20世纪80年代后发生在中国农民身上的大事有三件。第一件是家庭联产承包责任制的全面实施，农民获得了小块土地的使用权和经营权，98%以上的集体农民再度成为分散的"小农"，农业生产回归到一家一户的家庭式经营状态。第二件是国家在20世纪80年代中后期颁布了多项建设农村城镇或发展乡镇企业的政策，农村劳动力可以在镇域和县域范围内流动，可以自由地在乡镇企业打工和从事商品交易活动。这个时期的农村已经有一部分农民不再专门从事农业活动，尤其一些青年农民甚至成了乡镇企业全职员工。第三件是20世纪90年代的城市化。一方面，伴随着国家陆续取消如粮食"统购统销"等计划经济时期留下的城乡不平等制度，越来越多的农民开始跨地区、跨行业流动，并形成了绵延至今的农民工流动大潮。另一方面，伴随着城市化建设步伐的加快，城市在其扩张过程中不断侵占农民土地，越来越多的城市郊区农民因失去土地而成为城中村农民和失地农民。

相比较而言，城市化对农民的影响最大。家庭联产承包责任制、小城镇建设和发展乡镇企业是国家在农村范围内进行的放权改革，农民的自主经营权、自由流动权随着改革的深入有所增大，但这时的国家放权改革止于农民"离土不离乡"和"进厂不进城"。而城市化则不同，它对农民的影响既广泛又深刻：从范围上看，现在纯粹从事农业劳动的农村家庭很少，经济发达地区自不必说，就是经济落后地区的农村家庭也是如此，一般农村家庭至少有一人以上从事非农职业；从程度上看，近两亿农民工和0.4亿以上的城中村农民、失地农民已经踏进了城市大门，与城市市民一起劳动并共同生活。城市化不仅使进城农民的生产和生活发生了巨大变化，而且正在影响着居村农民，他们或将成为全职的农业劳动者，或将成为乡镇企业的全职员工，或将成为农村各行各业的服务人员。

本书关注农民身上的这些变化，但同时觉得，仅靠城市化这条路径转移农村人口是不够的。中国是一个典型的城乡二元经济社会结构国家，城乡差距、工农差距巨大，如果城市化推进的重点始终放在城市，极易陷入类似拉美国家的现代化陷阱。① 城市化是一把双刃剑，一方面它符合现代化发展的一般规律要求，因为现代化主要内容之一就是要减少农民，让更多的农民转移到城市，过上与城市人一样的社会生活。但另一方面，中国农村人口特别庞大，城市规模的扩大难以承载如此多的农村人口。自 20 世纪 90 年代以来，各级政府投入大量人力、物力推进农民工市民化和城郊失地农民市民化，但市民化进程举步维艰，效果并不明显，绝大多数农民工和城郊农民仍处于半市民化状态；农业生产中土地撂荒现象时有发生，空心村、空心户比比皆是；更让人担忧的是，城市化让多数农村人陷入迷茫、疑惑与恐惧中，不知道城市化会带他们到哪里去，也不知道以后能做什么。由此，本书重点关怀居村农民及其今后走向，设想居村农民在城乡一体化政策安排下加快终结，并能就地转化为居村市民，即成为居住在农村城镇或集中社区的市民和专职从事农业劳动的市民化农民。

二　中国农民的当下景观：社会化小农？

社会化小农的概念最初由邓大才和徐勇提出，之后郝亚光、刘金海、李晖、贺青梅等学者丰富和发展了这个概念。他们认为，小农可分为传统小农、社会化小农、理性小农，其中社会化小农是社会化程度比较高的小农。社会化小农是一个解释性概念，应该包括"社会化小农经济、社会化小农生产、社会化小农发展阶段、社会化小农（户）、社会化农民"；② 社会化小农不排斥社会化、不拒绝市场、不依附强权，它与市场联系密切，并"越来越深地进入或者卷入一个开放的、流动的、分工的社会化体系中"，它已经融入市场经济，但它又"不同于采取企业化经营的大农场"。③ 在此基础上他们强调，中国农民已不是自然经济状态下的小农，由于它的社会化程度

① 学界把拉美一些国家因过度城市化而导致现代化畸形发展称为"拉美陷阱"。由于拉美一些国家在其城市化发展中缺乏规划，没有协调好农村与城市关系，大批农村人口涌入城市，不仅使大城市出现大量贫民窟和大规模的贫困群体，而且还恶化了农村的自然环境、生活环境、社会环境。
② 徐勇、邓大才：《社会化小农：解释当今农户的一种视角》，《学术月刊》2006 年第 7 期。
③ 徐勇：《"再识农户"与社会化小农的建构》，《华中师范大学学报》（人文社会科学版）2006 年第 3 期。

非常高，应该属于社会化小农；社会化小农不仅与传统小农存在明显区别，而且也不同于理性小农[1]。既然社会化小农与市场联系密切，又与传统小农、理性小农有别，那么在市场经济日臻成熟的今天，中国农民还是小农吗？如果是，他们又具有哪些特性呢？笔者认为，要弄清这些问题，关键不在"社会化"而在"小农"上。

"小农"原指从事小规模生产的农民。恩格斯说，小农为"小块土地的所有者或租佃者——尤其是所有者"；[2]《新帕尔格雷夫经济学大词典》把小农解释为，"'小农'是居住在乡村并在土地上工作的人"，主要指佃户或小自耕农，而不是农业劳动者或很大的地主；[3] 陈勇勤在总结前人研究的基础上指出，"中国的小农按理是指自耕农和佃农。自耕农的产权包括土地所有权、土地使用权和土地收益权。佃农的产权中没有土地所有权，只有土地使用权和土地收益权"。[4] 由此看来，（1）小农最明显的经济特征可归纳为：与土地所有权无关、必须具有自主经营权、主要依靠自家劳动力从事土地耕作经营活动。这就是说，拥有小块土地所有权且经营的人是小农，不拥有小块土地所有权却从事农业劳动的人也是小农；拥有土地所有权却不直接从事农业生产劳动的人，如大地主等不能算为小农；在大块土地上从事农业劳动且获取工资的是资本雇工而不是小农。（2）与小农相对应的经济形式是小农经济。小农经济是指与小农生产相结合的生产方式，其主要特征为：一是建立在小私有制基础上，分散、孤立、封闭；二是以家庭成员为主要劳动力，排斥商品经济，自给自足；三是以人力或畜力为劳动手段，日常生产中很少使用机器和现代化生产技术；四是以小块土地为劳动对象，主要从事粮食作物生产，并兼少许经济作物生产和家禽养殖。

照此推论，中国农民除了在1958～1978年20年间不是小农外，[5] 其余时间里皆为小农，其表现形态与小私有制、个体家庭、简单的手工工具、小

---

① 舒尔茨在《改造传统农业》一书中认为，农民是"理性经济人""毫不逊色于资本主义企业家"。参见〔美〕西奥多·舒尔茨《改造传统农业》，梁小民译，商务印书馆，1987，第37页。

② 《马克思恩格斯选集》（第四卷），人民出版社，1995，第486页。

③ 《新帕尔格雷夫经济学大辞典》（第三卷），经济科学出版社，1996，第882页。

④ 陈勇勤：《小农经济》，河南人民出版社，2008，第64页。

⑤ 有学者把这一时期的中国农民称为集体化小农或集体经济中的传统小农。参见熊吉峰、郑炎成《邓小平"两个飞跃"理论与小农经济改造》，《江汉论坛》2003年第12期。

块土地经营权相联系。然而事实上，20 世纪 80 年代后的中国农民与小农渐行渐远，农户的经济行为日趋市场化、社会化。

首先，农民的经济活动日趋市场化。尽管当代中国农民依然按照分散方式从事农业生产经营活动，但他们不再是传统意义上的小农：农民是市场的重要主体之一，种子、化肥、农药等生产资料基本实现了市场化购买，农产品尤其是粮食作物的生产不再以自给自足为目的；农业生产的机械化程度越来越高，一些农村的耕地、播种、收割、脱粒、运输等主要农活均由机器完成，人力、畜力、手工劳动的强度不断减弱；部分农村地区家庭成员中主要劳动力多数在城市打工，或从事其他非农职业，农业劳动日趋妇女化和老人化；经济发达地区越来越多的农村家庭把土地转租给别人耕种，自己不再从事农业劳动，经济欠发达地区因主要劳动力外出，农忙时常常使用雇工；农业生产对市场化服务体系的依赖程度不断加深，优良种子的培育、农药化肥的科学使用、植物栽培与养殖的适用技术、农作物的销售等，都得求助市场服务网状体系。总之，农户的生产、消费、交换等经济行为已经全面卷入市场化网络。

其次，农民社会活动日趋社会化。时下中国农民已不是费孝通笔下的"土头土脑的乡下人"：以村落为生活的社区单位，很少与外界接触，并"各自保持着孤立的社会圈子"；以"土"为命根子，舍不得离开泥土；把自己粘在土地上，认为"时代定居是常态，迁移是变态"，极不愿意流动。①中国农民已突破封闭状态，日常生活日趋社会化。第一，随着城市化、现代化进程的不断加快，"温饱型农民将越来越少，类市民化农民队伍将日趋庞大，"他们已由"家庭人"转变成"社会人"，②其社会行为不再局限于农村社会，已经广泛渗透到城市社会。第二，日常生活对货币的需求普遍提高，如人际、户际交往的货币支出档次不断抬高，子女教育、疾病医治等消费与城市市民同一层次，其生活风险接近或高于城市居民。第三，农民社会保障逐渐社会化，农村新型合作医疗保障的基本普及、养老保障试点范围的不断扩大，以及农村最低生活保障的全面覆盖，使农村社会成员基本上能享

① 费孝通：《乡土中国 生育制度》，北京大学出版社，1998，第 7～8 页。
② 吴业苗：《货币理性下的农民行动与其偏差矫正》，《社会科学研究》2007 年第 5 期。

受到与城市居民同等的社会保障。

最后，农民阶层分化不断加快。根据 1950 年 8 月政务院的《关于划分农村阶级成分的决定》，我国农村居民被划分为"地主、富农、中农、贫农、雇农"等政治身份，地主属于剥削阶级成员之一，富农、中农、贫农和雇农都是农民。后经社会主义改造，彻底消除了地主的剥削性，不仅没收了他们的土地，还把他们纳入农民队伍。20 世纪 50 年代的户籍管理、粮食统购统销、城市用工等制度的颁布和实施，切断了城乡间人员的流动，农村除极少数国家干部和公办教师、医生外，其他社会成员均被贴上了"农民标签"——居住在农村，且从事农业生产及相关产业劳动的人群。改革开放后，农民本地跨行业流动和异地同业或跨行业流动明显加快，尽管他们的社会身份几乎没有发生什么改变，但其职业身份已经分化为农业劳动者群体、农民工群体、私营者群体、雇工群体、乡镇企业管理者群体、乡村管理者群体、农村知识分子群体和其他从业人员群体等。农民职业分化带来了农民社会身份与职业身份的分离，越来越多具有农民身份的人却在从事非农劳动。

因此，笔者认为，将时下中国农民定义为社会化小农是不准确的。识别小农身份的重要标志是小农特性，而时下绝大多数农民已经不具有孤立、封闭、手工劳动、排斥商品经济、自给自足等小农特性，仅存的标志唯有小块土地的经营权和使用权。但众所周知，小块土地对农村人的意义只是象征性的，多数农民家庭不再以经营小块土地为谋生主业，特别是经济发达地区的农村，农业已成为一种副业，有的干脆不种田地。笔者 2010 年 6 月在浙江省温州市鹿城区、瑞安市、苍南县的农村调研中发现，除山区外，这里的农民一般只有 2~3 分田地，且多数已经转租给别人耕种。农民正在"去小农化"，而不是升级为社会化小农。

三 小农的命运会终结吗？

学界研究小农及其经济状况、特征、行动逻辑的成果颇多，汗牛充栋，且见仁见智。但对小农的去向，即关于小农的命运归宿的研究却不多。在古典经济学家的有限研究中，马克思和恩格斯对此论述比较精辟。马克思和恩格斯通过对德国、法国农民的考察，认为小农是分散的，好像是麻袋里的马铃薯，他们政治保守、思想狭隘，资本主义生产将借助于货币经济和大工业，结束小农这种分散、保守、狭隘的状况。在他们那里，小农是落后生产力的象征，"我们的小农，同过了时的生产方式的任何残余一样，在不可挽回地走向灭亡。"①

为改造小农的私有性、分散性、落后性，列宁、斯大林在苏联的社会主义革命和社会主义建设中通过没收富农的生产资料和不动产等极端方式建设社会主义集体农庄，促使其成为社会主义劳动者和社会主义建设者。苏联因采用国家政权强力推进小农改造，其速度如斯大林所说的那样，"农民已经不像从前那样一批一批地加入集体农庄，而是整村、整乡、整区，甚至整个专区地加入"。② 但是，小农改造和集体化农庄建设并没有推动苏联农业发展：苏联农业总产值 1953 年比 1913 年年均只增长了 1.1%，其中谷物产量还低于 1913 年水平，畜牧头数直到 1958 年才达到集体化前的 1928 年水平。③

中华人民共和国成立后，中国共产党采用动员农民加入合作社的方式改造小农。毛泽东曾经指出："中国几千年来都是个体经济，一家一户就是一个生产单位，这种分散的个体生产就是封建统治的经济基础，而使农民自己陷于永远的穷苦"，④ 为此，要对农业、农民"实行社会主义改造，搞互助合作，办合作社，这不仅是个方向，而且是当前的任务"。⑤ 以毛泽东为核心的政治领袖们意识到把汪洋大海般的个体农民引向集体化是很艰难的，他们没有模仿苏联的激进方式改造小农，而是通过互助组—初级农业生产合作社—高级农业生产合作社—人民公社等合作形式，逐步改变小农的私有特性，分阶段引导他们进入社会主义集体所有制，最终使其成为社会主义的劳动者和社会主义的建设者。

从苏联和中国改造小农的表面效果看，小农都在较短的时间里退出了国家经济舞台。但需要指出的是，这种小农及"小农经济的消失并非生产力

① 《马克思恩格斯选集》（第四卷），人民出版社，1995，第 487 页。
② 斯大林：《列宁主义问题》，人民出版社，1964，第 364 页。
③ 洪远朋主编《合作经济的理论与实践》，复旦大学出版社，1996，第 109～111 页。
④ 《毛泽东选集》（第三卷），人民出版社，1991，第 934 页。
⑤ 《毛泽东选集》（第五卷），人民出版社，1977，第 122 页。

发展的必然，而是政府主导的强制性制度变迁的结果，其政治收益的考量要大于经济收益的考量"。[1]

其实，小农的生长、发展和消亡是有其经济规律的，自然经济和落后的生产力是滋养小农生长的天然土壤，如果经济形态为自然经济，如果社会生产力仍旧落后，如果城乡经济社会结构二元分立，任何通过政治运动改造小农或消灭小农的努力都是徒劳的。市场经济和社会化大生产是小农的天敌，恩格斯曾就此指出，小农"这种小生产正在无法挽救地走向灭亡和衰落"，因为"资本主义的大生产将把他们那无力的过时的小生产压碎，正如火车把独轮车压碎一样"。[2] 市场经济对小农的威胁是致命的。市场经济发展起来后，家庭劳动力、土地、资金等资源配置要全方位走向市场，要根据市场效率进行优化配置；农户生活消费势必货币化，其支出压力将迫使农户家庭成员投入激烈竞争的市场大潮中，以谋取生存和发展的货币；农户与外界联系将更加密切、频繁，将有越来越多的小农被卷进开放、流动、分工的社会化体系中。

美国、英国等西方发达国家小农的终结都是在市场经济充分发展、社会化大生产高度发达的社会经济背景下发生的。英国的小农在工业革命后就直接从乡村走向城市，美国的小农通过不断扩大耕地规模和使用大机器生产而成为职业农民或农场主。"农民在工业化最快的国家中消失"的一般路径是，"农业完全服从于工业社会的逻辑"，通过农业产业化、工业化、现代化、市场化的充分发展，进而使小农退出历史舞台。[3] 我国农民的小农特性正处于削弱中：在长三角、珠三角、环渤海湾的经济发达地区，市场经济较发达，多数农民的经济行动正在"去小农化"；中西部尤其是西部地区农村，尽管农民社会化、市场化程度都比较低，他们仍按照小农经济方式从事传统的农业生产劳动，但由于这些农村地区并非是与世隔绝的世外桃源，市场经济、现代科技、城市文明已经深刻地影响了他们的生产和生活，其小农特性也在加速流失。

---

① 曹阳：《当代中国农村微观经济组织形式研究》，中国社会科学出版社，2007，第112页。
② 《马克思恩格斯选集》（第四卷），人民出版社，1995，第485页。
③ 〔法〕H. 孟德拉斯：《农民的终结》，李培林译，社会科学文献出版社，2005，第6页。

四 居村市民的建构

马克思说，在小农消失之后，"城市和乡村之间的对立也将消失。从事农业和工业劳动的将是同样的一些人，而不再是两个不同的阶级。"① 这即是说，小农存在于城乡二元结构的农村中，当城市与乡村融于一体时，小农将退出历史舞台；并且农民与市民也将没有实质性区别，农民亦为市民。就发达国家的农民与市民现存境况看，虽然仍留有少数农民，但很明显，他们的身份意义已经完全被职业意义取代，不再是"卑贱的社会地位"和"不易摆脱的低下身份"的农民（peasant），他们与城市居民一样，具有市民即公民（citizen）的权利与人格。这些国家中经营农场、农业（farm）的人，与从事渔业、工艺、商业活动的渔民（fisher）、工匠（artisan）、商人（merchant）一样，享有同等的公民（citizen）权利，都是法律意义上的市民。对此，秦晖指出，在世界其他国家，"没有把人们分为与生俱来的'农业人口'与'非农业人口'两个准世袭的身份等级。在他们那里'农民'只是一种职业，改了业便不再是'农民'"；② "务农者即为 farmer，一旦不再务农也就不复为 farmer 了，但无论务农与否，他与'市民'之间并无身份等级界限。"③

中国农民在职业上已经分化为多个群体，但这只是农民分化的开始。随着城市化的推进和城乡一体化的实施，农民的职业分化必将引起社会身份分化，贴在他们身上的诸多歧视标签将被逐个撕去。第一，城市农民工将从农民群体中分离出来。我国多数城市农民工，尤其是"80后""90后"的农民工，自学校毕业后就来到城市打工，他们中一些人在家乡没有自己的土地，不会种地、干农活；并且，因他们在城市生活时间较长，记忆中的家乡土地、风土人情随着时间流逝而变得朦胧、模糊。这些人除了是农村户口外，其他方面几乎与城市市民没有实质性差别。第二，城市郊区失地农民正从农民群体中剥离出来。在城市化建设中，我国已有 4000 万城郊农民因城

---

① 《马克思恩格斯选集》（第一卷），人民出版社，1995，第 223 页。

② 秦晖：《耕耘者言：一个农民学研究者的心路》，山东教育出版社，1999，第 289 页。

③ 秦晖、苏文：《田园诗与狂想曲——关中模式与前近代社会的再认识》，中央编译出版社，1996，第 329 页。

市扩张而成为失地农民和城中村农民。这部分农民由于地处城乡边缘，日常生活与城市市民频繁接触，他们很容易在城市找到工作，适应城市社区生活，进而转化为城市市民。未来20年中，我国还将有4000万城郊农民要转为城市市民。

城市农民工、城郊农民的市民化迫在眉睫，政府和学界高度关注这两大群体的市民化，已经在实践中探索出一些成功经验。但小农的终结是全体农民面临的共同命运，居村农民由于在人数上多于城市农民工和城郊失地农民，市民化不能没有他们。然而，居村农民一直是市民化"被遗忘的角落"。近年来，地方政府在新农村建设和乡村振兴中投入大量资金改造和提升公共设施，农村的面貌发生了翻天覆地的变化，道路硬化率、自来水入户率、有线电视或数字电视普及率等都有了大幅度提高，可多数农民还在"唱着古老的歌谣"，其市民化没有得到政府足够的重视。此外，居村农民因保留着或多或少的小农特征，他们更缺乏身份转变的自觉，只知道自己从哪里来，但不明白"我是谁"，更不明白"我将到哪里去"。这是城市化建设、乡村振兴和城乡一体化建设中出现的新问题、新情况，亟须政策引导和制度规范。

从过去经验看，传统的通过扩大城市规模、鼓励农民进城的城市化路径不完全适合中国。其一，城市将不堪重负。中国农村人口多，如果让70%以上的农村人都到城市生活，城市化的成本将大大高于西方国家。其二，城市化时间将被拉得很长。如果按照每年转化1000万农村人口来计算，要转移5亿以上农村人口到城市，至少需要50年。其三，城乡差距难以缩小。改革开放后的城市化发展，不仅没有缩小，反而进一步拉大了城乡差距。因此，党的十七大明确提出城乡一体化发展战略，要求大力发展农村公共事业，以尽快让农村人分享城市化发展成果。

城乡一体化是城市化发展的顶级阶段，它属于城市化，但又高于城市化，是具有中国特色的城市化。城乡一体化能修正和弥补单极城市化发展的不足，更适合我国城乡经济社会协调发展的实际。为此，国家相继颁发了"工业反哺农业、城市支持农村""把公共事业发展重点放在农村"等一系列"强农惠农"政策，冀望通过新农村和农村城镇建设让广大农村居民过上与城市居民等值的社会生活。具体地说，城乡一体化的意义主要体现在以下三方面。（1）国家将彻底扭转既往的重城市轻农村、重工业轻农业的发展模式，农村势必成为国家建设和发展的重点；（2）国家将加大对农村公共设施与公共服务的建设力度，改善居村农民的生活环境，居村农民的生活质量会得到大幅度提高，一段时间后，他们一定能过上与城市居民等值的生活；（3）国家将采取多种形式转移农村人口，不仅要继续做好农民工市民化和城郊农民市民化的工作，而且还要让尽可能多的农村人口转移到城镇。

诚然，无论是城市化还是城乡一体化，对农民的意义均在市民化上。进城的农民工、城市郊区失地农民经过市民化后将转化为市民，同样，居村农民也可以经过市民化改造转化为市民（citizen）。居村农民市民化有两条进路：第一条进路是，引导农村人到乡村城镇或集中村居住，从事非农职业，进而让他们"享有城市的一切物质条件和舒适"，让"他们的生活方式城市化"；① 第二条进路是，深化农村改革，促进农民转变为农业职业者（farmer），即成为市民化农民。市民化农民是居村农民通过市民化改造后培育起来的职业农民，它与居住在乡村城镇或集中区的市民和临时住在农村的城市市民没有身份差异，都是市民，所不同的是：市民化农民是指居住在农村且从事农业劳动如种植业、养殖业的人；城镇和集中区市民是指居住在乡村城镇或集中区、主要从事非农产业的人；而居住在农村的城市市民则是指在闲暇时间或退休后来乡下居住的城市人。在经济发达、城市化程度高的西方国家，越来越多的城市居民为交通拥挤和环境污染所困来到乡村居住，成为居住在农村的市民。孟德拉斯在《农民的终结》中写道："10年来，一切似乎都改变了：村庄现代化了，人又多起来。在某些季节，城市人大量涌到乡下来，如果城市离得相当近的话，他们有时会在乡下定居"；"那么多的城市人重新返回到村庄里，住进老家的住宅。孩子们可在这住宅里辨识自身、寻到祖根或化为祖根"。② 城市市民到乡下居住，在城市化范式中被视为"逆城市化"，而在城乡一体化范式中则为在城乡共处、共融的社会结构下的一种常态方式，即居住在农村的都是市民，只是他们所从事的职业不尽相同。

---

① 〔法〕H.孟德拉斯：《农民的终结》，李培林译，社会科学文献出版社，2005，第276页。

② 〔法〕H.孟德拉斯：《农民的终结》，李培林译，社会科学文献出版社，2005，第279、282页。

五　大力培育居村市民

尽管我国小农终结是一个长期的过程，不可能一蹴而就，但可以肯定的是，小农必须从"田园诗式的农业文明"中走出来，谱写"乡居现代人"的中国式"现代化的狂想曲"。"否则不但农村没希望，我们的城市也将处于一种'都市里的村庄'的状态。"[1] 我国城乡二元经济社会结构正在消解并趋向于城乡一体化，受此影响，国家必须在维持农村社会稳定和保证粮食安全的前提下制定相应政策，以终结小农和培育居村市民。根据城乡一体化的目标要求，国家政策可以从如下方面终结小农和培育居村市民。

1. 维护家庭承包制稳定，鼓励农民再组织、再集中

我国政府多次强调，家庭联产承包责任制在结束第一轮承包后再延续30 年，甚至长期不变，这一政策安排既有效地防止了农户掠夺式经营土地，又维护了农业生产稳定。但事实上，"当今的小农正在发生深刻的历史变化，小农户所处的和面对的却是一个大社会"；[2] 农户的生产方式、生活方式和交往方式正在不断地社会化、市场化，尤其是市场化使农户家庭在日益激烈的竞争中无所适从，始终是利益的亏损者，其生存与发展压力越来越大。就此而言，无论出于实现现代化的需要，还是出于改变农业生产停滞不前的现状的需要，政府都有必要重新整合农业土地资源和经营主体。

就国家政策锁定的方向看，国家不能采取政治手段让一家一户的农业生产集中起来。我国农业生产力发展极不平衡，且各地农业生产状况差异大，不同地区的家庭生产活力不一样，国家不仅不能一刀切地废除家庭联产承包责任制，而且还要维持其长期稳定。当然，维持家庭联产承包责任制长期稳定，绝不是保护落后的生产力和落后的生产方式，当一些农村地区的生产力水平提高后，国家政策应该鼓励农民发展经济合作组织，即通过农民经济合作组织引导农地集中、人员分流。苏南等经济发达的农村地区，生产力水平和社会化程度都很高，地方政府正在积极引导农地向种田大户集中、人口向

---

[1]　秦晖、苏文：《田园诗与狂想曲——关中模式与前近代社会的再认识》，中央编译出版社，1996，第 2 页。

[2]　徐勇：《"再识农户"与社会化小农的建构》，《华中师范大学学报》（人文社会科学版）2006 年第 3 期。

城镇或集中区聚集。不难想象，其他地区的农地和农村人口也将在不久的将来走上这条道路。农村土地集中一旦形成规模，农业生产便可以产业化经营，到那时，小农也就顺理成章地转变为职业农民了。

2. 实现乡村振兴，为农村社会成员提供与市民等值的公共服务

根据国家乡村振兴的政策安排，乡村主要围绕产业兴旺、生态宜居、乡风文明、治理有效、生活富裕五个方面进行。但我们必须清醒地意识到，解决"三农"问题的根本出路不在农村、农业和农民，唯有跳出"三农"才能卓有成效地解决"三农"问题，即通过"三化"——工业化、城市化、市民化方能更好地解决"三农"问题。乡村振兴也应该如此，否则，极易造成农村的重复建设和空心化——农村建设好了，生活在其中的人却寥寥无几。

无论乡村振兴的内容多么丰富，国家对其建设有多少要求，各地在建设实践中一定要重视小农逐渐减少及其转化为农业职业者的现实。因此，乡村振兴要注意以下几点。一是不要建设每一个村庄。农村建设要把重点放在有一定经济基础、有一定人口规模的重点镇和中心村上，[①] 即把有限的人力、物力、财力集中投向重点镇和中心村，摒弃天女散花或摊大饼式的粗放建设。二是不要仿照城市建设的样式建设农村。农村建设的重点不是建设与城市同样规模或档次的基础设施，让农村看上去与城市一样壮观，而是要发展农村公共服务，让农村人享受到与城市市民等值的公共服务。三是不要一味地模仿经济发达地区的农村建设。苏南、浙江等地在农村建设中形成的经典模式，其公共设施、公共服务、老百姓的生活水平甚至高于一般的城市，但这只是个别农村，其建设经验不一定适合其他地区的农村。经典一般不能模仿，也模仿不出来。

3. 培育职业农民，切实转移农村人口

职业农民是专门从事农业生产劳动的职业者，主要由农场主和农业雇工组成。西方发达国家农业社会分工程度高，不同的农业生产活动由不同的职业农民来完成：农场主主要从事农场的经营与管理，追求的是农场经营利润；而农业雇工一般从事具体的农业生产劳动，与企业工人一样，通过出卖

---

① 山东省、江苏省推行的大村庄制建设，实质上是中心村建设的一种，其经验值得借鉴。

劳动力换取工资。我国是农业大国，理当有很多职业农民，但事实相反，我国除了极少的种植专业户、养殖专业户外，大多数农业劳动者仍为小农或"半小农"。这种状况不利于农业的长效发展。（1）繁重的农业劳动本该由农村男劳动力承担，可农村男劳动力越来越少，多数农活主要由留守老人和留守妇女完成。这不仅极大地影响了他们的身心健康，而且也难以维系长久——任何一个国家的农业生产都不能长时间地依靠老人和妇女。（2）农业的产业化、规模化、机械化发展速度缓慢，尤其是中西部农村的农业生产至今仍保留相当多的原始农业成分，非常脆弱，效率低，产量也不稳定。（3）外出打工的农民工出于家庭整体安全考虑，舍不得丢弃农村土地，致使农村人口只流动、难转移，市民化始终不能形成规模。

壮大职业农民队伍或许能从根本上解决这些问题。一方面，壮大职业农民队伍是农业生产发展的趋势要求。我国农业生产的老人化、妇女化难以长久维系：务农老人年龄逐渐增大，且人数逐年减少；务农妇女随夫外出的人数一年多于一年，农田转租或撂荒的现象逐年增多；农业生产的规模化、产业化、职业化是大势所趋，迫切需要有知识、懂管理、会经营的职业农民从事农业生产活动。另一方面，国家政策要明确职业农民的社会身份，即职业农民从事农业劳动，但他们不是小农，不具有准世袭的农业户口身份；他们是市民化的农民，与其他职业者如工人、商人一样，可以自由地选择自己的职业；他们拥有与城市居民同等的社会地位、等值的公共服务、一样的权利与责任。

最后需要强调的是，国家政策在城乡一体化框架下培育居村市民，其重点在于培育市民化职业农民，不仅要让居住在农村的农民专门从事农业劳动，而且还要保证他们能过上与城市市民等值的社会生活。但与小农终结伴生的不仅仅是市民化农民，更多的小农终结后会转移到城市和农村城镇或集中区，因此，国家要有相应的政策支持他们到城市、城镇、集中区居住，并为他们提供非农职业和公共服务。

第三节　家庭农场：居村农民转变身份的依托

城镇化尤其是新型城镇化快速发展，促使越来越多的农民流向城镇，农业生产出现严重的兼业化、副业化以及主要由老人承担的老人化现象。因此，一些居村农民包括回乡农民工纷纷流转农户承包地，创办家庭农场。家庭农场的兴起与发展，将终结传统农业、减少小农，并促使居村农民向职业化农民、市民化农民转变，使其成为体面的职业者。从当前农业生产方式变革看，居村农民正依托家庭农场发展逐渐转变身份。尽管居村农民转变身份仍有一定的不确定性，但他们可能成为农业企业主和农业工人。家庭农场取代分散农户、居村农民实现身份转变都需要一个过程，其间，除了要尊重农民意愿、给予自主经营权、支持家庭农场做大做强外，还要为家庭农场发展和农民转变身份提供基本公共服务。

一 从小农说起

传统农村社会中的农民是小农，他们在小块土地上从事简单的农业生产劳动，几乎不参与市场交易活动，生活用品自给自足。中国农民的小农形态一直延续到改革开放后才有所改变。一是家庭联产承包责任制的实施激活了农村市场，农民不再与世隔绝，不仅将多余的农产品销往市场，以获取更多的经济利益，而且不断从市场上购买化肥、农药、农具等生产资料，以提高农业生产效率。二是乡镇企业和小城镇发展促使越来越多的农民进城并从事非农工作，农业不再是农民专属职业，一些农民尤其是青年农民进厂，转变为小城镇居民。20 世纪 90 年代后，随着城市改革深入推进和城镇化快速发展，越来越多的农民进入城市社会，成为城市居民或进城打工者。如今，即使一些农民仍旧居住在农村，他们的生产生活场域也不再是"世外桃源"，因为城镇化发展已经极大地冲击并深度影响了每一个村落、每一个农户。"纯粹"的小农不再是农村舞台上的主角。

然而，有些学者坚持认为当下的中国农民仍是小农。他们的理由是，尽管农民"愈来愈广泛和深入地进入或者被卷入开放、流动、多元的社会中"，其生产、生活、交往的方式日益社会化，农民们不仅汲取社会力量改造了自身"惰性"，提升了经济行为能力，而且村落与外面世界的联系日趋紧密，学会了用社会化方式经营农业，而且越来越多的农民已经跨地域、跨行业流动，兼业程度越来越高，收入也越来越多样化，但是，当下的农民仍是小农，是"迅速社会化进程中的小农"，① 即"社会化小农"。也就是说，因为农民仍以家庭为单位在小块土地上进行农业生产活动，所以他们还是小农，但另一方面，如今的小农不同于过去的小农，社会化已经渗透到农民的生产、生活、交往中。② 如在生产上，社会化服务取代了家庭自我服务，资金、土地、劳动力等生产要素配置日益市场化；在生活上，基本生活资料愈发依赖市场交易，农户的日常生活用品渐趋货币化；在交往上，农民与外界联系范围大、频率高，人际关系愈发理性化。不仅如此，社会化小农还拥有"一个独立的生产形态"，具有与传统小农、商品小农和理性小农不同的性质。③

对于中国农民是不是社会化小农的问题，笔者曾著文认为，小农对应的经济形式是小农经济，一般在小私有制形式下从事农业劳动，劳动力主要是家庭成员，人力或畜力是主要劳动手段，生产的农产品不是为了获得交易利润，而主要在于满足家庭成员生活需求。换言之，小农及小农经济与小私有制、小块土地、分散农户、手工劳动、自给自足相联系。如果从事的生产劳动没有这些特性，农民就不再是小农；如果仅保留其中的几个特性，农民的小农定性就需要具体分析，不能不顾小农的内在构成要素变化而仅以外在的社会化程度高就将农民定性为"社会化小农"。基于此，由于中国当下农民的经济活动日趋市场化，社会活动广泛社会化，笔者认为中国农民已经失去小农构成中的一些关键要素，他们正在逐渐"去小农化"，"而不是升级为社会化小农"。④ 并且，在农村社会向城镇社会转型中，农民已经分化为多个不同的群体，如在地域上形成了居村农民、城郊失地农民、进城打工农民三大群体，他们进行不同的经济活动和拥有不同的社会生活。有些农民已经失去了土地，不再从事农业劳动；有些农民已经将土地流转出去，专门从事非农职业；还有一些农民，虽然仍旧从事农业劳动，但要么将种田作为打发

① 徐勇：《"再识农户"与社会化小农的建构》，《华中师范大学学报》（人文社会科学版）2006 年第 3 期。

② 邓大才：《社会化小农：动机与行为》，《华中师范大学学报》（人文社会科学版）2006 年第 3 期。

③ 徐勇、邓大才：《社会化小农：解释当今农户的一种视角》，《学术月刊》2006 年第 7 期。

④ 吴业苗：《小农的终结与居村市民的建构——城乡一体化框架下农民的一般进路》，《社会科学》2011 年第 7 期。

时间的副业，不再依赖它养家糊口，要么根据市场规律，采用规模化、集约化方式从事农业生产，追求更多的或起码与打工差不多的经济收益。农民群体已经分化，不同农民群体的属性有较大差别，不能将他们简单概括为"社会化小农"。

现实中，广大农民在城镇化进程中很难独善其身，保持"小农"不变，他们最终都要转变身份。在以物的城镇化为核心的土地城镇化发展中，几亿农民洗脚上田、进城进厂，成为城镇打工者。党的十八大后，中央推进以人的城镇化为核心的新型城镇化发展，取消农业户口和非农业户口的区别，加大了进城农民落户城镇的工作力度，如此，不仅进城打工者将陆续成为真正的城镇居民，而且居村农民也将随着人的城镇化发展继续离开农村、进入城镇，并逐渐转变为城镇居民。

本书关心的是居村农民及其身份转变，即探讨在人的城镇化发展中居村农民何去何从，以及依托家庭农场发生的身份转变问题。笔者曾就居村农民转变身份提出过设想，认为只要政府为居村农民提供与城镇均等化的公共服务，居村农民就可以在农村过上与城镇居民一样质量的生活，并成为居村市民，[①] 但笔者没有对此观点做进一步论证。2016 年 8 月，笔者和学生到安徽省庐江县调研发现，持续 20 多年的农民大进城，使农户的农业生产能力严重削弱，越来越多的分散农户不得不把家庭承包地流转给家庭农场经营，家庭农场已经成为农业生产活动的重要主体。并且，从已观察到的家庭农场经验看，居村农民依托家庭农场正朝着两个方向转变身份：一是转变成为经营规模农场的家庭农场主；二是褪变小农身份，转变为依附于不同类型家庭农场的雇工。当然，在家庭农场完全取代小农户的农业生产过程中，一些农户仍采用"半工半耕"的家庭劳动力分工方式从事农业生产劳动，[②] 继续着小农式农业生产，但他们的家庭生产能力日趋式微，不仅需要依赖家庭农场"苟活"，而且这些农户愈发失去"自营"力，期望家庭农场接受他们的承包地，以便彻底转变身份。因家庭农场运行中部分居村农民已经或正在转变

---

① 吴业苗：《居村农民市民化：何以可能？——基于城乡一体化进路的理论与实证分析》，《社会科学》2010 年第 7 期。

② 高强、刘同山、孔祥智：《家庭农场的制度解析：特征、发生机制与效应》，《经济学家》2013 年第 6 期。

身份，以及居村小农们不愿意再做"小农"的现实，本书认为家庭农场兴起及其发展使居村农民转变为"体面"职业者有了可能。

二　农民进城与农村种田人变化

改革开放后，中国农民突破城乡边界进城打工。农民之所以能进城，主要在于两个因素的作用：一是家庭联产承包责任制的实施，农村劳动力出现一定剩余，尤其在农闲时，农村出现大量闲置劳动力，需要有新的挣钱岗位；二是国家鼓励乡镇企业发展，但有限的城镇人口不能满足不断发展的乡镇企业用工需求，乡镇企业只能从农村招聘年轻农民。于是，在 20 世纪 80 年代国家还没有放开城镇人口管理的时候，一些农民就带着农业户口进厂工作。面对乡镇企业发展和农村人口进厂的实际情况，国家政策允许农民"离土不离乡、进厂不进城"。这个政策是国家在保持城乡二元体制不变框架下针对农民进厂、进城现状对户籍管理的有限调整，它保障了乡镇企业劳动力需求，对促进小城镇发展有一定的积极意义。并且，这个政策还维护了家庭联产承包责任制，有效地保证了农业生产稳定发展。具体地说，到乡镇企业上班的多数是年轻农民，他们进城、进厂不会影响家庭农业生产活动，因为农业劳动仍由他们的父母操作。再者，这些年轻人在家乡附近的城镇上班，只要他们愿意或家庭有需要，可以在休息时间或农忙时节回家帮助父母做农活。如此，乡镇企业发展和小城镇建设造成的农民离村现象几乎没有影响到家庭联产承包责任制实施，也没有对农业生产产生冲击，相反，中国农业在 20 世纪 80 年代始终保持着良好的发展势头。需要指出的是，20 世纪 80 年代农户安排年轻农民到乡镇企业上班，[①] 一方面出于他们是家庭生产中多余的劳动力，没有他们，日常农活可以照常进行；另一方面家长鼓励年轻人进城进厂，更期望他们能借此跳出"农门"，成为城镇居民。

1992 年后，城镇改革步入快车道，市场化和城市化也迅速发展，城市建设和城镇企业生产需要大量劳动力。面对这种境况，农民们不再局限于在乡镇范围内流动，而是跨行业、跨区域流动到能挣到更多钱的城市和经济发

---

① 在多数农村人眼里，年轻人主要指从学校毕业不久且没有成家的人。后文中说的中青年人，一般指 30 岁左右至 50 岁的人，中老年人一般指 50 岁以上至 60 岁左右的人，60 岁以上的是老年人。

达的沿海地区，并形成了气势磅礴的农民工打工潮。① 安徽省庐江县是拥有
130多万人口的农业大县，虽然20世纪80年代乡镇政府和行政村创办了一
些乡镇企业，如丝绸厂、啤酒厂、黄酒厂、羽绒厂、麻纺厂、毛巾厂、玩具
厂、电子厂等，但这些企业规模普遍不大，吸收农民数量非常有限，而且多
数企业是政府和村集体组织领头创办的，政企不分，企业的法人由党委、政
府或行政村领导兼任，管理不规范，经营效益差，职工的工资待遇较低，很
多企业运营几年就陆续倒闭，年轻的农民们对在乡镇企业就业没有多大兴
趣——即使已经在企业工作多年的职工也因工作不稳定、工资低等而想着离
开。相形之下，更多的农村年轻人纷纷利用邻里、亲戚等关系到沿海开放城
市寻找工作机会。20世纪90年代中早期，除了能继续升学的学生外，高
中、初中学生几乎一毕业就外出打工，以至于庐江县绝大多数"70后"的
人没有从事农业劳动的经历。这个时期，农村种田的主力是中青年和中老年
人，很少有年轻人。

　　到20世纪90年代中后期，庐江县农村的中青年人逐渐意识到打工比种
田更"合算"，不再"安分"种田，效仿着年轻人外出打工。但是，他们是
家庭主要劳动力，不能像外出打工的年轻人那样，丢弃农业生产到离家很远
的广东、福建打工。中青年农民打工需要兼顾家庭农业生产，打工地不能离
家太远，农忙时必须回家干农活。基于此，庐江县"50后""60后"的农
民打工首选地是长三角地区的上海、杭州、苏州、常州、南京等城市。长三
角城市离庐江近，最远的车程也用不了一天，只要农忙，他们就即刻回家从
事农业劳动。外出打工的中青年农民多数是男性，日常农活由父母、妻子打
理，每当春耕、"双抢"、② 秋收时节，外出打工的中青年农民几乎都回家干
农活。在20世纪90年代中后期，庐江到长三角城市的长途客运生意非常
好，每天都有三四十个班次来往于庐江至长三角各大城市。除了庐江县国有

---

　　① 农民能远距离流动还有一个重要条件，即国家取消粮食统购统销政策，农民不需要自己带粮食，
可以从市场上买粮食。

　　② 一直以来庐江县生产早稻和晚稻，每年的梅雨后和立秋前是农村最忙的时候，一边要抢收早稻，
一边要在立秋前插下晚稻秧苗，即"双抢"。"双抢"期间，农民劳动最辛苦，雨水多、气温高、阳光
烈。近年来，生活日渐好起来的农民不再种植两季水稻，改为一季水稻、一季小麦，如此，可以避开高
温天。庐江县的家庭农场也基本上不种植两季水稻，选择一季水稻，或一季水稻加一季小麦。

汽车站的客车跑长三角城市外，几乎每一个乡镇都有私人购置的长途大客车，每天清晨从各乡镇出发，深夜再回到庐江载客。

就庐江县农民流动情况看，"50 后""60 后"的打工农民与"70 后"不同："70 后"的外出打工者，一般没有农业劳动经历，主要是进工厂，从事手工活，劳动强度不是很大，虽然工作时间长，但工资收入比家乡企业高；而"50 后""60 后"的打工者熟悉农业劳动，他们是家庭主要劳动力，外出一般从事建筑、装潢等体力劳动，工作、居住、生活条件都不如企业打工者。学界习惯将 20 世纪八九十年代外出打工者称为第一代农民工，而将21 世纪进入打工行列的"80 后""90 后"看作新生代农民工，并认为新生代农民工更具有城镇倾向。这一观点在学理上不够严谨。其实，第一代农民工也有较大差别，"70 后"农民工的城镇倾向比较强烈：他们几乎没有农业劳动经验，一般不会轻易回到农村居住生活；他们在城镇打工的时间最长，熟悉、习惯了城市环境；他们具有一定的经济积累，甚至在城镇拥有产业。也就是说，"70 后"农民工最有条件成为城镇居民。如庐江县，外出打工且算得上成功的，80% 以上是"70 后"农民。不同的是，更多的"50 后""60 后"农民工，他们在城镇做苦力，是名副其实的城乡"双边人"，既要重视城镇打工，以获得比从事农业劳动更多的经济收入，又不敢放弃农村的家和耕地，以求得"生活安全"，一心顾两头，他们是农民工中最心酸的群体。调查显示：如今庐江县农村"40 后"至"60 后"的妇女比较多，而"70 后"的妇女很少，她们几乎都跟随丈夫外出打工且不愿意回农村种田；"40 后"至"50 后"男人多，"60 后"男人基本上仍在外面打工，但回村的男人逐渐增多，并成为农忙时各家庭农场争夺的主要劳动力。

当前农村种田的主力是"50 后"和"40 后"农民。少数"50 后"农民在城镇打工，多数在农村种田，"40 后"农民年龄在 70 岁以上，虽然年岁大，但他们是家庭最主要的农业劳动力。庐江从事农业劳动的中年妇女正在逐渐减少，越来越多的人跟随丈夫外出打工，多数村庄由 65 岁以上农民看守。2010 年前后，家庭弃农现象普遍，农忙时回家干农活的打工者甚少，庐江到长三角的长途客运生意几乎与往常一样，乘客没有明显增多。越来越多的农民不愿意种田了，家庭农场由此兴起。庐江县的家庭农场在 2010 年后如雨后春笋般成长起来。

　　家庭农场经营模式代替小农家庭经营模式是城镇化、农业现代化发展的必然趋势。现代化国家的经验表明，不论是地广人稀的美国、加拿大，还是人多地少的日本、韩国，农业经营主体无一不是家庭农场。① 中国农业发展政策也支持家庭农场化发展：2008 年党的十七届三中全会通过的《中共中央关于推进农村改革发展若干重大问题的决定》指出，"有条件的地方可以发展专业大户、家庭农场、农民专业合作社等规模经营主体"；2013 年中央将鼓励和支持承包地向专业大户、家庭农场和农民合作社流转写进了"中央一号"文件。家庭农场正在全国各地农村快速发展。

　　有意思的是，尽管农村"60 后""70 后"的农民主要在城镇打工，他们中不少人暂时不会回农村种田，但庐江县兴办家庭农场的农民基本上是"70 后"，少数是"60 后"，而且这些农场主几乎都有城镇打工经历。虽然经营家庭农场的农民仍在成长中，具有一定的不确定性，但他们无疑是人的城镇化背景下农村真正的种田人/农业经营者。为便于分析居村农民转变身份，这里先介绍一下调查的 8 个家庭农场（其中 1 个茶厂、1 个农庄）概况。

专栏　　　　　　　　　　　**8 个家庭农场概况**

　　乐桥镇浮槐村**"倪晋龙家庭农场"**。农场主倪晋龙，1975 年生，曾与 4 位兄弟、二叔在铜陵市做煤炭贩运生意，并成立晋文商贸责任有限公司。由于近几年煤炭生意萧条，2014 年叔侄协商决定，倪晋龙回乡创办家庭农场。农场已投资 200 多万元，流转农田 2600 多亩，购买了 1 台插秧机、两台大型拖拉机（后面带旋耕机）、两台收割机、两台铲车等，主要从事水稻和小麦生产。

　　乐桥镇浮槐村**"彭瑞生家庭农场"**。农场主彭瑞生，1976 年生，曾在上海市做"黑气"生意，② 赚了近百万元。因城市打击"黑气点"，彭瑞生担

---

　　① 郭熙保：《"三化"同步与家庭农场为主体的农业规模化经营》，《社会科学研究》2013 年第 3 期。
　　② "黑气"生意是指非燃气企业和无"液化石油气供应站点登记证"的企业或个人在非法经营网点出售瓶装液化石油气，气的重量不足、质量差，并存在严重的安全隐患。

心被城管处罚，2012年回乡创办家庭农场。农场已投资80多万元，购买了1台插秧机、两台拖拉机、1台收割机、1台旋耕机，主要从事双季稻、单季稻和小麦生产。

乐桥镇黄山村"**陶晓红家庭农场**"。农场主陶晓红，1966年生，1987年初中一毕业就到常州打工，1993年回乡承包村水泥预制厂，并经营农副产品收购生意。2008年汶川地震后，国家不准许建房使用水泥预制板，加上农村盖新房子的越来越少，陶晓红关闭了预制厂，专做粮食等农产品收购生意。2011年流转田地500亩，创办家庭农场，2013年国家鼓励家庭农场发展，并获得政府1000亩田地整治项目支持（平均每亩2000元），至2016年流转土地达到3460亩，成为乐桥镇规模最大的家庭农场。农场已投资300万~400万元，购置了两台旋耕机、两台插秧机、1台播种机。

乐桥镇黄山村"**朱天生家庭农场**"。农场主朱天生，1975年生。1997年高中毕业后先后去上海、常州等地打工，2009年因家里老人、小孩需要照顾，回乡在自家承包地上种植葡萄，但由于土壤贫瘠，种植失败。2010年为改良土壤种植有机葡萄，朱天生创办养猪场，利用猪粪种葡萄。养猪场现有150头猪（1年两批）、8头母种猪。与养猪、种葡萄相配套，农场挖了两口水塘，主要用于葡萄园的浇灌，也养少量鱼。此外，农场还在葡萄园里散养一些土鸡，在荒山上种了3亩茶树，发展多种经营。农场占地规模仅有30多亩。

盛桥镇许桥村"**葛叶荣家庭农场**"。农场主葛叶荣，1963年生，曾在北京的装潢公司打工，主要做室内装潢，一年收入4万~5万元。2014年他觉得自己年龄大、体力难以承担装潢工作，决定回乡创办家庭农场。农场规模150亩，种植一季水稻一季小麦。创办时间短，规模小，除了投资2万元修建农田道路和水路外，没有购买大型农机。

盛桥镇许桥村"**望湖家庭农场**"。农场主张道书，1970年生，曾与妻子在浙江做服装生意。2012年创办家庭农场，现流转土地360亩，种植一季水稻一季小麦。农场投入主要是修建长4公里、宽3米的农机路、疏通农田水路、改建1个水泵站、购买1台旋耕机。农场计划建一个1500平方米的温室大棚，以扩大经济作物种植面积。

汤池镇果树村"**果树茶厂**"。企业法人叶文正，1960年生，改革开放后一直在外从事会计工作，1999 年回乡承包村集体茶厂，2004 年企业改制，买断茶厂产权，成为独资企业主。茶厂占地 6000 多平方米，茶园 135 亩，从茶农流转茶园地 220 亩，茶叶品牌有"二姑尖"毛峰等。茶厂是果树村的龙头企业，创办了"庐江果树茶叶专业合作社"，有社员 61 人。

　　汤池镇果树村**"山里人家农家乐"**（三星级）。① 农庄法人吴晓全，1975 年生，16 岁初中毕业即到安徽合肥、浙江绍兴等地打工，主要从事楼房地基打桩。几年后，他自己买了打桩机，带人承包小工程。2007 年国庆假期回家探亲，朋友在汤池镇请他吃饭，因看到处人满为患，便决定创办农家乐。2008 年投资 7 万元改建自家住房为农家乐，开始做饭店生意。由于农家乐靠近村部和"二姑街""白云禅寺"等景区，生意非常好，2010 年再投资 100 多万元，升级农家乐设施。农家乐的面积 800 平方米，8 个包间，其中两个大包间、两个中包间、4 个小包间，大厅可以办 10 桌宴席。

三　农场经营者的身份

　　李培林在《农民的终结》一书的译者前言中指出，孟德拉斯说的"农民的终结"不是农业的终结或乡村生活的终结，而是"小农的终结"。② 笔者在前文也阐明，城镇化强烈冲击下的中国农民正在逐步脱离自然经济/半自然经济状态下的生产方式，不再是完整的小农，尤其是当农业新型经营主体的家庭农场遵循市场规律进行现代农业生产时，农业就不是传统农业，农民也不再是传统农民/小农，哪怕是经营规模比较小的家庭农场，其经营者也与小农相差甚远。家庭农场发展必将推动农村生产关系变革，它不仅要终结传统农业，使农民失去在小块土地上进行农业生产的兴趣，而且它还要改变农民身份，终结小农，让从事农业生产的农民成为体面的职业者。

　　城镇化发展促使农民与农村分离，以及农民与农业分离。农民与农村分离，离村农民将转变为市民；农民与农业分离，居村农民将转变为职业

---

　　① 农家乐可能不是严格意义上的家庭农场，但考虑农家乐与家庭农场一样，其经营者、打工者也存在转身问题。为研究方便，本书将农家乐看作居村农民转身的依托之一。

　　② 〔法〕H. 孟德拉斯：《农民的终结》，李培林译，社会科学文献出版社，2005，第 2 页。

化农民。职业化农民是传统农业向现代农业转型过程中成长起来的新型农民，他们不仅区别于传统农民，有知识、懂管理、会经营，而且农业资本化驱使他们不断地租地、雇工，努力追求不低于工商资本的平均利润，尤其是雇工成为家庭农场经常性经济活动。一方面，农场的农田规模大，家庭成员的劳动已经不能有效地保证农业生产正常运行，没有雇工，多数家庭农场难以正常运转，规模大的家庭农场尤其需要雇工。另一方面，随着农村机械化程度提高，居村分散农民的农业劳动强度降低、劳动时间缩短，他们愿意成为家庭农场的雇工，以至于家庭农场主与居村分散农民形成一定雇佣关系。

根据家庭农场现在的经营处境，可将家庭农场主或租地农场主称为职业化农民。职业化农民，一是可以模糊"谁是种地者"，有土地承包权的农民让渡土地经营权给租地/家庭农场主，如果土地承包人愿意，还能以雇工身份到家庭农场从事农业劳动，以获取雇工收入；二是构成双重雇佣关系，农场主流转分散农户的承包地，获取耕地使用、经营权，分散农户以劳动力身份受雇于农场主，获取打工收入。谁是耕地的真正主人在土地经营中已经不重要，关键是相互雇佣关系的建立：小农户不愿意种的田，家庭农场代替他们耕种，并且农户和家庭农场都从土地流转和雇工中得到了各自的利益。此外，职业化农民主要依靠打工、做生意赚钱来流转分散农户的土地，流转土地的多少一般与以前打工挣的钱有关。如：家庭农场主彭瑞生依靠在上海做"黑气"生意赚的近百万元，从农户中流转 600 多亩耕地；家庭农场主倪晋龙流转耕地 2600 多亩，主要是他以前做煤炭运输生意赚的钱；而盛桥镇的两个家庭农场主都是苦力打工者，挣的钱少，没有能力流转更多的耕地，一个是 100 多亩，一个是 300 多亩。由于一些农民在打工或做生意中积累了一定"资本"，促使他们从小农中分离出来，而资本逐利性驱使他们流转分散农户的土地，进而得以规模化经营进行农业生产，并使这些有"资本"的农民成为职业化农民。

四 从生产关系变革看居村农民转变身份所依托的家庭农场

正如上文分析的，居村农民能否实现身份转变，最终取决于家庭农场发展。家庭农场不是新事物，1984 年中共中央下发的《关于一九八四年农村工作的通知》要求，国营农场实行联产承包责任制，办好以职工家庭承包为主体的家庭农场。到 1989 年，全国职工家庭农场的数量增加至 116.8 万个。[①] 在 20 世纪 80 年代甚至 90 年代，家庭农场主要是国有农场改制的形式，全国亿万农户仍然按照小农家庭方式从事农业生产活动，家庭农场并不普遍。2007 年上海市松江区根据城镇化发展和农村人口流动形势需要，探索创建以"种养结合""机农一体"为主要形式的家庭农场，正式拉开了家庭农场发展序幕，此后，各类家庭农场在广阔的农村大地上"粉墨登场"。因人的流失而建立的家庭农场不同于国有农场改制的家庭农场，除了要提高农业生产效率外，还要化解农村人口流失与农业生产发展的矛盾，以及减少农民和兼业农户数量，从而更好、更快地促进人的城镇化发展。

农村家庭农场兴起并不断成长壮大是城镇化进一步发展的结果，即它出现于中国加速城镇化背景下农村人口大量流失而导致农村无人种田的困境中，是农民发起的继农村土地改革、家庭联产承包责任制改革后的又一次解决农村种田问题和促进农业现代化发展的重大变革。家庭农场的兴起不仅解决了城镇化进程中的种田问题，更重要的是，它的发展有可能彻底扭转农民的弱势地位，促进农民加速分化和实现华丽转身：一方面让进城打工农民后顾无忧，能专心致力于城镇工作；另一方面，促使居村农民放弃小农生产，进而转变为职业化农民、市民化居民。家庭农场有无能力让农民实现身份转变还有很多不确定性，但关键不在居村农民，而取决于家庭农场能否成为农业生产最主要的经营主体。如果家庭农场能拥有农村绝大部分耕地的使用权和经营权，如果家庭农场成为现代农业发展最重要的依靠者，如果家庭农场能在利益上协调好与分散农户、回乡打工农民的关系，那么，居村农民就会依托家庭农场实现身份转变。现实中，家庭农场发展还存在诸多不确定性和争议，只有解决这些问题，家庭农场才能有效地支持居村农民转变身份。下面从农业生产方式的三个方面做具体阐述。

1. 农业经营方式：家庭农场将取代小农家庭

居村农民能否实现身份转变一定程度上在于家庭农场影响小农的程度，如果家庭农场发展能形成足够大的倒逼力，小农就会放弃家庭式农业

---

① 肖斌、付小红：《关于发展家庭农场的若干思考》，《当代经济研究》2013 年第 10 期。

劳动,一部分小农继续向城镇转移,另一部分小农向家庭农场聚集。就目前家庭农场运行看,家庭劳动力和雇工共同维系了家庭农场,有劳动力的家庭是家庭农场的经营者,村庄分散农户的农民是农场常年或短期雇工,但无论是经营者还是雇工都不再具有传统农民/小农的性质,他们从事的劳动类似于第二产业、第三产业的劳动者:农场经营者依靠家庭投资追求更多的生产利润,农场雇工依靠打工或出卖劳动力获得工资。也就是说,与家庭农场打交道的劳动者已经不是小农,尽管他们中不少人仍认为自己是以农业人口身份从事农业劳动,自己与分散农户中的农民没有区别,但事实上,经过家庭农场历练的农民学会了按照市场化、规模化、专业化方式经营农业生产,致使他们告别传统农民,他们不是通常意义上的有知识、懂管理、会经营的新型农民,而是与市民一样,即"投资—赚钱""打工—挣钱"的职业化农民。

家庭农场的经营者与雇工已经转变身份或正在转变身份,现在的问题是他们在农民中占有多大比例,以及居村农民是否都要转变身份。这不在于农民自己是否有转变身份的意愿,关键取决于家庭农场在农村的发展。如果所有的农业生产都由家庭农场经营,那么小农将彻底消失,居村农民都要转变为职业化农民,像城镇市民一样依靠资本利润、劳动工资生活。从庐江县的调查看,除了果树茶厂和吴晓全的"山里人家"农家乐外,农场基本上是2010年后创建的,而且发展特别快。以乐桥镇浮槐村为例,全村农业人口3980人,人均耕地1亩左右,约有4000多亩耕地,而登记的家庭农场耕地,彭瑞生家庭农场650亩、倪晋龙家庭农场1700亩、董五乐家庭农场200亩,还有几个没有登记的种田大户,全村近80%的耕地实行农场化经营。村干部说,由于分散的农户种田不"划算",不仅全家外出打工的农户把田地流转给家庭农场,即使在家留守的老人也加快把家庭大部分耕地流转给家庭农场,越来越多的留守老人只耕种1~2分的口粮田,甚至还有一些老人成为纯粹的"看家人",只在房前屋后种些蔬菜、饲养少量家禽,粮食基本上从市场上购买。

分散农户不愿意做小农,越来越多的无地少地的农村老人转变为家庭农场打工者。尽管农村老人不愿意种自家田,但他们一般愿意到农场打工,尤其在农忙时,他们出于赚钱需求和照顾熟人面子,纷纷到家庭农场打工。彭瑞生家庭农场日常农业劳动是夫妻俩、父亲和 4 个常年小工，农忙时一般要增加 7 个以上的临时工。倪晋龙家庭农场规模大，常年小工有 15 个，农忙时，只要村庄老人愿意都可以到农场打工。男工 90 元/天，女工 60～80 元/天，农忙时雇工费比平时增加 20～40 元左右。乐桥镇黄山村的陶晓红家庭农场，有 3000 多亩农田，常年雇工 20 人，田间管理者 80 元/天，干重农活 100 元/天，干轻农活（老年人或妇女）70 元/天。4 个固定农工，工资 3.6 万元/年，农场为他们购买了意外保险（200 元/年）。农忙时最多有 100 个以上的雇工，平均工资 70～100 元/天。所有农场用工几乎相同，雇工没有年轻人，一般以 65 岁以上男性老人和中老年妇女为主。

居村老人不愿意多种田，除了年龄大、做不动重农活外，也有农民的理性思考，即将田地流转给农场，每亩有 300～500 元租金，加上到农场打工，一年多少也能挣到几千元，比自己种田更合算。由此来看，越来越多的小农户不愿意自己种田，更愿意将田地流转给家庭农场。如乐桥镇黄山村，全村人口 5680 人，1994 年二轮承包地面积 5044 亩，确权耕地面积 7200 亩，山场总面积 1700 亩，耕地流转 5000 多亩，山场约 1000 亩流转给专业大户种植苗木。剩下的田地，不是农户不愿意流转，而是田地大小不一、凹凸不平，农场没有办法耕种。如果国家的农田整治到位，[①] 这些"差"地就能实行机械化耕种，农场自然也就愿意接受。这就是说，庐江县家庭农场经营已成为家庭农场和分散小农自愿选择的农业经营方式，如果农田整治能够同步跟进，庐江县农业生产将由小农户家庭生产模式转变为规模不等的家庭农场经营模式，农民也将依托家庭农场转变为家庭农场主和农业雇工。

2. 土地使用方式：大小不一的规模化

中国家庭农场规模多大合适，学界通常以美国、日本等国家的家庭农场为参照对象，认为中国的家庭农场不能效仿美国，更应该比照日本的家庭农场。比如黄宗智指出，美国地广人稀，家庭农场采用节约劳动力的"大而粗"模式，但"美国的模式不符合当前中国农业的实际""'小而精'的真正家庭农场才是中国农业正确的发展道路"。[②] 严格地说，"小而精"是日本

---

① 国家已经为该村整治了 1000 多亩，每亩整治经费是 2000 元。

② 〔美〕黄宗智：《"家庭农场"是中国农业的发展出路吗?》，《开放时代》2014 年第 2 期。

的家庭农场模式，日本人多地少、多山多丘陵的自然条件限制了家庭农场的土地规模。尽管1977年日本修改的《农地法》允许农户通过信托制度实施土地交易拥有3公顷土地，但到2012年日本农户家庭农场的平均面积是2.29公顷，约35亩。美国与日本家庭农场走的是完全不同的道路：[①] 美国以高度机械化、非劳动密集型的耕作方式提高农业劳动生产率，而日本土地资源相对稀缺，主要运用生物、农作技术提高土地生产率；美国大中型家庭农场占所有家庭农场总数的70%左右，而日本小型家庭农场占所有家庭农场总数的65%左右。

中国农业人口、耕地、农业生产条件与美国、日本两国都不同。中国各地的自然条件、农业技术水平、机械化程度、劳动力状况有较大的差异，既可以有美国式的大农场，也可以有日本式的小农场，甚至在一个地方还可以有不同的农场模式，不能一概而论。有些学者试图对中国家庭农场的土地规模予以一定的限制，如郭熙保研究指出，中国不宜发展大型或超大型家庭农场，并根据调查资料测算出家庭农场适宜的耕地面积为100~300亩。[②] 他的测算有一定道理：每亩地有300~400元纯收入，经营100~300亩，一年家庭纯收入约有4万~10万元，与农民外出打工的收入差不多。这或许在调查地成立，但由于中国南方气候与北方气候、平原与山区/丘陵、水田与山地差别大，耕地收成差距要相差好几倍。如此，中国规约家庭农场耕地规模现实意义不大，如果一味地要求家庭农场"适度规模"，[③] 不仅不利于土地规模化、现代化、集约化经营，而且不利于家庭农场快速成长，甚至由于规模的限制而导致种田无利可图，进而使一些家庭不愿意创建家庭农场或放弃家庭农场。

一些学者担心家庭农场规模大、雇工多，会偏离农业生产家庭特征。如郭熙保认为，家庭农场的家庭成员中常年至少有两个劳动力从事农业生产，

① 王春来：《发展家庭农场的三个关键问题探讨》，《农业经济问题》2014年第1期；孟莉娟：《美国、日本、韩国家庭农场发展经验与启示》，《世界农业》2015年第12期。

② 郭熙保：《"三化"同步与家庭农场为主体的农业规模化经营》，《社会科学研究》2013年第3期。

③ 〔美〕黄宗智：《"家庭农场"是中国农业的发展出路吗?》，《开放时代》2014年第2期。

只能少量聘用季节工;[1] 朱启臻指出,家庭成员是家庭农场的主要劳动力,家庭农场不应该有常年雇工,或者常年雇工数量不超过家庭务农人员数量。[2] 还有一些地方政府,如上海松江区要求家庭农场必须有两人或两人以上的家庭成员参与农业经营。[3] 就庐江家庭农场经营情况看,家庭农场规模有大有小,规模大的有 3500 多亩,规模小的也有 100 亩以上,多数是几百亩的家庭农场;每一个家庭农场都有两个及以上的家庭成员参与农业劳动,但只有葛叶荣家庭农场和望湖家庭农场没有常年雇工,其他几个家庭农场都有常年雇工,季节性或临时雇工数更多。陶晓红家庭农场农忙时雇用上百人,一天要支付七八千元工钱,甚至有时一天要付 1 万多元。规模小、雇工少的葛叶荣家庭农场主说,农场规模小,只能从事水稻或部分田地的小麦种植,赚不了多少钱,像今年(2016 年)小麦收割时遭遇水灾,收成不到往年的三成。7~8 月水稻抽穗时又遭遇旱灾(有两个月没有下雨),需要花钱从巢湖抽水灌溉农田,生产成本高,今年种田能不亏钱就不错了。不仅如此,由于农场规模小,没有能力购置大机械,插秧、收割等农活只能等到大农场的农活做完了,才能使用农机为他们这类小农场干活。因此,葛叶荣说,考虑本地通往合肥市区的滨湖大道通车,到合肥、巢湖等城市交通便捷,计划将大部分农田由种植水稻改为种植蔬菜。虽然种植蔬菜需要更多的雇工,但比请机械干活方便些,因为种植蔬菜活不重,农村老年人、中年妇女都可以雇用。就此来看,除非是多种经营的家庭农场,单纯种植业的家庭农场必须有一定规模,农场规模大、雇工多,才能从雇工劳动中获得更多利益,而且唯有如此,家庭农场才不至于轻易倒闭,从而影响或减缓居村农民转变身份。

3. 利益协调方式:农田租期与租金

家庭农场促使农民转变身份,除了需要农场理顺雇佣关系外,还要解决土地流转租期短的问题。小农之所以是小农,关键在于他们以家庭为单位在

---

① 郭熙保:《"三化"同步与家庭农场为主体的农业规模化经营》,《社会科学研究》2013 年第 3 期。

② 朱启臻:《谈谈家庭农场》,《前线》2014 年第 2 期。

③ 曹东勃:《家庭农场:一种激活本土性资源的有益尝试——基于松江楠村的调查》,《社会科学研究》2014 年第 1 期。

分散、小块土地上从事农业劳动，这决定了传统农业劳动者"小"。小农的身份标志不仅是农业劳动者，还由于小生产而导致不富裕，小规模而造成无法使用大机械，以至于他们难以摆脱贫困、落后的窘境。城镇化发展让进城农民体验到自己劳动可以挣到比农业劳动更多的钱，并且还不像农业劳动那样辛苦、劳累。如是，只要有城乡劳动经历的人，就不会舍不得将自家的农田流转出去。庐江县土地流转的情况是，几乎每一个农户都愿意把家里的土地流转给家庭农场，但有三种情况例外：一是老人还能做得动农活，一般留几分田地种口粮和蔬菜；二是农田质量差，分散、不规整、无水路的田地，家庭农场不要，农户只能自己耕种；三是有部分村庄还没有家庭农场，一些农民不想种田，想流转土地，但没有农场接收。可以说，在庐江县家庭农场流转农民耕地几乎没有难度，越来越多的农户愿意甚至希望把承包地流转给家庭农场。

但多数农场主都对农田流转期和租金有顾虑。庐江家庭农场流转土地时间不一致，乐桥镇浮槐村的两个家庭农场的田地租期到第二轮土地承包期的2024年,① 黄山村的家庭农场与农户签订的土地租期是5年，盛桥镇的两个家庭农场与农户签订租期一般是3~5年，很少有超过5年的。调查发现，家庭农场的田地租期与村委会对家庭农场的支持力度有关。浮槐村的土地租期是村委会协同家庭农场与农户商谈的，统一到第二轮承包结束，而另外两个村都是农场主与农户协商的，租期短且不统一。汤池镇果树茶厂的土地租期是30~50年，之所以能如此长，除了村委会协调外，更主要的是茶农除了茶园外，几乎没有田地，茶叶收入不能维持家庭日常生活——与其守着茶园过贫困生活，不如把茶园地长期租给茶厂，全家人都到外面打工挣钱。虽然果树村地处3A级景区，但在外面打工、买房的农户很多，村干部说有70%~80%的村民不愿意回村。

庐江家庭农场的田地租金也不一样。乐桥镇的4个家庭农场，刚开始租金很便宜，200~300元一亩，近几年由于农场多，加上农场想得到更多的田地，只能提高田地租金，一般是500~600元一亩。盛桥镇的两个家庭农场创办晚，农户比照其他地方的田地租金，要价是500元一亩。果树茶厂给

---

① 1994年开始第二轮土地承包，30年不变。

茶农的租金是每亩茶园300斤早籼米的价钱，租金标准每5年调整一次。总的来看，农场租用农户田地的费用差不多，前几年家庭农场少，农户耕地没有人要，家庭农场租地便宜。近几年家庭农场不断增加，农户田地租金随之水涨船高，家庭农场每亩能赚的钱也大幅度减少。农场租地是农场主与农户协商的过程，农户不可能漫天要价，如果租金高于农场主预期，种田赚不到钱，农场主就不会流转农户田地，甚至将农户田地还给农户，关闭农场。庐江县还没有出现因农户提高租金而导致农场退地和倒闭的现象，更多的是农户耕地质量差，农户愿意便宜让地，但农场却不要。

农户愿意将承包地经营权、使用权转让给家庭农场，家庭农场基于农地规模化、市场化经营也能取得与打工差不多甚至超过打工的收入，如此，家庭农场发展破解了家庭联产承包责任制农业生产遇到城镇化发展的诸多尴尬，并且找到了在保持家庭联产承包责任制长期不变的情况下继续进行农业生产的新途径。更重要的是，家庭农场的出现、成长、壮大，一方面顺应了新型城镇化发展和农民进城转变身份的要求，让农民进城居住、生活无后顾之忧；另一方面改变了农业生产关系，重新整合几乎颓废的农业生产秩序，将留守在农村的老人、妇女从繁重的农户劳动中解放出来，不需要再做小农，可以像城镇居民一样。

五　让家庭农场更好地发展

家庭农场经营方式是新型城镇化进程中农村解决农业兼业化、农村空心化、农民市民化问题的应然选择。随着以人的城镇化为核心的新型城镇化不断推进，农村中青年劳动者包括越来越多的留守妇女将加速向城镇转移，小农家庭愈发难以承担现代农业的生产重任，农业生产不得不落在经营家庭农场等新型农业主体的居村农民身上。尽管小农退出农业生产还有很长的路要走，一些留守老人仍按照小农方式经营家庭农业，但正如上文指出的，家庭农场正带领着小农们从事规模化农业生产，并帮助他们转变身份。就当前庐江县来说，一个村庄一般有一二十户人家，耕地在两三百亩，如果田地实行规模化经营，只需要一个小型家庭农场；如果家庭农场规模大，拥有上千亩、几千亩耕地，那么一个家庭农场就覆盖几个、十几个村庄。不难想见，现在农村中大多数居民将在城镇化拉动下离开村庄，未来的村庄是打工回乡且具有市民理性的农民居住、劳动的新村庄。尽管在一段时期内村庄里仍有一定数量的小农，但他们将不断式微，不再是村庄主要成员，并且，他们只能依附于家庭农场进行生产或生活。

也就是说，新型城镇化发展下，居村农民在农村大转型中除了继续向城镇转移外，他们中的部分人包括回乡的打工者都将随着家庭农场发展而转变为职业化农民，或为城乡一体化视角中的居村市民，包括在村庄居住的城镇人/市民。居村农民转变身份已经开始，并且随着家庭农场成长，加快转变身份。鉴于新型城镇化发展需要居村农民转变身份、① 现代农业发展需要扩大家庭农场经营方式，以及居村农民转变身份依托家庭农场的现实，国家有必要营造更适宜家庭农场发展的环境。

1. 鼓励、支持家庭农场发展

中华人民共和国成立后，农村土地制度大的改变有三次：最先是土地改革，国家把农村土地平均分给每一个农户，实现了"耕者有其田"；继后是实行初级社、高级社和人民公社，国家逐渐把农户土地收归为农村集体，农民只能在合作社、社队集体组织中从事农业生产劳动；再后是实施家庭联产承包责任制，农民获得了农村集体土地的承包权、经营权和使用权。一个新的生产方式的改变及其实施，不能只看形式好与不好，重要的是要看它是否符合经济发展要求，能否体现广大人民群众的利益。

如今，中国农村又进入土地使用和农业生产方式调整的重要窗口期，大量农民进城打工、居住，农民家庭收入主要来自非农产业，农业生产成为绝大多数农户的副业，家庭联产承包责任制规约的小农户生产方式面临空前挑战——虽然农户不愿意放弃承包地，但更多的农民不愿意种田。于是，全国各地农村逐渐涌现出以家庭农场为主体的新型农业生产形式。家庭农场发展快，全国有1/3以上的耕地流转给家庭农场。庐江县2010年开始出现家庭农场，短短几年，现在一半以上农田是由家庭农场经营。由此来看，家庭农场是新型城镇化发展进程中解决农村无人种田或老人种田乏力的正确选择，它让农村田地不因农民进城而撂荒，同时，它还迎合现代农业发展要求，使农业能规模化、机械化、市场化生产。家庭农场是新阶段发展农业生产力的

① "人的城镇化"发展不仅要求乡村人进城、转身为市民，而且也要求居村农民过上市民化生活。

主要生产形式，它符合现代农业发展内在规律，也顾及了进城农民、居村农民理性选择劳动方式的合理要求，国家在新型城镇化发展中一方面要鼓励农民进城转变身份，成为城镇正式居民，另一方面要支持那些愿意继续从事农业生产的农民创办家庭农场，给予他们更多政策照顾和资金扶持，进而保证家庭农场主的经济收入和生活水平不低于甚至高于城镇居民人均收入水平。

2. 允许家庭农场自主经营

就现在农业生产经营情况看，家庭农场是顺应城镇化发展要求、农业生产特点和农民选择意愿的较好的生产形式。一些学者在家庭农场特征的理论研究上、一些地方政府在家庭农场实际操作中不同程度地给家庭农场规定进入、运行条件，如要求农场主是农村本地户口、农场主年龄在 50 岁以下且有一定农业生产经历、雇工不能超过家庭农业劳动力数、流转的耕地至少有 10 年以上经营权、耕地面积要在 100 亩以上、农场的农业收入占家庭全部收入的 80% 以上等。规定这些限制条件主要是担心家庭农场发展偏离正确方向，防止家庭农场主成为农业资本家或地主。其实，这是完全没有必要的。比如，庐江乐桥镇的朱天生家庭农场是种养结合型家庭农场，占地只有 30 多亩，不到 100 亩，但农场种植葡萄和茶叶，养猪，养鱼，养鸡等，每年的收益都超过夫妇在外打工的收入。再如，陶晓红家庭农场主的儿子在上海工作，3000 多亩的农场主要依靠雇工生产，农场日常事务由夫妇二人分工负责，丈夫分管农场发展规划以及对外的购买化肥、农药和粮食销售等事务，妻子分管农场雇工及其吃饭等日常琐事。农场并没有因为雇工多就让农场主成为"资本家"，农民也没有因为雇工就沦为"被剥削阶级"。家庭农场发展需要面对的问题是，如何让已经成长起来的家庭农场保持稳定、持续，以及如荷兰著名农业问题专家 L. 道欧等说的，"家庭农场还要以遗产形式传承给下一代"等问题。①

3. 培育家庭农场成为"带头大哥"

家庭联产承包责任制确定了小农家庭为农村集体土地的独立生产者，农民的生产热情空前高涨，但依靠手工、畜力进行农业生产劳动非常辛苦，如

———————————

① 〔荷〕L. 道欧、J. 鲍雅朴主编《荷兰农业的勃兴——农业发展的背景和前景》，厉为民等译，中国农业科学技术出版社，2003，第 109 页。

果农民有其他的谋生出路，没有多少人愿意从事农业劳动。城镇化发展让农民有更好的选择，大量农民进城从事非农劳动，可以不再像做农活那样辛苦，并且还能获得比农业生产更多的收入。但遗憾的是，大多数农户没有能够完全摆脱农业劳动，相反，由于家庭主要劳动力外出打工，繁重的农活只能落在老人和妇女身上，他们做的农活比以前更累。虽然近年来农业生产部分地实现了机械化，农民从事农业劳动的负担也减轻了不少，但由于农村留守妇女加速进城，繁重的农业劳动更多地落在农村老人身上，老人的劳动强度更大。家庭农场的闪亮登场，除了解决农业生产困难的家庭、想进城的妇女、做不动农活的老人的种田烦恼，还由于农场带动了小农户使用农机从事农业生产，较大程度地缓解了农业劳动者的劳动强度。

家庭农场要成为农村场域中众多分散农户的"带头大哥"。一是由于农户们将大块农田流转给农场，留下小块农田自己耕种，如果没有农场租用农机，农机主一般不愿意为分散农户耕地、收割。小农户田块小、不规则，机器难进入，但由于这些小块田地在农场周边，农户可以搭农场的便车使用农机。二是农场用工优先雇用那些将部分田地流转给农场的人，或完全把田地流转给农场的人，以提高他们的经济收入。例如，果树茶厂每年4～5月需要雇用大量劳动力采茶、制茶，他们首先聘用的是将茶园流转给茶厂的农民，其次是果树茶叶专业合作社的社员；"山里人家"农家乐的厨师、服务员都是本村人，日常为农家乐帮工的也是本村人，并且农家乐使用的食材主要来自村民饲养的家禽和种植的农作物。三是家庭农场为分散农户提供服务。如浮槐村的倪晋龙家庭农场带领农民成立了"双岗种植合作社"，① 合作社利用家庭农场的农机等为社员提供耕地、打农药、插秧、收割等服务，还为社员提供代购、代销服务，让依附于家庭农场的小农户得到更多实惠。

由此可见，推进家庭农场发展是件好事，农场除了承担农业生产主要任务外，还能为仍在从事农业劳动的小农户提供服务和帮助。有学者指出，在"农户＋合作社"模式下，农户土地规模小、经营能力弱，加上兼非农劳动，农户对合作社经济依附性不强，以至于"农业产业化的总体水平不高，

_____

① 倪晋龙家庭农场在合作社中占80%股份。

且处于相对不稳定状态",而采用"家庭农场＋合作社"模式,可以让不同的家庭农场组成利益共同体,开展"农业专业化生产、企业化管理、社会化服务和产业化经营"。① 但从庐江农村看,合作社是以规模大的家庭农场为首创办的,合作社里有若干个小农场,也有大量农户,"家庭农场＋合作社"模式可能优越于"农户＋公司""农户＋合作社"的农业产业化经营模式,但现在农村的农业生产还没有完全被家庭农场取代,仍有一些小农户,农业合作社不会丢弃小农户。如此,家庭农场要包容小农户,只有培育家庭农场成为小农户、专业大户的"带头大哥",才能更好地发挥合作社这个农民生产、经济合作的平台的优势,促进农业生产整体水平的提高。

4. 为家庭农场发展及居村农民转变身份提供公共服务

城镇化冲击下的村庄及其居民比以往任何时候都需要公共服务支持。客观地说,2006 年国家全面实施新农村建设,农村的道路、水、电、通信等基础设施得到显著改善,居村农民的生活条件有了较大好转。与此同时,国家加大了新型合作医疗、养老、低保等社会保障工作力度,农民的基本福利显著提高。国家的这些惠及民生的服务为走在夕阳路上的村庄减少了"近黄昏"的凄凉,但从农村实际情况看,国家提供给居村农民的公共服务还不够,需要强化为家庭农场发展和居村农民转变身份提供服务。

也就是说,公共服务发展不能仅限于农村道路等有形公共服务和社会保障等无形公共服务,还要促进家庭农场发展,尤其要促进居村农民转变身份。这是因为,农村建设、农业发展和农民生活的问题都集中体现在居村农民身上。居村农民是农村的建设者和农业生产的劳动者,如果他们转变身份的需求能够得到很好解决,农村建设和农业生产问题就会迎刃而解。如此,国家为转型农村提供的公共服务要有针对性,除了建设农村、发展农业生产外,更重要的是要为农民转变身份提供公共服务。国家为居村农民转变身份提供公共服务主要应该包括:公共服务要在促进承包地向家庭农场集中的同时培育职业化农民,促使家庭农场主及其雇工成为与城镇企业中的管理者和生产者一样的人;公共服务要兼顾分散农民的要求,在保障他们基本生活的

---

① 张滢:《"家庭农场＋合作社"的农业产业化经营新模式:制度特性、生发机制和效益分析》,《农村经济》2015 年第 6 期。

同时，为他们进农场劳动和进城就业提供便利。此外，农村公共服务还要着力推进小农转变身份，如减少国家对分散农户种田补助，将减少部分和增加部分的补贴转给家庭农场，从而倒逼小农流出农田，促使小农进城工作或重新选择职业；补助家庭农场的雇工，鼓励分散农民和回乡农民工到家庭农场工作，并尽可能多地让他们成为家庭农场的固定职工；稳定土地流转政策，在保障小农户土地权益的同时积极维护家庭农场的土地使用权，为家庭农场长期、稳定发展提供制度、法律保障；不断提高失业回乡农民的保障待遇，努力为他们提供就业培训并推荐新工作，减少回乡农民工对家庭农场经营的冲击。国家为促进家庭农场发展提供的公共服务主要有：改造基本农田，为家庭农场实行农业机械化生产提供服务；发展农村科技，为家庭农场提供高水平的农业技术服务；增强农村金融服务能力，为家庭农场进一步发展提供更多资金支持；完善农产品收购体系，为家庭农场的农产品销售提供兜底服务等。

第 四 章
人的城镇化与"三农"问题

城镇化发展有助于解决"三农"问题，但也给"三农"带来新挑战。如此，需要处理好人的城镇化与"三农"的关系。本书认为：人的城镇化发展倒逼农业转型，唯有农业实现转型，并切实解决城镇化发展带来的农业劳动力减少、家庭承包经营式微，以及承包地流转和规模化经营中的问题，才能消除谁来种田的担忧，确保国家粮食安全；乡村转型路径在于推动资本整合农业生产要素，促进农业资本化，增强乡村的经济社会功能，打造生产主义和后生产主义相结合的新型乡村；农民问题的解决不能局限于农村社会，需要坚持城乡一体化发展理念，促进人的城镇化发展，进而不断地转移农民，最终彻底解决农民问题。

第一节　人的城镇化与农业转型问题

中国有多少农民能永久性放弃农业生产，又有多少进城打工者能真正成为城镇居民，一定程度上取决于农业转型，它决定了人的城镇化未来征程怎么走。与此相关的是，农业转型成为人的城镇化发展的重要条件，只有农业生产不再是粗放式经营，告别传统模式并转变为现代模式，乡村人口才能被规模化、集约化农业真正地释放出来，后顾无忧地进城生产生活。如此，农业转型及其现代化需要根据人的城镇化要求和趋势调整发展策略，以应对乡村人口不断流出而带来的一系列农业问题。

一 农业转型之急：解决谁来种田问题

在中国农民潮水般涌入城市之前，农业生产基本上按照传统方式进行，农户在农业生产力水平低且缺乏专业化分工的条件下从事农业生产经营活动。传统农业是一个经济概念：舒尔茨认为，传统农业是"完全以农民时代使用的各种生产要素为基础的农业"；[①] 印度学者英格森特对传统农业的解释更直白，认为传统农业以小型家庭农场为标志，不仅生产规模小，而且高度自给自足。[②] 传统农业是生产方式长期不变动、基本维持简单再生产、经济效率长期停滞的技术和产量不变的经济均衡状态。之所以能保持长期稳定，关键在于传统农业遵循的是家庭效用最大化而不是市场利润的逻辑，这与农民长期坚持的"以稳定可靠的方式满足最低限度的人的需要"的生存伦理是一致的。[③] 在传统农业里，劳动是农民拥有的相对充足的生产要素，为了维持生存，他们不得不做那些利润极低且消耗大量体力的农活——采用"内卷化"或"自我剥削"方式以保持农业收入或粮食产量缓慢增长。[④] 传统农业由原始农业转变而来，使用人力加畜力相结合的劳动方式，精耕细作，伴随了中华文明五千年，直到今天仍有一定的生命力。毛泽东曾在中共七届二中全会的报告中指出，中国还有大约90%的个体农业经济，"这是落后的，这和古代没有多大区别"，并且在今后一个相当长的时期内，农业就其基本形态来说，"还是和还将是分散的和个体的"。[⑤] 尽管毛泽东认为传统农业是落后的，不符合社会主义发展要求，必须予以改造，但遗憾的是，不仅合作化没有改造好传统农业，即使在人民公社时期，国家将农户的土地收归农村集体所有，强制农民采用社队集体劳动方式进行农业生产劳动，也没有让传统农业转型。国家在人民公社时期推行城乡二元分割体制，农民失去

① 〔美〕西奥多·W. 舒尔茨：《改造传统农业》，梁小民译，商务印书馆，1987，第4页。
② 〔印〕苏布拉塔·加塔克、肯·英格森：《农业与经济发展》，吴伟东等译，华夏出版社，1987，第5~6页。
③ 〔美〕詹姆斯·C. 斯科特：《农民的道义经济学：东南亚的反叛与生存》，程立显、刘建等译，译林出版社，2001，第16页。
④ Geertz, Clifford, *Agricultural Involution: The Process of Ecological Change in Indonesia*, Berkeley and Los Angeles: University of California Press, 1963, p. 80.
⑤ 《毛泽东选集》（第四卷），人民出版社，1991，第1430~1431页。

了向城镇和非农业转移的自主权，农村新增劳动力只能"过密"地集聚于农业生产，"个体式"小农在表面上消失了，但国家却培育了"集体式"传统农业：农业生产仍旧采用人力、畜力，机械化程度没有明显提高；农业技术水平低，化肥、农药使用率低，粮食亩产量没有大幅增加；农产品商品化率低，社队生产的粮食除了上交给国家的"征购粮"外，[①] 剩下的都要拿来维持农民日常生活，几乎没有余粮用于市场交易，况且，计划经济政策也禁止农民私自进行交易。人民公社时期的中国农业生产，除了生产单位由农户改为社队集体外，农业"传统"性质没有改变，"自给自足"和非商品化特征更明显。家庭联产承包责任制废除了社队集体劳动形式，农业生产恢复到一家一户的生产形态，并且这一形态在几十年中保持着相对稳定，直到城镇化发展、农民离土离乡才有所动摇。

有学者通过对现阶段农业综合能力、技术水平和农业生产结构等因素综合评估，认为"我国农业发展正处在转型期"。[②] 诚然，就当前中国农业生产问题看，传统的家庭经营方式随着农村劳动力不断外流难以为继，面临劳动力严重缺乏的挑战。如果城镇化仍按照现在的速度推进，不久的将来，多数村庄将"凤去台空"，今天"谁来种田"的担心将演变为真实的"国家忧愁"。农户家庭更多的收入来自工资性收入，更多的农民不愿意从事农业劳动，这加剧了老人农业、妇女从事农业劳动的程度，也使农业生产更加兼业化、副业化。

农村劳动力与人口的大量外流，老人和妇女成为家庭从事农业劳动的骨干，但随着老龄化、城镇化的进程，老人无力、妇女无心从事农业生产的问题日渐突出。农业劳动有相当部分是重体力活，随着老人年龄增大，他们将无力从事繁重的农活，只能选择那些水路好、离家近的农田耕作，弃耕偏远的、需要投入更多劳力的农田。农村妇女在丈夫外出打工后被迫担负起家庭和农业生产重担，但实事求是地说，妇女留在农村从事农业劳动，并非完全为了农业生产，孩子上学是妇女留守的最主要影响因素。调查发现，当孩子中学毕业后，或者丈夫在打工地稳定下来后，越来越多的妇女随夫或孩子进

---

① "征购粮"即"公粮"。人民公社时期，国家采用征收公粮和购买余粮互相结合方式向农民收取农业税。

② 卫思祺：《现代农业发展的要素整合与政策选择》，《中州学刊》2012 年第 3 期。

入城镇，不再从事农业劳动。如此，不少村庄留下来的儿童和妇女一年少于一年，只有老人一直在看守着村庄。更严重的是，已经或将要流动出去的乡村年轻人因不会种田，只能在城镇空间打拼、谋生，回农村种田的可能性非常小。就当前而言，虽然现在农业劳动还能依靠老人、妇女勉强维持，即使老人和妇女减少了，还有部分第一代农民工回流补充，但这终究不是长久之计。如果现在不重视农业生产的后继劳动者问题，待第一代回流的农民工老了，那"谁来种田"的问题将演变为"无人种田"的危机。如此，城镇化发展造成的"谁来种田"的现实问题正在倒逼传统农业转型，一些地方的传统农业悄悄地发生了变化，如：在农业生产主体上，单纯的农户正在转变为家庭农场、专业大户、农民合作社、龙头企业等；在农田规模上，分散、小块的农田正在被整治为集中、连片、便于机械作业的大农田；在经营方式上，一家一户的分散、封闭式经营正在升级为分工、合作式经营，农业生产对社会服务包括市场服务和公益服务等的依赖性越来越大；在生产领域上，单纯的耕作、养殖正在形成一二三产业融合。令人高兴的是，中东部地区的一些省市政府不断加快农业生产转型，现代农业雏形已经形成。

二 农业转型之惑：家庭经营方式的选择

农村家庭是一个集生产与生活于一体的多功能单位，一般家庭能高效地配置家庭人力资源，合理地进行分工合作，尽可能地使家庭整体效益最大化。几千年来，中国农业生产都是由一个个农家运作、进行的，并保持着总体上正常态，使中华农业文明源远流长。但这种超稳定的经济生活均衡状态在现代社会受到两次大的冲击：一次是 20 世纪五六十年代的合作化和集体化改造，农民放弃家庭生产形式，到合作社、生产队进行农业生产劳动；另一次是 20 世纪 80 年代延续至今的工业化、城镇化，农民在非农利润诱惑下主动将家里的主要劳动力配置到非农产业。

农业生产家庭联产承包责任制的实施恢复了家庭生产功能，农民劳动热情被集体统一和家庭分散的"双层经营"，以及"交够国家的，留足集体的，剩下都是自己的"的分配方式激发起来，家庭农业生产再次显示出旺盛活力。然而，农业承包经营不是长盛不衰的生产形式，城镇化发展促使到 20 世纪 90 年代中后期农业生产的必要劳动力也加速进入打工者队伍，家庭经营受到强烈冲击。

相比较合作化、集体化对农业家庭经营的冲击，城镇化的冲击力量更大，"破坏性"更强。城镇化发展，是顺应市场经济规律，虽然表面平静，没有多少惊涛骇浪，但暗潮汹涌，几乎每一个农民家庭都被卷进城镇化大潮中。在此过程中，家庭经营问题和农民问题叠加在一起，使农业问题变得更加复杂、尖锐。

面对城镇化，农民家庭的应对策略与以前不同。根据城镇化发展趋势和要求主动调整家庭成员分工，力求适应城镇化发展要求。这突出表现在家庭劳动力"半工半耕"的分工上，即夫妻一方或父母和子女一方到城镇打工，另一方留在农村务农。家庭对城镇化发展做出的策略调整，一方面顺应了经济社会发展趋势，有助于城镇化进一步发展，另一方面，由于家庭成员从事非农劳动，获取了更多的经济收入，从而改善了家庭经济状况。对此，有学者大加褒扬农村家庭劳动力的"半工半耕"分工结构，认为"农民工自由往返城乡的弹性供给劳动力为中国未来 30 年争取一个良好的发展环境"。[①]

诚然，农民在城镇化进程中创造的"半工半耕"家庭成员分工模式，让农户生产经营活动搭上了城镇化大车，并将农民生存空间拓展到城镇。尽管农村家庭的"半工半耕"对城镇化发展有一定作用，也为农民家庭经营注入新活力，但客观地说，这是农民家庭对城镇化做出的暂时性应对策略。支持农民家庭"半工半耕"者，只看到家庭成员代际分工带来的经济效益，而没有顾及夫妻或父母与子女长期两地分居的辛酸和思念；只看到了这种分工结构的短期经济效益，而没有充分考虑社会危害。

现实中，农民家庭"半工半耕"正在发生变化，其中最显著的表现就是缺少劳动力或没有劳动力的家庭将自家的耕地流转出去，不再继续从事农业劳动。1988 年《中华人民共和国宪法修正案》第 10 条第 4 款规定，"土地的使用权可以依照法律的规定转让"，但家庭承包地流转一直缓慢，到 2008 年只流转了 1.1 亿亩，占家庭承包经营耕地面积的 8.8%。2008 年农业发展方式加快转变，承包地流转随之增快，尤其在党的十七届三中全会后，

---

① 贺雪峰：《城市化的中国道路》，东方出版社，2014，第 40～48 页。

全国各地根据《中共中央关于推进农村改革发展若干重大问题的决定》出台鼓励承包地流转的政策，一些地方还成立产权交易所、土地流转交易中心、农交所等机构，健全土地承包经营权流转市场，促进农民依法自愿流转土地承包经营权。到 2015 年底，全国家庭承包地流转面积 4.47 亿亩，占家庭承包经营耕地面积的 33.3%，8 年间增长了 24.5 个百分点，平均每年流转面积增加 4.2 亿亩（见图 4-1）。

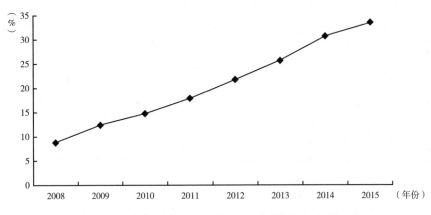

图 4-1　耕地流转面积占家庭承包经营耕地总面积的比例

纯农户数量、兼业农户的数量都将大幅下降，耕地规模化、集中程度也将进一步提升，传统的、一家一户农业的家庭经营方式将愈发式微，家庭农场、专业大户将成为农业生产的中坚力量。当然，大农户的农业经营活动不是孤立的，农民合作社、龙头企业以及各类农业社会化服务组织也将在农业生产中发挥重要作用，它们有的会通过生产、经营合作的形式将分散农户组织起来，有的会直接从事农业生产经营活动，还有的将为家庭农场、专业大户、合作社的农业生产提供社会化服务，帮助新型农业生产主体更好地进行农业生产活动，促使农业生产产生更多的“斯密动力”——“只要采用了分工，在任何一门手艺里分工都会给劳动生产力带来成比例的增长。”[1]

---

[1] 〔英〕亚当·斯密：《国富论——国民财富的性质与起因的研究》，谢祖钧等译，中南大学出版社，2003，第14页。

农业转型后农业家庭经营最好的形式是家庭农场、专业大户。贺雪峰认为解决目前中国农业单家独户、小且分散的经营困局有美国式大农经济、日本和韩国的通过综合农协改造式的小农生产，还有为小农提供社会化服务，使其继续走分散式的小农经济等路径。[①] 美国式大农经营在中国东北和部分地广人稀的地区有发展可能性；综合农协在中国可以变通为合作社经济，利用合作社将多个小农联合起来；至于是否要维持分散的小农经济现状，情况比较复杂。从理论上看，小农经济与现代农业不适应，无法应对市场经济和城镇化发展的挑战。因此，无论从国外经验还是从国内城镇化发展和农业问题困境来看，"大农"缺少广泛性，不能普遍推广，"小农"的生命力日渐衰弱，规模化、市场化、机械化的现代农业与小农生产方式对立，小农的未来生存空间日渐狭小。就当前形势而言，小农在中国或许还将长期存在，但现在的小农已经与传统小农有很大的不同，它不能独立存在，必须依附于合作社等组织才能更好地参与市场竞争。现代农业的家庭经营形式最好的、最具生命力的是家庭农场，"家庭农场制度符合农业生产的特性"，它能"积极采用现代生产技术、参与国内外市场、适应现代社会化大生产"。[②] 当然，专业大户也是现代农业重要经营主体之一，与家庭农场不同的是，更注重经济作物种植和动物养殖，对专业性、技术性、经济性要求更高，可以与家庭农场共同承担起现代农业发展的重任。

三　农业转型之责：耕地流转与农民走向

现有的一家一户承包经营方式必须调整，以适应农业转型和现代农业发展要求。在城镇化和城乡一体化进程中，重庆、成都、苏州等地为促进更多的农民进城落户，鼓励农民用土地承包经营权置换城镇社会保障权、用集体资产所有权置换股份合作社股权、用宅基地使用权置换城镇住房所有权，推动分散农民向城镇和新型社区集中。虽然"三置换"在试点地方取得了一定成就，农民的城镇化水平有所提高，但这种做法受到政界、学界广泛批评，认为它忽视农民正当权益或损害农民利益的城镇化途径，违背了公正、

---

①　贺雪峰：《简论中国式小农经济》，《人民论坛》2011 年第 23 期。

②　文礼朋：《历史发展的悖论：农业生产的特殊性与家庭自耕农的生命力》，载北京大学世界现代化进程研究中心主编《现代化研究》（第三辑），商务印书馆，2005，第 50 页。

公平原则，呼吁上级政府制止"三置换"。① 其中还有一些学者认为，小农经济富有生命力，主张继续稳定农村土地家庭承包制——该制度最适宜中国农业生产特点，并且中国是人口大国，即使城镇化率达到 80% 以上，也将有 3 亿~5 亿人口居住在农村，并从事农业劳动。尽管学界对土地家庭承包制的时效性一直存在不同看法，见仁见智，但必须承认，目前一些地方的农村土地调整和流转的实践活动已经走在理论前面。

在城镇化加速发展阶段中，耕地问题凸显。在土地家庭承包上，中央已经明确指出，"现有农村土地承包关系要保持稳定，并长久不变"。这就是说，即使农业转型后土地实施了规模化经营，但也不能动摇农民的土地承包权。然而，传统农业转向现代农业的重要前提是土地规模化，一家一户承包经营的土地碎片化已经阻碍了现代农业规模化运营、机械化作业。再者，以农户为单位经营小块农地的经济效益较低，甚至一个农民一年种田的收入还不如他一个月打工的收入。由此，土地家庭承包制陷入内忧外困中，承包地成了鸡肋。现在不少家庭还可以让老人、妇女耕种，一旦流动农民转身为市民，承包地的退出就必须跟上。土地家庭承包制由 20 世纪八九十年代的高效期步入低效期，制度生命力及对农业生产推动功能都有所减弱，需要深化改革和进一步完善。鉴于国家稳定农村土地承包制的刚性规定，当前最好的办法是建立"所有权、承包权、经营权'三权分立'的新型农地制度"，② 即农村土地所有权归集体，农民个人拥有土地承包权和经营权，并且在保持土地承包权长久不变的基础上推行承包地的"用益物权"流转，使其规模化，进而促进传统农业转型、升级。2013 年中央一号文件明确指出，鼓励和支持承包土地向专业大户、家庭农场、农民合作社流转，发展多种形式的适度规模经营。2016 年中央一号文件再次强调，"依法推进土地经营权有序流转，鼓励和引导农户自愿互换承包地块实现连片耕种"。

与农村土地流转相关联的是土地规模程度。中国耕地面积不到世界的 9%，要养活世界近 20% 的人口，因此中国农业劳动生产率的提高肯定不能建立在土地生产率下降的基础上，也就是说，美国"大国大农"的农业生

---

① 2014 年《国务院关于进一步推进户籍制度改革的意见》指出，现阶段，不得以退出土地承包经营权、宅基地使用权、集体收益分配权作为农民进城落户的条件。

② 张红宇：《我国农业生产关系变化的新趋势》，《人民日报》2014 年 1 月 14 日，第 7 版。

产模式不适合中国。一些学者研究指出，农场规模和劳动生产率存在反向关系,[1] 小农家庭农场比大农场富有效率,[2] "土地经营规模并不是越大越好"。[3] 还有学者以日本、韩国农业小规模为例，认为中国与这些国家一样，人多地少，矛盾尖锐，不适宜采用美国"土地大集中、资本大投入、装备高科技、企业式管理"的模式，应该强化社会化服务体系建设，重视家庭经营式的精耕细作，并"用一切发达的技术装备改造农业，使农业成为亮丽的经济增长点";[4] 国家要控制土地规模，不能过大。[5] 当前中国一些家庭农场和专业大户经营的土地规模都比较大，农业部经管司、经管总站 2015 年底对 34.3 万户家庭农场专项统计指出，平均每个家庭农场经营耕地面积为 125 亩。

中国农业经营规模多大才适宜，有三个主要考量因素。一是种植粮食的耕地规模。由于经济作物种植和畜禽养殖对土地规模要求差异较大，不便于对土地规模做一般性要求。二是农户的经济收入。农村居民经营农业收入要与城镇居民收入相近，如果耕地少，经济收入低于城镇居民，农民就会弃耕，但也不能高出平均利润很多，否则会有更多的人选择农业生产，不愿意进城。三是每年种植一季与种植两季的农地规模不同。只有一季作物的耕地规模是两季的 1 倍，才能保证农场经营者的经济利润相当。借此，按照第六次人口普查户均人口 3.1 人和 2015 年城镇居民人均可支配收入 31195 元，以及一亩一季纯收入 500 元计算：种植一季的农户耕地规模是 $3.1 \times 31195/500 = 193.4$ 亩；种植两季的农户耕地规模是 $3.1 \times 31195/500/2 = 96.7$ 亩。这就是说，种植一季和种植两季的农户耕种农地规模分别是 100 亩、200 亩左右，只有达到这个规模，从事家庭农场经营的农民才可能有利可图。

鉴于转型后中国现代农业经营对土地规模的要求，说明三点。一是谨慎对待城市企业下乡。企业经营的农地规模大、品种少，更注重经济作物生

---

[1] Christopher Udry, Gender, "Agricultural Production, and the Theory of the Household", *Journal of Political Economy*, Vol. 104, No. 5, 1996, pp. 1010 – 1046.

[2] 林毅夫:《制度、技术与中国农业发展》，上海三联书店、上海人民出版社，1994，第 1 ~ 62 页。

[3] 许经勇:《农业现代化视野的土地流转、规模经营与职业农民》，《学习论坛》2015 年第 3 期。

[4] 李义平:《农业与城市化——重读舒尔茨的〈改造传统农业〉》，《读书》2012 年第 8 期。

[5] 宋亚平:《规模经营是农业现代化的必由之路吗?》，《江汉论坛》2013 年第 4 期。

产，容易造成农地性质改变，如果监督、引导不到位，容易对农业可持续发展形成威胁。再者，部分企业追求的是利润最大化，它们到农村不一定为了种粮食，有可能打着农业企业旗号，钻国家农业补贴的空子，赚取更多的非农利润。二是支持与农业生产相关的合作社发展。当前合作社有多个类型，如土地股份合作社、专业合作社、富民合作社、集体合作社等，其中土地股份合作社是农民以承包地入股形式进行农业生产经营活动的经济组织。它经营的土地规模可以不断放大，因为合作社是建立在农民广泛参与的基础上，是众多农户的农业生产经营的合作，即农民举办、农民管理、农民经营、农民受益的经济组织，为的是让农户"抱团"壮大，增强市场竞争能力。三是农业毕竟是高投入、高成本、比较利益低的产业，无论经营规模大小，政府都要给予"高补贴"。美国农民收入的2/3、日本农民收入的1/3都来自政府补贴，而中国农业生产补贴一直比较低，需要增加补贴力度，并且还要推行新增补贴向专业大户、家庭农场和农民合作社倾斜的政策，引导承包地规模化经营。

承包地流转及规模化后，农民将有三个变化。第一，农民将加速流入城镇。2015年全国农民工有2.7亿多人，随着城镇化和农村耕地规模化进一步提高，还将有大批农民源源不断地流入城镇。除了农业劳动力继续流向城镇外，留守妇女和留守儿童的流动也将随之加快，原因在于：（1）农民工子女的就学、升学与城镇对接，越来越多留守儿童将进城读书。孩子随父母到打工地上学能享有与城镇孩子同等权利，加上大多数省市取消了回原户口所在地报名参加高考的规定，孩子在城镇学校读书比留在农村更方便，更有利于孩子成长。（2）留守妇女也将逐步进城。多数妇女留守在农村主要不是种田，而是为了照顾孩子，当孩子毕业进城打工或到城镇读书后，她们为了夫妻团聚，为了获取更多的收入，会选择进城居住、打工。第二，小农将逐渐退出农业生产领域。中国农业发展不会是美国的"大国大农"模式，也不会是日本、韩国的"小国小农"的模式。尽管中国目前家庭经营小块农田、从事简单种植、养殖的传统型农民占全国农民总数的65%～70%，[①]

---

① 蒋和平、崔凯：《培育创业型农民带动中国农业现代化建设》，《四川大学学报》（哲学社会科学版）2012年第3期。

他们还具有马克思、恩格斯说的分散、孤立、封闭、排斥分工、排斥市场经济的自给自足或半自给自足的小农特征，但"小农同过了时的生产方式的任何残余一样，在不可挽回地走向灭亡"。① 随着传统农业转型完成，小农必将退出历史舞台。第三，支撑现代农业运营的将是中农和职业农民。与现代农业规模化经营相适应的中农不像封建时代的中农，即家里有一定的田地并自己耕种，且能维持日常生活的自耕农。传统农业转型而形成的中农是无数小农经过城镇化冲击后仍坚守在农村、接受村庄或相邻村庄流出土地的农民，他们正式身份是农场主、专业大户。规模大点的中农是从事经营活动的私有企业主，小的则是从事农业劳动的个体户。大农场主一般自己不劳动，主要雇用劳动力从事农业劳动；小农场主本人需要从事农业劳动，只有在农忙时才使用雇工。有农业企业主就有对应的农业雇工，他们就是职业农民。与现代农业相适应的职业农民，有的是从小农转化来的，他们一边把自家耕地流转给农场主、专业大户、合作社收取租金，一边为租户打工；有的是城镇打工失败或不愿意在城镇居住的回乡农民；还有的可能是城镇人，他们在城镇找不到合适工作，就到农村为农场主、专业大户打工。现代农业中，农村人的身份复杂，农场主、专业大户不一定是严格意义上的地主，他们的土地基本上是承包户的，是多个农户共同的雇工；同样，为农场主打工的职业农民的身份既是雇工又是地主，因为他们是打工者，但雇主的土地却是他们自己的，他们才是农田的主人，是真正的地主。

四　农业转型之需：人的城镇化发展

人的城镇化既是新型城镇化也是农业现代化的重要主题，农民离土进城倒逼传统农业向现代农业转型，而农地向家庭农场、专业大户、农民合作社等新型农业生产经营主体集中，以及农业生产规模化、产业化、都市化和市场化发展能促进人的城镇化发展。换言之，农业转型及其完成将推动"半城镇化"问题解决，不仅城镇农民工的市民化要加快步伐，居住在农村的留守老人、妇女和儿童也将不得不离开农村，城镇化程度也将随之大幅

---

① 《马克思恩格斯选集》（第四卷），人民出版社，1995，第 487 页。

提高。

改革开放以来，农业从业人员持续下降，2014 年已经下降到 30% 以下。金三林推算，农业从业人员还将继续减少：到 2020 年，农业从业人员约有 2.14 亿人，占全部就业人员比重约 27.3%；到 2025 年，农业从业人员将减少到 1.85 亿人，占全部就业人员比重约 24%；到 2030 年，农业从业人员将减少到 1.6 亿人，占全部就业人员比重 21% 左右（见表 4-1）。他还指出，根据一般估计，我国农业只需要 1.8 亿～1.9 亿劳动力，如此，2025～2030 年，我国农业剩余劳动力转移将基本完成，"接近于日、韩等达到的刘易斯第二转折点时期的水平"，[①] 城乡二元经济结构将彻底终结，中国也将步入城乡一体化发展新阶段。

表 4-1　中国未来劳动从业结构变化

单位：亿人，%

项目	2020 年	2025 年	2030 年	2050 年
总从业人员	7.85	7.74	7.56	6.76
其中:第一产业	2.14	1.85	1.59	0.97
第二产业	2.09	2.02	1.94	1.74
第三产业	3.62	3.87	4.03	4.05
就业结构				
其中:第一产业	27.3	23.9	21.0	14.3
第二产业	26.6	26.1	25.7	25.8
第三产业	46.1	50.0	53.3	59.9

资料来源：根据原表内容改制。参见金三林《内需增长的支撑：农业转移人口消费特点及发展趋势》，中国发展出版社，2014，第 79 页。

金三林的计算基于 2010 年以前的数据，就近几年农业从业人员实际减少的速度来看显得保守。他预计 2020 年占比是 27.3%，而 2015 年中国农业从业人员占比已经是 28.3%，2020 年的占比无疑要比预算的低，即农业从业人员转移速度与数量要比表 4-1 预算的快且多。再者，根据农业现代化

---

① 金三林：《内需增长的支撑：农业转移人口消费特点及发展趋势》，中国发展出版社，2014，第 77～79 页。

实现阶段中起步期、成长期和成熟期的指标值，[①] 2015 年农业产业产值在国民生产总值当中的比重为 9.0%，达到农业现代化成熟期的低于 10% 的指标，而 2015 年农业从业人员比重是 28.3%，处于农业现代化成长期指标 20% ~ 50% 范围内，且在区间的 1/3 位次上，农业从业人员占比仍然较高，滞后于农业产值占比。由此，城镇化和农业现代化发展的重要任务之一就是要继续减少农业从业人员数量，尽可能快地使农业从业人员占比降到 20% 以下。即使这个目标能在 2020 年实现，它也比农业产值的成熟期目标晚了 5 年以上，故此，人的城镇化发展责任大、任务重，农业因转型而多出来的人口需要通过人的城镇化发展进一步消化。

可以肯定地说，未来 5 年还需要加大乡村人口向城镇流转力度。农业转型及其现代化发展在人口转移上面临的问题就是人的城镇化问题，即人口城镇化滞后于土地或空间城镇化、户籍城镇化滞后于人口城镇化的问题。当前国家对这两个不协调的解决主要立足于城镇视角，希望通过城镇户籍制度改革、城镇公共服务向城镇常住户口（农民工及其居住在城镇的家属和子女）全面覆盖来降低农民进城门槛和提高市民化待遇，进而让更多农民进城，并且让他们成为名副其实的市民。这些解决措施是基于城镇场域内农民市民化存在问题设计的，对加快农民流转和市民化有一定的积极作用，但它仍属于人口转移的粗放型城镇化，不是集约型的人的城镇化，人的城镇化需要尊重农民的意愿和选择，在农民自身利益没有减少或不同程度地增加的前提下引导他们放弃农业，进城转身为市民。如此，人的城镇化主战场不在城镇而在农村。

人的城镇化发展核心理念是以人为本，动员、引导农民进城不能采用强制措施。退一步说，譬如 20 世纪中期菲律宾制定政策鼓励农民土地流转，支持城市资本下乡发展规模农业。这一模式曾被西方赞誉为有效地解决了"三农"问题的"亚洲典范"。然而，由于进城农民只能从事技术含量不高的劳动密集型工作，随着科技不断进步，以及企业转型升级，大批进城农民失业，生活陷入贫困状态，并成为菲律宾严重的经济问题、社会问题和政治

---

① 宋洪远、赵海：《我国同步推进工业化、城镇化和农业现代化面临的挑战与选择》，《经济社会体制比较》2012 年第 2 期。

问题。菲律宾的城镇化窘境并非个案，拉美的巴西、墨西哥等国也遇到同样的问题——"拉美现代化陷阱"。中国城镇化发展与菲律宾、拉美的一些国家不同，尤其要坚持人的城镇化发展理念。一方面，政府不能把农业"龙头企业"看成现代农业发展的"守护神"，要对城市资本或企业兼并农地规定准入条件，防止它们把现代农业的"好经"念歪；另一方面，政府要支持家庭农场、专户大户和农民合作社的发展，因为这三大经营主体进行现代农业生产经营活动，不仅能尊重农民进城、留村的意愿，农民可以自主地根据城镇化发展要求和趋势做出理性选择，更重要的是，家庭农场、专业大户和农民合作社是农民自己经营农业，是自家和尚念农业现代化的"经"，基本上能保证农业现代化在正确轨道上运行。

此外，也是最关键的，农业转型及其现代化发展需要公共服务予以支持。人的城镇化是农业转型、农业现代化发展的助推器，农民在城镇化进程中离土进城，种田农民减少，将倒逼农村土地流转，促使土地向家庭农场、种田大户、合作社集中。如是，农村土地流转、农业转型、农业现代化发展是解决人口城镇化后遗症的唯一出路，也是消除人的城镇化后顾之忧的有效策略。但是，农业转型及其现代化发展除了政策支持外，更需要政府在农村发展公共服务事业，一方面以适应城镇化进一步发展要求，促进更多的乡村人口流入城镇，另一方面避免农村凋敝、农业颓废，支持新型农业经营主体发展农业生产，切实保障国家粮食安全，让中国人的饭碗牢牢地端在自己的手里。具体来说，有以下几点。

（1）公共服务要支持农户承包地经营权流转。承包地流转及其规模化需要在所有权、承包权不改变的前提下进行，虽然目前全国承包地流转面积接近耕地总量的1/3，但一些地方承包地在流转中出现不少问题，损害了承包户和使用者的正当权益，产生的一些深层次矛盾影响了农地流转。为了保护土地承包户和经营者的经济利益，也为了促进农村承包地进一步流转，公共服务需要为承包地流转提供政策、法律、调解等服务。一方面不能强制农户流转土地。如果出现因个别农户不愿意将自己承包地流转的问题，地方政府和村委会要做细致的工作，采用承包地置换的方式保障农户的土地承包权和经营权。另一方面，不能损害农户合法权益。农户往往在承包地流转谈判中议价能力低，一些新型经营主体打着政府支持和政策准许的幌子，采用威胁、恫吓、诱逼方式低价流转农户承包地，或改变农地使用性质，将粮田改种更能赚钱的农作物。相比较低价诱逼农户流转承包地致使农户蒙受经济损失，改变农地使用性质的危害更大，它将导致农地失去产粮功能，造成农户合法权益受损。对此，政府提供的相关公共服务要公正、公平，切实维护承包户和新型经营户或组织的正当权益，不能倚强凌弱，更不能借此"寻租"。

（2）公共服务要支持经营者发展农业生产。承包地流转中农业生产经营主体有家庭农场、专业大户，有多个小农户联合起来的合作社，还有暂时没有将承包地流转出去的分散的小农户，这些生产主体经营的土地规模大小不同、生产条件差异较大，他们对农业生产的资金、技术，以及产前、产中、产后的服务要求不同，需要政府为它们提供恰当、有效的服务。比如，小农户由于家里主要劳动力外出打工，从事农业劳动的老人或妇女无力从事耕地、栽插、收割等重体力农活，需要政府、市场提供农机等劳务服务；家庭农场和专业大户由于农业生产的经营管理主要是家庭成员，更多的农活需要依靠雇工，他们对资金、技术、农机、生产、销售等服务有更广泛的需求，或者说，对大多数家庭农场和专业大户而言，公共服务是他们能否进行农业规模生产经营的必要条件，没有公共服务的全面、广泛支持，规模化农业生产就无从谈起。

（3）公共服务要支持农业基础设施建设。传统农业的基础设施最重要的是水利，即水利是农业的命脉，农田水利设施是农业生产抵御自然灾害的生命线——只有完善的农田水利设施，才能让农业生产旱涝保收。如今的农业生产除了水利设施外，还由于农业规模化发展需要大量不同类型机械，于是农村道路就成为现代农业发展的重要基础条件。然而，农业生产需要的这两项基础设施在多数农村地区都比较薄弱，农村水利"最后1公里"设施落后，以及农村道路面窄、没有硬化等问题仍比较严重，需要政府加强农田水利设施和农村道路建设，提高农业生产"硬性"公共服务水平。

（4）公共服务要支持乡村人口向城镇转移。乡村人口向城镇转移任重道远，一是已经流出农村到城镇打工的农民市民化程度低，其中有一部分人尤其是第一代农民工正在不断回流到农村，这与城镇化发展方向相悖；二是更多的乡村人口喜欢大城市，特别是一线城市和经济较发达地区的二线城市，而这些城市的市民化成本高，市民化难度大；三是中小城市包括县城镇等市民化成本较低，一般打工者依靠打工的积蓄能够承受购房、小孩读书等市民化成本，而这些地方就业岗位少、工资待遇差，一些农民看不上这些地方。因此，政府要重点支持中小城市和有一定规模的城镇，尤其要支持县级城镇的公共服务发展，使其与大城市接近，并且高于乡村水平，以吸引更多的农民以及那些喜欢小城镇生活的大城市人到此聚集，进而减轻大城市市民化压力，实现人的城镇化既好又快的发展。

第二节 人的城镇化与乡村转型路向

一 乡村转型

改革开放前，中国农村总体上处于稳定状态，村民在熟人社会里过着日出而作、日落而息的田园生活。乡村共同体相对封闭，村庄里的人很少出去，外面的人更少进来，居住在村庄中的人们相守一生，通过农业生产劳动维系日复一日的家庭生活和年复一年的村庄运行。然而，改革开放后，乡村共同体的封闭、孤立、隔绝状态被城镇化发展打破，人们在一次次"外出—返乡"中靠近城镇、疏远乡村，以至于越来越多的乡村出现农业兼业化、农民去农化、村庄空心化。

相比于传统乡村，1949年后国家建构的乡村变化巨大，但集体化乡村结构与传统乡村结构基本相似，乡村没有实现转型。中华人民共和国成立后，中国政府对农业进行了社会主义改造，农业实现集体化生产，农民成为社会主义的建设者和劳动者，但乡村结构保留着传统乡村的底色。具体地说，传统乡村农民是分散的，计划经济时期集体化乡村仍坚持"以农为本"的发展理念，保留传统农业，如，农业生产方式是牛耕、人挖、肩挑的重体力劳动，劳动效率低，仅能维持家庭成员生存；主要产业是"以粮为纲"的农业。

中国乡村真正转型发生在改革开放后，它以乡村人口流动为引擎。20世纪80年代家庭承包责任制的实施，农村出现了大量剩余劳动力，其中一部分农民进入乡镇企业上班，还有一部分农民利用农闲时间外出做生意、打零工。虽然当时国家的粮食统购统销和"进厂不进城，离土不离乡"政策不允许农民远距离流动，但乡镇企业发展和小城镇建设为乡村发展和转型注入活力，不仅缓解了农业劳动力过剩的压力，一些家庭因有人在城镇打工、做生意，生活逐渐好起来。但是，乡镇企业和小城镇对乡村转型的催化作用比较有限，它没有完整、彻底改变乡村，农民基本上还是按照传统方式生活。但不可否认的是，改革开放后农民与工人、农业与工业、农村与城镇的互动日渐频繁，乡村进入转型轨道。到 20 世纪 90 年代尤其在党的十四大以后，国家推行城市全面改革，取消粮食统购统销政策，越来越多的乡村人开始了远距离、跨地域、跨行业流动，乡村由于中青年劳动力大量流失逐渐失去生气和活力。

相比于 20 世纪 80 年代的乡村，城镇化对 20 世纪 90 年代乡村社会的影响更大。换言之，20 世纪 80 年代是乡村改革阶段，乡村呈现帕累托效益最优，几乎所有乡村人都从农村改革、乡镇企业发展中获益，农业生产没有因为劳动力流动受到影响，保持着增产势头；而 20 世纪 90 年代后的乡村，由于人口大量、持续流出，农业生产日趋兼业化，甚至是副业化，越来越多的农村老人成了农业生产主力军，他们无力促进农业扩大生产。借此，与中国乡村转型相伴随的不仅仅是农民收入的提高、乡村产业和就业方式的转变，同时乡村"缺人"和农业生产缺劳动力让乡村转型步履艰难。

近些年来，乡村社会因农民大量进城而卷入城镇化大潮中。如今的乡村肯定不能退回到与城镇隔绝的状态，继续传统式农业劳动，乡村人口流失正在倒逼乡村转型——唯有乡村转型，才能解决乡村社会因城镇化发展而出现的"人"的问题。虽然乡村与城镇的"人"的问题皆由物的城镇化而起，但乡村人的问题与城镇人的问题不同。城镇人的问题是乡村人口快速流入而市民化不足，即人口城镇化滞后于户籍城镇化的问题；乡村人的问题则是村庄空心、农业生产后继无人，以及乡村人口还将继续减少的问题。由于以人的城镇化为核心的新型城镇化发展需要进一步"将农村居住人口降下来"，[①] 城镇人多、乡村人少的问题还将进一步加剧，如此，乡村人口不断减少已经成为现在或未来乡村的显著问题，唯有以此为切入点，

---

① 张正河：《快速城市化背景下的村庄演化方向研究》，《农业经济问题》2010 年第 11 期。

推进乡村转型，才能解决乡村因人的流失而造成的农业兼业化、农民留守化、村庄空心化问题。这是本书基于人的城镇化发展推演乡村转型及其未来的逻辑理由。

二　乡村人进城和乡村的"人"问题

中国乡村大转型因农民离土离乡、进城打工的城镇化而起。20 世纪 80 年代尤其是 20 世纪 90 年代城镇化发展战略的实施，促使亿万农民一个个、一批批地走出乡村，涌入城镇。

20 世纪 50 年代初期城镇刚恢复建设，就有大量农民流进来，想在城镇找工作，但国家为了优先保证城镇和工业发展，实施了粮食统购统销制度和城乡二元户籍管理制度，严格限制人口流动，由此，二元结构力将乡村人隔离在城镇外，中国社会自始分为城乡两个单元。

改革开放后，最先是中高考制度的实行，乡村少数成绩优异的学生率先"跳农门"，成为城镇白领人；继后是在农村集镇发展乡镇企业，一些乡村年轻人进城镇企业做工，成为"准城镇人"；再后是城市化发展，大批农村"弄潮儿"不远万里来到改革最前沿的珠三角、长三角城市打工，成为"新市民"。如今，越来越多的乡村人深度嵌入城镇社会。30 多年来，进城的乡村人已经有两代。第一代是"60 后""70 后"的农民工，他们把城镇作为打工挣钱的地方，并且把挣来的钱用于老家盖房子、培养孩子。第二代是"80 后""90 后"的新生代农民工，他们是城镇农民工主体，其中不少人不再把城镇视为打工挣钱的地方，更把它作为居住、生活的空间。对第二代农民工而言，乡村只是他们的记忆：因为乡村还有老人，故他们会偶尔想念；而城镇则是他们心目中的家，即使没有住房，没有固定的工作，他们也不会离开城镇。

近年来，城镇化由原来"人口流动式城镇化"变换为"人口转移式城镇化"，乡村人口向城镇流动将变为名副其实的人口转移。乡村人"并未表现出对以家庭为生产单元的存在方式的留恋"，相反，"会毫无留恋地放弃世代相传的生活方式"，[1] 选择进城过市民式生活。城镇化是减少乡村人口、

---

① 陈廷湘：《从"乡村建设"到"城镇化建设"——近百年中国乡村改造与建设个案的启示》，《深圳大学学报》（人文社会科学版）2015 年第 1 期。

减轻农村贫困的重要途径。

人的城镇化对乡村影响更大，一些村庄从此走向衰败，甚至终结。就城镇而言，城镇空间扩大和城镇经济发展需要更多劳动力，而乡村人进城打工，为城镇提供了劳动力，但城镇不仅要为进城的乡村人提供工资、住所、交通、医疗卫生等保障，还要为他们的子女提供适当的教育、就业机会。虽然这些是城镇必须为参与城镇建设和发展的打工者支付的，但如果城镇不能处理好这些需求，就会产生严重的城市病。就乡村而言，农民到城镇打工，挣得了比农业劳动多得多的收入，农民家庭生活水平可以大幅提高，但乡村人进城严重冲击了乡村社会，如农业生产出现严重兼业化，越来越多的农户将农业视为副业，不再精心进行农业生产，更多地依靠化肥、农药进行农业生产活动；村庄人口急剧减少，空心化、过疏化严重，更多的村庄只能由老人看守。

中国要解决"三农"问题，必须鼓励农民离土离乡、进厂进城，这是乡村现代转型趋势和乡村人的理性选择。面对城镇化发展中土地撂荒、村庄空心等问题，有人呼吁留住乡愁。这个愿望的出发点是好的，毕竟"乡村对于中国人来说具有特殊意义，它既是生存家园，又是精神居所"[1] "还是农民人生价值和生命意义的实践场，是农民魂牵梦绕的可以安放灵魂的地方"。[2] 但是，这种怀旧情感不能违背城镇化发展、现代化发展趋势，乡村转型必须重组生活空间、转变社会经济活动，"更多的农村居民将经历非农化和市民化转移"。[3]

现在乡村出现的问题不是城镇化发展后遗症，而是中国城镇化规模过大、发展太快，而乡村转型没有跟上造成的——中国用 22 年将城镇化率提高到 52%，而英国、法国和美国分别用了 120 年、100 年、40 年。因此强调以下两点。

（1）虽然乡村蜕变是个长期渐进的过程，但绝非自然发生的，其间一定受到相当多的人为因素影响，需要国家合理、科学规制，引导乡村按照正确的方式和路径转型或改变。

---

① 刘亮程：《一个人的村庄》，春风文艺出版社，2006，第 94～98 页。
② 赵晓峰：《找回村庄：〈乡村江湖：两湖平原"混混"研究〉读后》，《学术界》2012 年第 6 期。
③ 林聚任：《村庄合并与农村社区化发展》，《人文杂志》2012 年第 1 期。

（2）虽然在乡村蜕变中要反对一切过激行为，包括不顾条件地促使或阻止乡村蜕变，但肯定不能袖手旁观。乡村振兴、新型城镇化建设都需要政府顶层设计，否则乡村人进城带来的问题会不断增加。

三 乡村建设新途径：资本化、无产化

国家针对"三农"问题实施了一系列强农、惠农以及工业反哺农业、城市支持农村的政策，尤其是取消农业税费和推行新农村建设，农民负担得到了切实减轻，农村面貌也发生了巨大变化。但是，随着城镇化进一步推进，乡村除了"三农"问题外，还出现了农民留守、农村空心，以及农业生产副业化和兼业化的新问题。"三农"问题没有解决，又在城镇化进程中产生了诸多新问题，以至于乡村问题变得更复杂。乡村新问题是城镇化中产生的，人的城镇化发展不够是新问题的起因。如是，乡村建设不再是解决城镇化背景下乡村问题最好的途径，因为乡村建设具有较高的静态性，难以应对乡村社会流动的"人"的问题及其次生问题。

客观地说，虽然新农村建设的开展促进了现代农业发展，提高了农民收入，深化了农村综合改革，发展了农村公共事业，农村的道路、水利、水电等公共设施得到较大改善，部分乡村也建设成为"经济繁荣、设施完善、环境优美、文明和谐"的社会主义新农村，但调查发现，"村庄的所有人都是吃饱穿暖的，但村庄的每个家庭都是残缺不全的"。[1] 一些新建、改造或重建的农村社区没多久又出现了空心，家庭主要成员还是在外面打工，并且村庄社区的妇女、儿童正在逐渐减少，社区内的服务设施、服务中心的闲置、半闲置状态越来越严重。就此而论，大多数地方的新农村建设并没有复兴乡村，更不要说实现"生产发展、生活富裕、乡风文明、村容整洁、管理民主"的目标。本研究强调新农村建设要因地制宜、因时制宜，要兼顾乡村人口流动、转移的现实，不能不加区别地建设新农村。忽视乡村人口外流或者看不到城镇化进程中城镇人口聚集的趋势，盲目进行村庄改造、拆并，或兴建新型农村社区，都可能面临人口再减少、公共设施再闲置、投资再浪费的尴尬。回顾近年来农村建设，个别地方出现了政府热情高而农民参

---

[1] 阎海军：《崖边报告：乡土中国的裂变记录》，北京大学出版社，2015，第3页。

与度不够的"剃头挑子一头热"现象。

乡村人进城、实现人的城镇化是城镇化发展主流趋势，转移乡村人口可以更快地缩小城乡差距。基于乡村人已经部分地突破了城乡二元结构，以及更愿意到城镇居住、生活的现实，如果国家采用转移乡村人口、减少乡村人口的方法，就可以快速提高乡村留守人员的资源占有量和收入水平，进而更有效地缩小城乡差距。转移乡村人口比建设乡村更能缩小城乡差距，更能消解城乡二元结构，并且，它还能推进以人的城镇化为核心的新型城镇化和城乡一体化发展。

解决"三农"问题尤其是新问题的主战场在乡村，但方法不在乡村，而在城乡统筹上。也就是说，随着城镇化程度不断提高，乡村人口持续向城镇流动、转移，越来越多的乡村问题是由城镇进一步发展引发的。如此，唯有以城镇化发展为视角检视乡村问题的缘由，才能从源头上遏制、消除乡村问题。因此，2013 年中央《关于加快发展现代农业，进一步增强农村发展活力的若干意见》的一号文件抓住了乡村关键问题和主要矛盾，并将乡村问题的解决置于城镇化背景之下。如针对农村劳动力大量流失、农村土地撂荒等问题，中央提出培育专业大户、家庭农场、农民合作社等新型生产经营主体；针对家庭承包责任制的现实困境和承包地块细碎化问题，中央提出引导农村土地承包经营权有序流转，鼓励和支持承包土地向专业大户、家庭农场、农民合作社流转，发展多种形式的适度规模经营；针对农村规模经营发展慢的问题，中央提出完善农资综合补贴动态调整机制、逐步扩大种粮大户补贴、加大新型生产经营主体信贷支持力度等意见。不难发现，2013 年中央一号文件正视了城镇化对乡村建设和农业发展的影响，回应了乡村因城镇化发展出现的新问题，所做出的政策安排对促进乡村转型、农民分化和农业进一步发展都有积极的指导意义。

当下农业生产面临两大挑战。一是乡村人不想从事农业劳动。老一代农民有饿肚子的经历，对农业生产饱含情感，视耕地为生命，但随着年岁增大，越来越多的乡村老人已经无力从事繁重的农业劳动，有的不得不选择性耕种，有的只能无奈地放弃农业生产。而新一代农民压根就没有干过农活，他们不会回乡从事农业劳动。现在乡村一部分老人还能干农活，即使老人少了，也有第一代农民工回流到乡下，继续从事农业劳动，但这毕竟不是长久之计，也不能从根本上解决农业劳动缺人问题。二是土地家庭承包制步入效应衰退期。国家重视土地家庭承包制的作用，一再强调家庭土地承包长期不变，但城镇化已经让土地家庭承包制功能部分丧失，因为种地收入太低，根本不能与打工收入相比。土地家庭承包制曾激活了农业生产活力，提高了农民从事农业劳动的积极性，解决了亿万人民吃饭难题，但城镇化发展使它的效率大打折扣，因为农民在城镇中找到了更赚钱的工作。任何一项制度都有它的生命期，20世纪八九十年代是家庭承包制生命力最旺盛的时期，进入21世纪后，随着国家进入城镇化发展中后期，家庭承包制也随之步入效应衰退期，需要通过进一步改革提高效益。

现在一些乡村人舍不得丢弃承包地进城，不是因为承包地是生产资料，而是它的用益物权。因此，某种意义上说，家庭承包地成为乡村人进城以及城镇化的鸡肋。换言之，由于国家强调土地家庭承包长期不变，城镇化进程中的农村土地流转和规模化经营必须在此政策下进行：这一方面导致了土地流转成本高，不利于现代农业发展；另一方面，部分乡村人担心失去土地，不愿意在城镇买房，不愿意将户口转到城镇，进而减缓乡村人进城步伐。当前，乡村中大多数农户的土地由留守老人或留守妇女经营，生产效率低，既不利于现代农业发展，又不利于新型城镇化发展。

为了促进更多乡村人进城，实现人的城镇化，也为了有效解决城镇化进程中的农村问题，国家需要推进资本整合乡村土地。长期以来，中国农村土地经营以家庭为生产经营单位，依靠家庭成员从事粮食作物和少量经济作物生产活动，农业产量低，家庭成员的劳动报酬低，资本化程度也低。20世纪末，一些农业生产尤其是经济作物生产的专业户增多，他们为了扩大经营，不断增加农业生产资本投入，例如投到良种、机械、农药、化肥、储存、运输、销售、人力等方面的资金不断增加，农业生产的专业化、信息化、机械化、市场化程度明显提高，经济利润也随着资本增加而提高，一些农户、专业户成为专业大户。与此同时，面对部分农户土地闲置，村庄或周边村庄的农民采用代耕、付租金等形式将其流转过来，当个别农户的经营土地面积增多而超过家庭成员劳动承受能力时，一些农户便增加资金投入，扩大农业再生产，农业的资本化程度随之提高。如此，农村土地流转后的农业资本化发展，不一定非要商业资本下乡进行农业生产活动，农户之间的土地流转经营也属于农业资本化，并且有可能成为未来农业生产的主体经营形式。这就是黄宗智认为的中国农业因单位土地的资本投入不断增加而出现资本化。[①]

按照政治经济学的解释，资本是新增价值的价值附着物，农民为了生产出更多农产品，增加资金投入，而这些资金投入增加了农业产量，为农民带来了更多的利润，这部分增加资金就是农民的资本投入。就此来看，黄宗智说的中国农业资本化有一定道理。不过，农业资本化不仅如此，农民外出打工，留守老人、留守妇女雇人耕作、管理、收割等行为，以及农民因劳动力不够或其他原因向市场购买产前、产中、产后服务等也应该是农业资本化过程。如此，农业资本化早就有了——乡村人外流导致农业生产缺少劳动力，进而农户只能依靠增加资本投入进行农业生产活动。未来乡村将发生农业"隐性革命"，农业生产不仅仅是龙头企业的农业资本化，家庭农场、专业大户、农民合作社也不排斥农业资本化，农业资本化将取代农业生产对家庭成员的依赖，成为与工业生产类似的产业化农业。

与农业资本化发展相应的将会出现农民无产化。黄宗智认为家庭承包制、户籍制度使农民工无法与农村分离，"这些体制性因素强化了中国农民家庭经营的强韧性，并且遏制了农业无产化"，另外，"资本化并没有带来相应的农业雇工的大规模增加"，即使农业"资本化的不断加深，占据主导地位的仍然是小规模家庭农场"，农民没有无产化。[②]这种对"无产"的理解比较狭隘。其实，与农民进城、土地流转、农业规模经营等相伴随的不仅是农业逐渐资本化，而且农民也渐趋无产化。

依据政治经济学解释，无产的"产"指生产资料，而非个人财产。借此，虽然农民拥有土地承包权、使用权、经营权，但当农民丢下承包地进城打工时，就意味着农民放弃了生产资料，打工者就是无产者。留在乡村的农民，如果他们仍然从事家庭小农生产，这部分人由于拥有生产资料，当然不是无产者，但他们是小农；如果他们出让土地，不再从事农业劳动，或为家庭农场等新型农业经营主体打工，那他们则成为无产者；如果他们通过流转

---

①②　黄宗智、高原、彭玉生：《没有无产化的资本化：中国的农业发展》，《开放时代》2012 年第 3 期。

方式种植他人田地，并利用他人土地获得更多利润，那他们则是"资产者"。就此而言，尽管目前农村小农仍为农业生产主体，资产者不多，但可以想见，随着城镇化程度进一步提高，小农因为经营自家承包地收益太低，最终将放弃承包地而成为打工者和农业雇用工。[1] 尽管现在还有很多农民出于"即使不挣钱也至少能节省开支"的理性，[2] 不愿意放弃承包地，但这种理性终将因它们在城镇有了稳定工作或孩子不愿意种田而不得不放弃。未来中国农业生产的主角是"资产者"，即家庭农场、专业大户、龙头企业，农业规模化、集约化和商品化生产经营必将战胜小农。农业资本化是一个渐进的过程，农民无产化将伴随这个过程。当农民与生产资料彻底分离，并只能依靠出卖劳动力生存时，农民"无产化的日子也就到来了"。[3] 尽管"有产者"经营规模不同，但他们将在农村发挥主导作用，带领"无产者"从事农业生产活动，共同维护国家粮食安全。

四 未来乡村功能："生产" + "后生产"

费孝通在《乡土中国》中阐述的"乡土性"特征仍是我们识别乡村性质的重要依据，即：乡下人离不开泥土，住宅靠近田地，每家耕地面积小，依靠家庭成员从事农业劳动；并且，乡村社会是以地缘关系为基础、以血缘关系为纽带的"差序格局"的共同体，人与人沾亲带故，依靠"礼"治理乡村社会。在乡村没有开放前，乡村人过的是"持久的和真正的共同生活""从出生之时起，就休戚与共，同甘共苦"，[4] 如鲍曼所说，乡村人的生活单纯、天真，"可以无忧无虑地生活在那里，他们不必为依靠什么来取得幸福而作出选择"。[5] 然而，工业化尤其是城镇化发展突破了乡村共同体的防护

① 中国农业政策自农村改革初期即有去小农化的倾向。参见严海蓉、陈义媛《中国农业资本化的特征和方向：自下而上和自上而下的资本化动力》，《开放时代》2015年第5期。
② 冯晓平、江立华：《阶层分化下的失地农民风险研究》，《中州学刊》2011年第5期。
③ 黄瑜：《大资本农场不能打败家庭农场吗？——华南地区对虾养殖业的资本化过程》，《开放时代》2015年第5期。
④ 〔德〕斐迪南·滕尼斯：《共同体与社会——纯粹社会学的基本概念》，林荣远译，商务印书馆，1999，第53~54页。
⑤ 〔英〕齐格蒙特·鲍曼：《共同体：在一个不确定的世界中寻找安全》，欧阳景根译，江苏人民出版社，2003，第3页。

墙，乡村共同体不再与城镇隔离，不再"简化"——"许多的相同性和最低限度的多样性"，以至于乡村失去了回归传统的可能。

面对城镇化进程中的乡村社会离散，有学者认为城乡二元结构对乡村"剥削性的成分越来越少，保护性的内容却越来越重要"，[①] 主张保留城乡二元制度。还有人担心并村运动将带来大量村庄消失，建议禁止村庄、学校、医院等的拆并。[②] 农民苦和农村穷是中国乡村顽疾，国家曾尝试通过发展合作化和集体化等方式让农民富裕起来，并使农村成为社会主义新农村。改革开放后，农民在政策允许的范围内在城镇谋取了另一份工作，赢得了高于农业生产的收入，并从此过上了城乡"双边"生活。应该说，农民打工生活是农民理性的工具性应用。打工为农民致富开辟了好路径，广大农民也因打工过上了衣食无忧的日子，孩子上学、家人生病、"人事"出份子都不用愁。进城打工比在乡村种承包地更有"钱途"，因此乡村人不仅不抵抗城镇化，反而主动参与城镇化，并渴望成为城镇人。对此，有些学者不希望农民再往前走，主张见好就收，保持当前的城乡二元结构以及乡村人的"半工半耕""半城半乡"状态。

乡村的乡土性正在逐渐流失，一些乡村变得愈发萧条、颓废、荒凉。但是，并非所有乡村在城镇化面前都如此，一些乡村以城镇化发展为契机，不断改变、提升乡村性质，使乡村不再仅仅"属农"，让其包容更多的城镇化、现代化、生态化因素。再者，中国是人口大国，国家一直强调饭碗要端在中国人手中——现实中，国家不断更新乡村建设和发展策略，包括实施"美丽乡村"建设。因此，人们不禁要问：受到城镇化冲击和影响的中国未来乡村将向何处去？

一直以来，乡村被认定是乡村居民从事农业活动场域，农业生产是乡村最典型的特征，但西方国家一些乡村由于受到工业主义、消费主义影响，农业功能日趋多元化，乡村的生产性也质变为后生产性。对于此，有学者研究指出，乡村原本是提供粮食产品和进行与农业相关的生活方式和生产关系的社会边界实体，拥有相对独立、封闭的空间，并被土地、农民和农业生产结

---

① 贺雪峰：《城市化的中国之路》，东方出版社，2014，第 102 页。
② 张占斌、黄锟、李万峰等：《中国新型城镇化建设方略》，湖南人民出版社，2013，第 98 页。

构化，但它在资本主义和农业商品化进程中，乡村这一结构发生了质变——农业生产"与工业生产类似"，为乡村社区提供的交换和服务日益减少，"更加依赖农业企业、金融体系以及政府的调节""乡村逐渐失去或弱化了以农业为基础的空间含义"，[①] 进入"后生产主义"乡村。但是，毛丹、王萍研究认为，"后生产主义乡村"在英美乡村研究中内涵并不明确，"泛指乡村担负了消费、生态、休闲等新角色和功能"，"到底是不是真实的"，[②] 还有待实践和理论的进一步推演。

生产主义和后生产主义的乡村在理论上有较大区别。生产主义主导的乡村，人的城镇化发展程度低，农业生产在乡村社会中占有支配地位，政府为了粮食产量能实现国家和地区自给，支持农业生产外部投入和大型机械等技术利用，但粮食产量不断提高也造成过度耕作带来的环境退化。[③] 后生产主义主导的乡村，人的城镇化发展程度高，居民对农业生产有更高要求：重视农业产品质量、农业多样化发展和非农就业；重视农业环境保护、农业可持续性耕作、有机农业技术运用；重视农业活动对地方消费的作用，农业变成生活消费方式。[④] 显然，在后生产主义乡村中，农产品生产不再是农业发展的主要任务，农业成为"消费品"，满足的是人们"原生态"需求。

就中国乡村和国情而言，完全的生产主义乡村和后生产主义乡村都不符合中国的现实。[⑤] 生产主义乡村一味追求农产品数量，它让城乡居民"吃得不安全"，并且居住和生活的环境污染日趋严重，需要根据城镇化发展纠正重数量、轻质量问题。然而，虽然城乡居民都喜欢后生产主义乡村，如都市农业、生态农业、旅游农业、休闲农业、美丽乡村建设等都很时

① I. R. Bowler, *Some Consequences of the Industrialization of Agriculture in the European Community*, In M. J. Henley and B. W. Ilbery (eds.), *The Industrialization of the Countryside*, Geo Books, 1985, pp. 75 – 98.

② 毛丹、王萍：《英语学术界的乡村转型研究》，《社会学研究》2014 年第 1 期。

③ B. Ilbery and I. Bowler, *From Agriculture a Productivism to Post-productivism*, Hongkong：Longman, 1998, pp. 57 – 84.

④ G. A. Wilson and J. Rigg, "Post-productivist Agricultural Regimes and the South：Discordant Concepts", *Progress in Human Geography*, Vol. 27, No. 5, 2003, pp. 605 – 631.

⑤ 王常伟、顾海英：《生产主义？后生产主义？——论新中国农业政策观念的变迁与选择》，《经济体制改革》2012 年第 3 期。

尚，但一定要注意，中国人口众多，大量农村人刚过上温饱生活，并且还存在一定数量的贫困人口，不能为了发展"消费乡村"而毁掉农业、丢掉饭碗。再者，中国还处于人的城镇化进程中，人的城镇化滞后于人口城镇化，大量流动人口游离在城乡间，并且城镇化失败的农民势必要回到乡村。借此，当前乡村不具备向"后生产主义"乡村转型的基础和条件。

中国异常复杂的农民问题决定了中国不适宜照搬西方的生产主义乡村或后生产主义乡村的发展范式。中国乡村问题集中表现为"三农"问题，而"三农"问题的核心是农民问题。城镇化尤其是人的城镇化发展为农民问题的解决开辟了有效路径，农民进城基本解决了农民物质上的苦，至于精神上、心理上的苦，如两地分居、孩子留守等问题，需要通过进一步城镇化发展来解决。故此，中国这些问题的解决要求在人的城镇化背景下继续转移农业人口、有效使用土地、合理建设村庄。现实中已经有不少地方围绕新"三农"问题进行了实践探索，如：实施户籍制度改革，让城镇公共服务覆盖进城农民工及其家属、子女，以及鼓励农民到城镇买房，以解决老人养老和小孩上学问题；实行土地确权，鼓励土地流转和土地交易，以解决部分农民不愿意种田问题；调整村庄空间结构，引导农民集中居住，提高居民公共服务水平，以解决村庄空心问题。毫无疑问，这些针对农民进城开展的乡村建设，肯定不是要把乡村建设为"后生产主义"乡村，减少农民、转移农民，既是实施农业生产规模化、集约化发展的需要，又是保证乡村农业生产免受城镇化冲击的最佳路径。

五　乡村何去何从

虽然中国人的城镇化尚在前行途中，存在各种各样的困难，但无论是国家还是村庄都没有好的办法让乡村人回头或阻止他们继续进城。进城已经由打工转变为乡村人拖家带口的城镇化、市民化行动。全国乡村尤其中西部乡村在城镇化进程中逐渐式微。村庄空心了，原本还有留守妇女、留守儿童和留守老人，而现在，留守儿童、留守妇女加速流出，更多的村庄只能由老人看守；学校学生减少了，越来越多家长将孩子送到城镇学校或带到打工地学校，一些乡村学校缺少学生，甚至有些学校老师比学生还多；公共设施闲置了，政府为乡村社区建造的服务中心、诊所、社保站，以及公共交通设施等，使用率越来越低，多数处于半闲置状态。乡村人不断流失，村庄凝聚力正在渐渐失去，亟待整合和转型。

混沌状态中的乡村如何转型不仅是学术问题，也是现实问题。学界较普遍的看法是，乡村转型即为传统乡村向现代乡村、封闭乡村向开放乡村、礼治乡村向法治乡村等转变。这种观点在理论上没有问题，乡村发展趋向应该如是，但具体到某一个乡村就不尽然。有的乡村由于村民能进城镇的几乎都进城了，剩下的老人也陆续离开人世，村庄最终将终结；有的乡村依靠自身独特文化或优势资源，备受政府重视，有可能被打造为美丽乡村，升级为旅游乡村、休闲度假乡村、养老乡村等；更多的乡村，人员向城镇转移不彻底，仍有人在乡村种田，他们最终向何处去尚待进一步确定；还有一些乡村，村庄中大多数人都进城了，极少数人将离村的农户田地流转过来，而成为家庭农场主、专业大户，农业因规模经营而发展为现代农业，村庄也因有人永久居住、生活而免遭终结。如此，现在的乡村很复杂，缩小、终结、升级都有可能发生，转型充满不确定性，发展呈现多样化趋势。

无论是乡村振兴还是新型城镇化发展，中国都不能将乡村与城镇分开。城镇因乡村人介入，几乎不可能独善其身，必须将乡村人纳入治理、服务，并将其市民化；而乡村，虽然已经受到城镇化强烈冲击，共同体不再稳定，但乡村是城镇的蓄水池，是城镇社会发展稳定的根源，乡村不可能全部转型为"后生产主义"乡村。乡村与城镇始终是推动中国社会发展的驱动器，不能因为实施城镇化就丢弃乡村、瓦解乡村，中国城乡必须一体化发展。赵庆海和费利群说，无论已经实现乡村复兴的美国、日本等发达国家，还是正在进行乡村转型发展的中国，发展的最终落脚点和出发点都是要实现"城乡一体化"。①

人的城镇化发展不仅是新型城镇化的核心，也是城乡统筹、一体化发展的核心，它虽然鼓励乡村人进城、实现市民化，但人的城镇化中的乡村人不只是农民，乡村人居住在乡村并过上市民化生活，也是人的城镇化内涵之

① 赵庆海、费利群：《国外乡村建设实践对我国的启示》，《城市问题》2007年第2期。

一。如此，转型后的乡村将是：农业日趋资本化，农业生产如同工业生产，机械化、信息化、产业化、市场化程度都很高；农民将市民化、无产化、资产化，多数农民进城镇成为市民，而留在乡村中的农民，一部分人由于经营规模农业成为资产者，还有一部分人由于主动让出承包地的经营权而成为出卖劳动力的无产者；乡村将城镇化，城镇居民可以到乡村居住、生活，也可以到乡村从事农业生产劳动，并且乡村与城镇形成一体，拥有共同的生活时空。

第三节　人的城镇化与农民问题消解

农民问题是中国发展的根本性问题，也是关系到城镇化发展的关键性问题。以人为核心的新型城镇化发展及其实现取决于农民向城镇转移且享有均等化公共服务，并过上与市民同质生活等因素。农民问题消解与人的城镇化发展相互掣肘、彼此促进。城镇化率低，或农民不能有效城镇化，农民问题就严峻、棘手；反之，城镇化程度提高，即使农民问题仍旧存在，其深层次矛盾也将因农民拥有城镇谋生和发展空间而变得平和，可以用城镇空间来解决农民问题。

一　农民问题

中国"古圣之重农民"，实施了重农轻工抑商的"农本"政策，国家主流文化也崇尚人们从事农业劳动，农民的经济利益受到一定的保护，但要说"我国古时重士农轻工商，所以农民的地位非常高尚，农民的生活也非常的满意"，[①] 也是不符合历史事实的。农业生产受到统治者重视与农民生活水平、群体地位是两码事，统治者出于维护统治的需要强调"以农为本"，重视农业生产，这在客观上促进了农业生产发展，稳定了社会秩序，也在一定程度上维护了农民利益，提高了农民生活水平，但做农活通常是无奈的选择。

---

① 杨开道：《我国农村生活衰落的原因和解救的方法》，《东方杂志》1927 年第 24 卷第 16 号，第 5~6 页。

尤其到了 20 世纪 20 年代，日趋增强的工商业不断挤压农业，农民的"生活一天一天变坏，他们的地位一天一天降低"。[②]在工业化、现代化进程中，不仅小农经济遭遇工业经济、商业经济冲击和破坏，农业变成了勉强"维持生计"的职业并且日渐被城镇社会边缘化。

市场经济发展让小农的风险成倍放大。自然经济状况下，农业生产风险主要来自气温、雨水等自然要素，"年景"好坏对农业生产经营有较大影响。然而，尽管干旱、洪水、冰雪等自然灾害有可能造成农业生产颗粒无收，农村出现严重的灾荒，但自然灾害的影响一般不会超过 3 个月，抑或半年，并且呈现局部性特征，不会对农民生活造成全局性、持久性危害。换言之，自然灾害对农业生产的影响是暂时的、局部的，只要在自然灾害后采取及时的补救措施，并给予适当的救济，农民总能度过灾荒，并让日子慢慢好起来。而在市场经济状况下，农业生产除了面临自然压力外，还需要应对来自市场方面的压力。小农应对市场的能力比应对自然灾害要弱：小农在无数次自然灾害中凝练出很多且不乏有效的策略，产生了应对自然灾害的"抗体"，一般都能在一两个月最多半年内恢复元气；而小农分散、守旧、保守的天性决定了他们难以应对市场经济压力，小农对市场经济周期性发展和波动几乎没有抵御能力。如此，市场经济对农民破坏更大，它有可能让农户在一夜间破产，背上沉重的债务包袱。当然，在自然压力与市场压力面前，农村中有些人头脑灵活，会经营、懂算计，能较好地承受自然和市场的压力。

相比较而言，传统社会中农民的弱势地位不是很明显。在漫长的封建社会里，国家与农村社会保持相对独立，除了税赋等有限介入农村社会外，国权基本上不下到县级以下乡村，[①]农村社会主要依靠宗族、乡绅自治。正如古德所言，帝国统治下的"行政机构的管理还没有渗透到乡村一级，而宗族特有的势力却一直维护着乡村社会的安定和秩序"。[②]尽管有学者不同意"国权不下县"之说，认为"中央专制集权统治以'县政'为依托，将其政治影响延伸至乡村社会的每一个角落，所谓'皇权不下县，县下皆自治'

---

① 秦晖：《传统十论——本土社会的制度文化与其变革》，复旦大学出版社，2003，第 3 页。
② 〔美〕W. 古德：《家庭》，魏章玲译，社会科学文献出版社，1986，第 166 页。

纯属无稽之谈"。① 但毋庸置疑的是，国权在传统农村社会的存在"是松弛和微弱的，是挂名的，是无为的"，② 农民拥有较大的自主活动空间。中华人民共和国成立后，通过"打土豪、分田地"的土地改革运动把地主、富农多余的土地分给农民，有了土地且翻身的农民在"翻身农奴把歌唱"的喜悦中变成了新中国的主人，政治地位显著提升。与此同时，随着互助组、初级社、高级社的梯度推进，亿万农民逐渐被组织化、集体化。诚然，经过政治化、组织化、集体化改造的农民获得了社会主义建设者身份，政治地位进一步提高，基本上能与工人阶级平等，成为国家统治的阶级基础，但由户籍、粮食统购统销等制度建构的城乡经济社会结构，将农民严格限制在农村，并将他们的户口定性为农业户口。如果农民想从农村迁往城市，改变户口性质，就必须有"城市劳动部门的录用证明，学校的录取证明，或者城市户口登记机关的准予迁入的证明"。城乡二元结构下，尽管农民政治、法律地位没有多大改变，仍然是国家主人，但由于国家对城镇和农村实施两种不同的管理体制和福利制度，城乡公共设施、社会保障存在差异。③

城乡二元制度及其形塑的城乡二元结构仍制约着当前农民问题的解决。虽然城乡二元的制度力和结构力在改革开放后受到城镇化发展的强力冲击已经式微，农民可以自主进入城镇生活、工作，但农民问题并没有因农民进城而有所缓解。最终解决办法在于打破城乡二元结构，推进新型城镇化和城乡一体化发展。

二　农民问题的主要呈现与变化

农民问题异常复杂，并成为中国发展的基本问题。

在合作化时期，农民问题主要表现为改造私有。土地改革是中国共产党兑现战争年代"分田地"的承诺，但土地私有化助涨了农民私有观念，加剧了农民分散性，这不符合社会主义发展要求，即无产阶级夺取政权后，

---

① 张新光：《质疑古代中国社会"皇权不下县、县下皆自治"之说》，《学习与探索》2007年第4期。
② 费孝通：《乡土中国 生育制度》，北京大学出版社，1998，第63页。
③ 汪东林：《梁漱溟与毛泽东》，吉林人民出版社，1989，第22页。

"一开始就应当促进土地私有制向集体所有制过渡"。① 如此,中国共产党在国家政权稳定后,即刻按照社会主义原则,希望能在较短的时间内"把他们(农民)的私有生产和私人占有变为合作社的生产和占有"。② 但鉴于"农民是小所有者,保守私有是他们的天性",以及"不仅要取得土地的使用权,主要还要取得土地的所有权"的"落后性",③ 新政权采用互助组、初级社、高级社的方式让农民们"自然地不勉强地"放弃私有观念和自发倾向,④ "放弃小私有",⑤ 走向社会主义。

在人民公社时期,农民主要问题是吃饱饭的问题。严格意义上说,改革开放前中国历届政府都为解决农民吃饭问题而纠结。虽然高级合作社阶段出现的大范围、严重的饥荒在 20 世纪 60 年代初有所缓解,但农民吃不饱饭的问题伴随着整个人民公社时期。高级合作社后国家在农村推行人民公社体制,并最终把一盘散沙的农民组织起来,使他们成为统一的公社社员。人民公社实行的是"政社合一"的管理机制,利于组织农民进行农业生产活动,也降低了国家征收农业税赋的成本。⑥ 国家在人民公社时期坚持了"以粮为纲"的"农本主义",不仅传统农村地区的农民都被要求从事粮食生产活动,而且还动员城市知识青年、复员和退伍军人到边疆地区拓荒种粮,并且国家政治还不失时机地开展农业学大寨运动,鼓励农民开山凿坡,修造梯田,增加粮食亩产量。但遗憾的是,由于人民公社的社队集体劳动体制僵化,不能充分调动农民劳动积极性,粮食产量始终没有大的提高,农民生活总徘徊在饥饿、贫困的边缘。

改革开放后至 20 世纪末,农民问题主要表现为负担重。家庭联产承包责任制最初的实践来自安徽小岗村农民。它给中国农民带来了帕累托效益最优。中国农村回到小农经济时代,广大农民的劳动积极性被广泛调动起

---

① 《马克思恩格斯选集》(第三卷),人民出版社,1995,第 287 页。
② 《马克思恩格斯选集》(第三卷),人民出版社,1995,第 498 ~ 500 页。
③ 中国社会科学院经济所:《第一、二次国内革命战争时期土地斗争史料选编》,人民出版社,1981,第 492 ~ 493 页。
④ 中共中央文献研究室:《建国以来毛泽东文稿》(第四册),中央文献出版社,1990,第 417 ~ 418 页。
⑤ 中共中央文献研究室:《建国以来毛泽东文稿》(第五册),中央文献出版社,1991,第 435 页。
⑥ 张乐天:《告别理想:人民公社制度研究》,上海人民出版社,2005,第 3 页。

来，生产热情空前高涨，粮食生产连年丰收，中国农民彻底解决了中国人的吃饭问题。但是，随着农民经济收入提高带来的是农民税费负担日渐沉重。面对屡禁不止、愈演愈烈的农民负担问题，1985 年中共中央、国务院下达《关于制止向农民乱摊派、乱收费的通知》，1990 年 2 月国务院下发《关于切实减轻农民负担的通知》，9 月中共中央和国务院又联合做出《关于坚决制止乱收费乱罚款和各种摊派的决定》，但农民负担仍在不降反增。1991 年农民人均村提留和乡统筹比上年增长 16.7%，农村义务工、劳动积累工和强制以资代劳费比上年增长 33.7%。① 面对农民负担难以遏制的局面，1991 年 12 月国务院颁布了《农民负担费用和劳务管理条例》，对地方收费做出诸多硬性限制，规定农民承担的村提留、乡统筹费不得超过上一年农民人均纯收入的 5%。1993 年中共中央办公厅、国务院办公厅下发《关于涉及农民负担项目审核处理意见的通知》，认为农民负担不单纯是经济问题，还是政治问题，为维护农村乃至全国稳定，必须切实减轻农民负担。该文件取消 37 项收费、暂缓执行 2 项收费、修改 17 项收费，纠正强制摊派和搭车收费行为 14 项，取消农民出钱、出物、出工的达标升级活动 43 项。尽管如此，农民税费负担重问题一直延续到 21 世纪初才有所缓解。

　　21 世纪以来，农民主要问题是增加收入和打工。2000 年安徽省试点农村税费改革，2002 年扩大到河北、内蒙古、黑龙江等省、自治区，2003 年全面推开农村税费改革，农民负担大幅下降。在此基础上，2004 年中共中央、国务院决定逐步降低农业税税率，2006 年国家取消了农业税和"三提五统"，农业生产进入无税费年代。不仅如此，国家还实施了"工业反哺农业、城市支持农村"的发展战略，农民种田还能得到国家的多项经济补贴。但 21 世纪的农民问题并没有消除，随着城镇化快速发展，城乡居民收入差距逐渐增大，农民增收问题被各级政府提上工作日程。自 2004 年开始，几乎每年的中央一号文件都要求促进"农民持续增收"。与此同时，城镇化发展带来大量农村劳动力流出农村，农民问题日趋凸显。

---

① 陈桂棣、春桃：《中国农民调查》，人民文学出版社，2004，第 125 页。

三　当下中国农民问题的症结

在不同的历史发展阶段中，虽然农民问题具有一些相似性，晏阳初曾概括为缺少知识力的"愚"、缺少生产力的"贫"、缺乏强健力的"弱"和缺乏团结力的"私"，[①] 但正如上文分析的，不同时期的农民主要问题具有不同的时代特征，有贫困问题、改造问题，甚至简单的吃饱饭也成为农民在几十年中最渴望解决的问题。农民问题既简单又复杂。说简单，是因为农民问题就是解决农民经济上贫困、生活上吃饭穿衣问题，自古以来，无数执政者为解决这个简单问题费尽周折；说复杂，是因为农民问题是关系中国特色社会主义事业发展全局的政治问题。农民是中国经济社会协调发展、城镇化建设的"压舱石""助推器"，如果农民问题解决了，中国现代化基础就会巩固，如果"解决得不好，农民问题就会成为现代化的'短板'和薄弱环节，现代化就会受到拖累，甚至掉入发展陷阱"。[②] 如此，要想根本上解决农民问题，就必须清楚农民问题的症结，它是解决农民问题的切入点。

家庭联产承包责任制后，中国找到适合中国国情的解决农民土地问题的办法，它让土地从农民主要问题中退出来，直到城镇化快速发展后才被再次提及。有学者认为，当下城镇化发展，农民问题也关涉土地问题，其表现就是城镇在扩张中不断吞噬农民土地，加上补偿不到位，土地纠纷不断，甚至成为群体事件的重要源头。但是，城镇化背景下的农民土地问题，是补偿问题、安置问题、保障问题，以及如何退出土地、怎样带着土地权益进城的问题。

城镇化是当下农民问题与以往不同的最主要原因和影响因素。中国城镇化发展战略实施之前，农民问题集中在农村和农业上，并与农村问题、农业问题组成"三农"问题。虽然农民问题不单纯由农村、农业导致，有相当一部分问题与农民自身素质、能力有关，但城乡二元经济社会结构加剧了农民问题严重性。再者，在城乡二元结构下，解决农民问题的空间狭窄，农民问题只能在乡村寻找解决办法，没有可能、也不允许从城镇寻求解决农民

① 运迪：《当代中国农民的教育与自身发展》，苏州大学出版社，2012，第 112～113 页。
② 韩长赋：《正确认识和解决当今中国农民问题》，《求是》2014 年第 2 期。

问题办法。自 20 世纪八九十年代始，农民问题不再仅仅因农业、农村而发生，城镇化发展使农民问题与以往问题不完全相同，又为解决农民问题拓展、开辟了新路径，即政府和农民个人都可以从城镇、非农产业上寻求到解决农民问题更有效的路径。如此，城镇化情境下的农民问题明显带有城镇色彩，如土地征用与安置补偿问题、农村劳动力流动与市民化问题，以及留守老人、留守妇女和留守儿童问题等。随之而来的农民问题解决办法与过去也有所不同，更需要从城乡统筹、协调发展上寻求解决农民问题的办法，如实施城乡公共服务一体化、推进农民向城镇转移、消除城市对农民歧视，给予农民工市民化待遇等。

四　农民问题化解之路：人的城镇化

中国农民问题一直没有得到有效解决。这有客观上的原因：中国是传统的农业大国，农业人口众多，毫无疑问农民问题要比欧美一些国家复杂，解决需要投入更多的精力，花更长的时间。但另外，由于长期以来工业化、城镇化落后，中国不具备跳出农村、农业的圈子，不具备从城镇、工业借力解决农民问题的条件，只能从农村、农业上寻求解决农民问题的办法，尽管解决手段不断翻新，但农民问题却此消彼长。

民国时期，灾荒、战乱致使众多农民生活在水深火热之中，然而，无论是华洋义赈会等慈善组织，还是梁漱溟、晏阳初等知识分子以及民国政府，都把解决农民问题的办法放在创办合作社上，冀望动员农民加入经济合作组织来恢复农业生产，解决农民贫困问题，没有任何组织与个人尝试用城镇化发展渠道解决农民问题。今天看来，这当中有情非得已的苦衷：虽然中国城镇化起步于 19 世纪中叶的洋务运动，但由于战争不断，社会动荡不安，城镇化发展十分缓慢。20 世纪 30 年代城镇化率在 6% 左右，到 1949 年才达到 10.6%，[①] 城镇化程度非常低，无法承载农民进城，加上城乡差别不大，工业劳动条件差，工资待遇低，只要农民在农村还能维持生计，多数人就不愿意弃农进城。如此情境下，低程度的城镇化和工业化对解决农民问题无能为力，农民问题只能在农村解决。

---

① 李强等：《多元城镇化与中国发展：战略及推进模式研究》，社会科学文献出版社，2013，第 5 页。

中华人民共和国成立后，城市建设和工业发展明显加快，城市对劳动力需求十分有限。如此，城市与农村是两个截然不同的天地。[①] 城镇化低速增长或停滞不前，农民问题解决根本指望不了城镇。

改革开放后的"六五"（1981～1985 年）、"七五"（1986～1990 年）、"八五"（1991～1995 年）期间，年均城镇率分别以 0.86%、0.54%、0.53%的速度增长，尤其到"九五"（1996～2000 年）、"十五"（2001～2005 年），年均城镇化率增幅达到 1.43%、1.35%，[②] 农民问题得到较大缓解：一方面是家庭联产承包责任制实施，农民不仅解决了吃饱饭问题，而且除了 1997～2000 年农民收入增幅连续四年下降外，其他年份的农民收入一直处于上升趋势；另一方面城镇化发展让农民问题解决多了一条出路，即农民可以到城镇打工，增加家庭收入。具体来说，"六五"至"八五"期间，国家实施小城镇化发展战略，农村剩余劳动力向家乡附近的城镇流动，到乡镇企业打工，农民多了从业选择，经济状况随之好转。党的十四大后，城市化步伐明显加快，大批农民到沿海经济发达地区或城市打工，工薪收入成为越来越多农民家庭经济收入增加的重要渠道。尽管在 20 世纪八九十年代农民负担重问题十分突出但由于 80 年代的小城镇发展、90 年代的城市发展，农民的非农收入增多对冲了高税费压力，农民生活水平明显提高。

综上，检视中国农民问题及其解决途径，不难发现，中国农民问题严峻或缓解都与城镇化发展存在内在联系（见表 4-2），农民问题的解决不能局限于农村社会。隆少秋指出，"农民问题要通过非农化来解决，农村发展问题要通过城镇化来解决"；[③] 朱力也曾指出，"当代中国依然是一个农业大国和农民大国，在实现现代化的过程中，农民问题不可能完全依靠农村自身消化，需要靠工业化与城市化来吸纳消化一部分"，以解决"大量的农业人口转化这一最困难的问题"。[④]

---

① 顾朝林：《中国城镇体系——历史、现状与展望》，商务印书馆，1996，第 370 页。

② 简新华、何志阳、黄锟：《中国城镇化与特色城镇化道路》，山东人民出版社，2010，第 236 页。

③ 隆少秋：《中国农村系统发展研究》，华南理工大学出版社，2008，第 13 页。

④ 朱力：《转型期中国社会问题与化解》，中国社会科学出版社，2012，第 98 页。

表 4 – 2   农民主要问题与城镇化率

发展阶段	主要问题	政策导向	城镇化率	外部环境
合作化时期	社会主义改造	互助组、初级社、高级社	10% ~ 16%	重视城市重工业发展
人民公社时期	吃饱饭	"三级所有、队为基础"的政社合一体制	18% ~ 20%	城乡二元固化、城市发展停滞
20 世纪八九十年代	税费负担重	家庭联产承包责任制	20% ~ 36%	小城镇建设、乡镇企业发展、城市化发展
21 世纪以来	农村劳动力转移	城镇化、城乡一体化	36% ~ 60%	人的城镇化发展

　　20 世纪 80 年代小城镇建设和乡镇企业快速发展，越来越多的农民多了一个从业选择。尽管选择受到国家"离土不离乡、进厂不进城"和粮食统购统销等政策限制，但农村多余劳动力可以到城镇企业就业，还有一部分劳动力可以利用农闲时间到城镇从事商业或打零工，农民家庭的货币收入明显增加。20 世纪 90 年代中后期，城市发展不断加快，农民流动空间变大，选择职业渠道更多，出现了汹涌澎湃"打工潮"。虽然农民外出打工给开放不久的城市增加压力，农业生产也受到较大影响，但众多农民因打工改变了命运，无数农户也因打工增加了经济收入。

　　秦晖曾在 20 世纪末感叹中国"以世界上 40% 的农民仅仅'养活'世界上 7% 的'非农民'"。[1] 其意是中国农民人数多，生产效率低，没必要为以 7% 的世界耕地养活了 21% 的世界人口而自豪。时过境迁，当下 2 亿多农民流动到城镇，农民人数大幅下降，但中国农村人口占总人口比重仍然过大，他们人均资源占有量还是偏低。如此，从根本上说，当下"农民问题的解决就是减少农民的数量，也就是让大量农民向非农产业转移"，[2] 提高农村人的人均资源占有量。也就是说，减少农民是彻底解决农民问题的关键，而唯有促进城镇化进一步发展，并且只能借助于人的城镇化发展才能解决农民问题，农民成为职业农民、农场主等，让他们的工作、生活更好。

---

①　秦晖：《问题与主义》，长春出版社，1999，第 18 页。

②　杨继绳：《中国当代社会阶层分析》，江西高校出版社，2013，第 148 页。

　　就此而言，当务之急是加快人的城镇化发展，促进乡村人口向城镇转移。也就是说，以人的城镇化为核心的新型城镇化发展是解决农民问题的正确的路径，它是一条能让城镇化又好又快发展之路，也是消弭城乡二元结构、彻底解决农民问题之路。只要人的城镇化道路走好了，农村的农民问题和城镇的农民问题就可能得到解决。

第 五 章
人的城镇化与乡村社会治理

本章分别从农民的消费空间视角和乡村治理视角研究人的城镇化下的乡村社会。从消费空间视角看，由于农民物质消费空间、文化消费空间、服务消费空间纷纷向城镇转移并多数农民拥有城乡双重消费空间，因此，国家改善农村道路交通条件、增加城市低端消费空间、开放城镇服务空间，不仅能推动农民消费空间城镇化发展，而且可以以此为引擎和纽带，促进城乡空间对接和居民互动，促进人的城镇化发展。从治理视角看，由于新形势下乡村人及其活动更多地被裹挟到城镇中，乡村治理的"城镇性"越来越明显，乡村治理要遵循人的城镇化发展逻辑，面向城镇，努力让乡村治理对接城镇治理，发展城乡公共服务均等化，促进更多乡村人口成为城镇市民和居村市民。

第一节　农民消费空间转向与城镇化应对

一　消费空间与农民消费空间

农村经济社会发展提高了农民消费水平，扩大了农民消费空间，而农民消费水平提高，尤其是消费空间扩大，不仅极大地拉动了消费市场，推动了中国经济持续、稳定发展，而且改变了农村社会和农民生活，促使越来越多的农民频繁出入城镇消费空间，并将居住空间、生活空间转移到城镇。农民消费空间扩大及其城镇转向，正在深刻影响农民生产生活，促进以人为核心的新型城镇化发展。

消费空间是被消费者挤占或挪用的公共空间，是"消费发生的空间和地方，与被消费的产品和服务同样重要"，"消费在其中发生，并且受到这个为消费而刻意建造的空间所调控"。消费源自日常生活聚集，① 存在于既定的经济社会秩序与社会结构中，循环往复的消费情景、消费关系及其社会互动使消费空间呈现相似性、区分性和现实性。但消费还拥有独特、猎奇、想象等个性，让人们时常产生超越通常轨迹的冲动，进而使消费空间具有再生产潜力。正是这一"潜力"突破一直被人们当作一种不言自明的存在，即作为一种单纯的生产、生活"场所"的界限，其可以形塑出新的社会结构，促进多样化个性社会发展。

列斐伏尔曾说，"空间从来就不是空洞的""它往往内含着某种意义"。② 消费空间也是如此，内涵的意义主要有：其一，体现在功能上。消费空间不是简单的地理与物理的空间交集，不是单纯的买与卖的地方，它日渐演变为最主要、最重要的公共空间，成为迎合消费者全新生活方式、购物轨迹和行为模式的社会空间，承载着身份区隔、娱乐休闲、社会活动等诸多功能。其二，表现为资本增值的主要手段。在产能过剩的情境下，由于消费空间日趋"成为各国资本抢占的主要场域"，因此需要在量上增加消费总量，在质上开拓新型消费空间，并且需要在横向上容纳更多的消费主体，在纵向上丰富自身的产品结构，以"打造出消费空间动态的无限扩张局面"。③ 其三，影响人的生活及其社会化。消费空间日新月异，有的消费空间甚至成为城市现代文明的重要标志，其"魅力"让现代都市人流连忘返；不仅如此，大型购物广场、国际化大型超市、商业品牌的精品屋，以及带有跨国符号的大型连锁商业、餐饮场所等的出现，能建构起新的消费文化价值，对人的社会化具有塑造作用。④

随着生产型社会向消费型社会转变，消费空间已成为消费经济学、消费地理学和空间社会学的研究热点。消费经济学将人们购物、消费的公共空

①　Lefebvre, H. , *Critique of Everyday Life: Volume I*, London: Verso, 1991, p. 202.

②　Lefebvre, H. , *The Production of Space*, Oxford: Blackwell, 1991, p. 154.

③　曾晓玲、赵菡：《消费空间的生产及其基本路径》，《现代经济探讨》2014 年第 1 期。

④　扈海鹂：《"新消费空间"下青年个体社会化——一种消费文化视角的分析》，《社会科学》2012年第 12 期。

间，如商场、书店、咖啡馆、酒吧等作为研究对象，探究经济增长、收入结构、消费水平之间的关系，以发现消费空间变化对商品销售、经济发展的促进作用和引导价值。消费地理学关心消费中的"人—地"关系，强调从经济发展、社会文化、人们生活等多元角度布局消费空间，以不断优化消费空间秩序，发挥消费空间再生产潜力。空间社会学主要从资本、文化和权力等视角研究消费空间，一般基于列斐伏尔的空间的实践（物质的空间）、空间的表征（精神的空间）和表征的空间（社会的空间）[1] 研究人的消费行为和消费方式。在社会学的消费空间研究中，学者们将商场、饭店、酒吧等公共空间不再视为具有单一功能的卖场和消费终端，更关心消费者的消费心理和消费行为。

　　改革开放后，尤其在新农村建设开展后，农民消费空间出现超越乡村空间、走向城镇的趋势，农业生产、农民生活和农村建设也随之发生一系列变化。但学者们鉴于消费是农民经济社会生活的重要活动，以及扩大消费是经济社会发展重要力量的逻辑，将研究重点放在农民的消费状况、消费水平、消费结构、消费行为及其影响因素等方面。尽管这些研究的视角不尽相同，但研究问题指向主要集中在：农村消费水平低，对经济增长贡献率不高，需要拉动农民消费，以增强经济增长的内生动力；农民经济收入、消费水平不断提高，但农民日常消费仍处于以生存型消费为主的低水平阶段，需要进一步优化农民的消费结构；农民在婚丧、生子、升学、乔迁等消费活动中存在攀比、浪费、炫耀问题，人情债日趋沉重。还有学者对影响农民消费因素进行定量和定性研究，分析经济收入、社会保障、人口流动与消费水平、消费结构之间的关系。总的来说，这些研究都是从某个方面揭示中国农民消费实情，对发现农民消费问题、引导农民消费行为、促进农村经济发展有一定的实用价值，但它们不仅存在诸如以城镇居民消费方式、消费水平看待农民消费的偏见，[2] 而且很少有人系统地研究农民消费空间。虽然有学者曾研究过消费空间行为变化与空间布局结构的内在关联，指出农户消费空间行为变化是影响村镇空间结构演变的重要因素，它的变化会通过区位指向、要素集聚

---

① Lefebvre, H., *The Production of Space*, Oxford: Blackwell, 1991, pp. 33 – 39.

② 刘金荣：《基于农民、农村发展的农民消费行为研究》，《农业经济》2012 年第 4 期。

和规模效应等作用方式影响村镇空间结构，使村镇空间结构发生变化，并据此提出重构乡村聚落空间和调整村镇布局的建议，[①] 但这一研究将农户消费空间行为变化定格在村庄场域中，主要关心物质的空间变化，几乎没有讨论精神的空间、社会的空间及其变化，更没有对农民消费空间变化进行全面、深入讨论。

农民消费空间镌刻在乡土社会情境中，凝聚乡村居民多重关系和全部生活，可以成为观察农村社会及其变化的重要窗口。农村场域中的物质消费空间、精神消费空间和社会消费空间的扩大、缩小、消失与转向，不仅仅意味着农民消费场地、消费行为、消费方式的变化，更关键的是，由于"空间范畴和空间化逻辑主导着后现代社会"，[②] 其变化与演变往往被看成社会转型、社会发展的风向标。农民消费空间伴随着后现代社会的到来从农村诸多公共空间中逐渐游离出来，成为识别农村空间结构变化的标志物。当然，农民消费空间的变化并非无缘无故，农村空间结构变化和城乡结构调整势必带来农民消费空间联动。就农村空间结构变化而言，政府拆、并、新建村庄，以及农民集中社区和新型社区建设，导致消费空间变化，农民需要在新的居住地附近重新选择合适的消费空间。就城乡结构变化而言，随着新型城镇化和城乡一体化发展，农民在城乡间频繁流动，一部分农民来到城镇，成为城镇常住户口，不得不在城镇消费空间消费；另一部分流动农民在打工地省吃俭用，将钱带回农村老家消费，与居村农民一起维系农村消费空间运行；还有一部分农民，虽然他们仍旧居住在农村，从事着农业生产劳动，但在现代化、城镇化的潜移默化影响下，他们不再满足于身边的消费空间，正跨越乡村边界到城镇寻求更好更大的消费空间。

当下中国农民消费空间已不再局限于乡村，广大农民多数拥有城乡双重消费空间，并且城镇消费空间对人的城镇化影响日趋增强。农民消费空间的变化及其城镇化转向正在改变农民，越来越多的农民，包括城镇打工的非农职业者和居村的、从事农业劳动的"纯粹农民"，由于城镇消费空间将他们吸引到城镇，越发亲近城镇社会，并最终导致他们不惜丢弃乡村生活而转身

---

① 李伯华、杨振、田亚平：《农户消费空间行为对村镇空间结构影响的实证分析——以湖北省红安县二程镇为例》，《华中师范大学学报》（自然科学版）2010年第4期。

② 〔美〕迈克·迪尔：《后现代都市状况》，李小科等译，上海教育出版社，2004，第73页。

为城镇居民。与此同时，农民消费空间扩大与城镇化转向还可以作为消弭城乡二元结构的手段，填平城乡间沟壑，使农村社会与城镇社会对接起来，进而促进城乡一体化社会发展。如此，农民消费空间的城镇化转向，不仅带来农民生活方式改变，提高农民生活水平，而且具有促进以人为本的新型城镇化和城乡一体化发展的功能。

新型城镇化核心是人的城镇化，它一方面要求人口城镇化与土地城镇化协调发展，避免出现"半城镇化"现象，另一方面要求进入城镇居住、工作、生活的农民要融入城镇，成为名副其实的城镇居民。就此而言，人的城镇化是个长期、艰巨、系统的工程，除了政府让公共服务从广度和深度上覆盖城镇常住户口外，还需要借助农民消费空间城镇化转向的"势能"促进农业人口向城镇转移并实现市民化。由此，本书立足于农民消费及其空间城镇化转向的现实，剖析农民消费空间转向后消费空间城镇化进程中存在的问题，冀望为人的城镇化发展开辟一条新途径。

二　农民消费及其空间限度

传统农民主要活动空间是村庄，从事的工作一般集中在种植业、养殖业和简单手工业，如此，农民居住地即乡村空间，既是生活、工作的场所，又是消费的重要空间。乡村空间的居民生产和生活消费不同于城镇空间的居民消费，带有明显的乡土特性。其一，生产消费和生活消费紧密相连。城镇人消费主要集中在个人和家庭生活上，生产消费由工作单位承担，个人几乎不需要在生产上进行消费。农村家庭是生活和生产交织在一起的复合单位，家庭的生产功能和生活功能具有同等重要地位，劳动工具、化肥、农药等生产资料都需要农民自己筹备，多数农民家庭生产消费开支要大于生活消费。其二，农民日常生活消费资料主要依赖家庭生产提供。城镇家庭及其成员所有消费资料都是通过市场交易实现的，货币多少、物价高低、市场繁荣程度决定了城镇居民消费水平。农民消费资料主要来自家庭，家庭生产的水稻、小麦、油菜、棉花、花生、蔬菜，以及种植的果树和饲养的家禽、家畜，基本上能满足家庭成员大部分生活资料需要，只有少量日用品、生产工具需要从市场上购买。其三，农民市场消费往往不是独立进行的。城镇人的市场消费是单向、独立进行的，通过货币从市场上购买实现。农民的市场消费与市场销售联系在一起，多数农村尤其是中西部和偏远地区农村，农民先在市场上出卖自家农产品，换取货币后再购买消费品，卖和买前后相继，买什么、买多少不完全由需求而由"卖"的情况决定。如果农产品卖不掉，或卖不上价钱，除非家里急需要的物品，否则"买"就要做相应的减少。因此，增加农民经济收入尤其重要，如果不能提高农民收入，就无法指望扩大农民消费来拉动经济发展。

农民消费特性影响着消费空间选择，在乡村场域中农民消费生产出消费空间。之所以如此说，不仅由于"空间是一切生产和一切人类活动所需要的要素"，[①] 农民消费活动必须依托一定的消费空间才能进行，而且由于"空间是行为的场所，也是行为的基础"，[②] 乡村消费空间是支持农民消费的平台，离开农民消费空间就无法理解农民消费行为的特殊性。就此而言，寻找或发现农民消费空间尤其重要。本书根据农民消费特性，将乡村农民消费空间分为农户家庭消费空间、村庄消费空间和集市消费空间。

1. 农户消费空间：自产自"消"

学者们普遍认为，消费空间是人们进行消费和日常生活互动的公共空间。这一看法将私人空间和公共空间区别开来，把家庭视为个人的生活空间，将消费空间一概纳入公共空间——个人的生活可以在私人空间进行，也可以在公共空间开展，但不一定发生交易行为，而消费活动则不同，必须有货币支出，且一般要在公共空间进行。但是，正如上文指出的，农民家庭的生产和生活连在一起，农民的生产活动也是生活活动，不能把生产和生活严格区别开来；农户是农民家庭的生产、生活单位，家庭消费品主要来自家庭生产，生产与生活之间没有货币交易环节，如此，农户家庭既是生活空间也是消费空间。换言之，农户消费空间是个相对独立的内循环系统，具有自产自"消"的"生计的维生性质"，即"维生意味着农业产出的一部分直接被农户消费，而不拿到市场销售"。[③] 在传统农村社会，农户基本按照男耕女织、自给自足方式运行，家庭生产的产品主要为了家庭成员生活，只有用

---

① 《马克思恩格斯选集》（第二卷），人民出版社，1995，第573页。
② 〔美〕迈克·迪尔：《后现代都市状况》，李小科等译，上海教育出版社，2004，第70页。
③ 〔英〕弗兰克·艾利思：《农民经济学——农民家庭农业和农业发展》，胡景北译，上海人民出版社，2006，第10页。

"多余"的农产品从市场上换取少量的家庭不能生产的生产和生活必需品。即使在市场经济比较发达的今天，农户的生产空间和消费空间仍旧较大，家庭主要生活物品一般来自家庭生产：凡是自家能生产的生活品，基本上不需要从市场上购买。

自产自"消"的农户家庭消费空间几乎占据整个农业社会，"农民家庭知道，如果收成很好，吃饭问题就大致上有了保障"。① 但随着现代化进程加快，这个空间日趋萎缩，功能也在不断退化。首要的原因是，自产自"消"式消费经济成本高。一直以来，农民不会用货币衡量自己的劳动产品价值，也不把消费自己生产的东西折算为货币。譬如，多数农民在招待客人时常常说，"这些东西是家里种的、养的，不花钱"。现在的情形不同了，越来越多的农民在市场经济熏陶下变得更加理性，不再不计成本地消费农产品，而且更看重农产品生产的经济价值，将有无市场作为是否生产的主要依据。另一个重要原因是，农民为了追求更高的经济收益，将家庭主要劳动力安排到非农业生产领域，农业生产渐渐沦为家庭副业。这一方面造成农民家庭不能什么都生产，只能根据家庭劳动力情况选择性生产农产品，家庭更多的生活消费品需要从市场上购买；另一方面，留在农村家庭的人越来越少，有的家庭成员长年不在家里生活，这导致家庭消费空间不断缩小。

2. 村庄消费空间：虽小犹多

相比于城镇，农民居住的村庄（这里指行政村）空间是封闭的。在传统农村社会中，"皇权不下县"，村庄是村民、绅士治理的独立空间，几乎与外界隔绝，加上乡村交通条件差，一些村民尤其是山区村民一辈子都没有走出村庄。中华人民共和国成立后，虽然国家权力将村庄纳入统一的行政管理序列，村庄与外界联系逐渐增多，但户籍管理制度的实施，使广大农村居民被禁锢在村庄空间内。"政社合一"体制将生产小队、生产大队和人民公社统合为一体，村庄中所有农民变成公社社员，生产大队和生产小队成为村庄居民基本劳动组织，村民们依然在村庄土地上从事农业劳动。改革开放

---

① 〔美〕詹姆斯·C. 斯科特：《农民的道义经济学：东南亚的反叛与生存》，程立显等译，译林出版社，2001，第75页。

后,大量农民流出村庄,村庄的公共空间有所缩小,但留守农民还在维系村庄运行,村庄仍是居村农民的居住空间、生活空间。村民的活动空间在村庄范围内,村民消费空间自然也很少超越村庄。

村庄消费空间分布由村民居住状况决定,主要的消费空间集中在村部附近,即村党支部和村委会所在地。它通常位于行政村中心位置,对外对内交通都比较方便。虽然有些村部在过去没有硬质道路与外界相通,但新农村建设实施后,政府的"村村通"工程将硬质道路修到村委会所在地。村部的消费空间是全村最大的公共空间,一般有商店(或代销店)、学校、诊所、肉铺,有些裁缝店、理发店、铁匠铺、电器修理店等也集中在此。在这些消费空间中,商店对村民最重要,村民需要的烟、酒、盐等日用百货基本要到此购买,有的商店出于盈利和村民实际需要,还销售蔬菜、水果等。村庄有了这些消费空间,村民日常消费活动基本上不需要出村。

除了集中在村部附近的消费空间外,村庄中还分散着零星的消费空间。这些小的消费空间分布在村民家里,如某村民是裁缝师傅、木匠或铁匠,村里有做衣服、做家具、打制农具等需要的人,一般会就近到这些师傅、匠人家里寻求服务,于是,匠人家就成为村庄小的消费空间。这类空间在村庄社会十分普遍,会手艺的人,包括有医生、护士资质的人(在人民公社时期叫作赤脚医生)都可以挪出一个房间作为村民消费空间,为需要者提供消费平台。此外,红白喜事的家庭在办事期间也成为村庄消费空间。红白喜事除了需要很多村民帮忙、做杂事外,还需要所有参与者消费——大家聚集在一起吃喝、娱乐,消费自然少不了。这类消费空间不仅事主是消费主体,参与活动的村民也是消费主体,因为熟人社会中一个家庭的重大事务,也是村庄其他人的,村民尤其是家族成员都需要承担一定责任,并需要支付人情费用。

3. 集市消费空间:既大又全

集市即为施坚雅说的农村"基层市场",是农民跨越村庄边界到集镇出卖农产品和购买商品的地方。集市在农村社会具有"家庭自产不自用的物品通常在那里出售"和"家庭需用不自产的物品通常在那里购买"的双重功能,是"农产品和手工业品向上流动进入市场体系中较高范围的起点,也是供农民消费的输入品向下流动的终点"。① 集市与城镇市场不同，不是天天都有"市"，一般的集镇在 10 天内有 3 个"集日"。为了让农民"赶集"不发生冲突，相邻集镇的集市日子是错开的，如果一个集镇的集市日为农历数字尾数的"一、三、九"，另一个集镇的集市日子就可能是农历数字尾数的"二、四、七"，农民可以根据需要选择到不同集镇"赶集"。集镇一般位于乡镇行政区域中心，该行政区域内的农民基本上能在一个白天时间内完成"赶集"。农民"赶集"以一个工作日为标准选择"赶集"地，除非有特殊需要，否则农民不会到路途远的集市。当然，农民们不一定非要到行政隶属的区域集镇，也选择到相邻区域集镇"赶集"，跨行政区界"赶集"在农村非常普遍，通常发生在集镇相邻的村民身上。村民选择"赶集"空间主要考虑路途、交通方便等因素，不会介意"自己的""非自己的"。况且，农村基层集市大致相似，交易活动基本雷同，没有必要舍近求远，除非这个农民是专门从事集市生意，需要到不同集市出卖商品或收购农产品，否则当农民习惯某一"集市"后，一般就不会再选择其他集市。

农村集市是农村贸易最集中、生活最重要的消费空间。第一，它设有专门的交易区域，外地生意人（一般为小商、小贩们）和农民们都可以把商品和农产品拿到这个空间进行交易，并有工商管理人员维护交易秩序。第二，集市上的商品与农民生活密切相关，农业生产和农民日常生活所需要的物品基本上都能从集市买到，包括生产工具、家用器皿，以及衣服、电器等，并且农产品（如棉花、花生、芝麻、鸡蛋等）、手工品（如竹篮、扫帚等）和鸡鸭鹅等都需要在集市上出售。第三，集市消费空间并非局限于集市，农民"赶集"惠及整个集镇空间生意。每个集日都是集镇商户生意繁忙的一天，他们或把农民急需的商品摆到店外展示，或贴出降价告示以吸引农民买东西；或增加帮手承接赶集农民吃饭、购物、理发等生意。集市消费空间是一个地方农民消费最集中的场所，农民大多数消费活动都可以在这个空间发生、完成。因此，集市消费空间成为农民们日常生活、社会互动的一面镜子，它能把农民消费状况全景式地折射出来。

① 〔美〕施坚雅：《中国农村的市场和社会结构》，史建云、徐秀丽译，中国社会科学出版社，1998，第 6 页。

三 农民消费空间的城镇化转向

在传统农村社会，农民消费空间集中于乡村，最小的消费空间是农户家庭，最大的消费空间是集镇的集市。计划经济时期，人民公社整合了乡村社会，农民的部分消费空间超越村庄或公社创办的供销合作社、副食品站、卫生院、初级中学等成为农民消费新空间，但国家取消了集镇中的集市，并将农民消费空间严格限制在公社范围内。尽管县城镇消费空间，如商店（场）、五金店、饭店、酒店、书店、理发店、电影院、剧院、浴室一直存在，且消费品种、样式比集镇丰富得多，但除了县城周边农村的农民到这些空间消费外，落后的交通条件和窘迫的经济状况将绝大多数农民阻隔在县城镇消费空间之外。改革开放后，随着农村经济发展和农村市场恢复，农民消费的能力和欲望得到极大释放，农民消费空间也随之发生较大变化，一些传统的、被取消的消费空间得到恢复，一些跟不上农村社会发展形势的消费空间被淘汰，不仅如此，还出现了一些新的消费空间，如棋牌室、市民广场/文化广场、运动场等，并逐渐成为农民喜欢的消费空间。

不同时代的农民消费空间有所不同，在传统农村社会向现代社会转型进程中，农民消费空间变化最大，呈现出城镇化倾向。20世纪80年代的家庭承包制废弃了社队集体式农业劳动，推动了农村多种经营发展，并且农业生产连年丰收，农民需要把越来越多的农产品拿到市场上销售。与此同时，被关闭的集镇市场逐渐放开，农民可以自由地到集市空间进行农产品销售和消费活动。特别是在乡镇体制取代人民公社体制后，一些地方在"撤区并乡"改制中增加了乡镇数量，而每一个乡镇几乎都在政府所在地建立规模不等的农贸市场，以吸引农民到乡镇政府所在地的市场空间参与交易和消费活动。不过，由于受到农产品统购统销政策的限制，20世纪80年代的农民在从事家庭农业劳动之余只能在本地乡村流动、兼业，即使在乡镇企业发达的苏南地区，企业职工也以本地农民为主，几乎见不到外地打工者。绝大多数农民只能在本地消费空间进行消费活动，跨城乡、跨地域的消费活动并不多见。

进入20世纪90年代，尤其是在党的十四大后，市场经济改革促进了农村经济社会发展，并对农民消费空间产生了双重影响。一个影响是农副产品销售渠道逐步放开，农民经济活动空间扩大，农民消费空间也随之扩大。如在 20 世纪 80 年代，国家要求农民把水稻、小米等粮食产品和花生、油菜等主要经济作物产品出售给国家粮食收购部门，不能擅自到市场上销售，而到了 90 年代，由于粮食收购单位的粮储压力加大，国家取消了统购统销政策，允许农民通过市场渠道自由出售农产品。随之而来的是农民的市场意识日趋增强，农业经济作物生产和养殖业、手工业在市场驱使下焕发出勃勃生机，农民经济收入不断提高，有条件在更广阔的消费空间进行消费活动，其中一部分转到城镇。另一个影响是农村劳动力外流，导致乡村一些消费空间收缩。20 世纪 90 年代城市市场化改革进入快车道，城市发展特别是沿海地区经济发展需要大量劳动力。经济理性日趋增强的农民对此做出积极反应，果断终止农业生产的"内卷化"模式，将家庭主要劳动力分流到非农产业，或安排到城市打工，以谋取更多的经济收入。农村劳动力外流导致乡村消费空间逐渐萎缩：越来越多的农民由于常年在城镇工作，只能在城镇消费空间进行消费活动；农村留守农民越来越少，且多数是老人、妇女、儿童，他们的消费能力弱，致使乡村消费空间的规模、数量锐减。但城镇化发展扩大了城镇消费空间，它们在为进城农民提供消费空间的同时，还吸引居村农民到城镇消费空间进行消费活动。随着城镇化程度进一步提高，农民消费空间城镇化转向将不断加速，这可以从物质、文化和服务的三个空间中看出。

1. 物质消费空间转向

物质方面消费包括吃、穿、住、用、行等，农民的物质消费场所仍主要在乡村，但正在加快向城镇转移。

在吃的方面，尽管一般农民家庭吃的东西仍旧来自家庭种植的作物和饲养的家禽、家畜，但由于农村劳动力减少，多数农民家庭不能再像过去那样什么都耕种、什么都饲养，只能根据家庭农田和劳动力实际状况选择性种植和养殖。而家庭消费品的种类是个常量，不会因种与不种发生明显变化，如此，家庭消费中不少物品要依赖市场，尤其当家里来客人、过节、办红白喜事时，更需要从城镇市场购买更多的物品。

在穿的方面，农村很少有人穿人工缝制的"土布"衣服，那种先买布料，后将布料送到村庄裁缝师傅家里缝制，或请裁缝师傅到家里包工缝制衣服的习惯做法也急剧减少，人们更喜欢从集市、商场直接购买成品服装。不仅如此，随着城乡人员流动和交往进一步加深，城镇人对农村人穿戴打扮的影响越来越大，农村人穿戴服饰越发类似于城镇人。

在住的方面，有人做过估算，说农民大体上10～15年要翻盖一次房子，一辈子要盖三次房。笔者在安徽、江苏农村调查发现：20世纪80年代，农民一般将"土墙—草顶"房子改建为"土墙—瓦顶"房子；在90年代，农民们普遍将"土墙—瓦顶"房子改建为"砖墙—瓦顶"或"砖墙—平顶"房子，不少家庭还将过去的一层房子加盖为两层小楼。21世纪后，农民住房消费比过去更大，但发生了明显变化：不再随意做新房子，有的村庄十几年来没有增加一套新房子，越来越多的农民选择到城镇买新房；政府加大村庄拆、并及其空间整治力度，要求新房到规划地或集中社区/中心社区建造。虽然农民自建的新房仍位于乡村，但房屋结构、小区环境与城镇住宅区已经没有多少差距。

在用的方面，生产用具，如耕地、种植、浇灌、收割、烘干等农具普遍机械化，生活用品，如电视机、洗衣机、冰箱、空调、太阳能或电热水器、煤气灶等都进入平常农家。这些曾被城镇居民使用的物品正加快进入普通农民家庭，购买、维修都需要在城镇消费空间进行。

在行的方面，"出门靠走"已成为历史，赶集或外出办事的农民普遍依靠交通工具，20世纪八九十年代流行的自行车正在被摩托车、电瓶车代替。"村村通"工程实施后，农村道路交通条件得到了极大改善，村民乘公交车、开私家车"赶集""逛商场"越来越多。

2. 文化消费空间转向

不少学者认为农民日常生活单调、枯燥、乏味，文化消费非常有限。相比于城市居民，由于乡村缺乏图书馆、文化馆、电影院、剧场、市民广场、博物馆、公园、酒店、茶吧、咖啡屋等文化活动场所，居村农民的文化活动一般只能在家庭或村庄中进行，几乎不需要什么消费。除农村传统节日或政府、村委会举办的文化活动外，乡村文化活动多数是自发的，且基本上在农闲时间进行。在不能做农活的夜晚、阴雨天和农活少的冬季，农民开展文化娱乐活动相对较多，内容一般以看电视、串门聊天、打牌为主。

城镇化进程中的农民文化消费空间如物质消费空间一样，都在萎缩，并呈现向城镇转移趋势。农民文化消费空间的变化与乡村劳动力流出、村庄居民减少有关，劳动力外流致使村庄人口减少，传统文化活动甚至是最普通的串门聊天、打牌等，也由于缺乏参与者而减少，于是：（1）村庄中一些爱"玩"的人不得不在农闲时间或在赶集时到棋牌室、网吧等城镇消费空间进行文化活动；（2）一旦城镇有大型文化活动，如文艺演出、文化节、庙会等，文化活动少的村民们会在好奇心驱使下三五成群赶去"看热闹"；（3）城镇打工的农民，由于他们多半是只身一人在城镇生活，闲暇时间多，他们中有些人甚至比城镇居民更喜欢参加城镇文化活动，以打发寂寞无聊的时光。

3. 服务消费空间转向

获得服务是公民的一项基本权益，也是一种消费行为。传统农村社会甚至在改革开放后的一段时期里，农民服务消费都很低，并且集中在乡村。由于服务范畴比较宽泛，服务内容多种多样，服务性质也有很大区别，这里将农民服务消费简单分为农业生产服务消费和农民生活服务消费两大类。在农业生产服务消费上，由于传统农业生产技术含量不高，农民凭借代代相传的经验就能很好地从事农业生产活动，不需要专门学习，也不需要到城镇空间寻求消费。如今，农业现代化发展对种植、管理、销售的技术要求不断提高，传统经验日趋式微，农民对农技、农机、农经服务的需求逐渐增多，必须向城镇的农技站、农机站、农经站等事业单位和一些为农服务的市场主体寻求机械、技术、资金、维修等服务。

服务消费空间变化最大的是生活服务，农民的教育、社会保障、劳务等服务消费空间都向城镇转移。（1）教育服务消费空间。20 世纪农民孩子上学，小学在行政村，初中在乡镇，少数成绩特别优异的学生可以到县城重点高中读书，多数孩子只能在就近乡镇的高中读书。进入 20 世纪 90 年代中后期，受计划生育政策、农民外出务工和县城镇中学扩招等因素影响，在家乡附近学校读小学、初中的学生逐渐减少，越来越多的孩子选择到中心镇、县城镇学校读书。由于孩子小，加上每户孩子少，一些家长不惜放弃农活陪孩子到中心镇、县城镇读书，以照顾他们的饮食起居。（2）社会保障消费空间。在农村社会，对农民影响最广泛的社会保障是养老保障和医疗保障。农村老人养老与城镇老人养老不一样，只要老人能走动，他们就仍是家庭劳动力，做农活，饲养家禽、家畜，养老时间比城镇人短很多。但随着农村人口大量外流，农村老年化程度越来越高，迫切需要国家为农村老人提供与城镇老人一样的养老保障。农民医疗保障空间也向城镇转移，一是生活好起来的农民更加注重身体健康，看病要求不断提高，生病后更想到较大医院（县级医院）看病；二是住院治病可以报销更多的政策，让部分患者不愿意在乡村诊室看病，更想到城镇大一点的医院住院治疗。（3）劳务消费空间。在传统农村社会，不少农民依照"荒年饿不死手艺人"的逻辑，要求自己孩子拜师学艺成为木匠、瓦匠、铁匠等。农村匠人多，村民做家具、缝衣服、理发等需求都有匠人提供上门服务，不需要到村庄外空间寻找消费。但城镇化发展不仅促进农村普通劳动力外流，拥有一技之长的匠人们由于受到城镇企业青睐，流失很严重，农民不能再像过去那样能方便地找到匠人。再者，匠人减少，请他们做家具、做衣服成本大大提高，甚至超过市场上的产品价格，如此，农民们更喜欢到城镇空间购买现成品。当今的农村，凡是城镇或集市有价格低廉的服务，农民们都不再亲自动手做或请匠人，如一直习惯由理发师上门提供理发服务的农民们，也因村庄理发师减少，而不得不去城镇理发店理发。

综上所述，农村改革后，农业劳动力外流和农村空间结构调整，使农民消费空间出现"内萎缩""外转移"的特征。新农村建设和城镇化发展，极大地冲击了农民消费空间，越来越多消费转移到城镇空间。换言之，乡村消费空间急剧减少，无论出于节省费用，还是出于消费方便，农民们都不得不到城镇寻求更实惠的消费空间，甚至将城镇作为"自己"的主要消费空间。

四 消费空间转向对人的城镇化作用

乡村消费空间缩小、退化及其城镇化转向源于中国城镇化发展。城镇化对农民消费空间施加双重作用力：一是农民源源不断地离乡进城，将原本在乡村的消费带到城镇，并在城镇生活环境熏陶下增强消费能力，使城镇消费空间不断扩大；二是农村城镇，包括建制镇和集镇的发展和壮大，使镇区居民和镇域范围内的村民都成为村镇消费空间的消费者。尽管大中小城市的消费空间和村镇的消费空间并非为农民消费特设，但无论是城市打工者及其家属还是居村农民，他们在这两大消费空间中所占消费份额都在快速增长。农民消费空间城镇化与城镇化发展相伴随，其转向有助于促进以人为核心的新型城镇化发展。

新型城镇化具有刺激消费和拉动内需功能。当前中国的产能严重过剩，工业化超前和城镇化滞后的结构性矛盾突出，借此，学者们冀望城镇化发展，特别是人口城镇化发展来消化过剩产能，即释放8亿多农业人口消费潜力，促进住房消费、工业制成品消费和其他公共设施消费，进而维持经济发展速度。因此，有学者认为，发展公共服务、改善基础设施可以拉动投资，增大农业人口消费，"促进我国经济增长转到更多依靠内需拉动的轨道上来"。[1] 也有学者指出，个人消费能力的提高、人的全面自由发展、农民的可行能力范围的拓宽是人的城镇化推进的内在逻辑三要素，只有推动农民工市民化与社会融合，才能增加生活消费和形成稳定的经济内需，从而使城镇化能够实现可持续的经济繁荣和社会进步。[2] 还有学者看好农民进城消费前景，认为"一个城镇人口的消费水平一般相当于三个农村人口的消费水平"，如果城镇化提高1个百分点，就能够增加国内消费1.6个百分点，拉动GDP增长2个百分点。[3] 农业人口市民化后的消费需求，以及庞大的基础设施、公共服务设施和住房建设等需求，不仅能产生巨大的需求累积效应，而且能释放城镇市民化的消费潜力，助推中国经济成长向内需拉动转型。[4]

从既往历程看，土地和人口一直是中国城镇化的驱动引擎。这两个引擎作用力方向相反：土地将城镇空间不断向周边农村延伸，造成农村土地包括耕地急剧减少；而原本在农村居住生活的农业人口为了获取更多经济利益或过上市民生活，纷纷从农村闯入城镇空间，以至于农村人口稀疏，农田荒芜。城镇化的这两股力量对促进城镇化发展都不可或缺，它们让城镇有足够的空间稀疏城镇老居民和接纳新居民——无论土地扩张还是进城农业人口增多，只要两者相互协调、配置合理，就不失为城镇发展的优质资源。然而，乡村振兴和农业生产也需要土地和人口资源，如果城镇化发展过多挤占农村土地和过量汲取农业劳动力，就会损害农村建设和农业现代化发展。如今，城镇圈占土地以及由此造成地方政府对土地财政的依赖，不仅让农村宝贵的土地资源大量流失，而且威胁着18亿亩耕地红线；农业劳动力源源不断地

① 何宇鹏：《户改释放经济发展潜力》，《人民日报》2014年8月25日。
② 姚毓春：《人的城镇化：内在逻辑与战略选择》，《学习与探索》2014年第1期。
③ 吉炳轩：《加快推进城镇化建设是广大农民的迫切愿望》，《光明日报》2014年2月24日。
④ 周毅、罗英：《以新型城镇化引领区域协调发展》，《光明日报》2013年1月6日。

流出农村，越来越多的农村妇女也随夫、随子来到城镇，农业正在由妇女农业转变为老人农业，发展前景令人担忧，未来谁来种地成为中国发展亟须面对的严峻问题。① 就此而言，加快人口城镇化发展并使其与土地城镇化协调，只能解决城镇成长、壮大过程中的城镇自身问题，不能从根本上化解城乡统筹发展和农业可持续发展问题。也就是说，城镇化发展问题的解决并不意味着"三农"问题迎刃而解，土地城镇化和人口城镇化都带有浓厚的"重城、轻乡"色彩，与城乡一体化发展相背离。

以消费作为城镇化发展新引擎，通过消费空间架构城乡一体化发展格局，能改变城镇化对"土地红利""人口红利"的过度依赖，使外延型城镇化发展转变为内涵式城镇化发展，进而能更有效地促进以人为核心的新型城镇化发展。人的城镇化是以实现人的福利和幸福为目标的城镇化，它在城乡都有着力点。在城市，人的城镇化发展要求从根本上解决农民身份转变问题，帮助进城打工者及其家属融入城市生活，成为正式城市居民。在农村，人的城镇化除了继续引导农业人口向城镇转移外，还需要大力促进城乡公共服务均等化，确保村镇居民和居村农民都能过上与城市居民一样的生活。由于城镇化是农村居民生活方式密度、深度和广度的变化，② 人的城镇化发展还包含农村生活方式向城市生活方式转变。鉴于消费是人们日常生活的核心内容，城镇打工者、村镇居民和居村农民都是消费者，他们转变身份、流动进城和改变生活方式的行为都离不开消费空间支撑，都要在一定的消费空间进行消费活动。空间尤其是消费空间，在城乡都不是抽象、自在的"自然"，而是"社会关系的产物，具有建构社会关系的功能"，③ 身居城镇的打工者和地处村镇的农民，为了能正常生活下去，无论其经济收入多少，都需要进入各类商品市场、饭馆等消费空间，与市民发生交往关系，并在一次次交易中认识、了解城市人，进而习得城市人性格，潜移默化地改变自己，并最终让自己成为城市人。

城镇化进程中的农村地域的消费空间持续萎缩，居村农民越来越依赖建

---

① 吴宏耀、张征、朱隽：《今后谁来种地》，《人民日报》2013 年 2 月 5 日。

② Wirth, L., "Urbanism as a Way of Life", *American journal of sociology*, Vol. 44, No. 1, 1938, pp. 1 – 24.

③ 李春敏：《列斐伏尔的空间生产理论探析》，《人文杂志》2011 年第 1 期。

制镇或集镇的消费空间。尽管这类消费空间仍处于乡村和建制镇范围内，空间的乡土气息浓厚，更多的消费品还带有乡土风味，如价廉实惠、厚实耐用、色彩浓烈等，但城镇家庭使用的冰箱、空调、微波炉、洗衣机等现代用品也在村镇市场出现，琳琅满目，并快速进入普通农家。不仅如此，由于外出打工者将城市人的服饰、生活习惯带到农村，加上居村农民受到电视剧、电视新闻的影响，不再排斥、抵制城市人生活方式，越来越多的农村居民模仿城市人的衣着、吃喝、娱乐等消费行为，城乡居民消费差距正在逐渐缩小。

消费行为城镇化和消费空间转向让人的城镇化成为可能。目前城镇打工者和村镇农民在居住空间和工作空间与市民是分开的，虽然在同一城区工作、生活，但区隔依旧明显。农民工们一般住在拥挤的出租屋、城郊环境差的民房，甚至不少农民工住在工地的工棚、路边和桥下的空地上。在工作中，农民工们从事苦活、脏活、累活、污染活、危险活，并且工资待遇低，缺乏社会保险。要消除农民工与市民的居住、生活、工作待遇上差距绝非易事，除了决心、信心外，还需要国家和城镇政府拿出足够多的资金推动公共服务均等化发展。但消费空间不一样，"似乎提供了比以前更多的可能实现的制造意义的机会"，[1] 不仅消费空间的建设资金主要来自市场、企业，政府不需要投入太多的资金，而且除了像南京德基广场、金鹰商厦等高档消费场所外，绝大多数消费空间对普通市民和农民都是一视同仁的，凡是普通市民的消费空间，农民都能进入，也就是说多数消费空间是市民与农民共享的公共空间，其间的消费者身份差别往往被忽略，在商家那里，农民与市民都是消费者，都是他们的生意对象。不仅如此，越来越多的城镇精明商家，或想方设法吸引农民到城市消费空间消费，或将消费空间送到农村，让农民在农村就能享有城镇消费空间的消费乐趣。消费空间城镇化已经并且正在成为人的城镇化的重要渠道。

五 消费空间城镇化趋向与现实问题

城乡二元结构下农民在乡村场域内消费，农户家庭、村庄代销店、公社

---

[1] 〔英〕斯蒂芬·迈尔斯：《消费空间》，张民乐译，江苏教育出版社，2013，第 23 页。

供销合作社和集镇中的集市都是农民消费的主要空间。其中，集市作为农副产品和工业品重要集散地，是农民消费最集中、最频繁的场所，但在计划经济时期它被定性为"资本主义的东西"，政府禁止农民到集市参与交易活动和消费。此外，城镇尤其是县城镇的商场等空间也是以农民为对象的消费空间，不过它与集市消费空间不同，离家路途远，且商品价格高，乡下农民只有在购买结婚类用品，或在逢年过节时才会到那里"破费"一下。对多数农民来说，城镇消费空间是"高档"的奢侈地方，能到那里消费是件令人羡慕的事情。

新型城镇化和城乡一体化发展改变了农民消费方式和消费空间。如今的农民消费方式不同于人民公社时期，与改革开放后的20世纪八九十年代也有较大区别，城镇居民的消费方式通过打工者流动、现代媒体影响了农民，大多数农民不再满足于吃饱、穿暖、有房子住等生存资料的消费需求，对发展资料和享受资料的消费需求也越来越多。农民与城镇居民消费水平、消费方式的差距正在缩小，甚至在一些城郊农村、沿海经济发达地区农村，农民的富裕程度、消费开支、消费水平已经超过了普通城镇居民。

再者，农民消费空间扩大及其城镇化转向要超前于农民消费方式、消费水平的变化，正如列斐伏尔指出的，"如果未曾生产一个合适的空间，那么改变生活方式，改变社会等都是空话"。[1] 城镇消费空间一直向农民开放着，改革开放后农民有更多机会进入城镇消费空间，感知、甄别和体验城镇消费空间的商品、服务，并通过购物而使自己对城镇空间生活不再陌生——购物创建了农民与城镇社会之间的另一个空间，通过购物，消费者将自己置于这一消费空间中。[2] 农民进入城镇消费空间不外乎有三个企图，一是购买物有所值的商品，以体现购物的经济性价值；二是购买的商品令人羡慕和尊重，以彰显购物的社会性价值；三是因购买某些商品而融入时尚潮流，以凸显购物文化性价值。[3] 而要实现购物的这三个愿望，狭小的乡村消费空间无能为力，必须依赖城镇消费空间。如此，农民消费空间的城镇化转向，其意义不

---

① 转引自薛毅主编《西方都市文化研究读本》，广西师范大学出版社，2008，第24页。

② Sharon Zukin, *Point of Purchase: How Shopping Changed American Culture*, London: Routledge, 2005, pp. 32–34.

③ 包亚明：《消费空间与购物的意义》，《马克思主义与现实》2008年第1期。

仅在于城镇消费空间逐渐替代农户家庭消费空间、村庄消费空间和集市消费空间，更重要的是，城镇消费空间将原本城镇居民使用的消费品展现给农民，吸引农民购买、消费，进而潜移默化地影响农民消费观念、消费方式，推动农民消费生活城镇化和人的城镇化发展。就此来看，福柯提到的在任何形式公共生活中"空间都是根本性"的论断是不无道理的。①

农民消费空间城镇化迎合了城镇化发展趋势，与新型城镇化、城乡一体化发展走向相一致。面对农民消费及其空间的城镇化转向，政府一方面要加强城镇消费空间建设，为农民进入城镇生活提供更好的消费空间；另一方面要在乡村振兴、新型城镇化建设中以消费空间转向为契机，引导更多农业人口向市民转身并使其过上城镇式生活。然而，当前的新型城镇化建设侧重于消费对经济增长的拉动作用，而忽视了农民消费空间城镇化转向的现实存在，没有重视从消费空间城镇化角度检视人的城镇化问题。消费空间城镇化与人的城镇化具有内在耦合性，它是人的城镇化先决条件和实现手段，因而以人的城镇化为核心的新型城镇化发展，既要借助城镇消费空间的扩大，为进城农民生活及其转身提供更好更多的消费条件，又要凸显农民消费空间城镇化转向对人的城镇化发展推动作用，以引导农民习得城镇各种规范，自觉转变农民身份。

然而，无论在农村还是在城镇，当下消费空间城镇化发展都存在一定的问题，并且这些问题在某种程度上阻碍或减缓了人的城镇化发展。问题主要有以下三个方面。

一是乡村、交通条件差，影响农民进城镇消费。农民的消费城镇化倾向明显，不仅居住在城镇里的农民如此，居村农民对城镇消费也情有独钟。尽管新农村建设将硬质道路修建到村委会所在地，几乎每一个行政村都有硬质道路通向外面世界，但多数农村的道路交通条件差，农民进城消费仍不够方便。当前乡村道路交通主要问题有：（1）政府修建的"村村通"路面仅有3米宽，错车存在较大的困难。随着农用车、摩托车、电瓶车和私人轿车的增多，道路窄的问题将更加突出。（2）除经济发达或集体经济状况好的行政

---

① Foucault, Michel, "Space, Knowledge, and Power." in Paul Rabinow (ed.), The Foucault Reader, New York: Pantheon, 1984, pp. 252.

村将硬质道路修建到每一个自然村外，多数自然村庄仍是土路，一到阴雨天，车辆几乎不能行使。（3）乡村公共交通少。虽然有些地方的城镇公交延伸到乡镇，但很多行政村至今没有通公交车，更不要说每一个村庄，不少村民到城镇消费仍需要走很长的路才能坐上公交车。道路交通是联系城乡的重要渠道，改善乡村道路交通是引导、鼓励农民进城消费的重要条件。

二是城镇低端消费空间少，农民消费压力大。或许因为城镇的"消费空间充满了社会等级的张力，是彰显社会身份的场域"，它"隐秘地发挥着人群区隔的社会功能"，① 一些大城市甚至一些中小城市在消费空间建设中特别注重消费者的收入、性别、年龄、品位、职业等差异因素，追求豪华、气派，以迎合个别消费群体的品位、格调的需求。城镇这么做本是无可厚非的，因为"消费领域是一个富有结构的社会领域"，② 存在清晰的阶层边界，置身于不同的消费空间，人们往往会感受到社会差异的深刻存在。再者说，城市打造高档消费空间对拥有丰富资源的都市人来说，是"可以摆脱最没有滋味的生活选择的自由"。③ 但是，"购物中心的世界（消费空间）——尊重无边界的，甚至也不再受到消费的律令限制——已经成为生活的世界"，④ 消费者光顾这个空间主要为了满足自己在当代生活中的目的。⑤ 既然城镇消费空间是生活世界一部分，人们基于日常生活需要出入其间，就不应该过于区隔化、层次化，否则，会阻碍普通人群的进入。再者，都市中绝大多数人是普通消费者，城镇农民工、进城购物的农民更是"过日子"群体，喜欢到大众化、经济型消费空间购物、消费。无论是为了普通市民的利益，还是为了照顾广大农民工和农民实际需求，大中小城市和城镇都需要有更多的低端消费空间，保留或建一些路边菜市和夜市对吸引农民进城都是有益的。

三是城镇服务空间开放不够，难以满足农民消费需求。服务消费空间建

---

① 朱虹：《消费空间的转向——基于社会理论的营销战略分析框架》，《江苏社会科学》2011年第4期。
② 〔法〕让·鲍德里亚：《消费社会》，刘成富等译，南京大学出版社，2001，第48～50页。
③ 〔英〕齐格蒙特·鲍曼：《流动的现代性》，欧阳景根译，三联书店，2002，第137页。
④ Crawford, M., "The World in a Shopping Mall", in M. Sorokin (ed.), *Variations on a Theme Park*, New York: Hill and Wang, 1992, p. 30.
⑤ Backes, N., "Reading the Shopping Mall City", *Journal of Popular Culture*, Vol. 31, No. 3, 1997, pp. 1–17.

设关系民生，其目标是让居民"幼有所育、学有所教、劳有所得、病有所医、老有所养、住有所居、弱有所扶"。然而，城镇的学校、劳动服务机构、医疗卫生部门、养老机构和住房等主要针对城镇户籍居民，城镇打工者及其家人还不能完全进入这些空间进行消费活动。如：在教育上，尽管大多数城市公办学校向农民工子女开放，农民工子女可以就近到指定学校就学，但就学限制条件严格，不少农民工子女不能与城市孩子一样接受教育；在劳动就业上，城镇政府和社区举办的职业培训主要对象是城镇下岗职工和没有工作的市民，他们可以免费职业培训并拥有推荐就业机会，而城镇为农民举办的职业培训非常少，更不要说为他们推荐工作，他们中多数人找工作仍依靠亲戚、老乡等"强关系"帮忙，或自己到民工市场寻找"苦力"岗位；在医疗上，农民工们及居村农民拥有农村合作医疗保障，医疗报销比例也在不断提高，但与城镇居民相比还有一定差距，并且外地就医报销比例低（有的地方只能报销15%）等规定也阻碍了农民到大城市大医院看病；在养老上，居住在城镇的农民很少参加城镇养老保险，加上他们自身经济能力弱，几乎不能进城镇养老机构养老；在住房上，城镇尤其大城市高房价不利于农民市民化，使多数农民工的城市梦化为泡影，并且，由于多数打工者不是城镇正式居民，难以享受城镇的保障房、廉租房、公租房。总的来说，城镇服务空间还没有对进城农民完全开放，城镇的学校、医院、养老机构、职业培训场所，以及政府服务中心等公共空间仍以城镇正式居民为服务对象，进城农民几乎不能在这些空间进行正常的消费活动。为使更多农业转移人口能成为正式城镇居民，必须深化户籍制度改革，将居住在城镇且有工作、交了社保的农民列为城镇居民，赋予他们均等化公共服务权益，并向他们开放所有服务空间。唯有这样，才能满足城镇农民工和居村农民的消费需求，才能让城乡居民都能过上城镇式生活。

六 两点强调

消费空间城镇化发展是新型城镇化系统工程的一个组成部分，因此消费空间城镇化问题也是新型城镇化和人的城镇化发展中的问题。进而言之，农民消费空间城镇化问题是城乡统筹发展、乡村振兴进程中出现的问题，它的解决不能局限于农民消费，需要将其置于城乡统筹发展和乡村振兴的大背景下予以解决。如此,本书强调以下两点。

1. 调整城乡发展战略,扩大城镇消费空间

20世纪八九十年代,政府针对"三农"痼疾,主要从"三农"中寻求"三农"问题解决路径,将"农民增收、农业增长和农村稳定"作为农村工作目标。虽然政府为解决"三农"问题进行一系列体制变革,如实施土地承包制、推行村民自治制度、发展乡镇企业、建设小城镇等,但这些改革与政策实施都是在城乡二元体制框架下向农民放权,以激发农民建设农村、发展农业积极性,但缩小农村与城市、农业与非农产业、农民与市民之间的差距效果不明显。今天看来,这些放权举措还没有从根本上解决"三农"问题。

进入21世纪后,国家经济实力不断增强,政府有条件采用让利方式解决"三农"问题。取消农业税、提高农业各项补贴、开展新农村建设和乡村振兴,都是政府向农村、农业和农民"让利"的强农、惠农、富农举措,不仅结束了农民负担越减越重的"黄宗羲定律",让广大农民更多地分享到改革发展成果,而且政策由"放权"转向"让利",表明国家在缩小城乡差距、推进城乡统筹发展中迈出跨时代一步,预示着中国城乡经济社会不平等发展状况将走向终结。尤其是城乡一体化发展战略的提出与实施,一方面表明城乡发展已经进入"以工促农、以城带乡"和"工业反哺农业、城市支持农村"的新阶段,另一方面意味着国家将把农村建设、农业发展和农民转身纳入新型城镇化、城乡一体化发展中,以求彻底解决农村、农业和农民问题。虽然这让人们看到了城乡社区与居民生活完全对接的美好未来,但就现有举措看,政策指向和实践活动集中在农村,城镇在转移农业人口和实现农民市民化方面仍然步履艰难,没有大的、显著的突破。消弭城乡二元结构任务艰巨,仅靠农村内力、国家支持难以快速实现城乡一体化,城镇这边也要有实质性措施。本研究表明城市农民工、村镇和居村农民都倾向到城镇消费,并且已经有大量农民进入城镇消费空间进行消费活动。如此,建议城镇政府考虑农民城镇化的消费需求,大力发展以农民为主要消费对象的消费空间,进而更快地吸引农民进入城镇生活和促进居村农民过上城镇生活。

2. 把握农村建设未来走向,重点建设好农村的城镇

新型城镇化发展没有削弱农村建设,多数地方的新农村仍在如火如荼建

设中。一些地方政府在拆、并和整治村庄基础上，推动农民集中居住和新型社区建设，在中心社区或集中社区新建了公共服务中心或邻里服务中心等公共空间，并开设多个服务窗口，为农民提供一站式、一条龙服务，以解决农民办事难问题。应该说，政府的这些举措有利于农村发展，其成效是不能否定的。但是，我们也要看到，大多数地方的农村建设仍旧在城乡二元框架下进行，是在农村建设农村，乡村振兴与新型城镇化发展的对接不足，没有注意农民流动、居住、职业等选择意愿，更不清楚农村发展未来走向。

中国农村正处于快速转型中，城镇化发展对农民形成的拉力和农业"去内卷化"对农民形成的推力，驱使农业人口离乡进城。无论人们是否愿意接受，也无论政府采取何种手段，都阻止不了"乡土黄昏"的来临，越来越多村庄肯定要在城镇化大潮冲击下"谢幕"。这个趋势从"一人村庄""一人学校"的频繁出现就能看到，从农民消费空间的城镇化转向也能看到。尽管现在"一人村庄""一人学校"出现在某一个地区、某一段时间是个别现象，但城镇化进程中农民消费空间转向已成为普遍的趋势，它如同奥斯卡·汉德林说的，世界上所有农民总体情况"都是一个样子的""是雷打不动的"。[1] 农民消费空间城镇化与农业人口城镇化一样，让"农村和城镇之间能展开沟通从而使得务农者不再把自己死死地捆绑在自己耕种的土地上，而使务农者得到解放"。[2] 农民消费空间转向局面的出现，将给国家和农村社会带来更大的影响。顺应农民消费空间的城镇化转向，需要调整乡村振兴重点，因为农民消费空间日趋城镇化，城镇消费空间建设将带来城镇发展，因此，农村未来走向应该是城镇，建设好农村的城镇应该成为乡村振兴的重中之重。

总之，城镇消费空间为人的城镇化开辟出一条新路径。土地城镇化和人口城镇化是粗放型城镇化发展，城镇政府和相关企业获取超额的土地红利和人口红利，而消费空间城镇化是以农民到城镇消费和参与城镇消费空间活动

---

[1]　Malcolm Darling, *Rusticus Loquitur*: *The Old Light and the New in the Punjab Village*, London: Oxford University Press, 1950.

[2]　〔美〕罗伯特·芮德菲尔德：《农民社会与文化：人类学对文明的一种诠释》，王莹译，中国社会科学出版社，2013，第39页。

为起点，以习得城镇居民生活为纽带，进而促使农民成为城镇正式居民。消费空间城镇化对人的城镇化促进作用更直接、更有效。

第二节　乡村治理的城镇面向与图景

一　乡村治理的城镇化面向

中国乡村治理因城镇化发展和农民外出打工而变得复杂，不再局限于乡村管理和服务活动，它不仅在农村建设中不断更新、升级，而且城镇化对它的冲击与影响越来越大，"乡村性"正在削弱。城镇化发展将乡村带入城乡一体化轨道，乡村问题更多地受到城镇化广泛、深刻的影响而呈现"城镇性"。也就是说，城镇化进程中的乡村问题与城乡二元分立状态不同，城镇化发展让乡村问题更复杂，带有更多的"城镇因素"。如此，乡村治理必须以城乡一体化发展为社会大背景，既要立足于乡村建设和发展实际，寻求乡村人口不断减少的治理策略，还要顺应以人的城镇化为核心的新型城镇化发展趋势，主动将乡村治理与城镇治理对接起来，从而使乡村治理融入城乡一体化治理中。

然而，当前学界对乡村治理的城镇化面向以及城乡治理对接的研究明显不足。乡村治理一直是学界研究的热点和重点，学者们从不同学科运用不同视角对乡村治理进行全面研究，概括起来主要有：（1）治理问题研究。改革开放后，乡村由传统社会向现代社会、由封闭社会向开放社会、由伦理社会向法治社会转型，干群关系紧张、群体性事件增多、基层政权"悬浮"、社会规范失序、公共事业建设滞后，以及乡村文化流失、伦理道德丧失等问题日趋严重，一些学者将这些问题作为乡村治理的主要研究内容，期望乡村治理能解决更多的乡村问题，实现乡村社会和谐、良性发展。（2）村民自治研究。村民自治是乡村治理的核心内容，各地村民自治的创新实践有力地推动了乡村治理发展，但村民自治在一些地方"碰上了天花板"，治理的效果有限。如是，学者们对村民自治进行理论与实践研究，想进一步完善村民自治制度，进而使它在乡村治理中发挥更大的作用。（3）治理体制研究。鉴于乡村社会分化加剧和社会结构转型的事实，乡村治理目标、主体、方法和策略都需要做相应的调整，一些学者便对乡村治理的目标民本化、主体多元化、过程民主化、方式多样化进行深入研究，冀望理顺、健全乡村治理机制，使其跟上时代发展步伐。（4）治理经验研究。各地在农村建设中不断探索乡村治理新方法和新实践，形成了诸如山东省诸城市的"多村一社区"模式、浙江省宁波市的"联合党委"模式和舟山市的"社区管理委员会"模式，以及江苏省的"一委一居一站一办"模式等，一些学者对这些乡村治理经验进行实践研究，希望能为乡村建设和治理提供"能用""管用""有用"的普适性措施。（5）治理变迁研究。这方面的研究有历时性的理论探究，如将中国不同时期的乡村治理归结为"县政绅治""政社合一""乡政村治"等；也有共时性研究，如基于不同乡村治理实践探讨乡村治理个性化途径，以及不同类型乡村选择不尽相同的治理策略等。总的来看，多数乡村治理研究立足于中国乡村现实问题和发展要求进行理论与实践探索，这对丰富乡村治理理论、推广乡村治理经验、完善乡村治理体系、提高乡村治理水平都有一定的理论意义和应用价值。但是，学者们仍是在城乡二元框架下进行乡村治理研究，忽视了城乡一体化发展且日趋融合的社会事实，整体性、联系性不够，并且，一些研究者没有注意到，或者说没有足够重视城镇化发展对乡村治理的影响，更缺少对乡村治理未来发展走向的预测研究。

诚然，随着新型城镇化和城乡一体化战略的实施，近年来有个别学者开始探究乡村治理与城镇化发展内在联系，并将乡村治理及其变化置于城镇化发展背景下。如，陆益龙认为目前的村民自治难以解决制约乡村发展的村庄封闭性、乡村人口单向外流和乡村可持续发展问题，虽然村民自治对乡村民主有一定的促进作用，但它可能强化和固化了乡村发展问题，因此应该根据乡村发展改革、创新村民自治，"将村民自治纳入城乡一体化的公共管理和社会管理体系之中"；陆益龙还认为，乡村变迁与发展"将主要体现为村庄的社会生活环境越来越接近于、越来越类似于城镇社区生活环境"，乡村治理需要"朝着社区建设与管理的方向发展"。① 再如，有学者研究指出，城乡社会处于由"分立"走向"融合"的结构转型中，乡村社区面临的问题越来越类似于城市社区，乡村治理的城乡融合化趋势愈加明显，因此村民自

---

① 陆益龙：《新型城镇化与乡村治理模式的变革》，《人民论坛》2013 年第 26 期。

治应该向社区自治、居民自治转变，建立能容纳全体社区居民利益的"社区组织结构和运行机制"。① 这些学者基本上将乡村治理的变化及其转型的研究建立在社区层面上，不是要求乡村社区治理模式仿照城市社区治理模式，就是建议按照城市社区治理机理建构乡村社区治理，没有全面审视乡村治理正在发生的变化，也没有将乡村治理纳入城乡一体化治理。还有，这类研究几乎是从"乡政村治"体制弊病入手的，强调乡村治理和村民自治转型的重要性。② 虽然一些学者看到了城镇化发展对乡村治理的冲击影响，但没有充分重视城镇化发展对乡村治理的"解构"现实和潜在威胁，仍将乡村治理和村民自治的转型放在"乡政村治"的调整上，希望根据城乡统筹发展来改革、完善乡村治理，而对城乡治理一体化研究关注不足。

现实中，乡村问题已跨越了乡村边界，更多地与城镇发展及其问题交织在一起，存在的治理问题已不全是乡村自身问题。乡村人口越来越多地进城打工、居住、生活，村庄空心化、农业兼业化让乡村治理陷入日趋严重的"空转"状态，治理主体、治理对象、治理内容等城乡界限越来越模糊、不清晰。一些乡村治理既无着力点，缺少抓手，也无明确的治理目标，对于为什么要治、如何治理等问题，村民们不知道，甚至地方政府及其官员也不清楚。城镇化发展不仅正在或将要掏空村庄，使越来越多村庄凋敝，而且更严重的是，它将削弱乡村治理的有生力量，一些乡村将陷入无人能治、无人要治的尴尬中。因此，面对乡村治理的诸多困境与问题，仅仅调整、完善乡村治理体制机制是不够的，需要彻底变革乡村治理制度，建构与城乡一体化发展相适应的、全新的乡村治理。以人的城镇化为核心的新型城镇化发展既是乡村治理的严峻挑战，乡村治理问题可能会更多、更严峻，也是乡村治理转型、升级的难得机遇，只有抓住了这个机遇，才能有效地促进乡村治理转型、升级，并使其与城镇治理对接。借此，本书的重点是根据人的城镇化发展逻辑检视乡村治理的变化，并推演出乡村治理的未来图景。

二　乡村治理演变及权力逻辑

中国乡村治理是在国家统治下进行的，虽然国家在不同的历史时期将部

---

① 廖冲绪、胡燕：《统筹城乡发展中乡村治理的重构》，《贵州社会科学》2015 年第 6 期。

② 李勇华：《乡村治理与村民自治的双重转型》，《浙江社会科学》2015 年第 12 期。

分权力赋予地方，乡村社会拥有一定的治理权力，但在总体上，乡村治理空间都在国家权力控制下，所选择的治理方式也基本上符合国家的体制性安排。国家对乡村治理的放权与管制在不同时期有所不同：在传统社会包括民国时期，国家权力没有将乡村治理纳入国家整体治理中，各级政府及其官员几乎不干涉乡村社会具体事务，并且，由于当时城镇化率低，国家没有将城镇治理与乡村治理区别开来，城乡基层社会治理几乎没有多大差别，乡村治理在某种程度上就是国家基层治理的全部；然而，在1949年后国家权力不断向乡村基层渗透，并将乡村治理与城镇基层治理隔离开来，实施两种不同的治理策略，直至今天，城乡基层治理仍存在较大的差别，以至于城乡居民因治理不同而不能享有相同的国家待遇。

具体地说，传统中国社会的乡村治理由士绅主宰，收捐征税、推行教化、修路筑堤、组织民防和调解纠纷等事务都由士绅负责。士绅是国家政权体系的主要组成部分，无论在位的士绅还是在野的士绅对国家政权的正常运转都是不可缺少的，"以致一些社会学家称中国为士绅之国"。[1] 活跃在乡村的士绅即乡绅是乡村自治的操作者，他们"不仅主宰了广大乡村地区的社会生活，承担了沟通官民、排忧解纷、兴办公共事业等多重社会职能，而且借此形成的权威往往还能影响地方政局，决定地方官员的升迁"。[2] 由于乡村社会由代表国家利益和乡民利益的士绅把控，一般情况下国家权力止于县级就可以了，没必要渗透到乡村社会。再者，由于传统中国的官僚体系不发达，相关的管理机构少且不够完善，也没有能力将乡村基层众多繁杂的事务包揽下来。士绅治理乡村的体制一直延续到民国初期，虽然民国政府加大了对乡村的盘剥，一些士绅的收益小于参政的付出，选择引退村政，但除部分有德士绅离开乡村或沦为劣绅外，大多数乡村的士绅仍按照"礼教"年复一年、日复一日地维护乡村的结构性稳定。

但到民国中后期，国民政府为强化对基层政府的控制，于1934年颁布了《训政纲领》，将区公所改制为县政府派出机构，增加工作人员和治安警察，并且区长不再民选，改为上级委派。与此同时，为进一步控制乡村，国

---

① 〔美〕费正清：《美国与中国》，张理京译，世界知识出版社，1999，第32页。
② 莫鹏：《国民政府时期的县自治宪法文化研究》，武汉大学出版社，2014，第33页。

民政府又在一些地方撤销了区公所，实行"乡（镇）自治"，推进保甲制度，并将乡镇作为乡村政权组织，直接管理乡村行政事务。但是，由于受到抗日战争影响，多数地方的乡镇自治名存实亡，更多的乡村还是以村为单位征赋税、摊款项。尽管国民政府对乡村治理安排失灵，乡村治理模式与以前相比没有根本性改变，但要说乡村治理没有变化是不现实的，城市工商业发展和现代学校发展吸引了一些乡绅及其子女，不少地方的乡村治理由此而出现退变。城市工商业发展和现代学校发展吸引一些无地农民或乡村剩余劳动力到城市工商企业打工，乡村治理受到一定影响，但更大的影响是越来越多士绅后代进城读书、做生意，不愿意再回到乡村，即"出现了农村精英向城市的单向流动"。[①] 乡村士绅向城市单程流出，致使乡村士绅缺乏补充力量，乡绅与农民之间的结构性平衡被打破，一些土豪、劣绅、恶霸、无赖乘机夺取了乡村治理权，横行乡里，欺压百姓。乡绅"退出乡村政治领导层对民国政权尤为不利"[②]——国家在乡村的合法性基础受到侵蚀，国家和社会的关系日趋恶化。由此来看，乡村士绅流失并非如祝灵君说的，"只要国家不对乡村财富剩余的吸取超过极限""大部分士绅阶层不至于背离乡村公共利益。"[③] 这是因为：如果没有城市工商业和现代学校发展，即使城市对乡村财富再怎么侵占，乡村经济再怎么萧条，乡绅也因没有好的去处，只能无可奈何地留在乡村，与乡民"抱团取暖"。如此，与其说当时的乡村治理策略让传统的乡村治理走到尽头，不如说城市化发展抽走了乡村士绅，最终动摇并瓦解了乡村治理的稳定根基。这背后的权力逻辑是乡村士绅阶层治理乡村，他们的在位或缺位左右着乡村治理秩序。

农村集体化时期，国家权力对乡村社会实施全方位治理。土地改革后，一些地方因农民劳动能力、经营和技术水平的差异而出现两极分化，因此，国家权力毅然决然地选择了集体化方式改造农民、治理农村。这包括两个层次：一是鼓励、引导甚至强制农民加入互助组、初级社、高

---

① 吴晗、费孝通等：《皇权与绅权》，天津人民出版社，1988，第143页。

② 〔美〕杜赞奇：《文化、权力与国家：1900～1942年的华北农村》，王福明译，江苏人民出版社，2006，第136页。

③ 祝灵君：《社会资本与政党领导：一个政党社会学研究框架的尝试》，中央编译出版社，2010，第53页。

级社，改造农民私有、分散的本性，使他们成为社会主义劳动者；二是在此基础上，各地农村按照国家政治意愿成立人民公社，建立"政社合一"治理体制。如果说农村合作化是共产党人领导农民进行社会主义新农村建设的探索，那么人民公社就是在此基础上确定的农村治理正式组织形式。人民公社按照军事化、半军事化方式将分散的、众多的农民组织起来集体劳动，并在生产生活中"不遗余力地教育农民、改造农民"，但是，由于人民公社继续保存着传统的农民生存方式，① 它的改造效果不是很好。

集体化时期尤其在人民公社时期，乡村没有独立的治理权，国家权力几乎全方位、立体式地控制乡村运行。首先，基层组织成员是国家权力委任的。中华人民共和国成立后，政府在动员贫苦农民"打土豪、分田地"的过程中，剥夺了"旧社会"乡村治理者特别是乡绅的治理权力，将乡村治理权交给革命热情高且"苦大仇深"的贫雇农。这些新领导在农村"改天换地"中坚定地执行上级政府的命令，并根据国家要求在农村开展阶级斗争和带领农民进行社会主义集体劳动。其次，国家权力全面渗透到农村基层。共产党在农村基层社会建立党支部、妇女组织、共青团组织和民兵组织，并在制度上赋予党支部书记"一把手"的治理地位，全面统管乡村大小事务。不仅如此，国家权力为保证所有乡村沿着社会主义方向前行，还不时地向乡村下派"工作队"，指导、监督乡村的群众工作。最后，政府全面管理文化活动。人民公社将乡村文化活动纳入国家正式文化活动：一方面废除了传统乡村中"旧思想、旧文化、旧风俗、旧习惯"，禁止村民开展祭神、祭祖活动；另一方面利用有线广播、板报、标语、会议等形式及时传达上级精神，部署经济、政治、文化和社会工作，并且，人民公社还不断地开展"斗地主"等形式的阶级斗争，为村民生产、生活输入新动力、新活力。此外，政府还严格控制市场，禁止农民私自进行市场交易活动，将乡村的生产经营活动纳入政府的计划框架，对农民的种植行为进行严格管制——所有的"私种"都是"资本主义倾向"，所有的市场交易都是"投机倒把"行为，情节轻的遭到群众批斗，重的则要遭受劳动改造。

---

① 张乐天：《告别理想——人民公社制度研究》，上海人民出版社，2005，第315页。

集体化时期的乡村治理是国家权力将乡村与城市隔开、实行有别于城市的行政吸纳社会的基层政权建设活动。国家自第一个五年计划开始就把工业和城市建设作为经济发展重点，各项资源配置都侧重于工业和城市，并颁布户籍制度、统购统销等制度推进农业支持工业、农村支持城市的城乡二元发展战略。尤其到人民公社时期，农村社会与城市社会彻底分开，除保留极个别的招工、招干、转干、入学等进城指标外，绝大多数农民被户籍制度定格为农村人，一辈子只能从事农业劳动。农村社会被国家权力结构化以后，国家实施城乡二元治理便理所当然。国家将城市建设以及居民的上学、工作、住房和生老病死等事务全部承担起来；而农村建设、农民的社会保障都由农民自己和农村集体组织承担，国家只在特定地方、部分领域给予少量的补助。不难看出，集体化时期乡村治理权力逻辑是国家权力全面控制乡村社会，乡村治理成为国家建设社会主义新农村、限制农民进城分享市民权益，以及优先发展城市和重工业的重要手段。

改革开放后，国家在实施家庭联产承包责任制的基础上，将人民公社改制为乡或镇人民政府，将生产队改制为行政村，乡政村治和村民自治成为乡村治理主要内容。由于家庭承包制动摇了乡村社会的"政社合一"体制，农民因"单干"而变得更加分散，难以统一管理。因此，为了节约管理成本，也为了提高行政管理效率，国家将管不了、管不好的村务还给农民，实行村民自治。如是，国家权力在乡村止于乡镇，村一级的村务由村民自己治理，即乡政村治。这种乡村治理安排不仅符合农业生产的家庭承包制要求，调动了农民参与乡村治理的积极性，而且节约了国家行政管理成本，理顺了国家与社会的关系。尽管它在随后运行中因国家实施税费改革和取消农业税费而受到一定影响——国家禁止基层政府向农民收取乡村两级的办学（农村教育事业费附加）、计划生育、优抚、民兵训练、修建乡村道路等"五统"费，一些地方的乡镇政府变成"悬置政府"，不得不减少或不再为村民提供治理服务；国家不准许乡镇村向农民收取公积金、公益金和管理费等"三提"费，一些行政村的公共设施、公共事务缺少资金维护。尽管如此，从总体上看，乡政村治和村民自治仍不失为一项有效的乡村治理策略。这个时期的乡村治理权力逻辑是，政府权力与乡村权力适度分开，乡村实施"二权分立"治理体制。

三　乡村治理困境及面向城镇的问题

农村税费改革和农业税费取消对乡村治理的冲击主要体现在乡村缺少资金发展公共事业，乡政和村治的积极性都有所下降，以至于乡政和村治出现一定程度的缺位。但是，税费改革和取消农业税对乡村治理的影响是有限的、暂时的，因为一些地方政府实施的"以钱养事"改革缓解了地方财政压力，尤其是国家开展新农村建设，各级政府加大了对乡村道路、农田水利设施和村容村貌等的建设投入力度。相比于这些而言，乡村人口大量流出对乡村治理的影响更大。城镇化的持续发展，越来越多的乡村人口源源不断地流出乡村，一些乡村尤其是中西部的部分村庄几乎被掏空，农业老人化现象日趋严重，乡村的公共设施包括学校、诊所、商店等日渐破败，越来越多的乡村因城镇化而沉寂下来，乡土笼罩在深沉的黄昏中。乡村治理在城镇化进程中面临前所未有的困境，而这些困境也是乡村治理在面向城镇时需要解决的问题。

1. 乡村治理"碎片化"

乡村社会在传统向现代转型中发生多元裂化，呈现碎片化（Fragmentation）特征。计划经济时期国家权力在乡村一直保持着强大的控制力，村民不仅受到户籍制度管控，没有流动自由，甚至农民种什么作物、种多少面积、怎么耕种等，政府都要管，"组织军事化、行动战斗化、生活集体化"的治理让乡村与国家保持统一。家庭承包制和村民自治的实施，使乡村治理逐渐多元化：家庭承包制赋予农民经营自主权，农民可以根据市场规律从事农业生产经营活动，农村出现了多种经营；村民自治赋予村民"民主选举、民主决策、民主管理和民主监督"的权力，村民拥有"自我管理、自我教育和自我服务"的自主权。尽管如此，乡村场域中的行政权力并没有实质性减少，计划生育、扶贫救助、公共设施建设都是政府主导进行的，并且，随着一些地方的家族势力复兴，民间非正式权力也在乡村治理中粉墨登场，或渗透到正式权力中，或与正式权力结盟，协助行政权力治理乡村。某种意义上说，乡村治理碎片化是国家权力有意而为之的。国家放弃对乡村经济、政治的管控，其目的是要为乡村治理营造更加宽松的环境，进而激发乡村治理更多的活力。不过，乡村治理的碎片化尚处于混沌中，活跃在乡村舞台的多个权力没有明确界限，不能相互制约，缺乏将碎片进行有效整合的机制。乡村治理在多元、碎片中相互抵牾，存在的深层次矛盾使乡村治理效率大打折扣。

2. 乡村自发力量日渐式微

自古以来，乡村秩序都是由自上而下的国家力量和土生土长的民间力量共同建构的，只是有多少之别。正如上文分析的：传统社会中国家力量弱，没有能力渗透到乡村，乡村秩序更多是由士绅等民间力量维系着；计划经济时期国家权力全面下沉到乡村基层社会，解构了族长等民间力量，新培育的民间力量协助国家事无巨细地治理乡村；改革开放后，国家上收部分治理权，乡村力量获得一定的成长空间，并拥有部分治理权，[①] 但随着城镇化加快，越来越多的乡村精英离开农村，他们对乡村治理权的有无、多少不再关心，更热衷于打工赚钱，乡村社会自治力量因中青年劳动力外流而受损，自治力越发式微。有意思的是，国家实施新农村建设战略，加上中央有"小康不小康，关键看老乡"的指示精神，各级政府加大权力下乡力度，主动承担更多的村治功能，譬如当前乡村的公共设施建设、社会保障等都是国家直接实施的，村民缺乏参与的积极性，更多是在坐享其成。

3. 乡村社会公共性流失严重

越来越多的农村人离开农村，农村渐趋成为"无主体社会"或"半熟人社会"，公共空间不断缩小，公共活动逐渐减少，公共事业和公共服务日趋受到限制，公共性问题明显增多。一是公共参与不足。农村建设、农业发展、农民增收，以及乡村社会治理都需要村民的广泛参与，但农村有参与能力的村民大量外流，留守在村庄中的老人、妇女因忙于繁重的农活和烦琐的家务，缺乏参与热情，以至于农村公共活动难以开展起来，甚至"一事一议"也进行不起来。二是公共事务无人管理。农村人口流失还没有严重到

---

① 有学者根据哈耶克的自发秩序和人造秩序理论认为，中国乡村存在国家力量建造的"人造秩序"和民间力量建造的"自发秩序"。参见陶学荣、陶叡《走向乡村善治——乡村治理中的博弈分析》，中国社会科学出版社，2011，第 28～32 页。笔者认为这是不准确的。尽管乡村治理中有国家权力和社会自治权力两种力量，但它们在乡村空间中是合作、博弈、共存共生的关系，一同打造着乡村治理秩序，无法区分出哪个秩序是人造的或自发的。

农业家庭经营不下去的程度，但农村的道路、水电设施、社会治安、老人赡养、小孩上学等问题越来越多，公共事业发展现状与国家"将公共事业发展重点转移到农村"存在较大差距，乡村公共事业发展依旧滞后。三是乡村共识削弱。乡村老中青三代人对农村社区认同不一样，老年人坚守在农村，惧怕动迁，不愿意随子女到城镇居住生活；中年人为多挣钱不断地在城乡间流动、奔波，虽然他们有时也向往城镇人生活，想在城市停下来、有个家，但更多的时候他们认为自己是农村人，家在农村；年轻人尤其是新生代农民工，他们对农村生活陌生，绝大多数人认为乡村发展与自己没有关系，他们对城市的未来生活充满向往。四是乡村公共空间变小。曾几何时，乡村学校、商店、诊所，甚至一个肉摊、一处菜摊、一棵大树的旁边都是村民的公共活动空间，村民喜欢在这些地方聚集、聊天、交流。如今，几乎空心的村庄再也没有多少人到这些公共空间，它们有的在缩小、有的在转移、有的已经无人问津，彻底从乡村公共空间中退出。

4. 乡村发展不确定性增大

国家推进以"生产发展、生活宽裕、乡风文明、村容整洁、管理民主"为主要内容的新农村建设，是为了消除乡村社会发展中的体制性障碍，促进乡村社会再组织化。国家实施新型城镇化发展，一方面是要解决土地城镇化与人口城镇化发展失衡问题，促进更多乡村人口向城镇转移和实现市民化；另一方面不断强调城镇化发展要"留住乡愁"，加大"美丽乡村"建设。新农村建设和新型城镇化发展都对农村建设与发展抱有期待，希望农村与城镇能协调发展。然而，现实中的乡村建设和发展变化莫测，存在更多的不确定性，主要表现在：其一，乡村居民一年比一年减少。农业兼业化程度不断提高，村庄也在陆续减少、消失，农民对政府进行的村庄建设、公共设施建设越来越失去兴趣，他们正在或准备离开农村，乡村振兴需要重视农村的新变化、新情况。其二，农村家庭"半工半耕"的分工结构。虽然年纪大的人在家从事农业劳动、年轻子女外出打工挣钱的家庭分工在当前具有贺雪峰说的诸多优点，如：农民家庭有务工和务农两笔收入；进城打工失败的人或遇到经济及金融危机可以返乡从事农业劳动；农民进退空间大，不至于出现大规模的贫民窟等，但这种分工是农民应对城镇化做出的无奈选择，绝不是农民喜欢的分工结构，更不意味着农民"家庭生活质量比较高，生活得比较体面"。① 其三,乡村发展充满变数。虽然小农在中国农村仍占主体地位,中国近70%的农业劳动仍是以小农家庭单位经营着,但家庭农场、专业大户、农民合作社等正在接转越来越多的耕地,他们或将成为农业劳动骨干,成为解决中国人吃饭问题的依靠力量。

5. 人的问题更加突出

在乡村治理中,村民既是治理主体,又是治理对象。然而,乡村中的村民已经不再像人民公社时期社员,被限制流动,居住在农村从事农业劳动的"同质"村民,他们正在加速分化。在职业上,农民已经分化为农业劳动者、农民工、农村知识分子、个体劳动者、私有企业主、农业经营大户、乡镇企业管理者、乡村干部等八个类型的人群;② 在地域上,农民已经分化为居村农民、城郊失地农民和城镇农民工三大群体。③ 诸多农民群体或阶层几乎都从城镇化发展中获得比以前更多的经济利益,也将有越来越多的农民进入城镇社会,成为城镇"新市民"。但我们必须承认,城镇化发展对农民是把双刃剑,它给农民带来了无限痛楚,让人的问题更加凸显。一方面是流动农民的队伍不断壮大,但他们绝大部分仍处于漂泊状态,农民加农民工的双重身份让他们十分尴尬,面临"城镇不收、农村不要"的处境。尽管国家一再推进农民市民化工作,但效果甚微,他们中绝大多数人仍是城乡"边际人"。另一方面是留守在乡村的老人、妇女、儿童人数庞大,约1.5亿人,他们不仅需要社会多方面的关怀,克服生产生活困难,而且需要在城镇化的进一步发展中减少数量,转化为市民。由此来看,乡村治理因人的城镇化问题而变得愈加复杂,不仅要根据不同农民群体的不同需求,有针对性地化解问题,而且要不局限于乡村场域,因为乡村人向城镇流动,人的治理不再是乡村单方面的事情,需要向城镇治理借力,实行城乡协调、共同治理。唯如此,乡村治理才能产生更好的效果,人的城镇化才能走得更远、更坚实。

四　乡村治理的走向与图景

如上所述,城镇化进程中的乡村治理不再是单纯的农村问题,城镇化发

① 贺雪峰:《城市化的中国道路》,东方出版社,2014,第108页。
② 杨继绳:《中国当代社会阶层分析》,江西高校出版社,2013,第123页。
③ 吴业苗:《城乡公共服务一体化的理论与实践》,社会科学文献出版社,2013,第325页。

展让乡村问题具有越来越多的城镇性，乡村治理必须面向城镇。乡村人"进城—返乡—再进城—再返乡"不断重复着往日的故事，经过若干个来回后，乡村开始了"蝶变"——如今的乡村，没有几户是纯农家庭，也几乎没有人不为在城镇打工的家庭成员日夜思念、牵肠挂肚。在乡村和在城镇的家人各居城乡一方，候鸟式迁徙早已揉碎了他们的心，人的城镇化发展一定要让他们"安放"身心。如此，新形势下的乡村治理要基于人的城镇化发展逻辑，一方面立足乡村现实，着力解决乡村因城镇化发展而带来的人的问题；另一方面面向城镇，以城乡一体化、新型城镇化发展为时代背景，建构能对接城镇的乡村治理新图景，进而既好又快地促进人的城镇化发展。

　　当下的乡村人口流动与清末、民国时期不同，虽然那时有一定数量的农民向外流动，如闯关东、走西口、下南洋，也不乏农民进城做工或做生意，但这些流动并没有形成规模，成为每家每户的不约而同行动，乡村社会的生产生活也没有因个别人流动而受到太大的影响。并且相比较而言，乡绅外流对乡村治理的副作用更大，因为他们是乡村治理的精英群体，外流造成乡村治理缺位，更严重的是土豪、逆绅、恶霸乘机篡夺乡村治理权，肆无忌惮地欺凌、盘剥村民。城镇化背景下农民流动是普通农民和乡村精英共同行动，它分两个阶段。20世纪八九十年代农民流动主要为了获取更多的经济利益，没有多少人有市民化意愿；而进入21世纪后，新生代农民工成为流动农民的主体，他们进城打工，除了经济因素外，更多的是要脱离乡村，转变身份，成为城镇居民。尽管在两个阶段中都不乏乡村精英参与流动，但在第一阶段中仍有部分精英留守在乡村，从事农业生产和进行乡村治理活动，乡村秩序受人口流动的影响不是很大。然而进入第二阶段后，越来越多的乡村知识精英、经济精英，包括一些有文化的留守妇女都加入流动队伍，乡村人口急剧减少，更多乡村失去昔日炊烟袅袅、鸡鸣狗吠、鸟语花香的热闹气氛。鉴于乡村人口在城镇化进程中大量流出，乡村治理不要指望留住人口，也不要惧怕部分村庄消失，更不要期盼"美丽乡村"建设能恢复乡村繁盛，乡村治理一定要顺应城镇化发展趋势，依照城镇化规律来进行。因此，需要从以下三个方面建构未来的乡村治理。

　　第一，建构城乡一体化治理体制，让乡村治理与城镇治理对接。

　　自20世纪80年代实施的乡政村治和村民自治体制是由人民公社时期

的"政社合一"治理体制转化而来的，人民公社改制为乡镇，生产队改制为行政村。乡镇政府成为中国行政管理层级的最末端，对乡村行使行政管理权，而行政村名义上实行村民自治，但实际上是"半行政机构"，对上向乡镇政府负责，落实乡镇政府及其他上级政府机构交办的各类行政事务，对下向村民负责，统管村级经济、社会、文化等烦琐事务。行政村的村委会不仅是村民自治组织，还具有"官—民"一体的双重身份，在乡村治理中充当政府和村民两个"经纪人"角色。不仅如此，村委会还拥有多个功能，村民的生产和生活都要管理，这与城镇社区的居委会有较大区别。城镇社区是居民生活场所，居委会不管居民的工作，它的最主要职能是为居民提供生活服务。尽管居委会也曾承担过社区管理职能，但随着社区规范化管理的推进，居委会的管理职能逐渐被政府机构、物业公司、业主委员会接管。然而，当前全国大多数村委会仍是一个村级管理机构，村民生活问题、生产问题都需要村委会解决，村委会工作压力大、责任重、工作质量难以保证，以至于乡村不少工作做不到位，政府和村民对村委会都有意见。

鉴于城镇化广泛、深刻地影响乡村居民生活的现实，也出于新型城镇化和城乡一体化发展的趋势要求，乡村治理不能再受制于城乡二元结构掣肘，要立足乡村、面向城镇化发展，建构城乡治理一体化体制。如此，（1）调整乡镇空间布局，按照一定的人口规模或区域范围并、合小乡镇，实行大镇建制，并逐步完善镇政府所在地的相关管理和服务功能，使其成为乡村居民居住、生活、经济活动的中心。（2）与镇级设置相适应，对人口规模少、位置相邻的行政村进行合并，建立"村社区"，将村委会统一改制为"村社区居委会"，并将原村委会负责的生产功能剥离开来，村居委会只承担为居民生活及其服务工作。（3）原村委会拥有的生产功能由村社区经济组织接管，这个组织可以称为合作社或经委会，它专门负责村民的经济生产工作。这样，乡村生产、生活和行政都有不同的负责主体，只要它们各负其责，就能在党的领导下协同推进乡村共同体良性运行。

第二，建立综合服务中心，让乡村居民享有与城镇居民均等的公共服务。

城乡差距既体现在城乡经济发展上，城镇居民比农村居民的人均收入高三倍左右，还有一个被忽视的表现是乡村公共服务及其设施比城镇落后。有学者认为这个差距将城乡收入差距拉大了一倍。① 为了缩小城乡差距，改善、提高乡村居民生活质量，必须加大乡村公共服务发展力度，促进城乡公共服务一体化发展。乡村公共服务发展包括两个方面，一是乡村道路、管网、水电等设施建设的有形公共服务，另一个是无形公共服务，它的内容更广泛，有文化教育服务、医疗卫生服务、养老服务、就业服务、公交服务、金融服务等，这些服务相对于有形公共服务，城乡差距更大。虽然近年来政府加大了村民社会保障等服务的供给，但整体水平和服务质量都不高，政府还要继续加大投入，以满足村民不断增长的公共服务需求。

鉴于村庄在空间上分散、凌乱，居民少且不断外流的现状，政府不能将公共服务中心或社区服务中心建在村社区，因为乡村人口持续减少是城镇化发展趋势，如果政府在每一个村社区建立服务中心，服务资源使用效率难以保证，有可能造成极大浪费。如此，建议采用江苏南京市的做法，将村社区综合服务中心建在镇上，每一个镇建一个综合服务中心。对于村民经常需要的服务，如村医疗诊所可以暂时保留，以便于村民就近看病或便于医生提供上门服务。至于办证服务、就业指导服务，甚至教育服务等都可以集中到镇社区服务中心。镇社区服务中心不仅要设立多功能、一体化的服务大厅，为居民提供服务咨询、服务指导和办理业务的一条龙服务，而且镇服务中心还应该是一个综合服务平台，政府提供的公共服务、市场提供的经营服务、社会组织提供的公益服务都可以在中心开展。就目前一些乡村的社区服务情况看，政府提供的公共服务功能明显增强，一些山区或老少边穷地区，政府还将公共服务送到村民家门口，为村民上门服务或代办服务，受到村民普遍欢迎。但是经营服务和公益服务在部分农村非常短缺，农业生产中的产前、产中、产后服务，以及农机和家电修理服务等发展缓慢，不能满足乡村人口流动和农业规模化需求。社会组织提供的公益服务更少，一是乡村社会组织少或尚处于成长、培育中，它们不能按照村民要求提供有效的服务工作；二是乡村弱势人群、困难人群比城镇多，对公益服务有更多的要求；三是乡村正式组织不愿意将一些服务让渡出来，即使自己没有能力做或做不好的服务，

① 中国（海南）改革发展研究院：《加快建立社会主义公共服务体制 18 条建议》，载中国（海南）改革发展研究院《聚焦中国公共服务体制》，中国经济出版社，2006，第 4 页。

他们也不愿意让社会组织提供服务。这些问题需要在乡村社区服务中心建设中加以解决，以形成以政府为中心的多元服务体系。

第三，促进农民向城镇集中，让更多的农民成为市民。

城镇化发展正在逐步消解城乡二元结构，更多的乡村人口到城镇居住、生活，乡村治理压力越来越大。借此，乡村治理一方面要顺应城镇化发展趋势，学会在人口不断减少中进行有效的乡村治理工作，保证乡村不因为人口大量外流而颓废；另一方面要以人的城镇化为核心，以农村城镇、新型农村社区或农民集中社区为主阵地，做好农村治理工作。中国城镇化是大中小城市和农村城镇全面发展的城镇化，而一直以来，政府的城镇化和市民化工作重点却在城市。但是，大城市尤其是特大城市由于人口密集，城市病重，农民市民化困难多、难度大。

新型城镇化不仅要解决人口城镇化滞后于土地城镇化问题，继续促进更多的乡村人口向城镇转移，而且要解决人的城镇化滞后于人口城镇化问题，提高户籍人口城镇化率。由此，乡村治理不仅仅是乡村的"三农"治理，还应该包括乡村人口向农村城镇集中、转移而需要的城镇治理，并且，随着农村城镇化率不断提高，农村城镇治理将成为乡村治理重头戏、主战场，它在某种程度上将代表乡村治理的整体水平。如此情境下的乡村治理重要任务之一就是促进更多农民向农村城镇转移，实现农民就地向市民转身。进入21 世纪以来，农民家庭的经济状况有了较大改善，农民收入也大幅提高，但农民的生存状况不容乐观，大多数家庭的"半工半耕"的成员分工结构破坏了众多农民的家庭幸福，留守老人、留守妇女和留守儿童的精神生活更是农村生命体内的一大心病，他们的问题是城镇化发展造成的，必须通过城镇化进一步发展予以解决。针对乡村社会中人的问题，乡村治理要消除"乡愁"，不能再让乡村人"愁"。笔者曾在苏南农民市民化研究中，提出推进居村农民市民化和培育居村市民的观点，[①] 这个观点仍然适合于人的城镇化下的乡村治理。随着农村城镇化发展，越来越多居村农民有可能成为居村市民，这包括居住在农村城镇从事非农职业如教师、医生等非农人口，从事

---

①　吴业苗：《居村农民市民化：何以可能？——基于城乡一体化进路的理论与实证分析》，《社会科学》2010 年第 7 期；吴业苗：《小农的终结与居村市民的建构——城乡一体化框架下农民的一般进路》，《社会科学》2011 年第 7 期。

小农作业而到农村城镇居住的农民，以及因农地规模化而新产生的农场主、专业大户及其他们的雇工（职业农民）。虽然这些人居住在农村的城镇或村庄中，但只要公共服务实现了城乡一体化，他们的生活水平与城镇居民没有区别，他们就是人的城镇化背景下的居村市民。故此，乡村治理不仅要促进乡村人口向大中小城市转移，而且要大力发展公共服务均等化，促进居村农民向居村市民转身，并保证他们能过上与城镇居民同质的生活。

第 六 章
人的城镇化与城镇化扶贫

如今，国家正在大力推进以人为核心的新型城镇化发展，政府需要将农村扶贫、脱贫工作融入城镇化发展，进而更好地引导、帮助农村贫困人口进城脱贫。由此，随着以人为核心的新型城镇化进一步推进，城镇不仅需要重视来自农村的"转移性贫困"问题，而且由于城镇社会比较富裕，解决贫困问题比农村更有效率，还应该成为国家减少贫困人口的主阵地。

第一节　农村扶贫的城镇转向及其进路

农村贫困人口脱贫是全面建成小康社会最艰巨的任务，如此，政府和社会各界在农村场域中开展了新一轮扶贫攻坚战，希望农村贫困人口能够"如期脱贫"。中国农村扶贫工作主战场始终在农村，采取的主要是政府为主导的"强力"式扶贫，然而，现实中农村相当多的贫困人口是通过进城打工方式脱贫的。虽然在这种脱贫方式中，农民拥有更多的主动权，而且成本低、实施也比较容易，但遗憾的是，一直以来，政府没有将农村扶贫转向到城镇，更没有根据新型城镇化发展趋势开展城乡联动扶贫工作。

一　扶贫实践与研究问题

改革开放后，中国实施了多轮扶贫攻坚计划，农村扶贫工作取得了举世瞩目的成就。然而，解决农民的贫困问题成为全面建成小康社会和基本实现现代化的"硬骨头"。如是，2015 年 11 月中央号召开展"大力度、宽领域、多层次"的扶贫攻坚战，"确保农村贫困人口到 2020 年如期脱贫"。并且，鉴于当前中国贫困人口"底子最薄、条件最差"的实际情况和扶贫工作"难度最大"的特点，中央还要求"十三五"扶贫"对象要精准、项目安排要精准、资金使用要精准、措施到位要精准、因村派人要精准、脱贫成效要精准"，以提高扶贫工作效率和水平。

从农村扶贫的新形势、新情况、新要求、新趋势看，正在开展的扶贫工作与以往不同，更富有时代性，更强调针对性。新一轮扶贫不再是贫困人口缺什么补什么、要多少给多少的"输血式"扶贫、救济式扶贫，而更加注重引进先进发展模式，运用科学技术手段，开放式帮助贫困人口"拔穷根"；不再是简单地将不宜居住地方的贫困人口搬迁到本村以外生产、生活条件较好地方的"异地扶贫"，而更多采用"易地扶贫"，不仅把缺乏生存条件的贫困地区人口搬迁到其他地区，并且加强了新安置区的生产生活条件改善、经济结构调整和增收渠道的拓展，以促使搬迁人口永久脱贫；也不再是强制性的参与式扶贫，采用行政手段要求扶贫对象参与扶贫活动，而更强调政府的扶贫兜底作用，如实施扶贫保障工程，为贫困人口提供更高水平的公共服务和建构更加完善的服务保障网。在广泛的扶贫实践活动中，各地形成了多种颇有成效的扶贫模式，如"财政扶贫模式、以工代赈扶贫模式、产业开发模式、温饱工程模式、对口帮扶模式、旅游扶贫模式、生态建设模式、移民搬迁模式、小额信贷扶贫模式、人力资源开发模式、科技扶贫模式"等。[1] 这些扶贫模式总结、提升了扶贫经验，回应了农村扶贫新实践中的新问题，体现了扶贫的新要求。

与农村扶贫实践相伴随，学界围绕精准扶贫、精准脱贫开展了广泛研究，形成了多方面研究成果。如在产业化扶贫研究上，学者们指出：不同地区、不同经济发展环境需要有不同的产业扶贫模式，中国农村已经出现了经纪人带动、专业市场带动、中介组织带动和龙头企业带动的产业化扶贫模式，其中龙头企业带动和专业合作社带动的扶贫模式最典型；产业化扶贫目前存在产业化经营程度不高、农户参与度不足等问题，但它"既解决了大市场与小生产的矛盾，又加速了贫困地区脱贫致富的步伐"，是"正在实践

---

① 刘宇翔：《欠发达地区农民合作扶贫模式研究》，《农业经济问题》2015 年第 7 期。

的有效扶贫模式"。① 再如，在合作社扶贫研究上，有研究认为，合作社的本质是弱势群体的联合，它与扶贫工作存在天然的联系，因此，在经济欠发达地区建构政府主动、社会联动的农民合作扶贫模式，不仅能让国家财政扶贫资源与合作社对接，整合欠发达地区的发展资源与扶贫资源，推进农民合作社与扶贫工作协调发展，② 而且它还"能够成为精准扶贫与精准脱贫的理想载体"，更好地开展"产业扶贫、资产收益扶贫、合作金融扶贫与农业科技扶贫"。③ 这些研究成果及其发现，有助于指导农村精准扶贫工作，扎实推进农村富民工程，促进更多地区摘掉贫困帽子，帮助更多贫困人口脱贫致富。但是，当前的扶贫实践及其工作主要是在农村推进的，一些社会组织包括扶贫志愿者基本上是在响应政府号召的基础上，就农村实际情况开展农村扶贫工作，理论研究也主要围绕农村扶贫存在问题和扶贫政策的制定和实施进行，没有注意到农村贫困在新型城镇化发展进程中的新变化、新问题，也没有重视农村扶贫、脱贫的解决对促进新型城镇化发展的作用，更没有结合新型城镇化发展进行城乡联动扶贫的实践与理论研究。

事实上，农村贫困问题解决一直存在两条进路，一条是政府主导的自上而下的"扶贫—脱贫"，另一条是农民自己开创的"进城—打工—脱贫"。两种方式的非贫困实践都开展得如火如荼，农民进城脱贫的成效也比较好。政府过去推进的扶贫路径，投入了大量人力、物力和财力，脱贫成本高，虽然脱贫的人口多，但返贫的人口也多；而农民自己开辟的脱贫路径，政府几乎没有给予多少帮助，主要是农民家庭承担脱贫成本，几十年来，相当多的贫困农户因进城打工摆脱了贫困。然而，政府比较重视在农村场域开展扶贫、脱贫实践活动，学者们的研究也是如此，忽视或不重视城镇化发展对农民脱贫的作用。也就是说，尽管中国乡村人口大量进城，城镇化程度不断提高，农村相当多的贫困问题是农民通过进城打工方式解决的，但扶贫实践活动和相关理论研究在这方面都显得不足。无论是传统的救济式扶贫

---

① 白丽、赵邦宏：《产业化扶贫模式选择与利益联结机制研究——以河北省易县食用菌产业发展为例》，《河北学刊》2015 年第 4 期。

② 刘宇翔：《欠发达地区农民合作扶贫模式研究》，《农业经济问题》2015 年第 7 期。

③ 赵晓峰、邢成举：《农民合作与精准扶贫协同发展机制构建：理论逻辑与实践路径》，《农业经济问题》2016 年第 4 期。

还是新型的开发式扶贫，国家和各级政府几乎没有将农村扶贫置于城镇化发展进程中。

鉴于学界对农民进城及脱贫的研究缺乏，并考虑到当下中国城镇化正在转型、升级为新型城镇化，越来越多的农村人即将进入城镇并市民化为城镇居民的实际情况，本书重点关心两个问题：一是检视村域扶贫和农民进城打工脱贫的现状及其存在问题；二是基于此，研究农村扶贫的城镇转向。既然农民进城是新型城镇化发展的趋势和要求，农村精准扶贫、精准脱贫工作也可以结合城镇化开展，在新型城镇化发展进程中促使更多农村贫困人口进城脱贫。

二 农村扶贫与农民进城打工脱贫

改革开放前，中国城镇居民的生产生活由政府和企事业单位统一安排，虽然受到当时的物质经济条件限制，福利水平不是很高，只能满足居民基本的生存和发展需求，但城镇居民基本上衣食无忧，幼有所育、学有所教、病有所医、老有所养、住有所居、弱有所扶，特别困难的人群也有民政部门给予福利保障。然而，农村贫困问题却普遍、严重得多，1978 年全国农村有2.5 亿多贫困人口，贫困发生率高达 30.7%，[①] 国家贫困人口几乎全部集中在农村。学界对贫困及致贫原因有文化性解释和结构性解释，[②] 其中，文化性解释认为，穷人已经内化了一套与大社会不同的价值观念，并形成了穷人自己的文化圈，难以适应其他文化。但就当时中国农村大范围贫困来说，城乡二元制度安排应该是农村贫困最重要的影响因素。其一，国家对农村建设及居民生活的福利投入严重不足，农民只能依靠农村集体组织和本人克服生活困难，并且，国家还把农村五保户供养推给了农村集体。其二，国家和政府严格限制农民经济活动，不准许农村集体和农民家庭自主地从事生产经营活动，而粗放式、集体化粮食生产的经济效益极低，不能满足家庭成员温饱需求。其三，国家和政府不仅将农民固定在社队组织中，限制农民横向流动，而且利用户籍制度控制农民向上流动，农村人只

---

① 樊小钢、陈薇：《公共政策：统筹城乡社会保障》，经济管理出版社，2013，第 25 页。
② 贺巧知、慈勤英：《城镇贫困：结构成因与文化发展》，《城市问题》2003 年第 3 期。

能在"希望的田野"上做着面朝黄土、背朝天的累活、苦活，在"温馨的天堂"中过着"天真"的生活。① 如此，在国家"少予、禁止、严控"的政策规制下，农村几亿人口的贫困表现为严重的结构性问题，城乡二元结构是农村贫困的"始作俑者"。

改革开放后，农村贫困人口大幅减少。家庭承包制是帕累托效益最优的制度，它的实施调动了农民生产积极性，激活了农业生产力，提高了粮食产量，解决了长期困扰中国政府的吃饭难题。家庭承包制的实施较大程度地减少了农村贫困人口，1981年贫困人口比1980年减少了6800万人。尽管20世纪80年代是中国农村、农业发展的"黄金"十年，农村社会充满活力，农村人的生活也蒸蒸日上，但除了1988年，20世纪80年代的其他年份农村贫困人口都高达1个多亿，贫困发生率也在10%以上。也就是说，80年代实施的家庭承包制对农村经济、农业生产、居民生活改善甚至农村治理都产生了积极影响，农村面貌也由此焕然一新，但中国农村范围广、地区差异大、发展水平参差不齐，再好的制度也不是灵丹妙药，不能包医百"穷"。中国农村贫困由来已久，累积的顽瘴痼疾需要有根本的化解方法。

实践已经表明，家庭承包制在解决农业生产低效和粮食短缺问题上是有效的，但它不是为解决农村贫困问题设定的，不能用它来解决农村贫困问题。20世纪80年代农村家庭承包制的实施是全国性的，几乎所有的农村都推行了这个制度，正因此，80年代全国农业生产总体形势是好的，但80年代农村贫困发生率并没有逐年降低，有的年份高，有的年份低，不稳定。1986年农村贫困人口发生率是15.5%，高于1985年的14.8%；1989年农村贫困发生率是11.6%，也高于1988年的11.1%。这说明除了家庭承包制对农村贫困问题产生正面影响外，还有其他方面的因素影响着农村贫困问题的解决。如，家庭缺乏劳动力、农业生产经营困难等，都会影响家庭经济收入；家里有病人，也可能发生因贫致病和因病返贫的问题；家庭孩子多，日常生活负担重，农业的有限收入无法保障家庭正常生活等，这些影响因素都是家庭承包制无法应对的，农村贫困问题还需要寻求其他有针对性的解决

---

① 〔英〕齐格蒙特·鲍曼：《共同体：在一个不确定的世界中寻找安全》，欧阳景根译，江苏人民出版社，2003，第3页。

措施。

国家为解决农村贫困问题做了大量工作，也取得了较明显的成效。进入20世纪90年代，尤其到1994年后，国家实施"八七"扶贫攻坚战略，扶贫工作从救济式扶贫向开发式扶贫转变，有的年份农村贫困人口减少了几百万人，有的年份甚至减少了几千万人。按照1978年的贫困标准计算，1990年中国农村贫困人口8500万人，贫困发生率是9.4%，而到2007年，中国农村贫困人口只有1479万人，贫困发生率也降到1.6%，平均每年减少约468万贫困人口。按照2008年贫困标准计算，2000年中国农村贫困人口有9422万人，贫困发生率是10.2%，而到2010年，中国农村贫困人口下降到2688万人，贫困发生率下降到2.8%，平均每年比上年减少655万多人；按照2010年标准计算，2010年中国农村贫困人口有16567万人，贫困发生率17.2%，到2015年有5575万人，贫困发生率下降到5.7%，平均每年比上年减少2198万多人。中国农村贫困人口和贫困发生率持续下降，尤其在2011年，中央加大了农村扶贫工作力度，农村贫困人口比上年一次性减少了4329万人。[①] 农村贫困人口逐年、大幅减少与国家政策重视、各级政府推动、社会各界支持紧密相关。随着全面建成小康社会和基本实现现代化的推进，国家的农村扶贫工作不断加速，农村贫困人口和贫困发生率还将进一步降低。

中国农村贫困人口在国家、政府、社会的关心支持下不断减少，但这只是农村脱贫实践的一个方面，中国贫困家庭的农民个人也在用自己的办法寻求脱贫，其中之一就是"进城—打工—脱贫"，而这条农民自发的脱贫路径却为政府和社会所忽视。1991年农村贫困发生率还是10.4%，而到1992年农村贫困发生率降到8.8%，自此，农村贫困发生率就一直在10%以下。这个数字变化并非自然发生，它与农民进城打工存在一定关系。20世纪90年代尤其在1992年后城市全面推行市场化改革，城镇社会、城镇企业向农村的农民敞开了大门，加上国家取消了粮食统购统销政策，越来越多的农民不再拘泥于80年代的"进厂不进城、离土不离乡"政策限制，到沿海经济发达地区的城市打工、挣钱，农户家庭的工资性收入不断提高。90年代农村

① 以上贫困人口和贫困发生率数据来自《中国统计年鉴（2014）》。

居民工资性收入在家庭纯收入中的占比保持在 20% 以上，21 世纪前 10 年在 30% 以上，2000 年占比是 31.16%，2009 年是 39.99%，到 2010 年占比提高到 40.72%，最近几年农村居民工资性收入在家庭纯收入中的占比一直保持在 45% 左右。[①] 这从另一方面说明，农村贫困人口减少不仅仅在于政府和社会进行的扶贫工作，贫困农民家庭也在努力脱贫，即通过外出打工的途径增加家庭经济收入，减缓家庭贫困，或者消除家庭贫困。现在农村有些贫困户之所以贫困，其中原因之一是家庭收入更多的来自家庭经营性收入，而工资性收入在纯收入中占比低。[②] 吴重庆说，"越贫困的地区，从事纯农业的农户比重越高"，"越多的农户依赖农业经营收入"，并且，"目前仍然属于贫困户的家庭，大概是无人外出打工的"。[③]

农民家庭的工资收入绝大部分来自城镇打工收入。调查发现，越来越多的农户选择土地撂荒，或将土地丢给老人、妇女经营，而把家庭主要劳动力安排到城镇打工，以获取比农业生产更多的经济收入。理性的农民清楚，现在家庭货币开支大，孩子上学、家庭日常生活、人情往来等都需要大量货币，种田除去成本剩下的利润一亩地仅有几百元，甚至一年种田的收入还不到打工者一个月的收入。如是，凡是家里有人外出打工的，家庭生活就在农村贫困线以上，除非打工者"不着调"——没有找到合适的工作，或者出现打工被骗的情况。当然，如果打工的农户生病或发生较大事故，贫困就难以避免了，即使打工收入再多，也难以让家庭摆脱贫困的厄运。但这属于特殊情况，大多数农村家庭通过外出打工是可以脱贫的。就此而言，农民进城打工是农村脱贫的重要途径，它改变了农民及农民家庭的命运，让越来越多的农村贫困家庭脱贫甚至致富。新型城镇化发展有必要将人的城镇化与贫困人口脱贫结合起来实施。

综上，20 世纪 90 年代以来的农村脱贫成效来自两个方面。一方面是显性脱贫，政府和社会组织包括企业实施的一系列扶贫工程和项目，农村部分贫困人口在政府帮助和社会关心下实现了脱贫。另一方面是隐性脱贫，农民采用"半农半工"的家庭劳动分工方式，既在农村从事农业生产，保障家

---

① 参见相关年份的《中国统计年鉴》，http：//www.stats.gov.cn/tjsj/ndsj/。
② 马铃：《贫困农户与非贫困农户农业收入差异研究》，中国农业出版社，2014，第 32 页。
③ 吴重庆：《小农与扶贫问题》，《天府新论》2016 年第 4 期。

人的吃饭安全，又在城镇打工挣钱，提高家庭收入水平，进而使家庭脱贫。这就是说，中国农村贫困人口脱贫的功劳不全在国家、政府官员和社会组织以及志愿者，虽然国家的经济扶持、政府官员辛勤工作、社会组织和志愿者的无私奉献帮助了农村无数贫穷家庭，一些贫困人口摆脱了贫困，甚至走上致富的道路，但必须承认，城镇化发展对减少农村贫困人口的作用不容小觑，几亿农民尤其是贫困家庭的农民进城打工，挣到了比农业生产多得多的收入，从而使贫困家庭走出贫困陷阱。由此可见，城镇化发展理当成为农村贫困家庭摆脱贫困的重要途径。

三　村域扶贫的限度与转向

当前，中国农村扶贫、脱贫进入攻坚克难阶段。《中共中央、国务院关于打赢扶贫攻坚战的决定》对农村扶贫工作做了顶层设计，《中华人民共和国国民经济和社会发展第十三个五年规划纲要》又对农村扶贫的实施进行了具体部署，扶贫、脱贫成为各级政府和社会各界全面建成小康社会"最后一公里"的经济社会工程。此外，国家正在开展的扶贫攻坚战的阵势超过历史上任何一个时期。在目标上，中央要求到 2020 年农村贫困人口整体脱贫、全面脱贫、兜底脱贫、如期脱贫、杜绝返贫；在实施上，中央要求各级、各地扶贫单位根据每一个贫困户的贫困原因、程度和特点，以及脱贫的禀赋、资源、机遇和返贫的可能性等因素因地制宜、因人定策地开展个性化扶贫工作，做到"一村一策""一户一法"，而且工作要到村、扶贫要到户、扶持要到人；在管理上，中央认为扶贫工作是具有特殊意义的民心工程，投资大、耗时长、见效慢，要求扶贫干部以及扶贫工作者真抓实干，杜绝搞"形象工程"和"政绩工程"。就此而言，本轮农村扶贫攻坚战是中央就全面建成小康社会、促进城乡居民共享发展成果和增进贫困人口福祉做出的重要制度性安排，标准高、任务重、时间紧、要求严、刚性强。

国家将农村脱贫作为全面建成小康社会的一项硬性指标，脱贫攻坚战上升为各级政府必须打赢的硬仗，不容地方讨价还价，有条件要实现脱贫，没有条件也要创造条件如期脱贫。但是，由于农村贫困人口所处的地理环境、自然条件差异很大，各地的经济发展水平和贫困人口的文化、心理素质也有较大不同，村域扶贫不仅需要动员政府和社会各方面力量广泛参与，群策群力地开展扶贫工作，而且需要因地制宜，不能让"强力"扶贫超过限度。

首先，村域"强力"扶贫要避免对环境和生态的过度开发。中国农村贫困人口主要集中在西部边远的生态脆弱区或落后闭塞的山区，那里经济资源贫乏，人口居住分散，地形、地质和气候条件不适宜扩大农业生产，并且基础设施条件差，建设难度大。政府和社会力量开展的扶贫活动，虽然不乏利用新技术帮助贫困户脱贫，但更多的还是帮助贫困户挖掘现有的生产潜力，通过扩大种植面积或增加养殖数量来提高家庭收入。尽管有的贫困户因扩大再生产获得了比以前更多的收益，也有部分家庭当年就实现脱贫，但增加的收入主要来自粗放经营，来自超额掠夺环境与生态所得。众所周知，贫困人口之所以贫困，除了人为方面的因素外，更多是贫困地区自然、生态条件差，生态脆弱性仅能维持居民温饱，哪怕稍微多点索取，也可能彻底毁掉当地的生态环境。如此，村域扶贫要在保护生态环境下进行，不能为了贫困人口脱贫，盲目追加资金投入，扩大生产规模，从而造成严重的"公地悲剧"。

其次，村域扶贫的"易地"最好选择在村镇周边。一些地方政府已经注意扶贫与环境保护的关系，选择易地就近扶贫方式帮助贫困人口。就近选择比较适宜农业生产的地方、扶助贫困人口建造房屋、提供高于原居住地的公共设施和公共服务的易地扶贫为多数贫困农民所接受，一些贫困农民也由此而脱贫。但易地就近扶贫也存在一定的缺陷，即将大批贫困人口就近集中安置到新地方，帮助他们继续从事同质的农业劳动，如果易地安置的贫困人口过度掠夺生态资源，就有可能出现新的环境和生态问题，暂时脱贫的农民将会在不久的将来再度陷入贫困。再者说，城镇化、现代化已经冲击了小农生产，无论小农经济如何提高效率，也无法与大农业、规模农业、现代农业博弈，也不能彻底改变小农的弱势地位。而异地扶贫不仅仅是将贫困人口从不宜生存的地方搬迁到适宜生存的地方，它还有很多工作要做，其中，除了不再让贫困农民继续按照小农方式进行经济活动外，还应该考虑城镇安置，将贫困人口异地安置到城镇及其周边地区，或许比单纯的农村异地安置效果更好。

最后，村域"强力"扶贫不能重蹈"粗放式"扶贫覆辙。改革开放后，中国政府开展了艰苦卓绝的扶贫工作，投入了大量扶贫资金，兴建了诸多扶贫开发项目，农村贫困人口能够脱贫的基本上摆脱了贫困，剩下的贫困户和贫困人口有很深的"穷根"。如，有的居住在高山、石漠区，穷山恶水，这些地方根本不适宜人类居住生活；有的村庄风俗习惯保守、落后，不准许外人进入，村民也惧怕外出，缺乏脱贫致富活力；还有的村民只会简单的农业劳动，对现代农业生产、非农业生产一无所知，无法从事农业以外的经济活动。强压力下的村域内扶贫往往忽视农村贫困或致贫的原因，容易犯"粗放式""输血式"扶贫的错误。殊不知，即使投入大量资金兴办扶贫企业、支持农户扩大种植和养殖规模，甚至为了让贫困人口脱贫，扶贫工作者赤膊上阵，代替贫困人口挣钱，也可能由于受到农村多方面条件和贫困人的"贫困文化"的限制，导致扶贫工作出现劳民伤财或好心办坏事。

鉴于村域扶贫的限度和新一轮农村扶贫是在新型城镇化发展背景下实施的现实，政府可以考虑将村域扶贫部分工作转向到城镇。政府推动并实施的农村反贫困战略一定程度地解决了农村贫困问题，但是，由于在小农经济条件下家庭经营已经最大限度地提高了农业生产效率，想进一步拓展农村扶贫致富空间难度比较大。相比之下，城镇拥有广阔的扶贫空间：城镇体量大，经济实力比农村强，能容纳更多的贫困人口，如美国等西方发达国家的贫困人口几乎都在城镇；城镇发展需要大量的体力劳动者，没有创新精神、开拓意识甚至闲懒的贫困农民可以进城从事建筑、制造、清洁、绿化、护理等"简单工作"；进城打工挣钱比小农从事农业劳动收入高，只要政府能安置贫困农民进城就业并妥善解决他们的生活问题，他们经过一段时间后就会安心在城镇居住、生活，或成为城市人。因此，推动城镇化发展，促使农村贫困人口向城镇转移，应该成为新型城镇化进程中农村有效扶贫的又一个突破口和重要途径。

众所周知，"三农"问题的根本是农民问题，农民苦、农民穷、农民弱的问题已经在城镇化进程中得到一定缓解，农民贫困问题的彻底解决仍需要从城镇化继续发展中寻求更有效的办法——既然城镇化发展已经让部分农民成功脱贫，既然新型城镇化发展要以人的城镇化发展为中心，既然城镇化发展还需要继续转移大量农业人口到城镇，那么，农村扶贫工作就不能不顾及城镇化发展现实，更不能背离城镇化发展规律。只要将农村扶贫置于城镇化发展中，并根据不断转移农业人口进城的城镇化发展要求开展农村扶贫工作，农村减贫、脱贫就可能有新的实质性进展。

相比于农村场域进行的扶贫活动，采用城镇化方式扶贫，农民更有脱贫的主动权，成本更低，也更容易实施。然而，现在农民"进城—打工—脱贫"仍属于自发行为，是农民自己在城镇闯荡，道路曲折且充满辛酸，政府和社会给予的支持、帮助较少。如果国家能像重视农村场域的扶贫工作那样支持进城的贫困农民，帮助他们寻找工作，维护他们的正当权益，进城的贫困农民挣钱、脱贫效果将事半功倍。如今，国家正在大力推进以人为核心的新型城镇化发展，各级各地政府应该抓住新型城镇化发展机遇，将农村扶贫、脱贫工作融入城镇化发展大潮，引导贫困农民进城，提高他们的劳动技能，帮助他们寻找工作，并尽可能地提高他们的福利待遇。

四　城镇化扶贫的关键问题及其解决

依托城镇化发展促进农民脱贫有两个关键问题，一是农村贫困人口是否愿意进城，是否能够进城；二是城镇社会能否愿意接纳农村贫困的打工者，是否有能力帮助他们脱贫。如果国家和城乡政府能够解决这两个问题，农村贫困人口"进城—脱贫"的空间就会更广阔。

首先看第一个问题。2011年国家贫困标准是2300元，一个农村家庭只要有一人在外打工，其家庭收入就会高于国家的贫困标准。国家统计局发布的《全国农民工检测调查报告》指出，2011年后农民工的人均月工资都在2000元以上。即使按照2011年全国城市的最低工资标准710元计算，一个打工者一年也有8520元收入，超过了家庭户的贫困标准7130元（第六次人口普查的家庭户平均人口3.1人）。换言之，只要农户有一个打工者，在正常情况下这个农户就不至于陷入贫困。如此，在打工极其普遍甚至习以为常的21世纪农村，为什么还有农户甘愿贫穷，而不愿意到城镇打工挣钱呢？

贫困农民家庭不外出打工一般有三种情况：一是家庭没有劳动力，或缺少健康劳动力，或由于其他原因，如家里有病人、老人、小孩需要照顾，一家人只能在农村从事农业劳动；二是在极少数农村地区，村庄依旧封闭，村民依然保守，担心进城打工被骗、人身伤害，或挣不到钱、亏本，不愿意或惧怕外出打工；三是极少数农户穷得家徒四壁，即使想到城镇打工，也因没有必要的路费和生活费，只能无奈地留守在乡村。贫困家庭的这三种情况在农村地区都存在，但不同的农村地区呈现的情况不尽相同。在东中部省市农村，农民外出打工成为家庭劳动的重要形式，打工收入是家庭收入的主要来源，农村贫困家庭一般属于第一种情况。在"老少边穷"的农村地区，虽然受到了城镇化发展冲击，这些地区越来越多的农民外出打工，但仍有一定数量的农民观念保守、思想僵化，不愿意离开乡土到城镇打工。这类农村贫困家庭多数属于第二种情况，不过，其数量正在逐渐减少。第三种情况的家庭比较少，在全国农村尤其中西部农村少量存在。这类贫困家庭不一定缺少劳动力，或许是劳动力素质低、劳动能力差，或者是家庭发生了重大变故，以至于家庭一贫如洗，缺少外出打工的起码本钱。总的来说，中国农村不能外出打工的家庭——有能力外出而选择在农村从事规模化、专业化、现代化农业劳动的除外——一般是农村贫困家庭，并且，鉴于上文分析的农民外出打工能让贫困家庭脱贫的逻辑，笔者认为，农村扶贫攻坚战的主攻方向在于鼓励、支持农村贫困人口进城打工，进而使其脱贫。

针对第一种情况的农村贫困家庭，扶贫工作重点在于发展城镇化社会服务。在传统农村社会，村民为了让村庄中缺少劳动力、鳏寡孤独、病弱的农户能够按时节播种和收割，遵循着不能让庄稼种不下去或让成熟的庄稼烂在地里的"铁则"，帮助贫困家庭播种或收割。并且，这类帮忙是纯粹义务性的，不需要给钱，也不用换工，充其量就是吃顿饭了事。[①] 然而，随着城镇化发展和村庄人口不断外流，乡村熟人社会的地缘、血缘关系黏合力，以及同族、亲戚间的道义力量日渐淡薄，越来越多的村庄变成了"半熟人社会"，已经没有足够多的劳动力来帮助缺乏劳动力的家庭完成耕种、收割，致使村庄中缺乏劳动力家庭的农业生产难以为继，更不要说动员他们的家人进城打工。借此，发展社会服务就成为扶贫工作的首要选择。用社会化服务来填补村庄互帮互助的不足，一方面，能使缺乏劳动力的家庭能够进行正常的农业生产劳动；另一方面，社会服务能帮助家庭解决赡养、抚养、照顾、医疗等问题，从而腾出部分家庭劳动力进城打工。农村社会化服务的主要形式是政府引导、扶持的社会服务中心或服务联合体。这类农村服务组织除了通过政府购买服务的形式创办外，还要考虑村庄分散、农户及其人口不断减

---

① 史敬棠等编《中国农业合作化运动史料》（上），生活·读书·新知三联书店，1957，第18~19页。

少等因素，最好以城镇为单位向缺乏劳动力的家庭提供产前、产中、产后服务，即为困难农户提供城镇化社会服务。如此，一能将农村贫困家庭及其人口的扶贫、脱贫统筹到城镇化发展进程中，按照城乡一体化的发展理念解决农村贫困问题；二能使为农服务成规模、上档次，从而节约运营成本，提高服务效率；三能让为农服务组织"长命"，不至于因乡村人口减少而"早亡"——村庄有可能在城镇化发展中消失，但村镇人口多，有较多的服务对象和服务需求，短期内不存在没有服务对象问题。

　　针对第二种情况的农村贫困，扶贫工作重点是消除农民进城打工的顾虑。20世纪90年代尤其党的十四大以后，中国政府不再限制农民进城打工，沿海部分城市出现了程度不同的打工潮，每年的春节前后是农民外出寻找工作和回家过年的高峰期，一些城市的汽车站、火车站人满为患。虽然交通部门最大限度地增加运力，农民工出门难、回家难的问题始终存在，并形成了气势磅礴的农民"候鸟式迁移"，令世界叹服、震撼。农民外出打工在中国农村非常普遍，甚至变成了农民习以为常的一种生活。然而，仍有一些地方、一些家庭的农民害怕外出打工，总觉得在人生地不熟的空间工作、生活没有安全感，容易受到伤害，更不要说挣钱了。因此，为了鼓励、促使这类家庭的农民外出打工，扶贫工作需要解决：一是组织贫困家庭不敢外出打工的农民到城镇参观、学习，帮助他们了解城镇社会，消除他们的"惧城"心理；二是对可能外出打工的农民进行职业培训，提高他们的非农工作能力，增强他们外出打工的信心；三是人力资源和社会保障部门要主动与城镇政府和企事业单位联系，提前做好城乡就业对接工作，尽可能使这部分农民在城镇拥有稳定工作、稳定收入，从而促使他们逐渐认同城镇工作；四是利用农民的强关系资源，如动员同乡、同宗的农民工带领他们外出，支持他们在城镇老乡、亲戚的"亚文化"圈内生活，直到他们熟悉城镇社会，能自主地进行城镇生活。

　　针对第三种情况的农村贫困家庭，扶贫工作重点是给予资金支持。在农村扶贫、脱贫工作中，政府、社会组织包括世界银行、慈善组织等都投入了一定量的扶贫资金，但这些扶贫资金主要用于贫困人口的实物帮扶和扶贫项目开发，如给予贫困人口生活物品，帮助贫困地区建设公共设施，扶持贫困户养猪、养鱼、养牛、养羊，以及修建大棚、发展多种经营等，资金投入不断增加，但扶贫资金使用率一直成问题，甚至出现"亏本赚吆喝"的现象。帮助农村贫困农户发展农业、增加收入是扶贫工作的重要责任，但鉴于城镇化对家庭农业的冲击和人的城镇化发展需要，扶贫工作也需要拿出部分资金或更多的资金帮助"寸步难行"的农民，给他们路费和基本生活费。这部分扶贫资金或采用低息贷款、免息贷款的方式，要求贫困农民打工脱贫后归还，或设立专门资金，支持贫困户进城打工，只要贫困农民外出打工，政府就报销路费。相比农村场域中开展的扶贫工作，推进贫困家庭成员外出打工的难度不大，成本也不是很高，只要城镇政府和相关企业承担一定的扶贫责任，帮助进城农民找到工作，就算脱贫成功了。

　　城镇化扶贫第二个难题是城镇社会是否能够接纳农村贫困打工者，是否有能力帮助他们脱贫。农村贫困家庭到城镇打工的劳动力与一般农村家庭在城镇打工的劳动力没有多少区别，不需要城镇及其企业给予他们比非贫困家庭劳动力更多的照顾——他们在农村属于贫困家庭成员，在城镇他们就是一个普通的打工者，依靠劳动获取工资收入。当然，如果城镇政府、社会组织包括企业能够帮助进城的贫困农民工找工作，免费为他们提供技能培训、关心他们日常生活，那将是更好的事情。相比较一般家庭出来的打工者，来自农村贫困家庭的打工者更想多挣钱，以便把钱拿回家提高生活水平，而考虑留城发展的人比较少。就此来看，城镇及城镇企业接受贫困家庭成员几乎没有额外负担，暂时也不必考虑他们的市民化问题。当然，这是就城镇帮助进城的贫困人口脱贫而言的，如果城镇政府能够为农村政府分担部分扶贫责任，主动将他们的贫困问题纳入城镇扶贫工作，农村贫困人口的脱贫效率就会更高，新型城镇化、城乡一体化也就会因为城镇转移了农村贫困人口而发展得更好、更快。

五　再识城镇化脱贫

　　就中国农村贫困人口脱贫进路看，农村贫困人口脱贫与政府、社会各界的扶贫努力分不开，正是扶贫工作者长期的不懈工作，农村贫困人口的生存状态才得到了明显改善。与此同时，农村贫困人口进城打工，增加了贫困家庭收入，降低了农村贫困程度，减少了农村贫困人口。在农村贫困问题解决上，政府、社会的扶贫与农民进城打工脱贫孰轻孰重，不好评说，但毋庸置疑的是，农村贫困人口进城打工获得了比农业收入高得多的收入，是一条真实发生的并对农村减贫和脱贫产生深刻影响的有效途径。如果非要把农村扶贫模式化，那笔者将农民进城打工进而使农村贫困家庭脱贫的路径叫作"城镇化脱贫模式"。

城镇化快速发展要求农村在做好就地扶贫工作的同时重视城镇化扶贫，将部分或更多农村贫困人口的脱贫工作放到城镇空间。这是农村扶贫工作方向、路径的变化，它对减少农村贫困人口、促进以人的城镇化为核心的新型城镇化发展都有重要意义。需要检讨的是，在以往空间城镇化和土地城镇化发展中，政府看重的是农民为城镇社会服务、为城镇企业打工，没有将进城打工的家庭经济困难的农民纳入扶贫工作，以至于进城打工与农村脱贫工作脱节；在当下新型城镇化发展中，政府重视的是将有能力尤其是有经济实力的农民转移到城镇，并帮助他们转变身份，使其成为城镇居民，而忽视贫困农民进城及其城镇化问题，始终将他们的贫困问题视为农村的事情。于是，不论在国家政策上还是在城镇化发展实践中，农村贫困始终是农村的事情，它与城镇化发展没有关系，更不要说通过城镇化发展来转移农村贫困人口，帮助他们实现市民化了。就此，笔者强调以下三点。

一是农村人口贫困问题不仅仅是农村问题。城乡一体化、城乡融合发展与乡村振兴、新型城镇化发展构建了一体两面的城乡综合体，农村与城镇不再彼此隔离，它们需要对接、并轨。虽然农村贫困问题发生在农村，是农村的问题，但鉴于城乡融合发展趋势与要求，城镇也需要分担减少农村贫困人口的责任。城镇解决农村贫困问题的办法不是给钱、给物，也不是到农村办企业，最好的途径是利用城镇现有资源，安置农村贫困家庭的农民就业，让他们有钱脱贫。格莱泽说，"城市的发展是减轻农村贫困的一个重要途径"，"城市具有他们在原来居住地所无法找到的优势"，"希望城市能够接纳数亿百万计的农村贫困人口远远比希望那些潜在的移民在农业孤岛上寿终正寝好得多"。[1]

二是正确认识农村贫困问题及其扶贫工作。贫困在传统社会和现代社会

---

[1]　〔美〕爱德华·格莱泽：《城市的胜利》，刘润泉译，上海社会科学院出版社，2012，第65页。

都是一种社会现象，它伴随人类社会始终，小康社会里也会存在贫困问题。贫困是任何社会都存在的问题，即使像美国等发达国家也存在一定数量甚至比较严重的贫困问题。中国农村人口多，居住条件差异大，存在一定数量的温饱型贫困人口属于正常现象。但是，我们不能由此对农村贫困人口及其贫困问题置之不理，因为中国农村还存在几千万贫困人口，人数众多，不解决他们的脱贫问题，势必影响全面建成小康社会目标的实现。因此，本研究强调农村扶贫向城镇转向，并非否定当前农村开展的就地扶贫工作。客观地说，当下政府开展的扶贫、脱贫工作已经取得了一定成效，农村贫困人口大量减少，但当前农村"强力"扶贫工作十分艰辛，人力、物力、财力投入大，需要进一步完善，即一方面要强调扶贫、脱贫速度，按期完成国家的扶贫任务；另一方面要结合新型城镇化、城乡一体化发展趋势拓展更有效的扶贫路径，进而提高农村扶贫工作质量。

三是将农村扶贫工作置于新型城镇化发展进程中。中国推进以人的城镇化为核心的新型城镇化发展战略，农业人口将加速向城镇转移并实现市民化，由此，农村扶贫工作不能拘泥于农村场域，需要城镇分担一定的扶贫责任。小农经济的家庭经营已经发挥到极致，生产效率提高的空间有限，除非不顾环境和资源的承载力，采用更强力的方式掠夺、破坏。此外，中国已经进入新型城镇化发展阶段，农村不再是孤立的社会单元，正在由农村社会向城镇社会转型。如此，农村贫困问题的解决也是城镇的责任，城镇不仅不能拒绝农村贫困人口进入，而且要主动将进城的贫困农民视为城镇居民，给予他们与城镇贫困人员一样的社会保障。这是农村贫困人口共享国家经济发展成果的一项权利，也是城镇化发展的价值皈依。

第二节　人的城镇化发展与城镇反贫困策略改进

中国农村仍存在一定数量的贫困人口，它掣肘着新型城镇化发展。因此，在中央统一部署下，农村开展了新一轮的扶贫攻坚战，冀望"贫困人口到 2020 年如期全部脱贫"。农村贫困不仅仅是农村的农民、农业问题，它还是重大的政治问题、民生问题、发展问题、社会问题。并且，由于城镇化快速发展，越来越多的农村人口包括贫困人口进入城镇，使农村的一些贫困问题成为城镇化发展问题。就此而言，以人为核心的新型城镇化除了要大力推进农业人口向城镇转移、实现农民市民化外，还要调整、升级城镇反贫困策略，着力解决因农村人口进城而带来的贫困新问题。

一 进城农民境遇及其贫困歧视

在计划经济时期，国家制定了粮食统购统销、户籍管理等制度，限制农业户籍的农村人进城，更不准许农村人将贫困带到城镇，给城镇社会添乱。城镇居民在国家的城乡二元制度保护下，过着与农村隔离且相对优越的生活，几乎所有的民生问题，如住房、就业、教育、医疗、养老等都由国家和企事业单位承担——城镇居民是"国家人"，享有国家提供的各项福利保障；城镇老、弱、病、残等弱势群体的困难，政府、单位、街道也会予以解决，并让他们过上与城镇普通居民差不多的生活。因此，城镇生活让无数农村人魂牵梦萦，尤其是年轻人总梦想着进城工作，成为城镇居民。

20世纪90年代后，粮食统购统销制度由于农业生产连年丰收、库存粮食占压大量资金而被国家取消，二元户籍管理制度也由于小城镇建设、乡镇企业发展和市场化改革的推进逐渐宽松，越来越多的农民闯进了城镇，在工地打工、在企业上班、在市场做生意，并成为城镇常住居民。进城农民已经是城镇的重要社会成员，尽管大多数进城农民的户口仍在农村，只是城镇的边缘人或边际人，享受不到城镇原居民的公共服务，但他们真实地生活、工作在城镇，是城镇社会"新市民"；尽管城镇社会没有公平、公正地对待他们，但越来越多的进城农民成为城镇产业工人的主力军，城镇社会已经离不开他们。

城镇建设和城镇居民的生活已经不能没有农民工。如今的城镇，道路、楼房、管道的建设，以及绿化、清洁等工作都离不开农民工的劳动，居民日常生活需要的家政服务、餐饮服务、快递服务、维修服务、护理服务等也基本由农民工提供。与其说农民工离不开城镇，他们的家庭需要城镇打工收入，不如说城镇及其居民离不开农民工，农民工已经深度嵌入城镇社会、居民生活中。没有农民工，城镇社会将难以正常运转。这可以从两个时间节点看出：一是每年的农忙季节，如农村夏收、秋种时，大量农民工回家收割和播种，城镇的企业或出现民工荒，或暂停一些业务，并且，居民需要的送货、维修等服务也都提高了价格；二是每年春节期间，城镇大多数农民工回家过年，几乎所有的城市街道都变得宽敞，人行道上的行人也大幅减少，但城镇居民的生活困难也随之而来，城镇居民的生活就会受到不同程度的影响。

尽管城镇已经不能没有农民工，但城镇仍按照城乡二元的传统思维对待进城农民，没有将他们视为城镇居民，其问题主要有：不公正，只接受农民劳动力而不要劳动者，造成打工农民的户籍身份与工作身份脱离，广大进城农民始终是城乡社会边缘人；不公平，进城打工的农民工资收入本来就不高，而且家庭经济负担重，需要政府和社会更多的支持，但城镇始终把他们当作外来者，不给他们均等化公共服务和相关福利；不担当，只支付农民工劳动报酬，而几乎不为他们提供失业、工伤、养老、医疗等保障，以致他们工作、生活充满变数和风险；不友好，城镇建设和居民生活都需要农民工，但城镇只对农民工承担有限责任，而不管他们居住、生活，甚至一些城镇居民以"邻避效应"的心理对待农民工，不愿意与进城农民在一个社区居住，不希望孩子与农民工子女在一个学校读书；不宽容，一些进城农民在城镇找不到正式工作，只能在城镇管理边缘地带做不符合城镇管理规范的生意，但城镇管理者往往以影响市容整洁为由进行管制，以至于一些进城农民在城镇缺乏生存空间。城镇规范化管理进城农民是维持城镇正常秩序的必要手段，本无可厚非，但其中的不公正、不公平、不担当、不友好、不宽容还需要城镇政府和城镇社会认真反思。

当然，仅仅反思这些是不够的，人的城镇化发展不仅要求城镇对进城农民工"好"，还要求城镇敞开怀抱，接纳进城的弱势群体和困难人群。城镇化进程中进入城镇空间的农民并非都拥有劳动能力，都能参与城镇建设和为城镇居民提供服务，其中有些是弱势、困难的农村人，他们随着城镇化大潮来到城镇，成为找不到工作的贫困人口，或者成为不愿意工作、流落街头的流浪者、拾荒者。农村弱势群体、困难人群进入城镇社会，让城镇政府为难——赶不走、管不得、养不起。更让城镇政府头疼的是，有些人文化素质低，生活习惯不好，不讲究卫生，不遵守城市社会规范。往轻处说，增加了城镇管理负担；往重处说，他们中有些人在城镇违法犯罪，成为城镇治安防范对象。因此，城镇一开始就拒绝农村弱势、困难人群进入，国家也为此制定了若干政策。

20 世纪 80 年代初，城镇社会管理比计划经济时期宽松，农村逃避计划生育、逃婚、逃学、逃债以及以乞讨为生的人大量流到城镇。由此，1982年国务院发布《城市流浪乞讨人员收容遣送办法》，要求并准予城镇收容所统一接收农村流浪到城镇的人员，并将他们遣送至原户籍所在地。90 年代后，到城镇打工的农村人越来越多，为了限制城镇流浪人口，1991 年国务院发布《关于收容遣送工作改革问题的意见》，将无合法证件、无固定住所、无稳定收入的流动人员视为收容对象，要求在城镇居住 3 天以上的非本地户口公民必须办理暂住证，否则要被收容遣送。如此，收容遣送演变为城镇为了自身安全而限制农村外流人口流入的强制性制度，并且城镇的收容遣送对象主要针对进城的农民，尤其是针对在城镇没有工作、没有居所的进城贫困人员。①

由于城镇收容遣送制度带有对农民的明显歧视，备受社会舆论诟病。2003 年公布的《城市生活无着的流浪乞讨人员救助管理办法》，取消了城镇收容遣送流浪人员的相关规定，将其改变为对城镇流浪人员的救助管理。相较于"收容遣送"，"救助管理"体现了政府对城镇流浪人员的柔情，尤其是"自愿、救济、帮助"的救助原则表明政府对民负责、为民服务的态度。更重要的是，尽管城镇大量流浪乞讨人员的存在影响了城镇形象，干扰了城镇居民正常生活和社会秩序，甚至给城镇治安带来隐患，如打架斗殴、强迫儿童乞讨、偷盗、抢劫等违法犯罪，但城镇对流浪人员管理更加人性化，不再是强制收容、遣返，而是帮助、救助，引导、护送流浪的残疾人、未成年人、老年人和行动不便的其他人员到救助站，并劝导受助人员返回其住所地或者所在单位。应该说，现在城镇政府给予农村进城的弱势、贫困人口包括流浪人员一定的生存空间，越来越多的农村进城贫困人口与流浪人员能在城镇生存下来，没有强制性政策排斥他们进城、禁止他们在城镇"讨生活"。在城镇，哪怕在北京、上海等特大城市的街上，人们也能看到衣衫褴褛、食

---

① 1992 年公安部发布《关于对外国人和华侨、港澳台同胞不得实行收容审查和劳动教养的通知》，这表明 1991 年国务院发布《关于收容遣送工作改革问题的意见》主要针对进城的农民。

不果腹的农村人，以及居住在桥洞、地下通道、工地边、火车站等地依靠捡垃圾为生的人。城镇已经为农村贫困人口进入撤除了篱栏，农民打工可以进城，农村弱势、贫困人群也可以到城镇寻求生活。

农村困难人群可以自由进出城镇，自主进行城镇生活，是城镇化发展的一大进步，但不难发现，一直以来城镇政府与城镇社会所需要的是进城劳动力及其创造的财富，而不是劳动者本人，更不是游手好闲的无业农民，包括就业失败或找不到工作的农民。就此而论，进城农民包括在城镇流浪的农民，如果他们因没有工作、没有生活来源而导致贫困问题，城镇通常是不管的。因此，新型城镇化发展要求城镇政府和城镇居民善待农民，不仅仅是农民工，还包括进城的流浪农民、就业失败的农民和找不到工作的农民；新型城镇化发展亟待解决的问题不仅仅是转变进城农民身份，使其成为城镇正式居民，还需要将进城农民全部纳入城镇化发展，让所有进城农民都能在城镇落下脚、有住处、能生活。这对城镇政府来说有一定难度，也是一个挑战，但这是以人的城镇化为核心的新型城镇化发展的要求，是新型城镇化发展赋予城镇政府义不容辞的责任。

二　城镇解决贫困问题的新挑战

回溯中国城镇化发展，农民进城及其市民化的主要对象是城郊失地农民和少数强势打工者。首先是城郊失地农民，他们是被动城镇化、市民化的。出于城镇空间扩张的需要，政府不得不转变他们身份——城镇为了获得城郊农民的承包地、宅基地，往往开出比较优厚的条件吸引他们向市民转身。其次是成功的进城打工者，他们是主动城镇化、市民化的。这部分农民几乎不需要政府支持，他们主要凭借自己的劳动能力获得城镇社会认可、接纳。最后是经济较宽裕的农民，尤其是长期在外打工的农民。他们为了小孩上学、孩子结婚或城镇创业方便，到中小城市包括村镇（县城镇、集镇）买房，并成为城镇居民。这部分农民正在快速增加：一是一些农民日子好了，希望到城镇居住、生活，以享有城镇高水平的公共服务；二是中小城市和村镇房地产开发过剩，政府为了去库存，鼓励农民进城买房。

此外，城镇政府更多关心自身发展和自身实力的增强，而几乎不承担促进农村发展和减少农村贫困人口的责任。计划经济时期国家重点发展城镇，乡村发展被国家忽视，改革开放后，国家仍优先保证城镇发展，并将城镇建设放到经济社会发展重要位置上。国家担心进城农民有可能侵蚀城镇居民既有权益，害怕进城农民影响城镇社会正常秩序和居民正常生活，以至于国家和城镇政府都不主动为进城农民解决实际困难。

也就是说，城镇欢迎农民劳动力，但也存在一定顾虑：一方面，如果城镇政府不解决进城农民的贫困问题，这些贫困农民有可能流落街头，以乞讨为生，甚至不排除有些人会为生活所迫从事违法犯罪活动，扰乱城镇社会秩序。另一方面，如果城镇政府为他们提供低保等保障，有可能造成"洼地效应"，不仅生活贫困的农民因为他们拥有与城镇老居民几乎同水平的保障而不愿意离开这个城镇，而且其他地区的农民也可能因为这个城镇"钱多"而不约而同地"速来"，致使城镇政府包袱越背越沉重，从而影响城镇建设和城镇发展，这种情况是完全有可能发生的。

改革开放后，城镇进行了一系列市场化改革，尤其是国有企业的"关、停、并、转"改革，造成了大批企业职工下岗、早退和内退——失去工作的城镇职工生活陷入窘境，沦为城镇社会的贫困人口。改革带来的城镇贫困问题，不同于城镇原有的弱势群体贫困问题，城镇政府对无生活来源、无劳动能力以及无法定赡养人和抚养人的"三无"人员有较成熟、较完善的福利保障措施，而对城镇新增加的下岗、失业者和无单位的退休人员，城镇政府起初并没有相应的保障措施，以至于一些城镇出现了较严重的贫困问题。因此，1999年国务院颁布了《城市最低生活保障条例》，规定城镇政府为"凡共同生活的家庭成员人均收入低于当地城市居民最低生活保障标准"的非农业户口的城镇居民提供最低生活保障。截至2000年，全国几乎所有城镇都为城镇弱势群体和困难人群提供了最低社会保障，城镇的贫困问题基本得到有效解决。

但是，城镇政府用城镇现有低保、救助措施难以应对进城农民的贫困问题。这是由于：一是成本太高，并且随着进城贫困农民不断增加，城镇政府财政压力大；二是进城贫困农民流动性强，不稳定，不仅在城乡间变动，而且还在不同城市流动，城镇政府难以准确把控；三是进城贫困农民不仅是进城的本人的问题，城镇扶贫不可避免要涉及他的家庭成员就业、子女上学等一系列问题；四是进城贫困农民不是完全的城镇人，他们在农村有财产、有收入，城镇政府对其救济的标准较难确定——低了，不能解决他们的生活困难；高了，则有悖社会公正原则。农民进城带来的贫困问题，城镇政府必须解决，但如何解决却是个棘手问题。也就是说，城镇对拥有城镇户籍的困难人群有较完整的扶助政策，针对城镇户籍的贫困居民基本生活的保障措施也是有效的、可行的，但是，城镇社会不再是封闭的，越来越多的农民涌入城镇，带来了更多的、新的贫困问题。

城镇政府重视并解决进城农民的贫困问题，既是政府维护人民群众的合法权益，始终与群众心连心、同呼吸、共命运的体现，也是新型城镇和城乡一体化发展赋予城镇政府的时代责任。其一，国家推行城乡一体化发展战略，要求缩小城乡差距，实现城乡公共服务一体化，而扶贫服务是公共服务的一项重要内容，城镇政府需要按照城乡一体化标准为城镇老居民和新居民提供均等化服务；其二，越来越多的城镇政府在"十三五"发展中强调推进城乡最低社会保障均等化，不仅针对本地区的户籍居民，还需要将城镇外来人口包括进来。

三　城镇比农村更容易解决贫困问题

进城农民受到户籍制度和农村土地制度限制，大多数农民工只把城镇打工作为挣钱手段，他们无心长久居住在城镇。（1）进城打工者不讲究临时住所的条件，集体宿舍、工棚、地下室、棚户区、城郊农村的出租屋都可以作为临时住所；（2）打工者在城镇的日常生活简单，吃饭基本上依靠单位食堂，没有食堂可以就餐的打工者，一般采取相互搭伙方式，共同出钱雇人做饭；（3）大多数打工者只身一人在城镇打拼，不仅经常变换住地，而且打工城市也不固定，在多数打工者的心目中，唯有老人、配偶和孩子生活的农村老家才是他们真正的"家"。

在西方发达国家发展过程中，农村贫困人口为了在城市"寻找某种更好的东西"，不断涌入城市，城市也不同程度地出现了农村贫困人口进城寻找工作困难、流浪乞讨泛滥、社会治安状况混乱等问题。对此，爱德华·格莱泽认为："这是一种值得欣慰的城市生活的写照"，它"使得城市地区充满活力"[1]；城市

---

[1] 〔美〕爱德华·格莱泽：《城市的胜利》，刘润泉译，上海社会科学院出版社，2012，第9页。

存在贫困现象不是城市的劣势，而是城市优势的体现。并且，他还指出，城市具有农村居住地无法找到的优势，"即使与最为悲惨的城市贫困人口相比，农村地区的情况通常仍然更为糟糕"——尽管"农村里的生活可能比贫民窟更加安全，但那是一种让世世代代永远贫穷的安全"；"尽管城市里的贫困现象非常可怕，但它可能为贫困人口和整个国家提供了一条走向繁荣的道路"①。

世界上城镇贫困的出现与城镇发展是同步的，甚至一些发达国家在城镇化发展中还将农村贫困人口赶到城市。如今发达国家的农村几乎没有贫困人口，而每一个城镇都有一定量的贫困人口。20世纪90年代中期，美国城镇总人口10%的人接受政府的贫困救助，欧盟国家80年代末90年代初贫困人口超过5200万人，约占总人口的10%②。在几乎所有的西方国家城镇中都有露宿街头、无家可归的人，美国达580万人，法国至少有80万人③。一般来说，越是大城市，贫困人口越集中，如美国的一项经验研究也显示，在美国贫困率达40%以上的"高贫困社区"中，84.5%在大都市地区。④ 而中国城镇贫困人口规模要小得多。第六次人口普查数据显示，中国城镇贫困人口比例为7.5%~8.7%⑤。景天魁也研究指出，中国城镇贫困人口大约为2000万~3000万人⑥。

城镇解决贫困问题比农村更有效率，城镇应该成为国家解决农村贫困人口的主阵地。农村人口居住分散，自然条件差、经济发展落后，如果要解决贫困问题，需要大量地进行基础设施建设，需要国家付出很高的代价。而城镇贫困问题是加尔布雷思说的"富裕社会的贫困问题"⑦，城镇具有公共服务、资源集聚的优势，可以更大范围、更深程度、更低成本地满足贫困人口

① 〔美〕爱德华·格莱泽：《城市的胜利》，刘润泉译，上海社会科学院出版社，2012，第69~70页。

② 王春萍：《可行能力视角下城市贫困与反贫困研究》，西北工业大学出版社，2008，第73页。

③ 钱振明主编《城市管理学》，苏州大学出版社，2005，第18页。

④ Paul A. Jargowsky, *Poverty and Place*：*Ghettos, Barrios and the American City*, Russell Sage Foundation, New York, 1997, p. vii.

⑤ 向春玲等：《城镇化热点难点前沿问题》，中共中央党校出版社，2014，第16页。

⑥ 景天魁：《社会政策的效益底线与类型转变——基于改革开放以来反贫困历程的反思》，《探索与争鸣》2014年第10期。

⑦ 刘合波：《富裕社会中的贫困：加尔布雷思的政治经济思想研究》，《哲学研究》2013年第9期。

生存需求。亨廷顿曾指出，"城市的经济活动和经济机会与乡村相比，简直不可胜数""农民从自己的乡村草房移居城市的贫民窟是一种关键性的和不可抗拒的变迁"①。格莱泽更看好城镇减少农村贫困人口的作用，他认为："希望城市能够接纳数亿百万计的农村贫困人口远远比希望那些潜在的移民在农业孤岛上寿终正寝好得多"②；城镇有贫困人口，不是城镇将居民变成贫困，而是城镇利用优势吸引更多农村贫困人口，贫困人口不断涌入城市，"其目的是寻找某种更好的东西，这是一种值得欣慰的城市生活的写照"③；"尽管城市里的贫困现象非常可怕，但它可能为贫困人口和整个国家提供了一条走向繁荣的道路"④；"任何试图降低某一座城市贫困水平的努力都有可能会弄巧成拙，因为更多的贫困人口受到吸引，反而会提高这座城市的贫困水平"⑤。中国是发展中国家，农村人口多，农村贫困人口也很多，不能指望农村政府解决农村所有的贫困问题。更何况，国家推行减少农业人口规模的新型城镇化发展战略，农民大量进城及其所带来的贫困问题将愈发突出，城镇政府必须面对转移人口带来的贫困问题。

四　城镇应对"转移性贫困"的主要策略

以人为核心的新型城镇化发展已经成为中国城镇化发展新趋势，但城镇化发展不仅要转移农村人口到城镇，促使他们转身为市民，而且城镇化也是农村扶贫、脱贫的重要手段，国家需要借助城镇化发展减少农村贫困人口。如此，城镇政府在城镇化快速发展中既要接纳进城农民工，为他们的市民化提供公共服务，还要完善城镇反贫困政策，改进反贫困措施，更好地应对因农村人进城而可能带来的更多的贫困问题。

有学者在研究中已经注意到因城镇就业机会不足、劳动者收入低下等因素导致的"贫困转移问题"，即"本来一些人口在农村不算贫困，可是转移

---

① 〔美〕塞缪尔·P. 亨廷顿：《变迁社会中的政治秩序》，王冠华、刘为等译，上海人民出版社，2008，第 55 页。

② 〔美〕爱德华·格莱泽：《城市的胜利》，刘润泉译，上海社会科学院出版社，2012，第 65 页。

③ 〔美〕爱德华·格莱泽：《城市的胜利》，刘润泉译，上海社会科学院出版社，2012，第 9 页。

④ 〔美〕爱德华·格莱泽：《城市的胜利》，刘润泉译，上海社会科学院出版社，2012，第 70 页。

⑤ 〔美〕爱德华·格莱泽：《城市的胜利》，刘润泉译，上海社会科学院出版社，2012，第 71 页。

进城市后，变成了城市的贫困人口"。① 针对城镇因农村人进城出现的贫困新问题，学界提出"堵"和"疏"两种应对策略。"堵"的观点认为，农村人口包括贫困人口向城镇转移，主要源于城乡间巨大差距，如果城乡公共资源做到均衡配置，农村公共服务能力和居民生活质量与城镇一样，农村人就不会进入城镇。因此，他们主张加强农村基础设施建设、发展农村公共事业、统筹城乡文化发展等措施留住农村人，进而减少因农村人进城而带来的贫困问题。"疏"的观点认为，农村人在城镇之所以出现贫困，主要是他们择业机会少，就业能力低，如此，城镇需要加强针对农村劳动力的服务体系建设，强化职业培训，提高就业能力，从而减少进城农民因能力弱而致贫问题。② 不难看出，"堵"和"疏"体现了两种不同的城镇化发展理念："堵"是消极的，不符合新型城镇化发展趋势，城镇化发展必须继续推进更多的农村人口进城，不能因为进城农民有可能加重城镇贫困问题，就要求农村留住农民；"疏"是积极的，进城农民"弱"——多数人从事劳动密集型职业，工资待遇低，极易发生贫困——需要政府给予帮扶，这个方向是正确的，但仅仅提供培训是不够的，它不能解决进城农民贫困的关键性问题。进城农民贫困是多方面因素导致的，既有历史也有现实的因素，既有政策也有实践的原因，需要政府统筹谋划，采取"一揽子"的反贫困战略予以综合治理。

1. 应对进城农民"人"的贫困：贫困空间的生产与修复

大多数进城农民尤其是在大城市打工的农民没有自己的住房，他们除了住在工棚、集体宿舍外，一般居住在棚户区、城中村和城郊农村等城镇"退化区"。相比较城市商业区、学区、新型社区，进城农民居住的地方，道路、交通等公共设施落后，公共卫生状况差，人口拥挤，是城镇的贫困空间。更遗憾的是，这些适宜进城农民居住的空间正在不断缩小。近些年来，政府不断加大棚户区、城中村改造，城郊农村也逐步被打造为中高档社区，进城农民在城镇的居住问题越来越严重：一些农民为了住所离工作地近一

---

① 丁声俊、王耀鹏、路子显等：《反饥饿 反贫困——全球进行时》，中国农业出版社，2012，第296页。

② 中国（海南）改革发展研究院：《政府转型与社会再分配：经济社会协调发展与和谐社会构建》，中国经济出版社，2006，第217页。

点，减少交通费用，不停地变换居住场所；另一些农民为了能留在城镇，不惜租地下室、车库；还有一些农民为了节省住房成本，多人甚至十几个人合租一间房子，不仅生活不方便，增加安全隐患，还严重影响邻居生活，激化邻里矛盾。

农民集中居住在城镇"退化区"，不仅容易遭受空间剥夺和空间排斥，造成社会断裂和社会隔离，而且在空间上增强生活贫困和精神贫困的集中效应，并最终发展为贫困的恶性循环。但另外，城镇"退化区"的改造和建设缩小了进城农民居住空间，提高了进城农民的居住成本，一些农民会由此打道回府，或不敢将自己和家人的农业户口转变为城镇户口，这会制约新型城镇化进一步发展，也不利于农民市民化。勉强留下来的农民分散居住在城镇的各个角落，流动性、不确定性更强，城镇对流动人口管理更难。就此而言，从改善城镇居民生活条件、提高城镇整体形象上说，城中村、棚户区改造是必要的，但从方便进城农民生活和推进农民市民化来说，政府在城镇"退化区"改造中要兼顾进城农民利益，为进城农民尤其贫困人口保留一些生存空间。城镇空间改造"存在一个连续的双向过程，即人们在创造和改变城市空间的同时又被他们居住和工作的空间以各种方式控制着"。① 如此，城镇保留贫困空间体现的是城镇"空间正义"——空间问题实质上是社会正义问题。城镇空间改造要坚持正义取向：兼顾弱势群体和困难人群的利益，确保他们不遭受空间剥夺和排斥；警惕把"空间"作为社会治理的手段，剥夺和侵害城镇贫困人群个人和整体利益；在整体利益优先的原则下尽可能多地照顾城镇贫困人群利益，最好的措施是将进城农民纳入城镇"廉租房"和"经济适用房"规划；积极、主动地实施空间介入，改善进城农民居住的空间环境，促进他们向上流动；赋予进城农民参与空间改造和建设的利益表达权，确保他们在城镇的居住权。

2. 应对进城农民"公共"贫困：公共服务均等化发展

加尔布雷思把美国富裕社会的贫困划分为人的贫穷和公共贫困两种，

① 〔美〕保罗·诺克斯、史蒂文·平奇：《城市社会地理学导论》，荣彦成、张景秋译，商务印书馆，2005，第7页。

其中，公共贫困包括公共产品和公共服务贫乏。加尔布雷思认为，政府重私人财富积累而轻公共服务投入，以及把公共服务看成政府的一种负担或在公共服务上不作为，都可能导致富裕中的公共贫困。① 富裕社会中的公共服务缺乏或不均，不仅会使社会底层人难以享有公共产品和公共服务，造成低收入家庭用更多的人维持生计，而且可能带来深层次的道德层面影响，造成道德发展滞后与私人富足的巨大反差。更严重的是，私人服务的富足会给公共服务供给造成压力，带来民众心理和社会发展的进一步失衡，以至于原本捉襟见肘的公共产品和服务更加缺乏，使公共服务供应危机更加凸显。就此而言，解决公共贫困之道在于制造更多的公共产品、公共服务机会，"恢复私人产品富足与公共产品和服务的贫困间的平衡"。②

在中国城镇社会中，私人产品和公共产品发展不平衡的现象越来越严重，富人或社会中上阶层占有大量的经济和社会资源，城镇普通市民尤其是城镇弱势群体和困难人群的资源占比越来越少，贫富差距不断增大。多数进城农民在城镇几乎是一无所有的"赤贫"阶层，没有住房，没有固定工作，没有稳定收入，缺少社会保障，他们仅靠自己努力，越来越难以实现身份改变。正如托尼所说，即使他们终生操劳，也无法满足自己的需求。③ 进城农民向城镇居民转身并免于贫困，需要国家和社会为他们提供更多的、更高水平的公共服务，即"帮助穷人的最好办法不是将计划目标定位于更加关心穷人，而是相反：确保对资源、公共服务与机会由一个总体的框架安排，这些资源、公共服务与机会应该可以满足每一个人的需要，可以为每一个人所利用"。④

3. 应对进城农民"权益"贫困：给予民本关怀

总的来说，进城农民贫困的原因主要在于个人和体制两个方面。就个人

---

① 〔美〕约翰·肯尼思·加尔布雷思：《富裕社会》，赵勇等译，江苏人民出版社，2009，第109 ~ 110 页。

② 〔美〕约翰·肯尼思·加尔布雷思：《富裕社会》，赵勇等译，江苏人民出版社，2009，第213 ~ 219 页。

③ Tawney, R. H., *Equality*, London: George Allen & Unwin, 1964, p. 126.

④ 〔英〕保罗·斯皮克尔：《贫困与福利国家——解开"神话"的面纱》，参见丁开杰、林义编《后福利国家》，上海三联书店，2004，第308 页。

方面说，进城贫困农民是复合性弱势群体，[①] 他们的私人资本贫乏，社会网络资本薄弱，社会保护缺失，以至于在社会经济活动中处于劣势、在社会阶层中处于底端，他们中大多数人在劳动密集型产业工作，忙碌且辛苦，是"劳动穷人"（Working Poor）。[②] 就体制方面说，虽然贫困由多种因素综合形成，"但归根结底，是由制度不当所致"，[③] 属于制度性贫困或者结构性贫困。萨缪尔森在他的《经济学》中指出，除了由于饥荒和生产能力不足而引起老式贫困外，体制上的原因造成购买力不足、不公平的分配，引起了"丰裕中的贫困"。[④] 进城农民被城镇看作农民工或"新市民"，不能完整享有城镇公共服务，他们的"幼有所育、学有所教、劳有所得、病有所医、老有所养、住有所居、弱有所扶"的基本权益得不到有效保护，一旦遇到工作挫折或家庭困难，生活即刻陷入窘境。

无论是个人还是制度因素导致进城农民贫困，都要求城镇在反贫困中以促进"人的全面发展"为反贫困目标，给予进城农民更多的人本关怀，进而矫正社会排斥、社会歧视，维护进城农民人格尊严。1601 年英国政府颁布的《伊丽莎白济贫法》确立了社会援助贫困者的责任，并根据贫穷的原因给予贫困者不同帮助，但该法把大部分贫困理解为人的道德缺陷和懒惰，由此造成对贫困者救济的同时给予贫困者惩罚，侵犯了贫困者的自由与独立性。第二次世界大战后，施行了三百多年的《伊丽莎白济贫法》被《家居津贴法》《国民救济法》取代，主要源于英国政府对贫困者的人本关怀，即"广泛存在的贫困是现实分配不公的结果"，"将有限的资源集中于符合需要救助的人们"，"减少对受助者人格尊严的损害"等。[⑤] 中国城镇化发展已进入城乡融合发展阶段，已经具有一定的经济实力解决农村和城镇的贫困问题，需要城镇将更多的福利和保障资

---

① 李汉宗、贺寨平：《城市贫困人口的个人特征对社会支持网的影响——以天津市为例》，《城市问题》2010 年第 6 期。

② Iceland, J., *Poverty in America: A Handbook*, Berkeley: University of California Press, 2013, p. 189.

③ 刘振杰：《资产社会政策视域下的农村贫困治理》，《学术界》2012 年第 9 期。

④ Samuelson, Paul, A., *Economics*, Eleventh Edition, New York : The McGraw-Hill Companies, Inc., 1980, p. 223.

⑤ 唐宜荣：《责任与行动：中国城市反贫困责任伦理问题研究》，湖南人民出版社，2005，第 151 页。

源用于救助进城贫困农民。城乡公共服务要一体化，城乡反贫困也要一体化，城乡每一位贫困者，包括进城的贫困农民，都有权获得国家的均等化扶贫服务，城镇政府必须给予进城农民更多的关怀，给予他们与市民均等化的保障权益。

第 七 章
人的城镇化与公共性建构

本章讨论的是人的城镇化发展的深层次问题，即人的城镇化需要建构城乡一体化、城乡融合的公共性。以人为核心的新型城镇化不同于以物为核心的传统城镇化，要求农村公共性与城镇化公共性对接、并轨，保障城乡居民公平、公正地享有统一的公共性。

第一节　人的城镇化发展的公共性诉求及其实现

一　公共性转换

学界对公共性诠释不尽相同，交往互动层面、制度层面、价值观层面的公共性，以及国家与社会关系层面的公共性有不同的指涉，但都有公开性、公正性、公平性、共有性、共享性、共同性等特性。公共性在社会建设中处于基础性地位，"既是社会建设的重要目标又是其支撑性条件之一"，还是促成"社会团结"的重要机制。① 作为社会建设重要内容之一的新型城镇化是城乡公正、共同发展的建设工程，不仅要求传统农村社会向城镇社会转型，实现城乡一体化发展，而且要坚持以人为本、以民为本的发展理念，将"公共性"作为新型城镇化发展的依存条件，着力推进公共服务城乡均等化，进而保障广大农民尤其是进城农民充分享有城镇公共利益和现代文明。然而，中国的城乡二元结构仍旧牢固，农村公共性与城镇公共性还没有完全

---

① 李友梅等：《当代中国社会建设的公共性困境及其超越》，《中国社会科学》2012 年第 4 期。

实现互通、共融，以至于新型城镇化因城乡公共性断裂而难以良性发展，城镇化中的人的问题依然复杂。

以人为核心的新型城镇化发展需要城乡一体化公共性支持。自新公共管理、新公共服务理论付诸实践以来，普世契约论逐步式微。与此同时，新公共管理和新公共服务带来了公共性扩散，许多社会构成要素具有了公共性内涵，尤其是强调社会和谐共生、均衡发展的新发展主义兴起，否定了片面重视经济发展的单一目标和牺牲人类公共利益、忽视公平公正价值理念的"极端发展主义"，呼吁依照社会发展公共性建立公共秩序。因此，很多学者从不同学科对公共性进行广泛、深入研究，建构了公共性理论体系，并将公共性理论成果应用到相关实践研究中。但是，公共性应用研究主要集中在社会建设、社会治理、公共管理、公共经济等方面，而将公共性运用到城镇化或对城镇化发展公共性进行研究的成果较少。

尽管有研究看到城镇化发展的公共性问题，如公共性不足、公共性形态差异等，但这些研究没有揭示城镇化尤其是新型城镇化发展的公共性本质，更缺少根据新型城镇化发展要求建构并完善公共性。如有学者发现，传统城镇化模式忽视了公共性，而"'以人为本'新型城镇化建设思路的提出则是公共性的价值回归和直接体现"。[①] 这应该算是"新发现"，研究将公共性与新型城镇化发展联系起来，拓展了公共性和新型城镇化研究领域，对提升公共性和发展新型城镇化都有一定的理论意义，尤其是对新型城镇化发展公共性不足问题的研究不乏应用价值：研究从政府、市场和社会角度检视了新型城镇化发展的公共性问题，即政府引导错位带来公共性引导不足，市场承载失位导致公共性价值的泛化，社会参与缺位致使公共性条件不足；研究还从有效的制度供给与公共性的规塑、公开的政策议程与公共性的扩散、转型的社区治理与公共性的成长三个方面探讨了公共性培育路径。但遗憾的是，这一新型城镇化发展中的公共性研究主要是"就事论事"，从静态视角对城镇化发展中的公共性做一般性探讨，没有或者说没有很好地结合新型城镇化特点和内在变化规律阐述公共性不足和公共性培育途径，更没有研究城镇化发展对公共性的不同要求和变化。换言之，研究关心的是当前"共时"问题，

[①] 金太军：《中国城镇化推进中的公共性不足及其培育》，《社会科学战线》2015 年第 1 期。

几乎没有涉及过去和未来的"历时公共性"，以至于研究的"新发现"主要是"实然性"的，而缺少"应然性"。

相比较而言，"流动的公共性"概念的提出对城镇化发展公共性研究具有建设价值。流动的公共性是从公共性中剥离出来的、相对独立的动态公共性，视域跨越农村和城镇边界，即在城乡共同空间上建构公共性、探究公共性对游走在城乡间的农村流动人口更有意义。由于中国城乡二元结构对人口流动、公共服务、社会保障等存在较大的结构力，不同地域空间的人获得的公共性保障受到城乡以及不同地域的限制，作为整体性的公共性还没有向所有人开放，不同空间的公共性是断裂的，缺乏有机对接，更没有并轨为统一的公共性，致使一些流动人口不能将户籍所在地的公共性带到居住地，并且居住地的公共性是市民的，流动人口不能享有居住地的公共性，这导致广大进城农民始终徘徊在市民化路上，而难以实现人的城镇化。如此，彰显公共性的动态性和跨域性，有助于打破公共性空间限制，让公共性流动起来。①

流动的公共性认为，城乡居民在城乡共同发展中存在共同利益，并且流动人口包括进城农民的利益需要在流动的空间、时间框架中去实现。正如田毅鹏所说，流动的公共性"特指在现代城乡关系转换的进程中，为保障往返于城乡之间农村流动人口的基本权益而拓展和创生出的公共性形态"，②它基于城乡二元结构的二元公共性不平等提出转换乡村公共性构造，使流动人口权益有流动的公共性支持，进而保障流动人口享有现代公民所享受的基本权利。应该说"流动公共性"体现了中国乡村的城镇化发展趋势要求，回应了农民在城乡间流动的权益如何保障的问题，有利于国家政策的公平性、平等性建设。但流动公共性主要针对的是流动人口权益，希望通过公共性流动来维护流动人口的权益，没有很好地回应国家新型城镇化发展战略，也没有指出公共性流动与人的城镇化发展的关系。进而言之，流动公共性对以人为核心的新型城镇化发展适用性有限，新型城镇化发展需要有全新的公共性支持。

① 芦恒、郑超月：《"流动的公共性"视角下老年流动群体的类型与精准治理——以城市"老漂族"为中心》，《江海学刊》2016年第2期。
② 田毅鹏：《流动的公共性》，《开放时代》2009年第8期。

以人为核心的新型城镇化是中国城乡结构的一体化发展，它担负着消弭城乡二元差距、打破城乡二元结构、实现城乡协调发展的使命。就此而言，农村人口流动进城、实现市民化，仅有流动的公共性支持是不够的。严格意义上来说，流动的公共性充其量只能解决人口在流动过程中暂时的、当前的问题，防止或减少流动人口的权益流失，但要使流动人口在城镇住下来并转身为市民，还需要更高层次、更广泛内涵的公共性。本书根据新型城镇化发展趋势和内在规律要求，结合当下社会发展中公共性诸多问题，将支持新型城镇化发展的公共性称为"城乡一体化公共性"。

在以往研究中，无论是西方国家学者还是东亚如日本、韩国等国学者都看重公共性的"开放、差异与共在、共生"的特征，[1] 以及在人的"类特征"或"能群"社会特质上"扬弃个体利益而考虑他人利益的公共理念"和互相照顾、关心的一种生活状态，[2] 很少有人将公共性划分农村公共性和城镇公共性。但中国的具体国情不同于欧美和东亚的一些国家，自 20 世纪50 年代形成城乡二元结构形态后，国家治理和社会发展就一直在城乡二元结构下实施，国家、社会的公共性在城乡呈现不同，并一直延续至今。新型城镇化是要发展城镇社会、扩大城镇人口，但毫无疑问，新型城镇化需要在城乡一体化背景下发展，只有整合城乡公共性，才能促使新型城镇化在城乡一体化公共性上前行。

二　物的城镇化发展：公共性的断裂

中国城镇化发展道路坎坷、曲折，所依赖的公共性是缺失的、不足的。改革开放前，国家将经济发展和社会建设的重点转移到城镇，城镇居民的工作、生活都由国家、政府和用人单位全权负责，享有了"超国民"待遇，社会保障和福利水平大大高于农村。但是，国家为了在自己能力可承受范围内把城市居民更好地"养起来"，利用行政强制手段限制城市扩大规模，并利用户籍、粮食统购统销等制度禁止农民向城镇流动。不仅如此，国家还为了减轻城镇就业压力和政府的经济负担，采用"逆城镇化"方式将大批知

---

① 袁祖社：《"公共性"信念的养成："和谐社会"的实践哲学基础及其人文价值追求》，《陕西师范大学学报》（哲学社会科学版）2006 年第 3 期。

② 周志山、冯波：《马克思社会关系理论的公共性意蕴》，《马克思主义与现实》2011 年第 4 期。

识青年下放到农村，以至于中国城镇化发展极其缓慢，甚至出现停滞。从公共性视角看，改革开放前30多年里城镇化发展的公共性严重缺失，不仅农村人不能享有城镇公共性，他们被一系列制度排除在城镇空间外，而且城镇化自身的公共性对城镇居民也不公平、不公正，人们在国有企业、集体企业就业的工资、待遇不同，享有的福利也有很大差别。也就是说，城镇公共性局限于城镇空间，生活在农村的人基本上与城镇公共性无关，并且城镇自身的公共性也存在一定问题，不同单位、不同地域的城镇居民不能共享"公共性"。城镇的公共性范围有限、程度不高，没有向全社会、全体居民全面开放，城乡间、地域间、不同群体间的公共性不同，造成不同居民不能公平、公正地享有同一、统一的公共性，更难以做到"共生""共享""共赢"。

20世纪80年代，中国城镇化发展进入小城镇快速发展时期，一些经济发达地区如苏南利用农村经济体制改革政策兴办乡镇企业，农民尤其是青年农民纷纷进厂、进城，成为乡镇企业的员工。乡镇企业发展和小城镇建设为终日从事农业劳动的农民打开了一扇通往城镇、从事非农职业的大门，一些农村人可以进城分享城镇公共性待遇。但20世纪八九十年代的城镇对农民开放非常有限：一是国家"离土不离乡、进厂不进城"的城镇化发展政策不支持农民跨地区流动，也不允许他们到城市；二是部分农民进城到企业上班，成为企业正式员工，但他们的农民身份并没有改变，不能享有城镇居民的粮油等副食品补助待遇；三是小城镇在农村地域内，与村庄联系密切，即使农民进入乡镇企业工作，他们也没有进行城镇化，更没有被城镇接纳，即在小城镇工作的农民拥有的仍是农村公共性，而不是城镇公共性，城镇给予进城农民的公共性极其微弱。

20世纪90年代尤其在党的十四大后，城市改革步伐不断加快，并在市场机制激发下向农村、农民开放，农民可以自由进入城市打工。越来越多的农民突破城乡藩篱进入城市打工，成为居住在城市从事非农职业的农民工。城市政府准许农民进入城市，城市企业和社会也为进城农民提供大量就业岗位，但一直以来城镇接受的是农民劳动力而不是农民劳动者。农民劳动者为城镇建设和发展支出劳动力，得到的却是比城镇正式职工低很多的工资，并且没有相应的社会保障。面对城镇的公共性歧视，第一代农民工几乎是"沉默的羔羊",很少有人意识到劳动权利受到侵害,更不要说为正当的劳动权利去抗争。多数农民工对城镇社会的要求就是允许他们留在城镇做工,至于工资的多少、保障的有无,他们较少关心。因为在 20 世纪 90 年代城乡劳动收入差距大,进城农民的非农工资收入普遍高于农业劳动者的农业劳动收入,他们只要能在城镇谋取到职业,无论劳动条件还是工资收入都好于农村,借此,他们几乎不对企业提出权益要求,也不向城镇政府主张市民要求——不少进城农民把自己看成城镇的闯入者、局外人,认为城镇不给他们市民待遇是在情理之中的。进城农民的自我评判对城镇来说是再好不过的事情,可以最低成本地使用农民劳动力建设城镇社会,发展城镇经济。中国城镇在改革开放后尤其在 20 世纪 90 年代中期能快速发展,与城镇低成本使用进城农民有较大关系,正是农民的奉献与牺牲成就了城镇的发展和繁荣。

进城农民的弱势和城镇社会"不公正"成就了中国物的城镇化快速发展,城镇规模成倍扩大,城镇面貌也日新月异。但是,物的城镇化发展暴露出的问题也越来越多,不仅城镇出现了交通拥挤、空气污染等城市病,而且农村也因农民大量流出而出现空心村庄、土地撂荒、治理主体缺乏,以及留守老人、留守妇女和留守儿童等一系列问题。与城镇化快速发展相伴随的是城乡差距扩大,即使在 2006 年后国家推行新农村建设,城乡差距也没有得到明显缩小。

毫无疑问,造成中国城镇化发展忽视农民权益和进城农民转变市民身份难的主要责任者不是进城农民。从公共性视角看,这是国家在 30 多年的物的城镇化发展中没有统一城乡公共性导致的,如,在城乡关系上,国家支持城镇低价征收农村土地,而农村几乎难以分享城镇资源,即使国家实施了工业反哺农业、城市支持农村的"以工促农、以城带乡"政策,农村的土地、财富资源还是源源不断地流向城镇;在公共设施上,城镇的公共设施,如道路、交通、医院、学校等都好于农村,一些农民尤其是年轻农民想进城主要是为了获得更高水平的公共服务;在权益保障上,城镇居民有完善的社会保障,可以享有高层次的教育、医疗、就业等服务,而农民包括进城农民的权益保障不全面,保障层次低,甚至还有诸多保障盲区,进城农民看病得不到医疗保障,失业得不到失业保障,生活困难的进城农民在城镇也享受不到最低生活保障。

综上，物的城镇化发展中的公共性是断裂的。在改革开放前，中国社会被一系列不平等制度区隔为城乡两个单元，农村资源不断流入城镇，而农村人口却被限定在农村，不能随意进城，更不能转身为市民。如此，社会治理的公共性分为城乡两个公共性：农村公共性不同于城镇公共性，国家为城乡居民做出的制度安排不尽相同。现实中，进城农民与市民居住、生活在城镇空间，已经形成谁都离不开谁的密切关系，但城镇社会的两个公共性将市民和进城农民隔开，市民在城镇公共性下生活，进城农民只能在城乡交叉的公共性下生活。进城农民拥有的公共性既不同于城镇公共性和农村公共性，又兼顾城镇公共性和农村公共性，是物的城镇化发展进程中滋生的另类公共性。

三　人的城镇化：建构新公共性

以土地城镇化、空间城镇化为主要内容的物的城镇化是城乡二元结构下城镇化量的扩张，它造成人口城镇化与土地城镇化、空间城镇化不协调，导致人的城镇化严重滞后于物的城镇化。城镇化发展中人与物的矛盾已经折损了城镇化发展质量，使中国城镇化发展呈现"半城镇化"特征。不彻底的"半城镇化"初步解决了农民流动、进城和工作问题，但没有解决进城农民向市民转身的人的城镇化问题，绝大多数进城农民还是农民身份。检讨城镇化发展偏差和工作失误，不仅要减缓土地、空间城镇化扩张，加速农业人口向城镇转移，优化城镇化发展的"人—物"结构，还需要让农村公共性对接城镇公共性，努力在城乡一体化公共性上保障进城农民获得市民权益，进而使居村农民、进城农民和城镇市民享有均等化公共服务和社会保障。当前中国城镇化已经进入中后期发展阶段，公共性问题随着大量农民流动超越了城乡边界，"触角几乎伸展到了社会生活的各个领域"，[①] 并且突出表现为"人的平等问题"。[②] 如是，新型城镇化发展对公共性的要求比物的城镇化更高、更广泛，除了要弥合城乡公共性断裂，实现公共性的城乡融合，还要根

---

① 袁祖社：《"公共哲学"与当代中国的公共性社会实践》，《中国社会科学》2007 年第 3 期。
② 郭湛主编《社会公共性研究》，人民出版社，2009，第 97 页。

据新型城镇化发展中的人的城镇化需求建构新公共性。

建构新型城镇化发展的新公共性可以选择两个着力点，即在形式上拓展公共性空间，在内容上培育多元公共性。

1. 在形式上：拓展公共性空间

城乡二元结构下的公共性彼此封闭、相对独立，居民生活在城乡两个不同的公共性下，过着城里人和乡村人两种不同的生活。时至今日，农村公共性空间与城镇公共性空间呈现的图景还有较大差别。在农村公共空间里，公共设施少、层次低，道路、水渠和公共活动场所如商店、学校、卫生院或诊所等仅能维持村民日常生产生活最基本的需要。虽然新农村建设开展后，国家和各级政府加大了农村公共事业和公共设施投入，农村公共空间的公共品数量与质量都有所提升，但由于多数农村人口外流进城，农村公共空间里的公共品呈现总量不足与部分闲置或荒废并存状况，甚至一些地方出现了公共品损坏的严重问题。而在城镇公共空间里，道路、水电管线、电视和通信等公共设施齐全，学校、医院、商场、市场、服务中心等机构配备到居民家门口，居民可以享有较高水平的公共设施和公共服务。尽管如此，由于大量农民涌入城镇空间，一些城市尤其是大城市出现一定程度的公共产品过度消费或拥挤，城镇居民的公共生活甚至个人生活都受到不同程度的影响，城镇空间的公共性问题愈发突出。就此看，尽管城镇公共空间里的公共品和公共服务好于农村，但城镇公共空间与农村公共空间一样也存在一些公共性问题，公共品短缺及发展失调问题普遍存在，甚至一些地方还出现公共空间缩小、公共设施不足的公共性危机。

新型城镇化发展除了要打破城乡空间结构的公共性限制、促进农村公共性空间与城镇公共性空间对接外，还要拓展农村公共性空间和城镇公共性空间，让城乡两个公共空间互通、共享。一方面，拓展农村公共空间，国家要把公共事业发展重点和公共设施建设重点放到农村，提高农村公共空间服务水平，确保居村农民能方便、高效地享有均等化服务；另一方面，拓展城镇公共空间，国家和城镇政府要主动将进城农民纳入城镇公共设施和公共服务规划与发展计划，将进城农民视为市民而不是"新市民"或"准市民"，真心实意地为进城农民提供与市民均等化的公共服务。当然，由于公共性空间还包括无形空间，新型城镇化发展也需要拓展无形公共空间，如，城镇的现代文明向农村覆盖；城镇公共服务向农村延伸；城镇资本下乡发展农村公共事业；以及农村人能方便到城镇就业、看病、上学等。再者，新型城镇化发展进程中的公共性空间拓展是双向的，农村公共性空间拓展与城镇公共性空间同等重要。由于越来越多的城市人想逃离拥挤的城镇空间，希望到农村过田园生活或休假，农村在城镇化进程中不能简单地一味缩小公共空间，有些地方还要强化公共性空间建设，以吸引更多的市民到农村居住和生活。

2. 在内容上：培育多元公共性

学界的"新公共性"在欧美一些国家指公共性的多元形态，而在东亚一些国家则指改变公共性主要由"公家"的政府承载、市场力量与政府交织在一起、社会力量发展不够成熟的现象，着力培育社会力量更好地参与政府公共行动。① 新型城镇化发展中的"新公共性"内容宽泛，兼顾多元公共性，既含有多元主体，又涉及多元形态。

（1）多元参与。传统城镇化是政府自上而下地推动城镇经济社会发展的过程，政府是城镇化的主导者，而城乡居民、各级各类组织包括市场组织、社会组织等只是一般的响应者、服从者，他们必须执行政府的城镇化意志，进行相应的城镇化行动。政府在城镇化发展中角色是公共利益的唯一代表者，全权处理不同利益主体的城镇化利益诉求。但是，政府也是理性人，除"公利"外还有政府的"私利"，它与其他主体一样也会出现"失灵"，造成城镇化在某个时期或某些地方违背整体利益、长远利益而丢失公共性的问题。譬如，地方政府在物的城镇化发展中推崇土地财政，提高了城镇化成本，造成城镇发展快、农村发展慢，以及进城农民买不起城镇住房等一系列问题。城镇化是需要全社会参与的浩大发展工程，政府不能以公共利益代表者自居，全权包办城镇化发展，需要动员市场主体、社会主体和广大民众参与城镇化发展——不同主体都要参与城镇化建设，在规划设计、制度制定等方面听取不同主体意见，使新型城镇化具有更多"公意"，更好地满足不同建设主体的共同需求，进而提升新型城镇化的公共利益。

---

① 田毅鹏：《东亚"新公共性"的构建及其限制——以中日两国为例》，《吉林大学社会科学学报》2005 年第 6 期。

（2）多元利益。城镇化是制度化行动，公共性更多体现在制度"公性"上，强调维护公共利益，并且城镇化发展中的"公"是兼顾多元利益主体的主体性的"共同""共性"的"动态公"。为了多元主体在城镇化中能共生、共赢，城镇化发展需要以个体自我实现为前提，在制度、政策的"公"与不同个体的"私"之间寻求平衡，即城镇化发展的"公"要在体现或维护个体"私"的前提下实现。然而，一直以来，中国城镇化发展重视"公"而忽视或否定个体"私"，过于强调国家和政府的"公性"，要求个体包括个人必须无条件地服从城镇化制度安排。如在计划经济时期，国家漠视农民个体进城要求，严禁农民进城；在物的城镇化发展阶段，一些地方不顾农民意愿和利益要求，强迫农民进城、上楼。如此，新型城镇化的公共性要以"个体主义"为依托，自觉将城镇化社会保障和公共服务延伸至参与城镇化发展的每一个个体中，既不能切割城乡公共空间，也不能限制个体需求，让城镇化的制度安排建立在充分尊重个体利益基础上，并精准为不同个体提供个性化服务。当然，要求新型城镇化发展尊重多元主体利益并非要推行"原子化的个体主义"，任由每一个体不择手段地谋取私利，而主要是指新型城镇化制度、政策要充分尊重人的尊严、自主发展、自我发展，以及维护个体的正当权益。

（3）多元发展。新型城镇化发展需要多元发展。首先，支持新型城镇化发展的公共性不再是政府垄断的一元公共性，而是多元公共性，是面向广大民众开放的扩散了的公共性。[①] 新型城镇化"呈现出走向合作治理的必然性"，要求治理主体多元化，[②] 因此，进城农民不仅是治理对象，更是政府公共服务和城镇社会服务的对象，政府和城镇社会应该允许那些暂没有城市户籍的进城农民参与城镇治理。其次，新型城镇化发展并非单纯地做强、做大城镇，它还要求农村在新型城镇化发展中成为经济强、百姓富、环境美、社会文明程度高的"强富美高"的社会，即新型城镇化应该是城乡双向共同发展城乡一体化社会。居民根据自己意愿在城乡间自主地进城、返乡，独

---

① 〔日〕佐佐木毅、〔韩〕金泰昌：《中间团体开创的公共性》，王伟译，人民出版社，2009，第35页。

② 张康之、张乾友：《民主的没落与公共性的扩散——走向合作治理的社会治理变革逻辑》，《社会科学研究》2011年第2期。

立选择过城市或乡村生活，并且，国家还要充分尊重公民选择，保质保量地为他们提供公共服务。最后，新型城镇化是包容型发展，是以人为中心的人与人、人与社会、人与自然共同、和谐的发展，需要在发展中体现权利公平、规则公正、成果共享、利益共容，[①] 确保新型城镇化发展为了人民，不让一个人在新型城镇化发展中掉队，并且要让人民群众在新型城镇化中拥有更多的获得感，走共同富裕道路，共享新型城镇化发展成果。

四　在城乡一体化公共性上推进新型城镇化

新型城镇化与传统城镇化最大不同在于，传统城镇化是在城乡二元结构下城镇空间扩张的城镇化，进城农民暂留在城镇空间中，但转身为城镇正式居民的比较少；而新型城镇化是在城乡一体化结构下实施农业人口向城镇转移和让居村农民享有城镇文明的城镇化，要求消弭城乡差距，实现城乡居民"平权、同权"。尽管城乡一体化结构尚在建构中，城乡多种资源要素还没有做到互通、实现共享，但新型城镇化必须且只能在城乡一体化前提下推进，它所依赖的公共性既非城乡断裂的公共性，也非流动的公共性，而是城乡一体化公共性。尽管有些农村公共性随着流动农民进城而进城，驱使进城农民按照农村生活方式生活，但农村公共性是促进农业发展和农村建设的公共性，移植到城镇有机体会出现水土不服，不能支持进城农民进行城镇化行动。城镇公共性也是如此，只顾城镇老居民而不顾进城农民需求的公共性违背了以社会公正为最高价值目标的"社会公共性"本质，[②] 不符合以人的城镇化为核心的新型城镇化发展基本要求。新型城镇化发展要求城镇社会全面向农村和进城农民开放，并且要根据城乡一体化发展趋势改造、升级公共性，即城乡一体化公共性。

1. 在国家层面上，城乡政策要一体化

中国城乡二元结构形成、城乡经济社会发展差距大、城乡居民享有的国民待遇不一样，在一定程度上都源自制度政策不公平、不公正，户籍、粮油、社会保障等一系列制度政策都将城乡区别开来，农村资源被城镇不断汲

---

① 张宇燕：《注重提高发展的包容性》，《人民日报》2012年2月3日，第7版。

② Jurgen Habermas, *Between Facts and Norms*, Cambridge：Polity Press, 1996, p. 367.

取。新型城镇化发展的制度与政策要体现公正性、公平性、共有性、共享性，即制度政策要公平、公正，经得起公共性检测，绝不能重城镇、轻农村和重市民、轻农民，并且，制度政策还要保障城乡居民能共有城乡资源，共享城镇化、现代化发展成果。制度政策在制定和实施中要体现整体性、开放性和普惠性，维护城乡社会每一位成员的尊严和正当权益。

2. 在政府层面上，城乡治理要一体化

政府在城乡基层治理上没有实质性区别，城镇是"街区"体制下的居民自治，而农村是"乡政村治"体制的村民自治，但城镇化发展使城乡治理都出现了一些问题。在城镇，政府在治理上投入多，治理能力基本实现了现代化，但城镇治理没有将进城农民完全纳入，或者说城镇政府主要将进城农民视为管理、控制对象，很少为他们提供市民化公共服务，也几乎没有将他们视为治理主体，主动让他们参与城镇治理。在农村，政府因农业税取消而处于悬置状态，治理能力比城镇弱，治理水平比城镇低，更严重的是，由于城镇化发展带来大量农民进城，尤其是中青年农民离开农村使农村治理出现无人治理状态，甚至在一些地方，越来越多的农民将生活预期转移到城镇，他们不愿意参与农村治理。因此，新型城镇化发展要求国家以城乡治理一体化为理念实施城乡治理：一方面让城镇治理向农村延伸，提高农村治理水平，另一方面促使农村治理面向城镇，努力让农村治理对接城镇治理。①

3. 在社会层面上，城乡服务要一体化

城乡服务一体化是城乡公共性一体化最显著的表现形式，指城乡居民在公共服务、市场服务和互助服务等方面能获得等值化服务。中国城乡差别不仅表现在城乡经济发展、居民收入、生活条件上，还突出表现在服务上，农村整体服务质量、服务水平低于城镇。城镇化前，农村人极少流动，是一个熟人社会，充满脉脉温情，互助服务比较发达，村民能够从邻里、亲戚、朋友中寻求所需的帮助。然而，城镇化发展不断冲击农村，农村一些服务资源随着农民进城而减少甚至消失，村民生产、生活困难只能依靠政府提供的公共服务和市场提供的经营服务。遗憾的是，公共服务和经营服务在农村地区

---

① 吴业苗：《乡村治理的城镇面向与图景——基于"人的城镇化"发展逻辑》，《社会科学战线》2017 年第 3 期。

十分薄弱，即使新农村建设后政府加大了公共服务下乡力度，市场经营服务也在农村加大供给，但仍落后于城镇社会，不能满足农村人基本需求，普遍存在服务数量不足、服务质量不高的问题，影响了农村社会进一步发展。新型城镇化发展将有越来越多的农村人进城居住生活，城镇社会需要提高服务能力，扩大服务受众面，主动将进城农民纳入服务范围，为他们提供与市民一样的服务。农村的服务不能因为农村居民减少而减少服务供给，相反农村更需要加强服务：农村中青年人流出农村，老人的日常生活照料和养老问题更严重，需要养老服务支持；农村劳动力减少，土地规模化、现代化经营，需要有关部门和机构为家庭农场、专业大户、专业合作社提供产前、产中和产后服务；农村居民生活水平不断提高，健康、保健、医疗等方面服务要求增多，需要医疗卫生部门提供优质的卫生健康服务；等等。

4. 在个人层面上，城乡居民权益要一体化

在利益权上有两个关系需要处理，一个是公共利益与个人利益关系，另一个是城乡个人利益关系。在第一个关系处理上，布坎南基于虚幻公共性指出，公共决策不是根据公共利益的选择过程，而是存在的各种特殊利益之间的"缔约"过程。[①] 公共利益的实现不是要满足每一位社会成员利益要求，而是要使每一位社会成员的利益最大化。对此，学界基本形成共识，政策或决策的公共性要求在尊重或维护个体利益基础上实现公共利益。在第二个关系处理上，理论上没有多少争议，城镇人利益与农村人利益都需要维护。但在实践上，中国城乡居民利益没有被公正对待，进城农民的利益获得比城镇居民少。新型城镇化是增强农民市民权益的过程，国家和政府需要赋予城乡居民同等的利益权，要多予农民利益，不要让农民在城镇化中流血、流汗又流泪。

第二节　二元结构转换与城乡融合发展的公共性建构

改革开放后国家不断推进城乡融合发展，居村农民和进城农民生存状况明显改善。然而，由于针对城乡二元结构的系列改革存在公共性缺失，国家

---

① J. Buchanan, "A Contract Ran Paradigm for Appling Economics", *American Economics Review*, No. 5, 1975, pp. 225 – 230.

未能解决城市公共性侧重于"公性"和农村公共性偏向于"共性"的问题，以至于城乡二元结构存续至今。城乡二元结构偏离城乡融合发展的公共性本质，阻碍了城镇化、现代化进一步发展，亟须向城乡一体化结构转换。促进城乡二元结构向一体化结构转换，实现城乡融合发展，除了解决城乡间"不公共"问题外，还需要建构城乡对接、统一、均衡、共同的公共性。

一 城乡二元结构研究的不足

中国城乡二元结构是国家在计划经济时期自上而下推行城乡二元管理体制形成的，具有政府主导的强制性制度变迁特征。具体地说，城乡二元体制是国家根据 1949 年后的一穷二白国情和实现民族振兴愿景做出的促进重工业"赶超"发展的制度安排，不仅资源配置、生活资料供应、劳动就业和社会保障等偏向城市，城市拥有比农村更好的基础设施和发展条件，而且国家实施户籍管理制度，将城乡居民区分为农业户口和非农业户口，严格限制农业户口的人向城市流动和转移，最终形成了城市优越于农村的城乡二元经济社会结构。

集体化时期形成的城乡二元结构将总体性社会划分为两个不同质性的单元，即以农业生产为主的社队集体制农村和以工业生产为主的单位制城市。一方面，国家为了让城乡居民在各自场域内进行与之相应的经济和社会活动，建立了城乡分割、城乡有别的二元制度体系，包括户籍、住宅、粮食供给、副食品与燃料供应、生产资料供给，以及教育、就业、医疗、养老保险、劳动保护、人才、兵役、婚姻和生育等若干制度。[①] 这些制度的全方位实施有效地规约了农村居民行为，绝大多数农村人失去了向城镇流动的权利。另一方面，国家为了加快积累工业化资金和更好地维护城镇居民利益，人为地抬高了工业品价格和降低农产品价格，从工农产品不等价交易中获取"超额税"，致使农民经济利益长期遭受不公平"掠夺"。还有一方面，为了优先发展城市，国家推行城乡差别化公共品供给体制，国家和城市政府包揽了城市的公共设施和公共服务，居民拥有较全面的福利待遇，而农村的公共设施和公共服务主要由社队集体组织和农民个人承担，农民能够得到的

---

① 郭书田等：《失衡的中国》，河北人民出版社，1990，第 29~78 页。

"国民"待遇低于城市居民。一系列不平等的制度安排，造成了城乡几乎断裂的二元结构。

城乡二元结构看似是制度非帕累托改进造成的，但根本原因在于制度的公共性缺失。1949 年后，国家经济发展和社会建设的重点逐渐转向城市，如此，国家在保持社会主义公共性不变的前提下派生出程度不同的城市公共性和农村公共性——城市的公共性主要侧重于国家的"公"性，而农村的公共性更多强调社队集体的"共"性。改革开放后，尽管城市从单位制步入"后单位制"，农村也从集体化时代过渡到"后集体化"时代，城乡社会都发生了巨大变化，不再"井水不犯河水"，但是，中国"总体性社会"及其治理的国家权力没有发生根本性变化，国家总体性社会对应的"总体公共性"依然如旧。并且，虽然城乡经济发展和社会建设在国家总体公共性下统一进行，但由于城乡差距没有得到消弭，城镇与农村没有完全对接、并轨，城乡在多数情况下仍依照不同的公共性进行经济和社会活动。进入 21世纪后，国家在全面建成小康社会和基本实现现代化进程中实施诸多促进城乡融合发展新举措，不断加强城乡经济要素的互动与交流，但中国的城乡二元的结构力并没有由此而削弱，甚至在一些地方和部分领域还有所强化，以至于一些城市更像欧洲，一些老少边穷的农村还似非洲。

然而，学界很少有人用公共性视角检视城乡二元结构。城乡二元结构是中国推进乡村振兴和城镇化发展的社会背景，政治体制改革、乡村振兴和现代化建设等课题研究都不能不顾城乡二元结构的存在，城乡协调、均等化、城乡融合发展的实践活动更需要面对城乡二元结构的现实状况及其次生问题。借此，城乡二元结构一直是理论与实践研究的重要内容之一，经济学、政治学、社会学等学科的一些学者对城乡二元结构进行了大量研究，而且形成了具有一定成熟度的研究成果。

综观相关的研究成果，除了阐述城乡二元结构形成及制度根源外，研究主要集中在如何从制度上消除城乡二元结构。有学者认为，消除城乡二元结构、实现城乡融合发展的关键在于"体制上的变革和制度上的创新"。[①] 也

---

① 汪宇明、崔庆仙：《城乡一体化条件的体制创新、现实响应及其下一步》，《改革》2011 年第 2 期。

有学者对城乡二元制度改革困难进行了有针对性的研究，指出城乡二元制度壁垒之所以难以打破，重点在于"附着在背后的利益博弈均衡实现的困难"，"平衡既有利益需要付出巨大的改革成本"，任重道远。① 还有学者对如何进行二元制度改革提出建议。如黄锟研究指出，户籍制度仅仅是城乡二元结构的形式化制度，城乡二元制度改革的重点应该尽快"切换到对农民工的预期和收入等权利和待遇具有实质性影响的就业制度、社会保障制度、土地制度上来"；② 国务院发展研究中心农村部课题组研究提出，城乡二元结构"仍是目前我国面临的主要结构性问题之一"，建议从拓展城乡发展一体化的视角、保障农民公平分享土地增值收益、构建普惠"三农"的农村金融市场体系、构建城乡统一就业市场和服务可及的农村公共服务体系等五个方面促进城乡一体化发展。③

总的来看，当前的研究普遍认为城乡二元结构形成、存在及其问题都与国家实行城乡二元制度有关，其解构应该从制度上寻求突破口和解决办法。就此而论，学者们探究城乡二元结构的方向是正确的，发现的问题以及针对问题提出的建议也不乏现实意义和应用价值。但多数研究是在解释城乡二元结构的制度事实，或揭示制度造成的问题，制度改进方面的研究更多体现在"如何做"，对制度的"前理解"和制度改革的终极价值的研究不够重视。即研究既没有很好地解读制度的"公共性"缺失，又没有表达制度改进要实现的公共性目标，陷入从城乡二元制度破解城乡二元结构的套路，或相反，既不能从根本上纠正城乡二元制度"不公"，也不能对城乡二元的结构性问题予以更有效的回应。

鉴于中国城乡二元结构对城乡发展和现代化造成的不利影响，以及党的十九大提出"建立健全城乡融合发展体制机制和政策体系"的精神要求，本研究在汲取已有制度研究成果基础上，探究城乡二元结构的存续缘由、城

① 张国胜：《基于社会成本考虑的农民工市民化：一个转轨中发展大国的视角与政策选择》，《中国软科学》2009年第4期。
② 黄锟：《城乡二元制度对农民工市民化进程的影响与制度创新》，《现代经济参考研究》2014年第8期。
③ 国务院发展研究中心农村部课题组：《从城乡二元到城乡一体——我国城乡二元体制的突出矛盾与未来走向》，《管理世界》2014年第9期。

乡二元结构向一体化结构转换的公共性要求，并就城乡融合发展趋向提出跨越城乡的公共性建构路径。

二　城乡二元结构存续及其缘由

中国城乡二元结构自 20 世纪 50 年代以来始终保持较稳定状态，并在市场化、城镇化发展中不顾国家统筹发展政策干预，继续进行自我强化。姑且不论改革开放前国家主体有意形塑城乡二元结构，城乡之间出现泾渭分明界限，即便在改革开放后，国家实施了一系列城乡统筹发展政策，城乡二元结构仍保持着强大的对冲力，阻碍着城乡融合发展。农村实施家庭承包制后，农户的经济收入显著提高，除了农业生产收入外，还拥有来自城镇打工的工资性收入，并且，工资性收入成为农民家庭主要收入增长的来源。然而，城乡二元结构并没有随着农民进城、农户非农收入提高而出现消解，其结构的韧力顽强地将居民区分为农民与市民，而且农民仍是低于市民的"二等公民"。

实事求是地说，改革开放后尤其在进入 21 世纪后国家在制度层面上没有再强化城乡二元结构，而且为了缩小城乡差距、破除城乡二元结构进行了一系列制度改革。1982～1986 年中央连续 5 年下发关于农村工作的一号文件，为农村发展生产力"放权"。2003 年后中央每年的一号文件都以"三农"为主题，不断"让利"给农村，鼓励农民发展农业、提高收入和建设农村。从取消农业税、开展新农村建设到如今，国家实施了"工业反哺农业、城市支持农村"，以及"多予、少取、放活"等一系列强农、惠农、利农新政策。与此同时，国家将基础设施建设和社会事业发展重点也转移到农村，大力推动城乡公共服务均等化发展。但是，国家和各级政府所做的努力没有得到等值的回报，中国城乡差距并没有因为新制度、新政策、新举措而明显缩小，城乡二元结构在经济社会发展中仍保持较强的韧性和惯性，即使国家深化了户籍制度改革，取消了农业户口和非农业户口区别，实行统一的居住证制度，也由于城乡二元土地制度的存在，导致农民为了维护承包地、宅基地和农村集体建设用地的权益而不愿意放弃农业户口；即使居村农民的农业收入在家庭收入中占比越来越少，家庭不愿意种田的农民越来越多，也由于城乡二元就业保障制度没有覆盖全体农民，致使多数进城农民在非正规单位就业，工作极不稳定。也就是说，尽管国家和政府已经做了大量且不乏成效的工作，农村面貌发生了巨大变化，进城农民的生存状况也明显好转，但城乡二元结构"时至今日仍难以打破"，[①] 继续影响着城乡经济社会发展，左右着城乡居民的行动选择。

再者，城乡二元结构继续阻碍着城乡融合发展和农村城镇化、农民市民化的发展。城市凭借发展优势汲取了大量农村资源，农村的资金、劳动力等经济资源源源不断地向城市聚集，城市发展越来越快而农村发展越来越慢的"马太效应"并没有减弱。更严重的是，国家实施城镇化发展战略，要求农村人口向城镇转移、实现市民化，但由于受到城乡二元结构惯性作用，城市没有对进城农民全面开放，进城农民只能在城镇从事一般城市居民不愿意做的苦活、累活、脏活和危险活，并且几乎没有城镇职工社会保障，即多数进城农民仍以农民身份从事非农工作。换言之，中国城镇化发展中出现的土地城镇化快于人口城镇化、人口城镇化快于人的城镇化的"半城镇化"问题的制度根源即在城乡二元结构及其体制上，城乡二元的结构力和城乡不平等的制度力妨碍了城乡融合既好又快地发展。

打破城乡二元结构是中国实现城乡融合发展的先决条件，唯有打破城乡二元结构，中国的农村社会才能转型为城镇社会，传统社会才能转型为现代化社会。如此，城乡二元结构俨然成为解决城乡均等化和融合发展问题的症结。然而，有学者从保护小农立场出发，认为当前的城乡二元结构几乎取消了所有限制农民进城的制度，并且保护了农民返乡的权利，限制城市资本下乡，并就此指出，城乡二元结构"正在由过去剥削性的城乡二元结构变成保护性的城乡二元结构，变成保护进城失败农民仍然可以返回农村权利的结构"，而且正是城乡二元结构的存在，才"防止了城市贫民窟的形成"，"使中国未形成严重的城市内二元结构"。[②] 对城乡二元结构存续的现实，学界更多的是质疑其合理性。楚德江指出，"中国现代化的希望建立在公正的社会制度、平等的公民权利和公平的市场竞争的基础之上，远比建立在歧视性的城乡二元结构之上更为可靠"。[③] 张曙光认为"城乡二元结构的歧视性质和剥削性质是清楚的"，农村不是中国现代化的另一面，不能为了实现现代化，维护社会大局稳定，就从农

---

① 厉以宁:《论城乡二元体制改革》,《北京大学学报》(哲学社会科学版) 2008 年第 2 期。
② 贺雪峰:《城市化的中国道路》,东方出版社,2014,第 12 页。
③ 楚德江:《城乡二元结构值得留恋吗——与贺雪峰先生商榷》,《学术界》2012 年第 9 期。

村抽血，让农民做出牺牲。① 笔者的研究也强调，"城乡二元结构实质上是权利不平等、城乡发展不协调的社会体制，不能因为它现在还具有一些正面功能，就错误地认为它的存在是合理的，并将长期保留"。②

三　从公共性失衡看城乡二元结构转换困境

城乡二元结构之所以能形成并得以继续，其重要原因在于国家总体公共性与城市公共性、农村公共性失衡。学界对公共性内涵有不同的解释，国内学者汲取了西方学者的公共性是对公平与正义的"重叠共识"、公共性是时间和空间的体现、公共性的本质是公共权利，以及公共性是行为者、利益、可进入性三维的统一等一些观点，③ 认为公共性具有公共、公众、共有等性质，④ 是公共领域的本质属性，是国家和政府进行社会治理的基本理性，公共权力必须围绕公共性开展规制活动。因此，国家在计划经济时期实行城乡二元体制和在改革开放后推进城乡统筹发展战略，分别是国家公共政策偏离公共性和回归公共性的举措。

严格意义上说，城乡社会是一体的，然而几乎所有国家尤其是发展中国家在其现代化发展中都不同程度地重城市、轻农村，即亨廷顿所说"现代化带来的一个至关重要的政治后果便是城乡差距"。⑤ 中华人民共和国成立后，国家选择不同体制分治城乡社会：在农村对小农进行社会改造，引导分散农民走社会主义集体化道路；在城市对工商业进行社会主义改造，通过合股、购买等方式建立以国营为主的国有经济，国有化和公有化程度都高于农村。国家在公有的、社会主义的总体公共性不变的方针下建构了公共性程度不同的两种体制，城市的公共性程度普遍高于农村公共性，并且城市更"公"，农村更"共"。在崇尚公有化、国有化年代，国家总体公共性被分解

---

① 张曙光：《中国城市化道路的是非功过——兼评贺雪峰的〈城市化的中国道路〉》，《学术月刊》2015年第7期。
② 吴业苗：《户籍制度改革与"人的城镇化"问题检视》，《学术界》2016年第4期。
③ 贾英健：《公共性的出场与马克思哲学创新的当代视域》，《湖南社会科学》2008年第4期。
④ 蔡青竹：《公共性理论研究的缘起与现状：兼论马克思的公共性思想》，《学术界》2014年第9期。
⑤ 〔美〕塞缪尔·P.亨廷顿：《变化社会中的政治秩序》，王冠华、刘为等译，上海人民出版社，2008，第55页。

为"公性"与"共性","公性"大于、高于"共性",以至于城乡公共设施建设、公共服务水平和居民生活水平出现了较大差距。尽管当时国家权力也意识到城乡差距不是社会主义,并决意缩小直至消除城乡差距、工农差距以及脑力劳动与体力劳动差距,但遗憾的是,国家没有找到"公"与"共"媾和的办法,城乡差距、不平等在社会主义建设过程中被定型在二元结构上。

国家公共性是全体社会成员共享利益的公共性,城乡理当在同一公共性底色上发展经济和进行社会建设。然而,当国家总体公共性的同构性被城乡二元结构分解为城市公共性和农村公共性后,城乡社会出现分野,国家只能在城乡"双重公共性"上前行。城市人在"公性"下、农村人在"共性"下各自过着自己的生活。改革开放后,城市大门逐渐向农村人打开,越来越多的农村人不再"安分",纷纷涌入城市公共空间分享市民的公共性。最初,农村人以进城打工方式获取城市公共性,因为打工的收入高于农业生产收入;继后,农村人采用到城镇做生意、落户等方式扩大城市公共性占有,城郊农民利用城市扩建、做生意成功的农民利用购房等方式成为城市人,甚至在 20 世纪 90 年代一些农村人通过购买城市户口的方式成为城镇人;尤其在 21 世纪后,城市公共性由于国家推行和谐社会建设具有更多的包容性,进城农民的民生问题逐渐受到国家和城市管理者重视,进城农民的生存状况在和谐社会、改善民生的政治氛围中得到较大改善,他们中的一些人成为"新市民"。

当前城市公共性不再为城市人独有,进城农民部分地分享了城市人的公共性。从就业上看,城市的工作空间向进城农民开放,农民能在城市各行各业从事与自身能力、素质相匹配的工作。尽管相当多的农民从事的是城市人不愿意做的活,如清洁工、建筑工,以及在医院、养老机构做护理工作,但他们的工资收入比较高,足够他们过上与普通市民差不多的生活。从保障权益看,城市公共服务特别是公共设施基本覆盖了进城农民,除了医疗、养老、住房等保障外,大多数公共服务将进城农民纳入进来。尽管医疗、养老、住房等服务保障暂时不能均等化地向全体农民提供,但不难看出,近年来国家和城市政府明显加大了这类服务的覆盖力度,正在逐渐让进城农民享有城市人的医疗、养老和住房保障。尽管如此,必须承认,城市对进城农民开放的公共性仍旧不彻底，多数进城农民生活在城市公共性外围，距离公共性的核心区还很远。也就是说，虽然中国当前的城镇化已经步入中后期发展阶段，一些农民深度嵌入城市社会，能够与市民一道工作和生活，但国家总体公共性没有完全消除不平等、不公正，即城市社会没有公正地对待进城农民，还没有全面赋予进城农民与市民同等的公共性权益。

另外，虽然农村公共性程度低于城市，但凸显的"共性"让农村和农村人逐渐有了自己的优势，不愿意放弃或出让"共性"利益。在计划经济时期，国家将行政权力下放到农村最底层，对农村实行"纵向到底、横向到边"管制，农村"公性"得到一定的加强。由于农村地域广、人口多、事务杂，行政公权没有能力包办农村所有公共事务，只能依托集体组织开展集体行动，包括建设公共设施和供给公共服务。但农村始终没有变成"公家"的，仍属于"共"，即社队集体或行政村是村民大家的。当然，这并不是说农村没有"公"，即使在改革开放前国家对农村的公共建设和公共事业发展也有一定的支持。如，农村学校不全是民办老师，几乎每一个学校都有几个吃"公家"饭的"公办老师"；农村诊所和卫生院也是这样，不全是赤脚医生，大一点的卫生院也有"正式医生"。尤其在改革开放后，国家在农村投资办学、建医院，将高等院校培养的合格老师、医生和技术人员输送到农村基层，并且绝大多数民办老师、赤脚医生等都不断地被转为由政府财政供养的正式人员，农村"公性"程度大大提高。如此，农村的"公"与"共"逐渐交织在一起，并且"公性"越来越强。但与城市不同的是，农村的公共性是分层级的，有村庄和行政村的小公共性、乡镇的中公共性和县市的大公共性，村民享有的公共性不能跨地界到另一个村或乡镇，只能逐级到上一层机构。这一方面保证了农村本地居民能享有本地公共性权利，减少或防止本地公共设施和公共服务的公共性外溢，另一方面也造成了公共性异化，让公共性被某地居民或少部分人占有。因此，一些农村和农村人将地方公共性圈占起来，不允许外面人尤其是城市人进入，这突出表现在农民的土地"三权"上。国家和农民视承包地、宅基地和集体经营土地是村集体的或自己的，不允许城市人打它们的主意，即使农民进城有了稳定工作，他们中不少人也不愿意放弃承包地、宅基地和集体经营土地。

总的来说，城乡公共性失衡一直存在，城市公共性和农村公共性都存在

"不公共"问题。就发展进程看，由于国家推进城镇化发展，要求、鼓励、动员农村人进城和实现市民化，城市公共性正在逐步向农村人开放，越来越多的农村人享有了越来越多的城市公共性。不难预见，随着中国农村社会向城镇社会转型，城市的公共性将被绝大多数进城农民享有。相反，改革开放后农村公共性程度提高与农村公共性开放力度不同步，一些农村和农村人将农村公共性占为己有，既不想放弃，也不想与外人分享，甚至还利用农村的公共性谋私利。如此，城市公共性提升对消除城乡二元结构有积极作用，更多的农村人因为有了城市公共性而成为城市人。相比较而言，一方面，农村公共性因为"公性"提高走近城市公共性，并逐渐与城市公共性对接；另一方面，农村公共性的"共性"力量强大，掣肘着非农村人享有公共性，为城乡二元结构的消解添加难度。

四　建构城乡融合发展的公共性

毫无疑问，"重城轻乡"公共性与公共性的公平价值理念相悖，基于此进行的社会实践的后果即为城乡不平等、不均衡的城乡二元结构。鉴于建立在城乡不平等、不公正的非公共性基础上的城乡二元结构对城乡社会活力和民众进取精神的抑制，城乡融合发展有必要整合城乡双重公共性，使其提升或升级为跨越城乡的公共性。建构城乡融合的公共性是系统工程，包括诸多方面，也有不同的着力点。从消除城乡二元结构、促进城乡融合发展角度看，城乡融合的公共性建构需要从城乡对接、城乡统一、城乡均衡、城乡共同理性等方面进行。

第一，建立城乡对接的公共性。城乡二元结构是国家主导建立的城乡分治的社会形态，在其存续过程中逐渐形成了固化的两大利益空间。城乡两个利益空间一直处于不对等地位，一个强大一个弱小、一个先进一个落后、一个现代一个传统，阻碍着城乡社会良性运行和协调发展。乡村振兴和现代化发展不可能在城乡分立、隔离状态下进行，城乡两个空间必须对接、并轨。从必要性上说，唯有将城乡放在一个空间，实现充分对接，城乡融合的公共性才能在保证公共利益最大化基础下实现城乡居民的"共在、共处、共建、共享"；唯有城乡两个小公共性无缝对接在一起，并做到深度嵌入，城乡共同体才能在城乡公共性上实现整体利益大于城乡两个个体利益的和。从操作上来说，城市社会要继续加大开放力度，促使城市公共服务向进城农民全面覆盖，让进城农民享有市民化公共服务，与此同时，公共服务要均等化。此外，农村在与城市对接中也要向城市开放，不仅要通过发展都市农业、旅游农业吸引广大市民来农村消费，还要接纳下乡的城市资本，准许城市人参与农村建设，共享美丽乡村的田园生活。

第二，建立城乡统一的公共性。公共权力最富有公共性，"它肩负着为全体公民谋幸福这样一种使命"，① 体现了广大人民的根本利益。进入 21 世纪后，国家不断突破城乡界限，引导资源向农村流动，缩小城乡之间差距，优化城乡结构。然而，几十年形成的城乡制度壁垒十分坚固，来自城乡社会的诱致性制度变迁总是步履蹒跚，不能在较短时期内实现城乡关系的根本性突破。此外，由于城乡分化社会受到来自市场经济和城镇化发展的强烈冲击，愈发碎片化，越来越多的农村人因为"脱域"而处于城乡"悬空"状态，既不甘心返回到乡村继续过农民式生活，又不能融入城市社会，转身为市民。因此，城乡融合公共性建构绝非易事，面临着复杂的社会矛盾和尖锐的社会问题，需要国家通过政治手段"重新创造被现代化摧毁了的那种社会统一性"。②

第三，建立城乡均衡的公共性。学者们习惯从公共性的公正性、公平性、公开性、民本性、协同性等特性讨论公共性建构问题，其实，公共性还包括均衡性。均衡性体现在公正性、公平性、协同性上，但与它们并不相同，相比而言，更接近于"一致""差不多"。强调城乡融合发展中公共性的均衡性建构，出发点和落脚点都在于将城乡视为一个整体，要求发展兼顾彼此。具体地说，一要国家和城乡社会"同时在场"，代表国家的行政权力和代表社会的民间力量在经济社会活动中相互配合、尊重或照顾彼此关切，使国家目标和社会需要相一致；二要城市与农村"联姻"，城市不能歧视、排斥进城农民，要赋予他们与市民均等化权益，农村也要向城市及其市民开放，允许城市人居住、生活，发展现代农业；三要城乡社会实现共治，不能拘泥于农村解决"三农"问题，要跳出农村，从城市寻求"三农"问题解

---

① 〔德〕哈贝马斯：《公共领域的结构转型》，曹卫东等译，学林出版社，1999，第 2 页。
② 〔美〕塞缪尔·P. 亨廷顿：《变化社会中的政治秩序》，王冠华、刘为等译，上海人民出版社，2008，第 56 页。

决的更有效途径，同时，城市病等问题的解决也要从农村寻找办法，将城市现代文明、公共服务延伸到农村，让居村农民过上与城市人一样的生活，进而减轻城市发展中的人口压力和经济承载负担。

第四，建立城乡共同理性的公共性。共同理性包括价值理性、工具理性和事实理性。在价值理性上，城乡融合的公共性要求实现城乡公共利益最大化，保证城乡居民能共享公共利益。在城乡融合的公共性中公共利益"最大化"和"共享"并非每一个人都能平均、同等享有公共利益，其理性要求是社会给予弱势群体、困难人群"罗尔斯式的正义关怀"，即"尽量平等地分配社会合作所产生的利益"，"以一种有利于最少受惠者的方式谋利"。① 在工具理性上，城乡融合的公共性追求的是公共设施、公共服务的效果和质量，以及公众的满意程度和幸福感提升，"不能简单地用利润或效率标准来进行衡量"。② 依附在城乡二元结构上的利益归属者不会轻易放弃既得利益，转换城乡二元结构为一体化结构是一次利益重新划分和交易的过程，国家必须借助公共性工具降低利益分配的交易成本，努力让公共利益共享。在事实理性上，城乡融合的公共性要求政府积极回应社会需求，根据"公意"促进城乡协调发展。公意是公众最真实的公共性，也是社会整体公共性的体现，唯有从公意出发，才能做到"从全体出发，才能对全体都适用"。③

① 〔美〕约翰·罗尔斯：《正义论》，何怀宏等译，中国社会科学出版社，1988，第7页。
② 王乐夫：《论公共管理的社会性内涵及其他》，《政治学研究》2001年第3期。
③ 〔法〕卢梭：《社会契约论》，何兆武译，商务印书馆，1980，第42页。

第 八 章
完善人的城镇化发展体制

　　本章第一节讨论的是促进人的城镇化发展的公共服务供给改革，认为公共服务供给侧改革需要优化公共服务资源空间配置、提高公共服务共建能力、推进公共服务差别化供给、增强基本公共服务国家统筹、优化公共服务项目清单、防范公共服务供给风险。第二节讨论的是促进人的城镇化的户籍制度改革，认为户籍制度改革必须破解诸如农业流动人口落户城镇、转变身份，以及消解城乡二元结构、留住"乡愁"等问题，进而为新型城镇化发展开辟新路径。第三节讨论的是体制"深化"改革，即增强农民获得感，促进人的城镇化发展。

第一节　推进公共服务供给侧改革

一　人的城镇化滞后与公共服务不足

　　人的城镇化是中国城镇化转型、升级的时代主题，是新型城镇化的核心内容。相比于物的城镇化，人的城镇化的首要任务是要解决人口城镇化滞后于土地城镇化和空间城镇化的问题，促进更多乡村人口向城镇转移，实现市民化，并让居村农民过上与城镇居民同质的生活。人的城镇化已经成为实施新型城镇化战略的重要抓手和突破口，但在当下城镇化实践中，人的城镇化提速没有跟上城镇化"换挡"节奏，其中最突出的是乡村人口进城通道未能全部打通，两亿多城镇打工者依旧徘徊在市民化路上，没有实现有效转身，并且居村农民城镇化动力不足，进一步减少乡村人口的难度越来越大。

　　客观地说，乡村人口进城及其市民化并没有因新型城镇化实施而发生实质性改变，人的城镇化仍处于困境中。人的城镇化可以简单概括为农民进城打工和市民化，其主要问题一是打工问题，二是市民化问题。在改革开放后的中国城镇化进程中，打工和市民化问题并不是同步发生的：20世纪八九十年代多数农民进城目的是打工、多赚钱，哪里工作机会多，能多挣钱，农民就往那里跑，为此，20世纪90年代南部沿海一些省市曾被农民工"盲流"的大量涌入弄得焦头烂额；进入21世纪后，随着"80后"农民陆续加入农民工队伍，越来越多的进城打工农民对城镇有更高要求，不仅希望城镇为他们提供挣钱多的工作，还期待城镇接纳他们，让他们成为城镇居民。如今，农民进城打工问题基本得到解决，甚至一些城市还出现了程度不同的民工荒。但由于进城农民尤其是新生代农民长期在城镇工作、生活，已经深度嵌入城镇社会，他们除了要求城镇接纳他们的劳动力外，还冀望城镇接纳他们的人——不是名义上的"新市民"，而是名副其实的"市民"。遗憾的是，中国农民市民化发展极其缓慢，户籍人口城镇化的对象仍主要是升学进城的乡村人口和城郊失地农民，绝大多数城镇打工者的转身道路还不顺畅，存在诸多障碍。

　　农民市民化难，没有大突破，在一定意义上表明人的城镇化缓慢。人的城镇化与农民市民化有更多的交集，两者包括进城打工农民和城郊失地农民的市民化，以及城镇化发展进程中居村农民城镇化，都要求促进乡村人口向城镇转移，不断提高城镇化率，并且还要推动城镇文明、城镇居民的生产生活方式向乡村延伸，努力让居村农民过上与城镇居民一样的现代文明生活。但是，人的城镇化与农民市民化还有一定的差别：以往的农民市民化主要以传统城镇化为背景，将农民市民化定位在农民进城上，或者说是在城乡二元结构框架下解决农民进城、市民化问题；而人的城镇化对应的是新型城镇化，它以城乡融合发展为社会背景，既要通过人的城镇化发展消弭城乡二元结构，推动城乡经济社会协调发展，还要借助人的城镇化发展来提高中国城镇化质量，彻底纠正并切实解决人口城镇化滞后于空间城镇化的问题，实现人口城镇化与空间城镇化协调发展。人的城镇化是一项综合、系统的工程，它包括城镇化与市民化两个方面，并且它们互构在一起。人的城镇化的失误主要是政府将城镇化和市民化分开进行，重城镇化建设而忽视市民化发展，以至于造成人口城镇化率高而户籍城镇化（农民市民化）率低的"半城镇化"问题。

市民化与城镇化分离也表现在学术研究上。一直以来，城镇化和市民化研究是分开进行的，各有不同的研究内容和研究主题。具体地说，城镇化研究关心的是中国城镇化目标、道路、战略措施、郊区化、工业基础、资源环境等，[①] 而市民化研究则关心人口流动、非农就业、补偿安置、社会身份、角色转换、空间转向、社会排斥、社会认同、行为互动、文化适应、社会支持、市民化意愿、打工者权益维护等。[②] 虽然有学者在研究中不经意地介入，但都不愿意涉及太多，以避免冲淡自己的研究主题。换言之，学界包括经济学、社会学、人口学的一些学者没有将农民市民化研究置于城镇化研究中，或在城镇化研究中少有将农民市民化作为研究主题的。虽然经过学者们的不懈努力，城镇化和市民化的研究已经具有一定的完成度，并建构出一些理论，但缺乏农民市民化与城镇化协调发展的理论研究。

人的城镇化的滞后还不止于此，城镇化与市民化衔接不够只是人的城镇化发展缓慢的表象问题，其背后根源在于公共服务不足或缺乏。就人的城镇化的内涵和一般要求来看，无论是进城打工者市民化、城郊失地农民市民化，还是居村农民市民化，进城、改变户籍仅是"名头"，乡村人口减少，乡村进城（包括村镇）人口增多，意味着人口城镇化率提高。但是，人口城镇化率提高如同土地城镇化一样，仍属于城镇化粗放型发展，它注重的是城镇人口规模，而不是城镇化发展质量。城镇化质量的提高关键是要让进城农民和居村农民都能公平、公正地享有均等化公共服务。如果城镇公共服务全面、深度地覆盖进城打工者，如果城乡公共服务实现均等化发展，如果流

---

① 王克忠等：《论中国特色城镇化道路》，复旦大学出版社，2009；简新华等：《中国城镇化与特色城镇化道路》，山东人民出版社，2010；叶裕民：《中国城市之路——经济支持与制度创新》，商务印书馆，2001；国务院发展研究中心课题组：《中国城镇化：前景、战略与政策》，中国发展出版社，2010。

② 王春光：《新生代农村流动人口的社会认同与城乡融合的关系》，《社会学研究》2001 年第 3 期；陈映芳等：《征地与郊区农村的城市化：上海市的调查》，文汇出版社，2003；葛正鹏：《"市民"概念的重构与我国农民市民化道路研究》，《农业经济问题》2006 年第 9 期；文军：《农民市民化：从农民到市民的角色转型》，《华东师范大学学报》（哲学社会科学版）2004 年第 3 期；蔡禾、王进：《"农民工"永久迁移意愿研究》，《社会学研究》2007 年第 6 期；潘泽泉：《社会、主体性与秩序：农民工研究的空间转向》，社会科学文献出版社，2007。

动人口都能充分享有居住地的公共服务,乡村人口就能深度融入城镇。即使仍有一些人居住在乡村,他们也因享有城镇居民均等化公共服务并过上与城镇居民同样质量的生活而成为居村市民。如此,能否走出人的城镇化的发展困境,实现乡村人的城镇梦,根本在于扩大公共服务供给和推进城乡公共服务一体化发展。

二　人的城镇化与公共服务均等化的耦合关系

人的城镇化实践中出现的进城农民工市民化难以及部分农民工不愿意转变农业户口、居村农民不愿意进城等诸多问题,都与城镇公共服务没有完全覆盖乡村人口有关。在城镇工作生活的农民如果得不到与市民同等的公共服务权益,就会不认同城镇社会,更不会对城镇产生归属感;在农村居住和生活的农民如果不能享有城乡均等化公共服务,就会一如既往地依赖"土地保障",不愿意进城,或者只能继续过着低于城镇居民生活水平的生活。人的城镇化与公共服务均等化存在较强的耦合关系,人的城镇化本质内容是城乡居民"同命、同权",享有均等化公共服务权益。

近年来,政府在新农村建设、新型城镇化发展中加大了公共服务供给,进城农民工、城郊失地农民和居村农民的公共服务权益均有所提高,乡村居民与城镇居民公共服务差距也有一定的缩小。就当前国家这方面的政策及其走向来看,公共服务发展还将持续提速,公共服务在人的城镇化中的作用也将不断增强。如2014年《国务院关于进一步推进户籍制度改革的意见》要求,"不断扩大教育、就业、医疗、养老、住房保障等城镇基本公共服务覆盖面","稳步推进义务教育、就业服务、基本养老、基本医疗卫生、住房保障等城镇基本公共服务覆盖全部常住人口";《国家新型城镇化规划(2014~2020年)》提出,"以人的城镇化为核心,合理引导人口流动,有序推进农业转移人口市民化,稳步推进城镇基本公共服务常住人口全覆盖";国家在"十三五"规划中还指出,将户籍制度改革和基本公共服务均等化发展结合起来,"推动优质教育、医疗等公共服务资源向中小城市和小城镇配置","把社会事业发展重点放在农村和接纳农业转移人口较多的城镇,推动城镇公共服务向农村延伸,逐步实现城乡基本公共服务制度并轨、标准统一"。由此可见,在国家层面上,公共服务供给及其均等化是城乡协调发展的战略任务之一，公共服务已经成为政府推进包括人的城镇化发展在内的多方面工作的强有力抓手。

公共服务是公共管理领域的重要内容，学者们在社会治理、服务型政府建设等研究中不断丰富公共服务理论。不仅如此，近年来公共服务跨学科研究逐渐增多，一些研究农民市民化的学者也选择了公共服务视角检视农民市民化问题，并将公共服务作为化解农民市民化问题的重要手段。如，在农民工市民化研究中，徐增阳和古琴研究认为，[①] 农民工市民化完全依靠农民工自己的努力是很难实现的，政府应该通过公共服务理念、制度和机制创新，提升农民工享有公共服务的水平，进而推进农民工市民化。在城郊失地农民市民化研究中，毛丹认为实现城乡公共服务均等化，切实保障农民权益，对城郊农民市民化"受益最快"。[②] 在居村农民市民化研究中，笔者指出，"城乡公共服务一体化政策安排为居村农民市民化提供了极大的可能空间，居村农民成为市民的可能发轫于城乡公共服务一体化"。[③] 学者们选择公共服务范式解读市民化实践问题对推动农民市民化实践活动和建构市民化理论具有一定的价值。在实践方面，农民市民化一路走来，问题的症结集中在公共服务上，公共服务缺乏或均等化不足是制约农民市民化的瓶颈；在理论方面，市民化研究成果汗牛充栋，见仁见智，但多数研究回避了农民市民化中公共服务供给的问题，有的仅仅是在研究中提及公共服务，缺乏公共服务供给的系统研究。

本书关注公共服务尤其是公共服务供给，不仅出于人的城镇化发展因公共服务不足而出现的一系列问题，还在于人的城镇化与公共服务存在耦合关系，实践中不能顾此失彼，也不能厚此薄彼。因此，有必要明确一下人的城镇化与公共服务的耦合关系。

第一，在价值层面上，两者凸显"人本"的价值理念。人的城镇化不同于城镇土地规模扩大的物的城镇化，它不仅是乡村人口进城，实现土地城镇化与人口城镇化协调发展的城镇化，而且是尊重人的需求与选择，促进人的全面发展的城镇化，人的全面发展是城镇化发展核心考量因素。与此同

---

① 徐增阳、古琴：《农民工市民化：政府责任与公共服务创新》，《华南师范大学学报》（社会科学版）2010 年第 1 期。

② 毛丹：《赋权、互动与认同：角色视角中的城郊农民市民化问题》，《社会学研究》2009 年第 4 期。

③ 吴业苗：《城乡公共服务一体化的理论与实践》，社会科学文献出版社，2013，第 324 页。

时，公共服务是以政府为供给主体向城乡居民提供义务教育、社会保障、文化体育、劳动就业、卫生健康等服务活动，每一项服务的具体对象都是人，它与人的生存、发展需求密切相关，正是人的需求不断提高才推动了公共服务的发展。因此，人的城镇化和公共服务发展都要体现"以人为本"的发展观，城镇化发展不能只有"物"而没有"人"。此外，公共服务发展不能仅为市民锦上添花，更需要为乡村人雪中送炭，提高乡村人公共服务水平，让乡村人享有均等化公共服务。如此，人的城镇化和公共服务在民生改善、保障人的生存和发展权上是一致的，两者都要坚持以人为本的发展理念，尽可能满足人的生存需要，促进人的全面发展。

第二，在政策层面上，两者都要求公正归位。中国在城镇化发展和公共服务供给上出现严重二元化。中华人民共和国成立后，政府就将建设和发展的重点转移到城镇，制定了户籍管理、统购统销等制度控制农业人口向城镇流动，造成城乡发展差距越来越大和城乡居民权利的一系列不平等。政府的公共服务供给也是如此，城镇政府和单位将城镇居民的教育、医疗、养老、住房、就业等公共服务全部包揽下来，所有居民都能享有全方位、立体式的福利保障。尽管计划经济时期的城镇公共服务水平不高，教育、医疗、住房等条件也较差，但国家为城镇居民至少提供了全面的公共服务。而国家对农村公共服务却投入不够，如此，人的城镇化发展和公共服务发展战略及其实施都要求政府归位"公正"，清理不利于城乡经济社会协调发展的不合理、不公正的制度，确保每一个城乡居民在城镇化发展中和在公共服务供给上享有平等权利。

第三，在实践层面上，两者互为工具。人的城镇化和公共服务是两个不同性质的系统工程，一个是为了城乡居民都能过上城镇式文明生活，另一个是为了城乡居民都能享有均等化公共服务权益，但人本的价值理念和公正的伦理要求将两者耦合起来，即它们不仅具有互为动力、互为目的的内在性，而且具有互为手段的工具性。在以往研究中，有些学界将公共服务均等化视为人的城镇化的发展手段，如赖扬恩说，"实现人的城镇化，这其中的一个重要方面就是推进基本公共服务均等化"，① 李斌等人也认为，"以人为本的

---

① 赖扬恩：《城镇化进程中推进城乡基本公共服务均等化研究》，《福建论坛》（人文社会科学版）2014 年第 6 期。

城市化，就必须首先实现公共服务的均等化"。[①] 作为新型城镇化发展核心内容的人的城镇化包含多方面发展内容和要求，公共服务只是其中的重要方面，人的城镇化必须依赖公共服务均等化这个载体来推进。但是，人的城镇化也是公共服务及其均等化发展的重要手段，没有人的城镇化，公共服务均等化发展战略将难以在农村落实，乡村居民也不可能过上与城镇居民一样的生活。同样，没有人的城镇化，进城打工者就不能转身为市民，他们也就不能享有市民的权益，过上市民生活。借此，人的城镇化和公共服务均等化是互为手段和工具的，新型城镇化发展要坚持人的城镇化和公共服务均等化协调发展原则，两手抓，并且两手都要硬。

三　人的城镇化发展与公共服务供给的矛盾

人的城镇化与公共服务的耦合性要求新型城镇化实践活动不能顾此失彼：一方面要发展人的城镇化，促进更多的乡村人口实现市民化，或让居村农民过上市民生活；另一方面要加大公共服务供给，并使城乡公共服务均等化发展。尽管 30 多年的城镇化发展出现了土地城镇化快、人口城镇化慢，以及农民流动易、转移难等问题，并且这些问题都迫切需要通过新型城镇化发展来解决，但毫无疑问，土地城镇化与人口城镇化的不协调问题、农民流动与转移不同步的问题都不是新型城镇化实践的关键问题，也不是新型城镇化发展的主要矛盾。以乡村人口进城市民化和居村农民生活市民化为载体的人的城镇化问题主要表现为农民转身难，即进城农民难转身为市民、居村农民难转身为新型农民或居村市民。一直以来，在人的城镇化上存在认识误区，似乎人的城镇化就是要让进城农民在就业地落户。2015 年国家和一些省市相继出台了户籍制度改革方案，都将实施居住证制度、促进非户籍人口落户作为重要改革内容，并在相关的规划中对转移农业人口规模做出硬性规定，如，国务院《关于进一步推进户籍制度改革的意见》提出，努力实现 1 亿左右农业转移人口及其他常住人口在城镇落户；《江苏省城镇体系规划（2015～2030 年）》要求，至 2030 年，江苏城镇化水平将达 80% 左右，城镇

---

① 李斌、李拓、朱业：《公共服务均等化、民生财政支出与城市化——基于中国 286 个城市面板数据的动态空间计量检验》，《中国软科学》2015 年第 6 期。

人口约 7200 万人。但是，人口城镇化只是新型城镇化的使命之一，不是人的城镇化的全部，人的城镇化发展并非等同于转移人口，农民转身不仅仅是乡村人口户籍改变，还包括其市民化素质的拥有和提升。农民户籍转变为城镇居民固然是人的城镇化，但居村农民社会地位提高，公民权益扩大，生产生活现代化程度提高也是人的城镇化的重要内容。实践中的人的城镇化应该是广义上的，只有乡村居民参与城镇化发展，获得城镇化发展成果，并享有与城镇居民一样的生活和权益，才算是人的城镇化。

户籍改革和居住证制度实施只会淡化户口性质，对乡村人口转身没有多大的实质性意义，乡村人口能不能转身并实现人的城镇化，关键在于他们能否公平、公正地享有均等化公共服务权益。之所以如此说，是因为一个人的公共服务权益大小与城镇居民的公共服务水平是否等值、等量，已经成为判断这个人是不是市民的重要标准。国家将城镇公共服务覆盖所有城镇居民，将公共服务／公共事业建设重点放在农村的要求和规定，都体现了广义上人的城镇化的发展理念，即公共服务是人的城镇化的重要引擎，公共服务供给及其均等化是人的城镇化的发展助力器。如此，新型城镇化发展的关键问题和主要矛盾是人的城镇化不断发展与公共服务供给不足及非均等化之间的矛盾。人的城镇化发展需要建立公共服务扩大供给基础上，城乡公共服务均等化、城镇不同人群享有公共服务均等化权益是人的城镇化的前提条件和重要内容，公共服务供给充足、公共服务均等化程度高，人的城镇化的发展基础就坚实、牢固。换言之，公共服务扩大供给及其均等化发展是推进人的城镇化发展的着力点。就人的城镇化发展内容而言，人的城镇化就是公共服务及其均等化发展的过程——如果城乡间、城镇内部的公共服务实现了均等化，人的城镇化也就基本实现。

基本实现现代化要求城镇化快速发展，农村社会必须向城镇社会转型，然而，中国乡村人口转移不尽如人意，不仅转移速度缓慢，而且大量工作、生活在城镇流动人口尚处于半城镇化状态。换言之，广大农民工建设着城镇，推动着城镇化发展，并尽心尽力为城镇居民提供服务，可是他们不是城镇人，不能享有城镇发展成果。如果这种不公平的现象不加以纠正，它将导致城镇化发展不可持续，严重的还可能葬送城镇化发展成果。由此，中国城镇化发展还有很多事情要做，除了继续推进乡村人口向城镇转移外，还需要扩大公共服务供给及其均等化发展，提高城镇化发展质量，进而彻底解决乡村人口转身和市民化问题。

不过，在人的城镇化与公共服务矛盾中，决定新型城镇化"质"的不是人的城镇化，公共服务供给不足和不均等化才是矛盾的主要方面，唯有公共服务供给不断扩大且实现均等化，人的城镇化的困境才最终摆脱。就目前人的城镇化发展中的部分打工农民不想转变身份、一些居村农民不想进城的问题来看，[①] 症结肯定不是一些农民说的城镇不好或农村好。新农村建设和乡村振兴实施后，全国各地农村都发生了巨大变化，但中国城乡差距仍较大，城市包括村镇硬件设施和生活条件在整体上好于乡村。按照一般情理推测，农民不应该不愿意进城或拒绝市民化。影响乡村人口进城、市民化的因素比较多，但调查发现，更多的乡村人口都非常关心公共服务，公共服务成为人的城镇化最重要的考量条件。由于公共服务未能与人的城镇化发展同步跟进，农民们才会对城镇化、市民化犹豫不决。具体地说，尽管城镇公共服务总体水平高，但没有完全覆盖农民工，多数农民工被排除在公共服务权益之外，以至于一些农民不觉得城镇比农村好；尽管农村公共服务水平没有城镇高，但农村生活成本低，加上还有土地的天然保障，以至于部分农民不觉得农村比城镇差；此外，尽管城镇公共服务总量多于农村，但城镇人口众多，某些公共服务人均水平不一定比农村高，以至于城镇农民工和居村农民对城镇公共服务不足心存芥蒂。总体上，影响、制约人的城镇化发展的公共服务供给及其均等化问题主要有以下几个方面。

首先，公共服务供给总量不足问题。国家在乡村振兴和城乡融合发展中加强了农村公共服务建设，农村文化教育、医疗卫生、社会保障等公共服务条件明显改善，农民的生活质量、幸福感有所提升，城乡公共服务差距也有所缩小。然而，相比城镇公共服务水平，由于农村公共服务供给的"存量"严重不足，"增量"也只能让农村"有"公共服务，谈不上"够"，更缺乏

---

① 2016年中国社科院发布的一项"中西部农民向城镇转移意愿"调查显示，"很想"占11.83%，"比较想"占21.73%，"一般"占17.45%，"不太想"占24.82%，"完全不想"占24.13%。综合来看，约一半农民工不想进城，还有66.1%的农民工表示，到了一定年龄就回乡。报告还显示，不少已经在城市的农民工也不愿意一直留在城市或成为市民。参见《近半数农民工进城落户意愿不高》，《新华日报》2016年4月8日。

质量保障。改革开放尤其是新农村建设以来，国家为农村社会提供的公共服务，有的从无到有，如农村养老保障过去国家投入很少，现在老年农民每月有几十元至几百元不等的养老金；有的逐步提高，如新型农村合作医疗逐步完善，因病致贫、因病返贫现象不再普遍。尽管农村公共服务的量在不同程度增加，绝大多数农民从公共服务增量中得到好处，但农村公共服务增长仍旧缓慢，多数服务项目还低于城镇水平，居村农民难以享有与城镇居民一样的公共服务权益。不仅如此，国家增加的公共服务主要针对农村居民，进城打工的农民及其家属子女因离开农村，不能从公共服务的增量中受益。更严重的是，这部分进城农民在城镇只能享有城镇道路、交通、通信等公共设施服务，难以进入城镇医疗、教育、养老等服务体系。进城打工农民不能充分享有城镇存量和农村增量公共服务，城乡公共服务发展都忽视了他们。公共服务成为乡村人口转移、实现市民化的制约瓶颈，亟须城乡双方统筹谋划，共同发力，尽可能地让公共服务跟乡村流动人口走。

其次，公共服务供给结构失衡问题。除了公共服务供给总量不足，不能满足人的城镇化需求外，公共服务在供给上还存在严重的结构性问题，致使人的城镇化发展缓慢。人的城镇化主阵地在中小城市尤其在农村中心镇和重点镇，因为大多数乡村人有可能并有条件向村镇或县级市转移，实现市民化。然而，国家的公共服务供给在农村更集中于乡村，乡村的公共服务条件在新农村建设和乡村振兴中有了较大幅度的提高，但村镇、小城市的公共服务发展不是很快，它的集中、规模优势没有充分显现，以至于乡村人口对进城没有多大兴趣，甚至拒绝城镇化、市民化。无奈之下，一些地方政府为了推动城镇化发展，不得不采取强制农民上楼、进城的被动城镇化策略。农民不愿意进城，让政府在城镇化发展工作更加被动，不得不为动员农民进城做出让步，开出优惠条件，以致城镇化成本被不断抬高。城镇化成本提高不仅仅是经济成本高，社会成本更高，如一些地方农民强烈反对被城镇化，甚至由此引发了农民抗议、上访等群体性事件。在城市内部，影响人的城镇化的公共服务供给结构也是失衡的，人的城镇化需要的基本公共服务主要有基础教育、医疗卫生、劳动就业、社会保险、基本社会服务、基本住房保障、文化体育服务等，各级政府也表示要将城镇公共服务覆盖进城务工者，但覆盖程度仍有一定差距（见表8－1）。

表 8 - 1 进城务工者享有基本公共服务情况

基本公共服务项目	进城务工者享有情况
基础教育服务	不享有早教、幼儿教育;享有部分义务教育;享有小部分高中教育
医疗卫生服务	不享有居民医保;享有小部分职工医保;享有小部分基本公共卫生;享有大部分计划生育
劳动就业服务	不享有就业指导;享有部分职业技能培训补贴;不享有创业培训补贴
社会保险服务	享有部分养老保险和医疗保险;不享有失业保险;享有工伤保险;不享有灵活就业人员社会保险
基本社会服务	不享有城镇居民低保;不享有养老服务补贴、护理补贴等;不享有医疗救助、殡葬救助;不享有特殊群体福利
基本住房保障服务	享有住房公积金少数人;享有小部分公租房
文化体育服务	享有公共文化体育实施;享有部分社区文化体育活动

从表 8 - 1 看,进城务工者基本上难以享有城镇居民的公共服务,如城镇居民的低保、失业救助等,城镇政府基本上不向农民工提供,生活困难的农民工、失业农民工只能回乡,或者这部分农民工要想在城镇继续待下去,必须自己想办法解决服务问题。城镇公共服务全面覆盖进城务工者还存在结构性阻力,需要在人的城镇化实践中予以消除。

最后,公共服务供给缺乏精准问题。人的城镇化发展对公共服务供给要求不是同一个标准,不是每一项公共服务都要同步跟进,公共服务供给需要根据人的城镇化的具体要求在全面覆盖基础上有所侧重。在村镇和小城市,进城的人对居住环境、购物环境、就医条件,尤其是学校的教学质量有较高的要求,这些服务设施和条件成为吸引乡村人口进城的重要影响因素。调查发现,在安徽、江西、湖北、河南等省,农民进城买房已经成为新趋势,这是由于,一是生活好起来的农民越来越不满意乡村教育,为了孩子能到城镇上好学校,他们选择在城镇尤其在县城镇买房;二是农村女孩择偶条件不断提高,不少女孩子将男方在城镇有无住房作为重要结婚条件,以至于订婚的或要结婚的男方不得不到城镇尤其是县城镇买房。如此,一些农村地区,学校教育服务、住房服务成为拉动乡村人口进城居住、生活的重要因素。在大中城市,进城的不同农民群体对公共服务的要求也是不同的:有孩子上学的农民工对教育服务要求高,希望孩子能与城镇孩子一样接受教育;年轻的打工者对住房、就业服务要求高,希望能在城镇有个稳定的住所和稳定的工作；年龄大些的打工者对医疗等保障服务要求高，他们希望能像城镇人一样用医保看病，不再一生病就回家。诸如此类，人的城镇化中的人对公共服务供给项目、程度的要求不一样，公共服务需要精准供给。但是，在目前公共服务供给中，政府没有将公共服务供给工作做到位，更多的是眉毛胡子一把抓，以至于宝贵的公共服务资源不能充分发挥效率，致使人的城镇化步履艰难。

四　基于人的城镇化进行公共服务供给侧改革的要求

为了促进更多乡村人口向城镇转移，也为了居村农民能过上与城镇居民同质的生活，国家在新型城镇化建设中需要加强公共服务供给侧的结构性改革，以促进城镇公共服务向进城的乡村人口覆盖和城乡公共服务对接。如此，人的城镇化发展要求政府改革公共服务供给侧，建立面向城乡全体居民统一的、均等化的公共服务制度，从而保证城乡居民享有同等的公共服务：一方面，要改变公共服务供给侧不过硬的状况，提高供给体系的完整性和有效性，满足人的城镇化发展对公共服务不断提高的需求；另一方面，要着力解决公共服务供给端问题，不仅要弥补公共服务供给不足，防止因公共服务短板延缓人的城镇化发展进程，而且要完善公共服务供给结构，激发活力、释放潜力、合成动力，促进传统城镇化向新型城镇化转型、升级。具体改革要求如下。

1. 优化公共服务资源空间配置

城乡公共服务资源在空间配置上存在不均等、失衡等问题，需要国家根据人的城镇化发展要求优化公共服务空间配置。正如上文分析的，城市公共服务资源集中在大中城市，小城市尤其是县级市的公共服务资源相对不足，而在农村，公共服务不仅总体水平低于城市，而且分散在规模不等的行政村，缺乏规模效应，难以对乡村人口转移形成足够大的吸引力。中国当前的城乡公共服务资源配置状况与乡村人口转移及其人的城镇化发展不匹配，政府在新型城镇化和城乡融合发展中需要进一步调整公共服务资源的空间配置。一方面，乡村人口向哪里转移，就需要在哪里加强公共服务供给，无论是本地居民还是非本地户籍的外来人员，无论是城镇居民还是居村农民，政府都要无条件地保障他们享有均等化公共服务权益。另一方面，要处理好公共服务存量与增量的关系，保持增量公共服务动态平衡。在城市，由于更多进城乡村人口居住在郊区包括远郊，加上小城市生活成本低，更适宜农业转移人口居住、转身，因此公共服务增量要向城市郊区和小城市侧重；在农村，公共服务增量要向村镇尤其是县城镇和重点镇、中心镇转移，这是因为小城镇包括集镇和行政村人口将在城镇化进程中不断减少，公共服务供给在一些地方已经出现过剩，需要根据人口变化适当收缩。当然，公共服务供给并非一定要跟人走，国家和地方政府出于城镇发展的空间布局，有必要在一些城镇超前供给公共服务，形成本地区公共服务"高地"，进而吸引更多乡村人口向此聚集。虽然在短期内这些城镇的公共服务供给存在部分过剩问题，但随着人口不断聚集，若干年后这些城镇过剩的公共服务将被新增加的人口消化掉。

2. 提高公共服务共建能力

人的城镇化发展对公共服务需求数量多、质量高，城乡公共服务供给压力都非常大，各级政府需要不断增加公共服务供给，保持人的城镇化发展与公共服务供给平衡，并且还需要适度超前发展公共服务，发挥公共服务的聚集、吸引功能，促使更多乡村人口实现城镇化。再者，尽管公共服务供给的责任主体是政府，各级政府必须担负促进人的城镇化发展的公共服务供给责任，但人的城镇化发展需求的公共服务量大、质高，完全依赖政府供给是不现实的，促进人的城镇化发展的公共服务必须实施多元供给。当下，政府财政在保障城乡居民基本服务上力不从心，一些地方基本公共服务供给水平低，已经不能完全满足居民需求，如果再将乡村人口进城、实现市民化和享有市民权益的相关公共服务供给责任全部推给政府，多数地方政府将不堪重负。人的城镇化发展需求的公共服务供给活动，需要政府与企业、社会合作：一方面，避免在公共服务供给上发生政府失灵、市场失灵和社会组织失灵的叠加问题，造成人的城镇化需求的公共服务严重缺位；另一方面，形成分担人的城镇化发展需求的多元公共服务成本体制，即在公共服务供给上，政府除了发挥主导、引领作用，做好基本公共服务供给外，还要指导、动员、监督企业和社会组织参与公共服务供给，建构多元主体供给、多元合理分担成本的公共服务供给体系，进而增强公共服务供给能力。

3. 推进公共服务差别化供给

人的城镇化发展对大中小城市和村镇的公共服务供给要求不同，不同类型城镇的人的城镇化有不同的公共服务内容和标准要求。（1）大城市尤其是超大城市和特大城市公共服务增量要去中心化。大城市公共服务资源丰富，优质公共服务资源集中，不仅本地居民甚至不少外地居民对此都趋之若鹜，以至于城市人口过度集中于老城区。然而，这种公共服务存量不均衡不能用行政方式削减，如不能采用名校、三甲医院降低服务水平来分散人口，只能通过公共服务增量转移，在大城市周边或卫星城兴办更多的优质公共服务机构，从而在分流城市中心区人口的同时，让进城的乡村人口也能享有大城市优质公共服务资源。（2）中小城市公共服务要加快发展。沿海、经济发达地区的中小城市主要靠就业、高收入而不是靠公共服务吸引乡村人口，并且，这些地区人口压力大，如广东的东莞市、中山市，江苏的昆山市、张家港市等城市的外地人口都超过了本地户籍人口。这些地区的公共服务水平与大城市有一定差距，乡村人口市民化必须加大公共服务供给力度。中西部地区的中小城市也要加快公共服务发展。由于中西部地区的中小城市经济欠发达，就业机会有限，乡村人口较少，因此国家除了继续推进东部地区产业向中西部地区转移外，还要充分利用这些城市的现有资源，进一步提高公共服务水平，进而吸引乡村人口尤其是本地乡村人口就近转移，以发挥"截留和吸引部分进城务工人员的功能"，减轻大城市和经济发达地区城市因户籍松动而出现的人口"扎堆"问题。[①]（3）提高农村地区城镇尤其是县城镇的公共服务水平。农村的城镇在20世纪80年代因受到国家重视获得快速发展，但到90年代中后期，城市发展明显快于农村的城镇，不少农村的城镇出现了萧条。新农村建设以来，行政村建设加快，而农村的城镇建设并没有同步提高，农村的城镇公共服务水平与城市的差距还比较大。鉴于中国乡村的经济、文化、社会等状况的考量，多数乡村人更容易或适宜到农村的城镇居住、生活，成为城镇居民。如是，国家在新型城镇化建设中要高度重视农村的城镇公共服务发展，不要把有限的公共服务资源当作胡椒粉给撒了，而要特别注重公共服务供给效率的提高，发挥其聚集效应，即按照城市的公共服务标准进行县级市、镇级市的公共服务建设，使农村的城镇公共服务与城

---

① 卢汉龙、周海旺主编《上海社会发展报告（2014）：加强社会建设》，社会科学文献出版社，2014，第47页。

市并轨，进而让更多的乡村人口就近实现市民化，或让居村人口过上与城市居民一样的生活。

4. 增强基本公共服务国家统筹

中国不仅城乡间、区域间的经济社会发展不平衡，而且城市之间、农村之间的差别也非常大，公共服务供给参差不齐。造成这种状况的原因之一是公共服务主要是地方政府组织实施的，以至于公共服务供给水平取决于经济发展状况。然而，从公共服务的公民基本权益性质看，国家必须保证每一个公民都能公平、公正地享有，即不论这个人居住在城市还是农村，也不论这个人身份高低，国家都要为他提供基本公共服务，"保障基本公共服务最低公平"。① 因此，需要提高公共服务统筹层次，将与人的城镇化发展密切相关的基本公共服务纳入国家统筹范围，或要求地方政府按照国家标准提供公共服务。对于那些经济落后地区公共服务供给困难，国家可以采用转移支付、财政补贴方式保障公民基本公共服务权益。鉴于乡村人口流动频繁，经常变换工作、居住场地，以及附加在乡村人口身上的公共服务具有较大的不确定性等情况，公共服务要跟着乡村人口流动走。但是，这并不是说每一项公共服务都要随乡村人口流动而转移，因为有些公共服务尤其是有形的公共服务是带不走的。如此，国家在加大公共服务供给责任、提高公共服务供给比例的同时，还要协调地方政府公共服务供给行动，促进不同地方的公共服务供给政策衔接，打通公共服务转移通道，进而保障乡村人口无论走到哪里，都能享有基本公共服务权益。

5. 优化促进人的城镇化发展的公共服务项目清单

根据人的城镇化发展需求，从人们最关心、最直接、最现实的利益问题入手，围绕公共教育、劳动就业、社会保险、卫生计生、社会服务、住房保障、文化教育、残疾人基本公共服务等内容，整理出具体的公共服务项目清单，以增强各级政府的相应责任，使公共服务供给责任落到实处。国家在"十三五"规划中将8项基本公共服务具体化为90多项清单，但就当前乡村人口进城和居村农民过上城镇式生活的现实问题和普遍要求看，人的城镇化并非要求政府同时兑现所有公共服务清单，人的城镇化发展对公共服务有层

---

① 孙德超、曹志立：《促进城镇化建设的公共服务供给改革》，《社会科学》2014年第3期。

级需求，有必要据此改进公共服务供给清单，优先保障基本的、迫切的公共服务需求。譬如，进城的乡村人口最迫切的服务需求是住房保障服务，如果城市政府不能为进城的乡村人口提供住房服务，那么就业服务、教育服务等就无从谈起。当下众多乡村人口落户城镇难，表面上是户籍问题，实质上是住房问题，如果进城乡村人口有稳定的住所，或拥有自己的住房，那他即为名副其实的城镇居民——除特大城市外，大多数城市的户籍问题都可以解决。再如，居村农民城镇化的关键问题主要是生产和生活服务的提供，农业规模化需要生产服务支持，生活社会化需要便民利民服务支持，如果政府将这些服务都做好了，居村农民的生产和生活就能与城镇对接，也就可以享有城镇现代文明。

6. 防范公共服务供给风险

新型城镇化发展对乡村人口进城落户有更多、更高的要求，国家层面和省市层面上都有具体的人口指标。这样做并非不好，毕竟自城镇化快速发展以来，人口城镇化严重滞后于土地城镇化，需要提速人口城镇化，从而使物的城镇化与人的城镇化协调发展。但毋庸置疑，随着乡村人口不断进城，城市病和农村病也接踵而至，社会治理风险与日俱增，公共服务供给风险也在不断增大。一段时间以来，人们对城乡公共服务非均等化、城镇农民工不能享有市民待遇颇有诟病，但在存量公共服务不能减少的情况下，想通过增量公共服务实现城乡公共服务均等化，保障进城乡村人口享有市民化公共服务权益，政府财政无疑会有一定的压力，也存在一定风险。为了有效防范风险，公共服务供给一要做好公共服务供给压力测试。选择不同类型的城市做公共服务供给压力测试，待取得经验后，再逐步向其他城市有条件地推开。二要反对人口城镇化"大跃进"。公共服务要适当地优先发展，如果城镇社会公共服务能力没有明显提高，就不能图一时之快，轻率地将乡村人口"驱赶"到城镇，要杜绝城镇化发展中"先上车、后买票"的现象。三要重视农村承包地等"减压阀"的作用。中国庞大的农业人口决定了中国城镇化比西方国家城镇化任务更艰巨，必须预防大批进城人员失业的风险，也需要为进城就业失败的农民留一条退路。如此，保留进城人员的农村承包地、住房等至关重要，它可以让返乡或就业失败农民有事做、有房住，不至于城镇因失业人口增多而不堪重负。四要依托"互联网＋公共服务"。"互联网＋公共服务"可以让城乡公共服务供给在同一个平台上进行，为城乡居民提供公开透明、高效便捷、公平可及的公共服务，并且它还可以打通城乡间、不同城镇间的公共服务对接通道，让公共服务顺利地跟人走，促进人的城镇化与公共服务供给同步、协调发展。

第二节　促进户籍制度改革

一　户籍制度改革对人的城镇化影响

面对城镇化发展中出现的土地城镇化扩张过快和人口城镇化发展不足的"夹生"现象，中央审时度势，及时提出新型城镇化发展战略，并且要求新型城镇化发展要以人的城镇化为核心。当下中国城镇化既负载着全面建设社会主义现代化的时代使命，又担负着消弭城乡发展差距、实现城乡融合发展和"扩内需、稳增长"的现实重任，其发展除了要保持一定的速度外，还必须确保方向正确，否则前行速度越快，出现的偏差可能越大，纠正起来就越有难度。

中国城镇化在不同时期被赋予了不同的主题内容：计划经济时期是禁止农民流动和鼓励城市知识青年上山下乡的"逆城镇化"；20世纪80年代是农民"离土不离乡、进厂不进城"的小城镇化；90年代后是以建设各种特色"国际大都市"为主体的大中小城市携手并进的城镇化。中国城镇化已经由控制发展、限制发展提档升级为快速发展的新阶段。尽管城镇化发展方式饱受争议，行进途中充满坎坷与曲折，但可喜的是，中国城镇化不再停滞不前，也不再彷徨，正昂首阔步地走在中国特色的社会主义大道上，已经聚集了巨大"势能"，推动着农业社会向城市社会、传统社会向现代社会的转型。如今，中央强调新型城镇化发展要以人的城镇化为核心，一是要纠正传统城镇化的"重物轻人"发展模式，弥补物的城镇化的发展缺陷；二是要以人为本，将农业转移人口没有选择权的"被动城镇化"置换为自由迁徙、自主选择的"主动城镇化"。从某种意义上说，新型城镇化发展就是要修正既往城镇化发展偏差，以解决人的城镇化滞后于物的城镇化的发展问题，进而更好更快地促进城镇的农业转移人口的市民化。

毋庸置疑，城乡二元结构形成的诸多"制度屏蔽"仍在阻碍农业转移人口转变身份、实现市民化，其中，户籍制度是最重要的，它将所有社会成员分为农业户口和非农业户口，并借助相关制度赋予这两类人口不平等身份。尽管有学者通过数据推演，认为户籍制度对农村劳动力流动没有直接影响，当前的户籍制度改革在引导农民工流动方面的作用有限，[①] 但多数学者还是将户籍制度视为束缚人的城镇化的重要制度壁垒，是制约农业人口转移和市民化的"罪魁祸首"。陆益龙曾分析指出，"户籍制度不仅没有设置预防社会不公的机制，相反，制度的某些条款在动机和效果方面都履行资源及权利分配的规则"，它是"一种户籍身份制而非公民身份制，从而为社会分配不平等提供了合法性的依据和操作平台"。[②] 如此，学者们将户籍制度比作为城镇化进程中一道隐形"篱笆墙"，并将促进农业转移人口市民化和实现人的城镇化寄托于户籍制度改革上：户籍制度不仅是实现人的城镇化的一个最基本的方面，也是中国从传统城镇化道路走向新型城镇化道路的重中之重，中国要实现人的城镇化，就必须改革现行的户籍制度。[③]

户籍制度拥有人口信息登记和人口迁移管理两个基本功能，学者们普遍接受户籍制度的人口信息登记功能，有异议的是它的人口迁移管理功能。由于中国城乡居民经济收入差距大，公共事业与公共服务发展严重不平衡，如果任由人口自由迁移，农村城镇、中小城市发展或许不会受到多大影响，大城市特别是超大城市特大城市的"城市病"无疑将进一步加剧。由此来看，深化户籍制度改革绝不能废除户籍制度管理人口迁移功能，这是其一。其二，户籍制度造成了"户籍与非户籍人口在就业、养老、医疗、子女教育、住房等方面存在非常大的差异"，[④] 如是，要消除"差异"，促进人的城镇化发展，就一定要"以户籍制度改革为基本导向"，[⑤] "以户籍制度改革为抓手"。[⑥]

---

① 孙文凯、白重恩、谢沛初：《户籍制度改革对中国农村劳动力流动的影响》，《经济研究》2011年第1期。

② 陆益龙：《超越户口：解读中国户籍制度》，中国社会科学出版社，2004，第155页。

③ 胡宝荣：《论户籍制度与人的城镇化》，《福建论坛》（人文社会科学版）2013年第12期。

④ 陆益龙：《户口还起作用吗——户籍制度与社会分层和流动》，《中国社会科学》2008年第1期。

⑤ 中国人口与发展研究中心课题组：《中国人口城镇化战略研究》，《人口研究》2012年第3期。

⑥ 任远：《人的城镇化：新型城镇化的本质研究》，《复旦学报》（社会科学版）2014年第4期。

　　人的城镇化是一项复杂的系统工程，期望改革户籍管理制度、放松户籍管控就能使一系列城镇化问题迎刃而解，那是不现实的。城乡二元户籍制度在50多年演进中造成的阶层分化、利益不均等问题，在新形势下变得更加复杂：户籍制度衍生的问题今非昔比，一些曾对农业人口不公平的条款，如今却演变为维护农民利益的保护伞。因此，户籍制度对农业人口流动及其市民化造成的问题比户籍制度本身存在的问题更多、更复杂，需要根据新型城镇化情境和人的城镇化要求检视其症结所在。

二　二元户籍制度形成与人口流动的控制

　　1949年毛泽东《在中国共产党第七届中央委员会第二次全体会议上的报告》中指出，"必须使城市工作和乡村工作，使工人和农民，使工业与农业，紧密地联系起来"，"决不可以丢掉乡村，仅顾城市"。① 随着党的工作重心由乡村转移到城市，中国便进入"城市领导乡村"的发展与治理模式。自此，中国城乡分化不断加大，并在20世纪50年代末形成城乡二元经济社会结构。

　　准确地说，中国城乡二元分化始于粮食统购统销政策。② 党和国家的工作中心转移到城市后，建设城市和发展社会主义工业化需要大量粮食，而1953年农村发生的霜灾让农民更加惜售粮食，城市粮食需求缺口很大，于是，中央"下决心搞统购统销"，否则"没有出路"。③ 1953年10月中央政治局扩大会议做出《中共中央关于粮食统购统销的决议》，规定粮食的"所有收购量和供应量，收购标准和供应标准，收购价格和供应价格等，都必须由中央统一规定或经中央批准"。随后，中共中央和政务院于1953年11月、1954年9月做出《关于在全国实行计划收购油料的决定》、《关于实行棉布计划收购和计划供应的命令》和《关于棉花计划收购的命令》，对粮、棉、

---

　　① 《毛泽东选集》（第四卷），人民出版社，1991，第1427页。

　　② 统购统销政策从1953年开始实施，即禁止粮食自由买卖，农民要把生产的粮食（留下经国家批准的自己食用的数量和品种）卖给国家，再由国家供应全社会所需要的粮食，城镇家庭凭粮本到粮店购买粮食。随着社会主义改造的深入，人们的日常生活用品，如棉布、油、糖、烟、酒、自行车等都被纳入计划体制，全面实施统购统销。

　　③ 中共中央文献研究室：《陈云传》（下），中央文献出版社，2005，第1618页。

油等比较重要的农产品实行统购统销。统购统销打通了城市建设和工业发展提取农业积累的通道，便于国家利用农产品的定价权从农民手中低价统购农产品，并通过工农产品价格"剪刀差"向农民收取"暗税"。

高度计划体制下的粮食"统购"收了不少"过头粮"。国家收购的粮食本应该是农民余粮，但由于国家规定的"征购粮"标准高，一些农民把口粮甚至种子也交给了国家。到春荒时节，国家为了让农民有饭吃，再"返销"一些粮食给缺粮的农民。统购统销政策将城乡居民分成吃"商品粮"的和吃"农业粮"的两大新世袭阶层，吃"农业粮"的人要想跳出"农门"成为吃"商品粮"的人，几乎难于上青天。统购统销政策让农民在城市无法生存！一般人因私事进城办事，需要自带干粮，或投亲靠友解决吃饭问题；如因公事进城，先要到地方政府申请出具"出差证明"，待批准后，方可用等量粮食到粮管所兑换省内流通粮票或全国流通粮票，① 以解决出差人的吃饭问题。

统购统销政策对农民流动的控制是间接的，将农民牢牢固定在农村并使农业户口身份化的是户籍管理制度。面对城市粮食供应紧张的压力，1953年政务院发出《关于劝止农民盲目流入城市的指示》，规定未经劳动部门许可，任何单位不得擅自去农村招收工人。1954年内务部与劳动部发出《关于继续贯彻〈劝止农民人口盲目流入城市的指示〉》，又一次限制农民向城市流动。1956年国务院发出《关于防止农村人口盲目外流的指示》，再一次强调城市单位不得私自从农村招工。1957年3月和9月，国务院先后发出《关于防止农村人口盲目外流的补充指示》和《关于防止农民盲目流入城市的通知》，严格限制农民向城市流动。在限制农村人口流动的系列政策基础上，1958年全国人民代表大会常务委员会通过《中华人民共和国户口登记条例》，以法规形式将城乡居民划分为农业户口和非农业户口，并且规定农转非的三个条件，即持有城市劳动部门的录用证明、学校的录取证明，或城市户口登记机关的准予迁入证明的人，才能到常驻地户口登记机关申请办理迁出农村户口手续。这一条例将限制农民向城市流动与迁徙的一系列政策上

---

① 粮票是居民购买粮食凭证。1955年8月5日，国务院全体会议第17次会议通过《市镇粮食定量供应凭证印制使用暂行办法》，全国粮票从此诞生，此后，各省也陆续发行省粮票。1993年，粮票退出居民日常生活，居民可以从市场购买粮食，以粮票为主体的长达30多年的"票证时代"结束。

升为法规，强制力更大，"乡下人"改变身份变成"城里人"的通道进一步
收窄。

统购统销制度下的农民，包括城郊农民，可以自带"干粮"，或采取早
出晚归的方式到城镇寻活赚钱，而《中华人民共和国户口登记条例》的实
施彻底剥夺了农民自由迁徙的权利，农业户口被完全排斥在城市场域之外。
尽管户口登记条例没有涉及城乡居民的社会地位和福利待遇，但从城乡二元
分化、城乡不平等发展进路看，它却是形塑城乡二元经济社会结构的"罪
魁祸首"。正是有了户口的城乡区别，国家才可以实施城乡差别化社会管
理，将有限的福利资源更多地配置给城市居民，农村人成为低于城市人的
"二等公民"。如此情境下，具有城市户籍的人便可以享有高于农村人的劳
动就业、医疗保健、养老保障、文化教育、子女落户，以及粮油、副食品补
贴等一系列不平等待遇。

三　户籍制度松动与城镇非农业户口的有限放开

统购统销制度和户籍登记管理制度是城乡一系列不平等制度的核心，要
消除城乡二元结构，实现城乡一体化发展，必须废除或改革这两项制度。20
世纪80年代初，乡镇企业兴建与东南沿海地区开放几乎同步开启，但农村
剩余劳动力只能在本乡镇而不能跨地区、跨行业流动。这固然与当时国家推
行"离土不离乡、进厂不进城"的城镇化政策有一定关系，但在事实上，
即使没有这个政策限制，农民也很难到东南沿海地区打工——粮食统购统销
政策不允许农民异地流动，因为农民没法带足够多的粮食到东南沿海的乡镇
企业打工。这种状况直到20世纪80年代中期才有所缓解。1984年《中共
中央、国务院关于进一步活跃农村经济的十项政策》（1985年"中央一号文
件"）指出，从1985年起，除个别品种外，国家不再向农民下达农产品统
购派购任务，按照不同情况，分别实行合同定购和市场收购。这是改革开放
后国家首次对粮食流通体制进行改革，它标志着中国农产品购销体制由统购
统销走向"双轨制"。粮食购销双轨政策的实施，打开了农民远距离流动的
方便之门，农民能从市场上购买到议价粮，自然可以更长久地留在城市。
1993年国务院《关于加快粮食流通体制改革的通知》指出，"取消国家食油
收购计划和食油定量供应政策"，"在二三年内全部放开粮食价格"。统购统

销政策的取消，表明国家把农产品生产和销售的权益交给了农民，农民成为独立、自主的市场主体，可以根据市场交易规则自主决定农产品出卖的时间和对象，以获取更多利益。它的更大意义在于，取消粮食统购统销政策意味着国家放松对农民的地域管制，农民拥有了更多的人身自由权，可以根据自己的意愿在城乡间流动和到城市打工。

统购统销政策的取消，虽然有助于促进农民流动，但它没有涉及农民身份问题，身份歧视在城市普遍存在。背着农民身份桎梏的人，即使与城市人从事同样工作，工资、福利待遇也有较大区别。于是，越来越多的农村人尤其是年轻人，渴望将自己的农业户口转变为非农业户口，成为"国家人""城里人"。1984年1月中共中央在《关于一九八四年农村工作的通知》中指出，"各省、自治区、直辖市可选若干集镇进行试点，允许务工、经商、办服务业的农民自理口粮到集镇落户"，表明城乡二元户籍制度开始松动。同年10月，国务院《关于农民进集镇落户问题的通知》规定，凡申请到集镇务工、经商、办服务的农民和家属，在城镇有固定住所、有经营能力，或在乡镇企事业单位长期务工的，公安部门应准予落常住户口并将他们统计为"非农业人口"，纳入街道居民小组进行管理，享有与同集镇居民一样的权利。这一政策对农业户口转变为非农业户口具有里程碑意义。由于要求农转非的农民太多，个别地方政府便以"振兴经济""城镇增容"为名，将城镇户口标价出卖。针对农转非过程中出现的混乱现象，1988年、1989年、1990年国务院及有关部门连续下发《关于制止一些市县公开出卖城镇户口的通知》《关于严格控制农转非过快增长的通知》《关于"农转非"政策管理工作分工意见报告的通知》，一方面要求坚决制止和纠正卖户口的错误做法，另一方面要求把"农转非"纳入国民经济与社会发展计划，控制"农转非"指标。在治理整顿的大环境下，[①]户籍制度改革慢了下来。

邓小平"南方讲话"和党的十四大召开，要求进一步解放思想，加快改革开放步伐，户籍管理制度改革随之加快。1992年公安部发出《关于实行当地有效城镇居民户口制度的通知》，广东、浙江等10多个省先后实行

---

① 1989年11月，中共十三届五中次全会议通过的《中共中央关于进一步治理整顿和深化改革的决定》指出，包括今年在内，用三年或者更长一点的时间，基本完成治理整顿任务。

"当地有效城镇居民户口",即"蓝印户口"。同年全国各地掀起了"卖户口"热潮:[①] 已有一名以上的非农业户口家庭,其农业人口成员可以按照每人3000元的价格购买非农业户口;没有非农业户口的家庭,其成员要想成为城里人,必须按照每人10000元的价格购买非农业户口。为纠正卖户口的不正常现象,1992年经国务院办公厅同意,公安部下发《关于坚决制止公开卖非农业户口的错误做法的紧急通知》,制止各地卖户口行为。虽然地方政府"卖户口"行为得到制止,但随着城市化步伐不断加快,户籍制度改革还在一些城镇缓慢进行着:1997年国务院批准公安部《关于小城镇户籍制度改革试点方案》,规定试点镇具备条件的农村人口可以办理城镇常住户口;2000年中共中央、国务院下发的《关于促进小城镇健康发展的若干意见》指出,"凡在县级市区,县级人民政府驻地镇及县以下的城镇有合法固定住所、固定职业或生活来源的农民,均可根据本人意愿转为城镇户口,并在子女入学、参军、就业等方面享受与城镇居民同等待遇,不得实行歧视性政策";2001年国务院批转公安部《关于推进小城镇户籍管理制度改革的意见》,要求办理小城镇常住户口的人员不再实行计划指标管理。

在此基础上,2006年10月公安部门着手进行户籍制度改革,并将改革重点放在取消农业与非农业户口界限、建立城乡统一的户口登记管理制度,以及以具有合法固定住所作为城镇落户的基本条件上。城乡二元户籍制度改革已经由小城镇向城市扩展:农业户口转变为非农业户口在小城镇已经没有障碍,一些中小城市的非农业户口也逐步放开。2014年7月国务院印发《国务院关于进一步推进户籍制度改革的意见》,要求建立城乡统一的户口登记制度,即取消农业户口与非农业户口性质区分,以及由此衍生的蓝印户口等户口类型,将城乡居民户口统一登记为居民户口。新的户籍制度改革是在新型城镇化背景下进行的,改革力度超过以往任何一次户籍制度改革,体现了人的城镇化发展对转移农业人口和实现市民化的内在要求。再者,此次户籍制度改革不仅注重化解城镇存量农业转移人口城镇落户问题,而且对增量农业转移人口也给予制度安排,并且还指明了户籍改革的下一步要求,即逐步实现城乡教育、就业、住房、养老,以及社会福利、社会救助、异地高

---

① 据公安等部门估算,1992年各地卖户口所得金额达100亿~200亿元。

考等社会权利平等，城乡居民将"同名""同命"，进而促进人的城镇化
发展。

四　人的城镇化背景下户籍制度改革的主要问题

户籍制度是"城乡二元体制的最突出的体制原因"，[①]要化解城乡发展
中"人"的问题，更好、更快地转移农业人口和实现人的城镇化，必须深
化户籍制度改革。换言之，户籍制度是解决人的城镇化问题的前置条件，解
决农业人口转移和人的城镇化问题离不开户籍制度改革。《国务院关于进一
步推进户籍制度改革的意见》已经为户籍制度改革指明了政策方向，现在
的关键是要根据国务院的户籍制度改革意见推进人的城镇化发展。客观地
说，中国农业人口向城镇流动已经持续了30多年，户籍制度及其相关政策
改革进行了若干次，各地推进农民市民化的实践活动也不乏创新之举，但实
际效果并不明显，几亿农业流动人口一直走在市民化路上，难以实现市民
化。探究其原因，有政策缺乏操作性、持续性方面的，也有地方政府过于强
调实际困难方面的，还有地方与中央、地方与地方之间的利益博弈方面的，
其中最主要的是，无论制度改革还是实践活动都没有触及人的城镇化的
"核心问题"。一方面，制度改革不彻底，一味地强调改革的"进一步""深
化"，始终未能赋予农业流动人口市民化权益；另一方面，地方政府的实践
活动停留在被动执行上，主动性、力度都不大，并且总是"犹抱琵琶半遮
面"，不愿意真正让利于农业流动人口。如此，检视农业流动人口城镇落
户、转变身份，以及消解城乡二元结构、留住"乡愁"等问题，发现新型
城镇化背景下这些问题的变化及其症结，对户籍制度改革和人的城镇化发展
都是必要的。

1. 落户城镇：大城市难，经济发达地区的农村城镇困难也多

户籍制度改革最终目标是要让户籍制度回归其人口登记、迁移管理的最
初功能，按照常住地登记户口，并赋予人自由迁徙的基本权利。然而，国务
院"全面放开建制镇和小城市落户限制、有序放开中等城市落户限制、合

---

① 李强等：《多元城镇化与中国发展：战略及推进模式研究》，社会科学文献出版社，2013，第
14 页。

理确定大城市落户条件、严格控制特大城市人口规模”的“意见”表明，户籍制度仍是规约农业人口转移的制度屏障。无论严格控制特大城市人口规模，还是建立完善大城市积分落户的规定，都与“人自由迁移”的本意相去甚远——中国户籍制度改革还有很长的路要走。

就当前中国农业转移人口集中程度看，大多数农业流动人口聚集在大城市和特大城市，并且还在源源不断地流入。如果特大城市、大城市农业转移人口户籍问题得不到解决，他们的居住权、子女受教育权、社会保障权与城市居民仍有大的差异，那户籍制度改革就没有实质性进步。此外，此次户籍制度改革没有正面回应农业流动人口在特大城市和大城市落户问题，也没有限制农业人口和其他城市户籍人口继续流入大城市或特大城市的具体举措，如此下去，大城市和特大城市超大城市的非本市户籍的人口还将不断增加，人口的空间压力和公共服务覆盖常住户口难度也会越来越大。

再者，此次户籍制度改革再一次强调，进一步放开中小城市、农村城镇户籍，让更多的农业转移人口到中小城市和农村城镇落户。这一制度设置在理论上是成立的，因为中小城市和农村城镇的市民化成本比大城市低，农业人口向这些地方比向大城市转移要容易。但这也不是绝对的，需要区分不同的地区：在经济欠发达地区，农民到中小城市和城镇落户没有多大难度，甚至一些地方政府还出台优惠措施，鼓励或强制农民进城镇、改变户籍；而在经济发达地区，中小城市和农村城镇的外来人口已经很多，有不少地方已经超过了当地城镇人口承载力，政府的公共设施建设、公共服务供给压力都很大，以至于一些中小城市，如广东省中山市、江苏省张家港市等城市在购房入户、投资入户的基础上都选择了类似于大城市的“积分落户”政策，以控制外来人口落户。尽管“积分落户”为农业人口转变为市民拓宽了新渠道，但由于经济发达地区的中小城市和农村城镇的外来农业人口多，各地对积分落户规定了诸多限制性条件。如，广州市2010年开始实施“积分入户”的户籍政策，规定积满85分的外来人员就可以申请入户，但广州市当年只有3000个落户指标数，以至于积分达到132分才能落户，且基本上是高学历、高技术的人才，很少有农业人口。再如，张家港市2012年本地户籍人口为89万人，外地人口有64万人，通过积分落户途径转变身份的只有 813 人。[1] 如此，经济发达地区的城镇政府都不敢不计后果地完全放开户籍制度，普遍采用一定方式设置阶梯式落户通道，以调控落户规模和节奏。就是说，无论在大城市还是中小城市、农村城镇，户籍制度在今后相当长的时期仍是控制、调节农业人口流动与落户的手段，户籍制度改革需要把握好"度"。

2. 农业流动人口转身：有人欢喜，有人纠结

20 世纪 90 年代初，中国农民"弄潮儿"冲破户籍制度枷锁，或只身一人，或与老乡亲戚成群结队地闯入城市空间，寻求新生活。当时农业人口之所以能选择进城打工，一方面是家庭联产承包责任制的实施解放了农业劳动力，农业生产出现了大量剩余劳动力；另一方面，市场经济体制改革促进了城市建设和工业发展，城市需要大量的廉价劳动力，这使农业生产"去内卷化"[2] 成为可能。于是，农村剩余劳动力源源不断地流出农村，并在 90 年代中后期形成声势浩大的农民工大潮。由此来看，绝大多数打工者进城的目的不是转变农民身份成为市民，而是赚钱、致富的强烈愿望驱使他们最大限度地容忍城镇和企业不公平待遇——城市打工者都是以农民身份从事着非农产业，城市提供给他们的岗位多数是苦活、累活、脏活，工资待遇低，福利保障少，不能享有城市居民的公共服务权益。然而，城乡一体化发展和新型城镇化战略实施，以及城市发展越来越离不开农民工的现状，需要国家和城市政府解决农业流动人口转移和市民化问题。

因此，国家和各级政府纷纷制定农业转移人口的城镇落户规划。《国家新型城镇化规划（2014～2020 年）》提出，到 2020 年要让 1 亿左右农业转移人口和其他常住人口在城镇落户。各省也在规划中对农业人口转移做出具体安排，如江苏省提出，到 2020 年推动 520 万目前仍在农村的人口进城，并且要让符合条件的 800 万"半市民化"人口实现市民化。[3] 就当下一些地方的新型城镇化发展规划看，农业转移人口到城镇落户、转变身份已经成为各地政府的行政任务。然而，当前的城乡利益格局已经发生了较大变化，农民对进城落户的需求不尽相同，有些打工者和居村农民不想转变农民身份，

① 王伟健：《放开进城落户限制有多远》，《人民日报》2015 年 3 月 25 日。

② Clifford Geertz, *Agricultural Involution*, Berkeley: University of California Press, 1963.

③ 汪晓霞：《推进新型城镇化，铺好 800 万人进城路》，《新华日报》2014 年 8 月 16 日。

成为城镇居民。尽管城乡的居民收入、公共服务水平差距还很大，城乡经济社会发展依旧不对等，但随着国家强农、惠农、利农、便农政策的实施，不少农民觉得"做农民没有什么不好"，以至于越来越多的农民既想进城，又怕进城。[①] 农民进城落户是"你情我愿"的事情，政府一定要尊重农业转移人口的意愿和选择，不能采用行政手段强制农民进城上楼，不能为了城镇化率的提高而诱导农民转变城镇户口，更不能在城镇化发展中犯"大跃进"错误。

3. 消解城乡二元结构：利要大于弊

中国的城乡二元结构始于 20 世纪 50 年代中后期，它将城市与农村、工业与农业、市民与农民隔离开来，使城乡成为各自独立的单元。城乡二元结构备受社会各界诟病，国家和政府也为此进行了诸如取消粮食统购统销、取消城镇居民副食品补贴等改革，城乡二元结构有所松动，但是，它的"结构力"仍阻碍着城乡之间生产要素的互动，并严重制约了"三农"问题的解决。为缩小城乡发展差距，消弭城乡二元结构，中央在"我国现在总体上已经到了以工促农、以城带乡的发展阶段"下提出了推进城乡统筹发展、城乡一体化发展战略，要求各级政府坚持工业反哺农业、城市支持农村和多予少取放活的方针，将公共事业发展重点转移到农村，大力促进城乡均等化公共服务发展。由此来看，无论乡村振兴、新型城镇化发展，还是为此进行的取消农业户口、统一居民户口的户籍制度改革，都要消解城乡二元经济社会结构。

然而，有学者认为，中国小规模农业和大量人口生活在农村是近百年内都不会改变的基本事实，"中国的二元结构可能会长期并存"。[②] 更有甚者，有学者指出，"城乡二元结构既是一种剥削性的结构，又是一种保护性的结构"，当前体制性的城乡二元结构正在"由过去剥削型的城乡二元结构变成保护型的城乡二元结构"，并且，城乡二元结构中"几乎所有限制农民进城的制度都已取消，农民可以自由地进城"。不仅如此，中国城乡二元结构正在发挥"对农民这个中国最大弱势群体的保护作用"，不仅限制了城市资本

---

① 顾仲阳：《户改了，为啥还观望》，《人民日报》2014 年 8 月 18 日。

② 周立：《中国城乡一体化与新型城镇化的未来发展》，《中国乡村发现》2014 年第 4 期。

及市民下乡掠夺农村财富，而且允许进城失败的农民返回农村家乡，有效地防止城市出现贫民窟和形成"城市内二元结构"。[1]

20世纪50年代的户籍制度形塑了城乡二元结构，它造成了中国城乡社会一系列不平等，户籍制度改革和人的城镇化发展必须打破城乡二元结构。城乡二元结构实质上是权利不平等、城乡发展不协调的社会体制，不能因为它现在还具有一些正面功能，就错误地认为它的存在是合理的，并将长期保留。（4）城乡各有生活优势，选择在农村生活还是在城市生活应该由公民自主决定，不能因为一个人曾经是农民，也不能因为农民进城失败，就想当然地认为农民愿意回到乡村过田园生活。这种设想多少有些天真，也是对进城农民发展的不负责任。如果政府为进城农民建立起与市民一样的社会保障，"失败"的农民完全可以在城镇继续生活下去，未必一定要回到乡村。（5）城乡二元结构对农民有保护作用只是暂时的、表面的，不能由此抵牾城乡一体化发展。"城乡一体化不是要完全消灭城乡差别，最终达到城乡经济社会的绝对均等"的城乡"一样化"和"平均化"，[2] 它的发展是要城市更像城市，农村更像农村，各有鲜明特色。城乡一体化发展的价值旨趣在于消除城乡分立，使农村与城市对接、并轨，让城乡居民共享均等化公共服务，并过上现代文明生活，而这是城乡二元结构所不能及的。

4. "乡愁"：留住不易，安放更难

从一定意义上说，城镇化是"农民或农村人口越来越少、城市人口越来越多的变化过程"。[3] 并且，人口城镇化是"反映城镇化水平的一个最重要的指标"，几乎世界上所有国家的城镇化发展都选择了转移、减少农业人口的道路。[4] 中国物的城镇化发展已经让2.5亿以上的农业人口流出村庄，很多村庄尤其是中西部地区的村庄变成了空心村，昔日鸡鸣狗吠、禽畜成群、炊烟袅袅的村庄日趋沉寂，越来越多的村庄呈现出土地荒芜、杂草丛生的萧条、破败景象。正如刘奇所说，一些村落中年轻人纷纷逃离村庄，有条件的农户搬迁到城镇定居，只留下留守老人，而随着老人离世，村庄只能自

---

① 贺雪峰：《论中国式城市化与现代化道路》，《中国农村观察》2014年第1期。
② 黄坤明：《城乡一体化路径演进研究：民本自发与政府自觉》，科学出版社，2009，第35页。
③ 简新华、何志扬、黄锟：《中国城镇化与特色城镇化道路》，山东人民出版社，2010，第2页。
④ 王克忠等：《论中国特色城镇化道路》，复旦大学出版社，2009，第4页。

然消亡。①

　　以人的城镇化为核心的新型城镇化能阻止村庄衰落，能让村庄再度复兴吗？就国家户籍制度改革的主旨看，新型城镇化目标指向是要解决人口城镇化滞后于土地城镇化发展问题，促进农业人口转移及其市民化，使人的城镇化与物的城镇化协调发展。尽管乡村是中华文明之根，每一个离乡的人都有"此心安处是吾乡"的情愫，并且，国家的新型城镇化发展战略也强调"留住乡愁"，但很显然，新型城镇化发展重点不是美丽乡村建设，也不是让村庄挽留农民，相反，它需要继续从村庄转移农业人口。人们冀望发展新型城镇化的同时能重建一个有活力、有希望的故乡，以守望记忆中的家园："如果我们注定要落脚于城市，那么在这一个文明历程中，能否安顿好故乡、记得住乡愁，决定了我们能走多远，能抵达怎样的境界。"②

　　然而，新型城镇化发展既想转移农业人口又想留住乡愁绝非易事。从农民角度看，传统中国农民是"粘在土地上的"，"'土'是他们的命根"，"定居是常态，迁移是变态"。③ 但由于受到城镇化、市场化大潮冲击，多数农民尤其是青年农民变得躁动不安，进城梦、致富梦已难以安放"乡愁"。从政府角度看，城镇化是经济社会发展的重要引擎：一方面，城镇化发展是拉动经济持续发展的重要手段——城镇化每提高一个百分点，大概能够增加国内消费 1.6 个百分点，可以拉动 GDP 增长两个百分点；④ 另一方面，推进城镇化建设，让广大农村人口相对集中居住，公用设施以及科技、教育、文化、体育、医疗等公共资源配置才能更有效。如此情境下，要留住乡愁，并要在新型城镇化发展中安放好乡愁，对农业流动人口和地方政府来说都比较困难，需要顶层设计。

五　让农民享有均等化公共服务

　　形成于 20 世纪 50 年代的中国户籍制度在亿万农业人口进城大潮的强烈冲击下已不具有计划经济时期控制人口流动的功能，户籍制度限制人口自由

---

① 刘奇：《城市化背景下的乡村价值该如何定位》，《中国发展观察》2012 年第 9 期。
② 本报评论部：《"回不去的故乡"何以绽放梦想》，《人民日报》2014 年 2 月 11 日。
③ 费孝通：《乡土中国　生育制度》，北京大学出版社，2005，第 7 页。
④ 吉炳轩：《加快推进城镇化建设是广大农民的迫切愿望》，《光明日报》2014 年 2 月 24 日。

流动的时代已经一去不复返；虽然城镇居民的一些福利还与户籍捆绑在一起，城乡居民在居住、教育、养老、医疗等公共服务方面仍有一定差距，但随着国家"以工带农、以城促乡"方针的贯彻落实，以及政府强农、惠农力度加大，居村农民福利会大幅提高，甚至某些福利比城镇居民还好。因此，尽管户籍制度形塑并固化了城乡二元结构，造成了城乡不协调发展和居民权益不平等，但如今户籍制度的功能日渐式微已成不争的事实，多数城乡二元结构性问题已经不是户籍制度导致的，它更复杂，需要从其他方面寻找解决办法。就此而论，深化户籍制度改革，绝非不要户籍制度的人口管控，也不能过于强调转移农业人口。如果不顾中国农业人口多的国情，以发展新型城镇化为借口，草率地鼓励甚至强制农民进城，并承诺让公共服务全面覆盖所有常住居民，就当下政府财力状况看，几乎难以兑现。这样做是不现实的，也是极其危险的。

农民问题是"三农问题"中的核心问题，改革开放后各级政府一直把解决农民问题放在第一位，并且群策群力地使农民增收、致富。然而，农民问题最为突出的问题是农民人数太多，占总人口比例太大。因此，中国农民问题的解决，不能局限于农村、农业，唯有跳出农村和农业，减少农业人口、发展非农产业，才能更有效地解决农民问题。严格来说，农民离土别乡、到城镇打工不是政府预先设置的，也不是城市出于"支持农村"而有意为之的，它是亿万勤劳、勇敢的农民"理性扩张"创造出来的。[①] 今天来看，正是 20 世纪 90 年代的进城打工者打破了城乡二元结构，他们为经济发展、城市建设和居民改善做出了极大贡献，没有他们，"中国制造"就不会有强大的国际竞争力；同样，离开他们，"中国奇迹"就不复存在。因此，国家、城市政府，还有城市居民都需要善待他们，不仅不能歧视他们，而且还要主动帮助他们转变身份，使其能享有与市民一样的公共服务权益。

另外，中国现今的城乡关系、工农关系与计划经济时期已大相径庭，与改革开放初的 20 世纪 80 年代也有较大不同。一方面，城镇化发展诱惑农民尤其是经济欠发达地区、老少边穷地区的农民持续离开农村，其中不乏一些

---

① 徐勇：《农民理性的扩张："中国奇迹"的创造主体分析——对既有理论的挑战及新的分析进路的提出》，《中国社会科学》2010 年第 1 期。

人渴望成为城镇居民；另一方面，新农村建设的开展，农业变得更强、农村变得更美、农民变得更富，越来越多的村庄被打造为安居乐业的美丽家园，农民正在成为体面的职业，这又影响了农业人口流动与转移，甚至有相当多的城镇打工者不愿意放弃农业户口。如此，国家和政府要慎重对待新型城镇化发展中的农业人口转移与市民化问题，不能因为经济发展需要城镇化来拉动内需，就动员甚至强迫农业人口改变身份。中国乡村振兴和新型城镇化的主战场一个在农村，一个在城镇。乡村振兴是要让留在农村的农民过上与城镇居民一样的幸福日子，而城镇化发展却要设法转移农业人口、减少农民，两者的行动逻辑在表面上有些相悖。其实不然，乡村振兴和新型城镇化发展是相辅相成的，它们统一于城乡一体化。中国缩小城乡差别、工农差别，实现城乡发展一体化需要乡村振兴和新型城镇化"双轮驱动"。只有城市与农村比翼双飞，中国人才能在繁华城市、温馨小镇和美丽乡村的多元化居住环境中自主选择，并过上幸福生活。因此，人的城镇化发展指向并非只有农民进城一条路，只要户籍制度改革坚持城乡一体化发展理念，并能保障居民无论居住在城市、农村城镇和乡村都能享有均等化公共服务权益，就可以妥善地化解新型城镇化发展中诸如人到哪里去、如何公正地保障居民权益等棘手问题。

第三节　提高进城农民获得感

进城农民获得感是影响人的城镇化发展的重要变量，提升进城农民获得感有助于推进人的城镇化发展。由于进城农民获得感来自打工所在地城镇和户口所在地农村，只有城镇为进城农民提供均等化公共服务、农村给予进城农民切实的财产权益，进城农民才能拥有更多的获得感，也才能在此基础上进行市民化。此外，为了让人的城镇化既好又快地发展，国家还需要为进城农民提供均等化社会保障，准许进城农民转让农村财产权，增强进城农民的城镇社区认同感，进而彻底清除进城农民向市民转身的体制障碍。

一　进城农民获得感的提升途径

人的城镇化是新型城镇化的核心内容，新型城镇化发展必须提高城镇化质量，解决物的城镇化发展中的土地城镇化快、人口城镇化慢的不平衡问题，以及进城农民与市民权益不均等问题。近年来，国家为了促进人的城镇化发展，不仅进一步深化了城乡二元户籍制度改革，取消了农业户口和非农业户口性质区分，减少了进城农民向市民转身的障碍，而且加大了城镇公共服务向进城农民供给的力度，进城农民能在打工挣钱的同时获得更多的公共服务。如此，进城农民打工待遇不断提高，生存环境逐步改善，绝大多数进城农民能从城镇获得更多的经济利益、更好的社会保障，其获得感有了明显提高。

获得感反映的是人们对社会资源获取、占有的情况和对利益获得的认同状态，它"不完全是社会地位的客观反映"，"带有一定的主观性"。[1] 换言之，获得感主要体现在收获感、安全感、满意感等方面，具有主观见之于客观的特性。但是，相比于成就感、幸福感等感受、体验，获得感更强调"过程性"体验，更关心"得到""拥有""满足"的感受。获得感内容广泛，可以表现在：在效益与成本对比上，既可以是支付成本降低，又可以是支付成本不变，而获得利益却相对增多；在利益表现形态上，既可以表现为收入、生活水平的提高，也可以是人格尊严有保障，自身价值能实现；在具体形态上，既有看得见的，如上学能得到优质教育、生病能得到有效治疗，也有看不见的需求，如生活在和谐、公平、公正的社会里。

尽管获得感与幸福感一样，强调人的主观感受、心理体验，但获得感不再空泛、抽象，它"强调一种实实在在的'得到'"，[2] 是一个有"温度"、有"人性"的概念。全面建设社会主义现代化需要提高居民获得感，不同地区的人、不同群体的人要共享经济生活发展成果，离不开居民获得感的提升。提升进城农民获得感既是人的城镇化的重要内容，也是促进人的城镇化发展的着力点和抓手，因为人的城镇化发展是按照"以人为本"理念进行城镇化建设，不能漠视人的需求，不顾进城农民的获得感。唯有进城农民拥有了较高获得感，他们才愿意参与市民化，积极、主动地向城镇居民转身。

获得感进入学术研究是在 2015 年习近平提出"让人民群众有更多获得

① 孙远太：《城市居民社会地位对其获得感的影响分析——基于 6 省市的调查》，《调研世界》2015 年第 9 期。

② 康来云：《获得感：人民幸福的核心坐标》，《学习论坛》2016 年第 12 期。

感"后，学者们在城镇化及其相关研究中，开始重视研究进城农民获得感。中国城镇化研究和实践活动集中在城镇化道路选择、市民化等主题上，农民流动、转移及其城镇融入的研究成果和实践经验多，且不乏创新性发现。并且，这些方面的理论研究与实践探索基本上是同步的，理论研究的缺失也是实践问题所在，以至于城镇化实践中出现了严重的"半城镇化"问题。中国城镇化进程中出现的农民流动快、转移慢的户籍城镇化率低于土地城镇化率和人口城镇化率的问题，不仅制约了人的城镇化发展，而且严重影响着新型城镇化发展和城乡一体化发展。直到今天，户籍人口城镇化主要集中在农村人升学城镇化和城郊失地农民被动城镇化上，多数进城农民，即进城打工者及其家属和子女仍旧难以在城镇落户，新型城镇化发展中的农民身份转变问题依然严峻。

学者们曾用优势视角分析农民城镇化难的原因。如有研究认为：农村升学人口具有文化水平高、专业技能强的优势，他们毕业进入社会后能很快顺应城镇社会，成为城镇正式居民；城郊失地农民拥有一定数量的土地征用、房屋拆迁补偿款，加上政府为他们进入城镇提供安置，他们在城镇生活几乎没有多少困难，一般能在较短的时间里成为城镇社会的一员；而普通的进城农民，除了极少数打拼成功的农民工外，只能依靠出卖劳动力获取比农业劳动多的经济收入，没有能力支付家人城镇化生活成本，如果没有强有力的外力干预，他们很难向市民转身。优势视角对进城农民市民化难和人的城镇化发展困境有一定的解释力，客观地描述了不同农民群体在人的城镇化发展中的处境，并能根据不同的农民群体"优势"特点提出实施市民化的不同路径。尽管这类研究有的涉及进城农民的"获得"，并视"优势"为进城农民实现市民化的必要条件，但很少有学者直接将进城农民获得感置于农民市民化、人的城镇化研究中，讨论进城农民获得感与人的城镇化两者的关系，以及提升进城农民获得感对推进人的城镇化发展的意义。

进城农民获得感大小及其提高程度对人的城镇化发展有直接影响。如果进城农民能在城镇化进程中，获取到更多的物质利益、保障权利和参与治理权利，他们就容易接受城镇社会，从而能更主动地向市民转身。客观地说，城镇社会及城镇政府和企业还没有将进城农民全部纳入城镇，他们与正式市民还有相当大的差距，农民获得感的提升缓慢。虽然近年来进城打工农民的经济收入、家庭生活比多数没有外出打工的农民及其家庭好，获得感有所增强，但他们在城镇获得的与他们付出的不对等，即他们的"获得感"还不够高，或者说他们拥有的获得感只是农民工的获得感，与市民的获得感还有较大的距离。

进城农民获得利益和获得感是影响人的城镇化发展的重要变量，提升进城农民获得感对人的城镇化发展有积极意义。这是由于：一是城镇化进程中的进城农民获得利益增多和获得感增强是人的城镇化的试金石，只要进城农民拥有足够多的获得利益，并对城镇的给予感觉满意，他们就会积极参与人的城镇化发展，从而推动新型城镇化发展；二是提高进城农民获得感应该成为促进人的城镇化快速发展的着力点、重要抓手，各级政府要将国家"工业反哺农业、城镇支持农村"的均衡发展方针落到实处，即按照市民标准为进城农民提高利益，增强进城农民的获得感；三是进城农民获得感来自户口所在地农村和打工所在地城镇，只有城乡都采取积极有效措施增强离村或进城农民的获得感，人的城镇化才能较快发展。因此，本书将"获得感"引入人的城镇化发展研究，探究获得感提升与人的城镇化发展的关系。

此外，无论是侧重于物质利益的收获感，还是侧重于主观感受的安全感、满意感，获得感一般来自"自力"和"给力"两个途径。"自力"主要是通过内在努力、辛勤劳动获得，反映了劳动者付出劳动得到的回报。通常情境下，劳动付出多，收获就多，人的获得感也就大。"给力"通过外缘因素对获得感施加影响，工作机会多、工作环境好甚至经济形势等因素都会对人的获得感产生一定影响。"让人民群众有更多获得感"就是指通过外力帮助人提高获得感。人的获得感获取受到内力和外力综合作用，内外因素叠加使得获得感提升，所不同的是在不同时期、不同地区、不同人身上内外力的大小是不同的。如此，本书从城镇、农村两个方面检视进城农民获得感境况，并在此基础上探究提升进城农民获得感的路向。

二　城镇给力：为进城农民提供均等化公共服务

在城镇化发展初期，进城农民的获得感主要来自农民的努力和拼搏，政府为他们提供的服务非常有限。20世纪90年代中期以前，进城农民主要是六七十年代出生的人，打工时间长、劳动任务重，收入也不是很高，但由于打工收入比种田高得多，越来越多的农民在从众心理驱使下外出打工，并形成了气势磅礴的"民工潮"。进城农民主要依靠自己及其身边的"强关系"维系城镇生活，他们最关心的是挣钱，对政府提供的生活条件、劳动环境等没有过多要求。

20世纪90年代中后期尤其是进入21世纪后，"80后"农民加入进城打工行列，他们打工的主要目的不再仅仅是挣钱，对打工环境、生活条件、工资待遇等的要求不断增多，加上市场经济、城镇化快速发展需要大量劳动力，倒逼城市政府和用工企业必须关心进城农民的打工利益。这段时间进城农民包括第一代和第二代农民主要依靠自身能力赢取获得感，政府对进城农民的获得感关心少，进城农民在城镇"艰苦"环境下顽强成长。当然，这对进城农民并非都不利，市场化环境锻炼了广大进城农民，他们在城镇竞争环境中学会了坚强。不难发现，一些常年在城镇打工的农民，虽然他们暂时在打工地没有自己的住房，但城镇这个大熔炉已经将他们中的一些人锻炼成"超人"——他们具有超越普通市民的较强的生存能力。

尽管如此，但进城农民获得感更多来自外力保障，唯有外力才能让广大进城农民普遍获益。进入21世纪后国家与地方政府不断加大进城农民的权益保障和公共服务供给，农民工整体获得感呈上升趋势。

一是规定农民工工资不能低于当地就业人员工资的最低标准。进城农民除了一小部分人是自己做生意，如从事小商品买卖、做建筑装修、开小吃店和理发店等，更多的进城农民是在各类大小不等的企业打工，他们中有些人工资待遇很低。2003年原国家劳动和社会保障部修正了《企业最低工资规定》并发布了《最低工资规定》，要求"用人单位支付劳动者的工资不得低于当地最低工资标准"。最低工资规定有效地保障了进城农民的打工收入，只要他们有工作做，有稳定收入，就能在城镇长期生存下去。

二是要求用工单位为农民工提供"五险一金"。多数进城农民在城镇非正规单位就业，几乎没有养老、医疗、失业、工伤等保险，但随着《劳动法》等法律法规实施落实，农民工享有养老保险、医疗保险、失业保险、工伤保险、生育保险和住房公积金的人数不断增多。2015年底，农民工参加职工基本养老、医疗、工伤和失业保险人数分别达到5585万人、5166万人、7489 万人和 4219 万人。①

三是着力解决拖欠农民工工资问题。为解决农民工工资拖欠问题，国家和地方政府出台了一系列政策措施，治理农民工工资拖欠工作也取得了一定成效。2016 年 1 月，为了全面治理拖欠农民工工资问题，国务院办公厅印发了《关于全面治理拖欠农民工工资问题的意见》，提出明确工资支付各方主体责任、严格规范劳动用工管理、推行银行代发工资，以及健全工资支付监控和保障制度等意见，并且强调，到 2020 年根本遏制拖欠农民工工资问题，实现基本无拖欠。

四是加强对进城农民技能培训和就业指导。近年来，中央和地方政府都将农民工技能培训和就业指导列入政府工作计划和发展规划中，如《国家新型城镇化规划（2013 ~ 2020 年）》《国务院关于加强职业培训促进就业的意见》《农民工职业技能提升计划——"春潮行动"实施方案》等对农民工技能提升提出要求——每年培训农民工 2000 万人次，其中农民工就业技能培训和岗位技能提升培训各 1000 万人次，到 2020 年，新生代农民工都能得到一次由政府补贴的就业技能培训，人均补贴 800 块钱，基本消除新成长劳动力无技能上岗的现象。并且各级政府加大就业信息服务平台建设，为农民工免费提供便捷的就业信息和政策咨询服务。

五是切实提高进城农民收入水平。新常态下经济增速放缓、产业结构升级对进城农民就业和技能提升提出了新挑战，各地大力发展第三产业，积极扶持中小企业和劳动密集型企业，扩大农民工就业容量，并且落实减税降费政策，降低参保费标准，让利给广大农民工。尽管 2014 年后农民工工资增长放缓，不再是两位数上涨，② 但国家保证农民工收入稳步增长，增幅仍跑赢了 GDP。

六是落实和完善农民工随迁子女在当地就学和升学考试政策。随着进城农民在城镇有稳定生活，越来越多的农民工子女跟随打工父母进城读书，城镇政府逐步为他们提供平等的教育机会。各地政府根据《国家新型城镇化规划（2014 ~ 2020 年）》和《国务院关于进一步做好为农民工服务工作的意

---

① 白天亮：《农民工有了更多"获得感"》，《人民日报》（海外版）2016 年 2 月 1 日，第 4 版。

② 2013 年增长了 13.9%，2014 年增长了 9.8%，2015 年增长了 7.2%。

见》等文件要求,采取以流入地政府为主和以公办学校为主办法,将常住人口纳入区域教育发展规划,将随迁子女教育纳入财政保障范围。当前,农民工随迁子女在公办学校就学比例保持在80%以上,各地政府购买的民办学校学位不断增加,自2014年后,每年都在100万个以上。并且,政府还规定:符合在城镇公办学校就读的农民工随迁子女,免除学杂费,不收借读费;推动流入地政府出资购买民办学校学位,在接受政府委托、承担义务教育办学任务的民办学校就读的农民工随迁子女,政府拨付相应教育经费;同等对待学生,将随迁子女与城镇学生混合编班;提高不同规模城市教育承载能力,加快小区配套学校建设,满足随迁子女入学需求;建立健全随迁子女成长档案,为随迁子女义务教育后学习、就业等提供基础性保障;明确随迁子女招生计划、手续、时间等,简化就读手续,规范入学程序,符合条件的随迁子女在当地参加高考。

七是不断改善进城农民居住条件。进城农民的居住问题是他们能否实现市民化的最大门槛。近年来,全国大部分城市把符合条件的、有稳定就业的农民工纳入当地住房保障范围,要求:住房建设的规划体现农民工的住房需求,多渠道为农民工提供住房房源;城市的棚户区改造以及城中村的改造兼顾解决农民工的居住问题,政府或者大型用工企业通过建设公租房解决农民工的住房问题;在人员相对不是很集中的城市区域,通过长期租赁或购买住房作为公租房房源,用于安排进城农民工的住房问题;政府拿出一部分廉租房给有稳定的就业且有一定的年限的农民工,尤其是通过廉租房和公租房的并轨运行,扩大部分农民工租住公租房的房源;[①]针对不符合以上住房保障条件的农民工,用工企业为进城农民工提供卫生、文明的居住环境,或者提供一定的住房补贴。

总的来说,进城农民通过“自力”和“外力”提升了获得感,越来越多的进城农民对居住、工作的城镇有了一定的认同感、归属感。尽管农民进城打工给家庭带来不少问题,如家人城乡分居以及留守老人、留守妇女、留守儿童等一系列问题,但进城打工增加了家庭收入,为家庭成员进一步城镇

---

① 例如,四川省从2013年开展“进城农民工住房保障专项行动”,从城市的公租房当中拿出30%的房源,用于解决农民工住房问题,房租比市场租金低50%。

化打下了经济基础。更重要的是，随着城镇公共服务向进城农民覆盖，广大进城农民正在将获得感转化为城镇化行动，如，越来越多的打工者将子女带到城镇，他们的孩子能与城镇孩子一起共享高水平教育；农村留守妇女跟随丈夫进城打工、做生意逐渐增多，家庭城镇化有了更坚实的基础；越来越多的农民选择在家乡城镇甚至在中小城市买房，拥有城镇住房的农民将成为名副其实的城镇居民。

三　农村给力：提高进城农民的财产权益

农民是理性经济人，希望获得最大化利益，但他们首先是生存理性人，主要经济活动都以"安全第一"为准则。[1] 安全感是获得感的重要内容，农民拥有了安全感，就可以没有忧虑、没有牵挂地参与人的城镇化建设，坚定地向城镇转移、向市民转身。20世纪80年代国家允许农民进城打工时，农户对打工的不确定性有顾虑，只安排家庭多余劳动力，主要是刚从中学毕业或毕业不久的年轻人到外面闯荡，而家庭主要劳动力仍旧在农村从事农业生产。20世纪90年代，外出打工处于稳定状态，并且打工收入大大高于农业劳动收入，更多农户才逐渐安排家庭主要劳动力外出打工。于是，中国农村出现了主要劳动力（一般为男劳动力）外出打工，而将农活丢给妇女和老人的劳动力分工结构。一方面，主要劳动力外出打工，挣钱多，成为家庭主要收入来源；另一方面，绝大多数农户不敢放弃农业。尽管承包地的生产收入在家庭收入中占比不断降低，但农村家庭及其生产活动是进城打工者的大后方，发挥着稳定器作用。对广大农户来说，到城镇挣钱固然重要，但一定要有"安全"保障，只有将进城、打工建立在相对安全的农业劳动基础上，进城农民才能放心地在城镇打拼，遇到失业等打工风险，他们也才能毫不犹豫地全身而退。

建立在这份安全感上的农户劳动力分工结构在较长时间内保持着稳定，因为农户进行城乡双边经济活动既能挣钱又安全。贺雪峰认为这种"安全"可以为进城失败的农民留下"退路"。[2] 尽管如此，随着城镇化程度不断加

① 〔美〕詹姆斯·C.斯科特：《农民的道义经济学：东南亚的反叛与生存》，程立显、刘建等译，译林出版社，2001，第27页。
② 贺雪峰：《城市化的中国道路》，东方出版社，2014，第48页。

深，尤其是国家新型城镇化发展战略实施，农户的劳动力分工结构也正在加速发生变化。一是进城打工农民的工作和收入稳定，越来越多的打工者将留守在农村的妇女带到城镇打工或做生意；二是农村留守老人年龄增大，难以承担繁重的农业生产劳动；三是家庭农场、专业大户、农业生产合作社等新型经营主体的成长、壮大，使农村土地流转、农业规模化生产有了可能；四是农业供给侧结构性改革，进一步收缩小农生存空间，现代农业将成为农业发展最主要方式。因此，农户的城乡二元分工结构不可能稳定不变，它正受到新型城镇化发展的强烈冲击；与此同时，农户的传统安全感也逐渐式微，农民需要根据人的城镇化发展要求寻求新的"安全"。新的"安全感"不仅仅要求城市为进城农民提供完善的社会保障，还要求农村进行相关制度改革，进而让农民轻松、放心地进城。

综上所述，农户在城镇化发展初级阶段中安排家庭多余劳动力外出打工，到城镇化快速发展阶段后，家庭主要劳动力也参与城镇化，但普遍没有放弃家庭农业生产，即使农业生产不再是家庭主要收入来源，很多家庭也舍不得丢弃承包地，因为承包地和家庭农业仍具有为家庭成员提供安全的保障。随着城镇化进一步发展，农户能从城镇获得更多的收入，农业生产保障性、安全性逐渐减弱，农民的农业获得感越来越小。尽管国家在新农村建设中实施"工业反哺农业、城镇支持农村"，以及惠农、强农、富农一系列政策，很多农村的公共设施、生活条件得到大幅改善，广大农民也从中获取一定的获得感，但是，新农村建设不能在短期内缩小农村与城镇的巨大差距，农民进城的城镇化发展趋势没有因新农村建设而发生改变。再者，由于家庭农场等新型农业经营主体的出现，农民可以在获得承包地流转租金的前提下放下承包地包袱，全家人进城生活。如今进城农民已不太关心承包地给他们提供的粮食"安全"，更关心他们在城镇或转身为市民后还能不能享有承包地、宅基地的用益物权和农村集体收益的分配权。

不少学者没有看到这个变化，仍将解决农民向市民转身的重点放在户籍上，期望通过进一步的户籍制度改革促进农民实现市民化。然而，农民包括已经进城十几二十年的农民也对城镇户籍不感兴趣，他们宁愿在城镇徘徊，也不愿意进入社区变成正式城镇人。这里面有城镇给予他们服务不够的原因，即城镇给予他们的获得感还不足以让他们转变身份，他们在城镇还不能像原居民那样工作、生活。除此以外，他们仍挂念着农村的承包地、宅基地和集体收益的分配权。不难推测，即使进城农民已经具备了转变市民身份的条件，或已经过上与城镇居民差不多甚至比一般城镇居民还好的生活，当考虑到转身即要丢失"三权"，[①] 他们也会放弃向市民转身。

土地承包经营权、宅基地使用权和集体收益分配权掣肘人的城镇化发展。曾有一段时期，一些地方尤其是城乡一体化发展试点地区为了促进农民进城、转身，探索出"三权置换"办法，即用房产和宅基地使用权换城镇住房、用农民土地承包权换城镇养老保险、用集体收益分配权换股份收益权。由于"三权置换"涉嫌对农民不公平和对农民利益的侵害，受到学界和政界诟病，要求纠正的呼声不断。2014 年《关于进一步推进户籍制度改革的意见》和 2015 年《关于加大改革创新力度加快农业现代化建设的若干意见》都明确指出：完善农村产权制度，加快推进农村土地确权、登记、颁证，依法保障农民的土地承包经营权、宅基地使用权；现阶段，不得以退出土地承包经营权、宅基地使用权、集体收益分配权作为农民进城落户的条件。至此，维护进城落户农民的土地承包权、宅基地使用权和集体收益分配权有了制度保障，尤其是自计划经济时期起一直施行的"弃地"城镇化将成为历史，广大农民都可以"带地"向市民转身。[②]

2014 年中央一号文件提出的"鼓励流转承包土地的经营权，加快健全土地经营权流转市场"的意见和 2016 年中央一号文件提出的"落实集体所有权，稳定农户承包权，放活土地经营权"的"三权分置"办法是中央对广大农民包括进城农民释放的重大利好。这个政策不仅促进农业生产要素向新型农业经营主体集中，稳定农业经营者预期，提高他们从事农业生产经营的收益获得感，推进规模农业、现代农业发展，[③] 而且支持进城农民依法有

---

① 这里的"三权"不是承包地的所有权、承包权、经营权，而是土地承包经营权、宅基地使用权、集体收益分配权。为与承包地的所有权、承包权、经营权相区别，有学者称土地承包经营权、宅基地使用权、集体收益分配权为"大三权"。

② 李飞、杜云素：《"弃地"进城到"带地"进城：农民城镇化的思考》，《中国农村观察》2013年第 6 期。

③ 杨璐璐等：《农民土地"三权分置"催生的农民获得感》，《改革》2017 年第 1 期。

偿转让承包地，提高进城农民财产权益，对提升城镇化质量也有积极意义。① 有学者特别是法学界对"三权分置"有异议，如有些学者认为：土地承包经营权之上不能生成具有用益物权性质的土地经营权，"三权分置"不符合他物权的生成逻辑；② 将土地承包经营权拆开为土地承包权与土地经营权，"妨害了现有的土地承包经营权的制度稳定性"，甚至可能"引起农民心理不稳"。③ 但在现实中，农村土地在家庭承包制长期不变的政策管制下实行经营权流转的实践早在 20 世纪 90 年代就有了，浙江、重庆、河南、福建、山东等还出台过规范农地经营权流转的文件，④ 并取得了较好的效果。农村劳动力大量进城、不断增多的空心户，以及越来越多的农户无法从事农业生产经营活动的现实，都要求从农民承包经营权中卸载经营权，进而保证农村有人种田。这一家庭承包制改革对国家、农村集体、农业经营者、进城农民都有利，是一个真正的"多赢"政策。

需要提出的是，中央维护农民宅基地用益物权和集体收益分配权、允许进城农民在户籍转变为市民后仍拥有其财产权的政策对提升进城农民获得感也有较大意义。一些地方按照中共十八届三中全会提出的"让市场在资源配置中起决定性作用"的精神，积极探索土地市场和产权交易市场，进而让农村宅基地、集体收益的价值得到实现。如重庆市按照市场化机制盘活农村存量建设用地，让居村农民改善了生产生活条件，让农民实现了带着财产进城。⑤ 重庆市在 2008 年启动"地票"改革探索，成立农村土地交易所，将农民宅基地及附属设施用地等农村建设用地复垦为耕地，然后通过"地票"交易让全市城镇获得了大量建设用地。再如，江苏省南京、苏州等市进行了明晰农村集体产权归属、赋予农民更多财产权的改革实践，将集体资产股权量化到人、固化到户，允许股权在本村（居）继承、转让。集体资

---

① 任常青：《进城落户农民"三权"问题研究》，《中国乡村发现》2017 年第 2 期。

② 单平基：《"三权分置"理论反思与土地承包经营权困境的解决路径》，《法学》2016 年第 9 期。

③ 孙宪忠：《推进农村土地"三权分置"需要解决的法律认识问题》，《行政管理改革》2016 年第 2 期。

④ 李长健、杨莲芳：《三权分置、农地流转及其风险防范》，《西北农林科技大学学报》（社会科学版）2016 年第 4 期。

⑤ 邱玥：《"地票"：激活农村"沉睡"资产——来自重庆市涪陵区珍溪镇的调查》，《光明日报》2016 年 6 月 2 日。

产股权化改革的意义在于，它给进城农民带来了重大利好——农民可以带着能够世代享受集体资产收益的股权没有顾虑地进城落户，有利于农村人口向城镇转移。①

承包地确权与流转、宅基地的"地票"交易、集体资产的股权改制唤醒了进城农民在农村沉睡的财产，进城农民不需要担心因身份转变而丢失农村财产，可以大胆地参与人的城镇化实践活动，并逐步向市民转身。就此而论，国家针对农村承包地、宅基地及其房产和集体产权的制度改革不仅解决了农民因进城而造成的农村土地撂荒、家户空心和集体资产虚置等经济、社会问题，使"三农"问题的最终解决有了可行路径，更重要的是，它让农民有了财产获得感，可以无后顾之忧地参与到人的城镇化发展中。

四　国家给力：打通进城农民向市民转身的"最后一公里"

城镇化制度改革和政策调整有效地回应了农民城镇化的现实要求，并将城镇化工作的着力点放在解决人的城镇化上——取消农业户口与非农业户口性质区分、支持集体经营性建设用地入市，以及强调"现阶段不得以退出土地承包经营权、宅基地使用权、集体收益分配权作为农民进城落户的条件"等规定为农民进城、实现市民化提供了制度与政策保障。可以看到，进城农民在诸多"利好"环境下对城镇化参与更积极、更主动。越来越多的进城打工者将家属、小孩带到城镇打工、读书，他们愈发习惯城镇的市民生活；越来越多的农民选择在家乡城镇或打工地城镇买房，他们对城镇的生活预期明显提升；越来越多的进城农民将农村承包地流转给新型农业经营主体，一些留守老人也逐渐放弃农业生产，有的干脆跟随子女进城居住。广大农民处于进城、向市民转身的上升通道上，亟须国家再给力，彻底清除进城农民向市民转身的最后障碍，促使他们在共享城镇化发展成果的基础上实现"华丽转身"。

1. 促进城乡社会保障一体化，为进城农民提供市民保障

21世纪以来，中央大力推进农村社会保障事业发展，建立了农村新型合作医疗保障、养老保障、最低生活保障和贫困救助保障体系，各项保障水

---

① 颜芳：《让农民带股进城世代享分红》，《新华日报》2015年11月6日。

平不断提高，越来越多的农村地区社会保障与城市对接、并轨，广大农民的社会保障获得感显著提升。但由于中国农村在计划经济时期的保障提供主体是农村集体和农民本人，数量少、水平低，与城镇社会国家和政府提供的社会保障差距巨大，国家很难在短期内做到城乡社会保障"等值""一样"。再者，中国地区经济社会发展差异大，不同地域的城乡社会保障水平也有较大差异，实现不同地区城乡居民的社会保障"等值"难度更大。然而，城乡居民享有均等化社会保障是公民的基本权利，是和谐社会建设的重要内容，也是社会主义的本质要求，需要按照公平公正的原则推进城乡社会保障一体化发展。

就人的城镇化发展趋势和要求看，国家要在普遍提高农民社会保障水平的同时，重点提高进城农民的社会保障水平，让他们拥有更多的社会保障获得感。当下进城农民城镇参保率普遍低，绝大多数进城农民没有城镇职工的"五险"，有住房公积金的进城农民更少，城镇社会还没有真正将进城农民纳入城镇社会保障范围。进城农民无法在城镇报销医疗费，无法在城镇获得就业培训；年龄大的进城农民无法在城镇养老，贫困的进城农民无法在城镇获得有效救助。进城农民社会保障水平低或缺失成为制约他们实现市民化的瓶颈，人的城镇化发展要求为进城农民提供与城镇居民均等的社会保障。一要强化《劳动法》执行力，用工单位不得以任何理由推脱为农民打工者提供"五险（或四险）一金"的责任。针对企业的实际困难，政府要采用减免税费的形式，督促用人单位优先保证农民打工者的保险金缴纳；二要将在城镇有稳定住所、有稳定工作的进城农民工及其家属子女纳入城镇社会保障管理。只要进城农民居住在城镇，是城镇常住居民，城镇社会就必须为他们提供贫困救助、就业培训、子女就学等保障；三要做好医疗保障、养老保障异地转接服务。按照人的城镇化发展要求，坚决防止进城农民因为打工地改变或返乡而导致城镇社会保障权益丢失，保障进城农民享有城镇社会保障权益。

2. 正确对待"两个不公平"，赋予进城农民转让财产权

农村和城镇都有人对准许进城农民继续保有土地承包经营权、宅基地使用权和集体收益分配权有看法，留在农村的人认为，进城农民在第二、第三产业拥有稳定工作，他们的劳动收入高，享有一定的城镇居民和企业员工的福利待遇，如果继续保留进城农民的农村集体土地、集体收益权利，那是对

留守农民的不公平；城镇居民中也有人认为，进城农民在城镇获得了较高收入和一定的社会保障，部分进城打工者尤其是做生意的农民，其收入比普通城镇职工都高，如果允许他们带财产权进城，那是对城镇居民不公平。从非进城农民的角度看，进城农民利益均沾，在城乡两边都得到好处，这确实让一些非进城农民产生"不公平感"，即进城农民的获得感增多，意味着他们相对剥夺了其他社会成员的获得感，尤其对农村的"小农"和城镇收入较低、经济不富裕的居民更是如此。现实中，进城农民标签不同：在留守农村人眼里，进城农民是"伪农民"；① 在城镇原居民眼里，进城农民是"准市民"。这造成了农村与城镇都不接受进城农民，出现城镇不收留、农村回不去的尴尬，以至于进城农民市民化始终处于"化"中，不能实现有效突破。

其实，进城农民带"三权"进城给其他人造成不公平感是相对的、暂时性的。在30多年的城镇化进程中，有些农民在城镇站稳了脚跟，生意做得很成功，但客观地说，大多数进城农民月平均工资收入仅为城镇职工的一半多，他们及其家人在城镇生活比较困难。再者，留守在农村的农民不一定比进城农民差，他们在农村生活，多数生活资料来自家庭生产，并且现在留守在农村单纯从事小农家户生产的比较少，他们要么从事专业化种植、养殖，要么流转进城农户的土地，进行规模化生产，收入并不比进城农民低。因此，为消除非进城农民的相对不公平感，也为了有效促进进城农民实现市民化，国家需要在农村承包地、宅基地确权和集体收益股份化改制基础上建立农村土地等产权交易平台，让进城农民有偿转让农村权益，提高进城农民的财产获得感。转让要在确保进城农民权益不受损害的前提下进行，并且要"打破'三权'转让的边界，让市场为农民财产权保值增值提供机会"。② 新型城镇化和城乡一体化发展不仅需要拆除进城的藩篱，当下更要拆除农村的"围墙"，允许城镇资本、非农村集体人进入农村参与农业生产活动和土地、宅基地、集体股权的交易活动，避免用打破城镇桎梏来维护农村封闭。城乡生产要素、人口要素应该是互通的，农民可以自由进城，也应该允许城镇人到农村。

① 陈小方、李主其、杜富林：《农村耕地"三权分置"发展方向探究——以改革开放以来耕地权属变革为切入点》，《中国行政管理》2015年第3期。

② 任常青：《进城落户农民"三权"问题研究》，《河北学刊》2017年第1期。

3. 利用进城农民获得感优势，促进市民化共同发展

进城农民从城镇得到更多的经济收入、社会保障和公共服务，从农村获取更多的财产权益，他们的获得感有了明显提升。相应的，进城农民获得感多，就可能有条件、有信心进行市民化。

进城农民获得感是相对于他们的现在处境而言的，在大城市打工的农民获取利益多于中小城市和农村城镇，但他们生活成本高，如果要进行市民化，成本也高于中小城市和农村城镇。就此来看，无论出于控制大城市人口流入，还是防止大城市出现交通拥挤、空气污染的城市病，大城市实施积分落户办法限制人口数量有一定的合理性，在中国，人的城镇化重点应该在中小城市和农村城镇。由此，国家需要重点增强在中小城市和农村城镇打工者的获得感，鼓励、支持他们在获得感不断提升的基础上进行市民化。进城农民在大城市的获得感主要来自就业机会多、工资待遇高上，而中小城市和农村城镇也有增强农民获得感的优势，比如，中国人普遍注重住房问题，挣到了钱首先想要做的事情就是盖房子，结婚也一般要求有自己的新房子，而中小城市尤其是农村城镇房价比大城市低得多，政府可以鼓励进城农民买房提升获得感。只要农民在城镇买了房，就能在城镇定居下来，也就可能逐渐市民化为城镇居民。因此，国家要控制房价，让进城农民买得起住房，着力提高中小城市和农村城镇打工者的获得感。此外，国家还要以公共服务供给为杠杆，有目的地在中小城市尤其在中西部地区中小城市发展公共服务，形成公共服务高地，吸引进城农民向这些地区的转移并进行市民化。

4. 提升城镇社区包容性，增强进城农民的城镇认同感

中国自20世纪80年代开展社区建设以来，社区在贫困帮扶、邻里关怀、社区照顾和家庭护理等方面做了大量工作，有效地促进了和谐社会发展。然而，城镇社区一直是城镇户籍人口的社区，社区居委会和社会组织开展的服务活动、政府部门向社区居民提供的公共服务都针对社区里的城镇居民，居住在社区的进城农民不能参与社区治理活动。他们是社区治理的局外人，是社区治理的被管理者。城镇社区的进城农民主要是租房客，也有一部分是在社区里做生意的进城农民，他们几乎得不到社区服务。他们的社区获得感普遍较低，对社区缺乏认同感，没有社区归属感。

进城农民要实现市民化，除了拥有稳定且有一定经济收入的工作外，还

特别需要城镇社区接纳他们，帮助他们进行市民化，进而实现向市民转身。因此，需要提升进城农民的社区获得感。（1）不歧视进城农民，给予他们社区居民待遇。工作、居住在城镇社区的进城农民，只要他们有稳定工作或固定的住所，城镇社区就要平等、公平地对待他们。（2）社区要主动接纳进城农民，并给予他们社区服务。由于多数进城农民没有自己的住房，他们一般选择在工作单位附近宿舍或租房居住，居住所在地的社区要承担起为他们提供服务的责任。社区可以借鉴流动人口计划生育管理的经验，对社区里的进城农民提供全方位、立体式服务。（3）修改完善《中华人民共和国村民委员会组织法》和《中华人民共和国城市居委会组织法》，赋予社区常住居民参与所在地社区的民主选举、民主决策、民主管理、民主监督的权利，解决长期以来进城农民不能参与社区治理的问题。（4）为进城农民进入社区提供帮助。进城农民能不能进入社区成为社区居民，最关键的在于他们能否拥有居住权。城镇政府在进城农民住房上给予的支持非常有限，绝大多数进城农民都是在环境差、条件低的城郊农村和城镇棚户区居住。因此，政府除了要求城郊农村社区、城中村、棚户区为进城农民提供社区服务外，更重要的是将进城农民住房问题的解决纳入市政建设规划，为符合条件的进城农民提供公租房，或为他们提供住房补助，或为长期在城镇工作的进城农民提供经济适用房，进而留住并善待那些为城镇建设和服务做出贡献和牺牲的进城农民。

参考文献

中文著作

北京大学世界现代化进程研究中心主编《现代化研究》（第三辑），商务印书馆，2005。

曹锦清：《如何研究中国》，上海人民出版社，2010。

陈映芳等：《征地与郊区农村的城市化：上海市的调查》，文汇出版社，2003。

陈之迈：《中国政府》（三），商务印书馆，1946。

丁开杰、林义编《后福利国家》，上海三联书店，2004。

樊小钢、陈薇：《公共政策：统筹城乡社会保障》，经济管理出版社，2013。

费孝通、吴晗等：《皇权与绅权》，天津人民出版社，1988。

费孝通：《乡土中国　生育制度》，北京大学出版社，1998。

高化民：《农业合作社运动始末》，中国青年出版社，1999。

高王凌：《人民公社时期中国农民"反行为"调查》，中共党史出版社，2006。

顾朝林、赵民、张京祥主编《省域城镇化战略规划研究》，东南大学出版社，2012。

顾朝林：《中国城镇体系——历史、现状与展望》，商务印书馆，1996。

郭湛主编《社会公共性研究》，人民出版社，2009。

国家卫生和计划生育委员会流动人口司编《中国流动人口发展报告2013》，中国人口出版社，2013。

国务院发展研究中心课题组：《中国城镇化：前景、战略与政策》，中国发展出版社，2010。

　　贺雪峰：《城市化的中国道路》，东方出版社，2014。

　　黄坤明：《城乡一体化路径演进研究：民本自发与政府自觉》，科学出版社，2009。

　　简新华、何志扬、黄锟：《中国城镇化与特色城镇化道路》，山东人民出版社，2010。

　　金三林：《内需增长的支撑：农业转移人口消费特点及发展趋势》，中国发展出版社，2014。

　　李强等：《多元城镇化与中国发展：战略及推进模式研究》，社会科学文献出版社，2013。

　　李铁、范毅等：《我国城市流动人口和北京市人口问题研究》，中国发展出版社，2013。

　　林毅夫：《制度、技术与中国农业发展》，上海三联书店、上海人民出版社，1994。

　　刘亮程：《一个人的村庄》，春风文艺出版社，2006。

　　刘奇：《中国三农问策（卷3）——土地·农民》，安徽人民出版社，2012。

　　隆少秋编著《中国农村系统发展研究》，华南理工大学出版社，2008。

　　陆道平、钟伟军：《农村土地流转中的地方政府与农民互动机制研究》，清华大学出版社，2012。

　　陆益龙：《超越户口：解读中国户籍制度》，中国社会科学出版社，2004。

　　马铃：《贫困农户与非贫困农户农业收入差异研究》，中国农业出版社，2014。

　　潘家华、魏后凯主编《中国城市发展报告 No.6：农业转移人口的市民化》，社会科学文献出版社，2013。

　　潘泽泉：《社会、主体性与秩序：农民工研究的空间转向》，社会科学文献出版社，2007。

　　钱振明主编《城市管理学》，苏州大学出版社，2005。

　　秦晖：《问题与主义》，长春出版社，1999。

　　渠敬东：《缺席与断裂：有关失范的社会学研究》，上海人民出版社，1999。

　　人民论坛：《大理治国：国家治理体系和治理能力现代化》，中国经济出版社，2014。

　　沈开艳、权衡等：《经济发展方式比较研究——中国与印度经济发展比较》，上海社会科学院出版社，2008。

　　石洪斌：《农村公共物品供给研究》，科学出版社，2009。

　　唐宜荣：《责任与行动：中国城市反贫困责任伦理问题研究》，湖南人民出版社，2005。

　　王春萍：《可行能力视角下城市贫困与反贫困研究》，西北工业大学出版社，2008。

　　王颉、樊平、陈光金、王晓毅：《多维视角下的农民问题》，江苏人民出版社，2007。

　　王凯、陈明等：《中国城镇化的速度与质量》，中国建筑工业出版社，2013。

　　王克忠等：《论中国特色城镇化道路》，复旦大学出版社，2009。

　　魏后凯主编《走中国特色的新型城镇化道路》，社会科学文献出版社，2014。

　　吴业苗：《城乡公共服务一体化的理论与实践》，社会科学文献出版社，2013。

　　向春玲等：《城镇化热点难点前沿问题》，中共中央党校出版社，2014。

　　徐匡迪主编《中国特色新型城镇化发展战略研究》（综合卷），中国建筑工业出版社，2013。

　　阎海军：《崖边报告：乡土中国的裂变记录》，北京大学出版社，2015。

　　杨继绳：《中国当代社会阶层分析》，江西高校出版社，2013。

　　叶裕民：《中国城市之路——经济支持与制度创新》，商务印书馆，2001。

　　叶敬忠、潘璐：《别样童年——中国农村留守儿童》，社会科学文献出版社，2008。

　　张乐天：《告别理想：人民公社制度研究》，上海人民出版社，2005。

　　张英洪：《农民权利论》，中国经济出版社，2007。

　　张占斌、黄锟、李万峰等：《中国新型城镇化建设方略》，湖南人民出版社，2013。

　　中共中央书记处研究室综合组：《党的十一届三中全会以来大事记》，

红旗出版社，1987。

　　中国（海南）改革发展研究院：《聚焦中国公共服务体制》，中国经济出版社，2006。

　　中国（海南）改革发展研究院：《政府转型与社会再分配：经济社会协调发展与和谐社会构建》，中国经济出版社，2006。

　　中国（海南）改革发展研究院主编《人的城镇化：40余位经济学家把脉新型城镇化》，中国经济出版社，2013。

　　中国社会科学院等：《1949~1952中华人民共和国政府经济档案资料选编》（农业卷），社会科学文献出版社，1992。

　　祝灵君：《社会资本与政党领导：一个政党社会学研究框架的尝试》，中央编译出版社，2010。

　　朱力：《转型期中国社会问题与化解》，中国社会科学出版社，2012。

外文译著

　　〔荷〕L. 道欧、J. 鲍雅朴主编《荷兰农业的勃兴——农业发展的背景和前景》，厉为民等译，中国农业科学技术出版社，2003。

　　〔美〕爱德华·格莱泽：《城市的胜利》，刘润泉译，上海社会科学院出版社，2012。

　　〔美〕安东尼·吉登斯：《民族——国家与暴力》，生活·读书·新知三联书店，1998。

　　〔美〕安东尼·吉登斯：《社会的构成：结构化理论大纲》，李康、李猛译，生活·读书·新知三联书店，1998。

　　〔美〕曼瑟尔·奥尔森：《集体行动的逻辑》，陈郁、郭宇峰、李崇新译，格致出版社、上海三联书店，上海人民出版社，1995。

　　〔美〕保罗·诺克斯、史蒂文·平奇：《城市社会地理学导论》，柴彦威、张景秋译，商务印书馆，2005。

　　〔法〕让·鲍德里亚：《消费社会》，刘成富等译，南京大学出版社，2001。

　　〔英〕布赖恩·特纳：《公民身份与社会理论》，郭忠华等译，吉林出版集团有限责任公司，2007。

　　〔加拿大〕查尔斯·泰勒：《自我的根源：现代认同的形成》，韩震等译，译林出版社，2001。

〔英〕菲利普·鲍尔：《预知社会——群体行为的内在法则》，暴永宁译，当代中国出版社，2010。

〔德〕斐迪南·滕尼斯：《共同体与社会——纯粹社会学的基本概念》，林荣远译，商务印书馆，1999。

〔美〕弗兰克·艾利思：《农民经济学——农民家庭农业和农业发展》，胡景北译，上海人民出版社，2006。

〔美〕W. 古德：《家庭》，魏章玲译，社会科学文献出版社，1986。

〔法〕古斯塔夫·勒庞：《乌合之众：大众心理研究》，冯克利译，中央编译出版社，2004。

〔德〕哈贝马斯：《公共领域的结构转型》，曹卫东等译，学林出版社，1999。

〔美〕约翰·肯尼思·加尔布雷思：《富裕社会》，赵勇等译，江苏人民出版社，2009。

〔法〕卢梭：《社会契约论》，何兆武译，商务印书馆，1980。

〔美〕罗伯特·芮德菲尔德：《农民社会与文化：人类学对文明的一种诠释》，王莹译，中国社会科学出版社，2013。

〔美〕迈克·迪尔：《后现代都市状况》，上海教育出版社，2004。

〔法〕H. 孟德拉斯：《农民的终结》，李培林译，社会科学文献出版社，2005。

〔法〕孟德斯鸠：《论法的精神》（上册），张雁深译，商务印书馆，1987。

〔美〕R. E. 帕克等：《城市社会学》，宋俊岭等译，华夏出版社，1987。

〔英〕齐格蒙特·鲍曼：《共同体：在一个不确定的世界中寻找安全》，欧阳景根译，江苏人民出版社，2003。

〔英〕齐格蒙特·鲍曼：《流动的现代性》，欧阳景根译，三联书店，2002。

〔英〕齐格蒙特·鲍曼：《现代性与矛盾性》，邵迎生译，商务印书馆，2003。

〔美〕塞缪尔·P. 亨廷顿：《变迁社会中的政治秩序》，王冠华、刘为等译，上海人民出版社，2008。

〔美〕施坚雅：《中国农村的市场和社会结构》，史建云、徐秀丽译，中国社会科学出版社，1998。

〔英〕斯蒂芬·迈尔斯：《消费空间》，张民乐译，江苏教育出版社，2013。

〔美〕詹姆斯·C. 斯科特：《农民的道义经济学：东南亚的反叛与生存》，程立显、刘建等译，译林出版社，2001。

〔印度〕苏布拉塔·加塔克、肯·英格森特：《农业与经济发展》，吴伟东等译，华夏出版社，1987。

〔美〕西奥多·舒尔茨：《改造传统农业》，梁小民译，商务印书馆，1987。

〔英〕亚当·斯密：《国富论——国民财富的性质与起因的研究》，谢祖钧等译，中南大学出版社，2003。

〔美〕亚历山大·温特：《国际政治的社会理论》，秦亚青译，上海世纪出版集团，2000。

〔美〕约翰·罗尔斯：《正义论》，何怀宏等译，中国社会科学出版社，1988。

〔美〕詹姆斯·C. 斯科特：《农民的道义经济学：东南亚的反叛与生存》，程立显等译，译林出版社，2001。

〔美〕詹姆斯·C. 斯科特：《弱者的武器》，郑广怀、张敏、何江穗译，译林出版社，2007。

〔日〕佐佐木毅、〔韩〕金泰昌：《中间团体开创的公共性》，人民出版社，2009。

期刊论文

包亚明：《消费空间与购物的意义》，《马克思主义与现实》2008 年第 1 期。

"农民流动与乡村发展"课题组：《农民工回流与乡村发展——对山东省桓台县 10 村 737 名回乡农民工的调查》，《中国农村经济》1999 年第 10 期。

蔡昉：《人口转变、人口红利与刘易斯转折点》，《经济研究》2010 年第 4 期。

蔡禾、王进：《"农民工"永久迁移意愿研究》，《社会学研究》2007 年第 6 期。

蔡青竹：《公共性理论研究的缘起与现状：兼论马克思的公共性思想》，《学术界》2014 年第 9 期。

曹东勃：《家庭农场：一种激活本土性资源的有益尝试——基于松江楠村的调查》，《社会科学研究》2014 年第 1 期。

曾晓玲、赵菡：《消费空间的生产及其基本路径》，《现代经济探讨》2014 年第 1 期。

车海刚、张菀航：《以人为核心的城镇化应坚持二维改革路径——辜胜阻谈新型城镇化》，《中国发展观察》2014 年第 11 期。

陈定洋：《家庭农场培育问题研究——基于安徽郎溪家庭农场调研分析》，《理论与改革》2015 年第 5 期。

陈廷湘：《从"乡村建设"到"城镇化建设"——近百年中国乡村改造与建设个案的启示》，《深圳大学学报》（人文社会科学版）2015 年第 1 期。

陈小方、李主其、杜富林：《农村耕地"三权分置"发展方向探究——以改革开放以来耕地权属变革为切入点》，《中国行政管理》2015 年第 3 期。

程有国：《试论当前农民问题的实质及对策》，《农业经济问题》1994 年第 12 期。

楚德江：《城乡二元结构值得留恋吗——与贺雪峰先生商榷》，《学术界》2012 年第 9 期。

单平基：《"三权分置"理论反思与土地承包经营权困境的解决路径》，《法学》2016 年第 9 期。

邓大才：《社会化小农：动机与行为》，《华中师范大学学报》（人文社会科学版）2006 年第 3 期。

范进、赵定初：《土地城镇化与人口城镇化协调性测定及其影响因素》，《经济学家》2012 年第 5 期。

冯晓平、江立华：《阶层分化下的失地农民风险研究》，《中州学刊》2011 年第 5 期。

甘满堂：《社会学的"内卷化"理论与城市农民工问题》，《福州大学学报》（哲学社会科学版）2005 年第 1 期。

葛正鹏：《"市民"概念的重构与我国农民市民化道路研究》，《农业经济问题》2006 年第 9 期。

郭继强：《"内卷化"概念新理解》，《社会学研究》2007 年第 3 期。

郭熙保：《"三化"同步与家庭农场为主体的农业规模化经营》，《社会科学研究》2013 年第 3 期。

郭志刚：《我国人口城镇化现状的剖析——基于 2010 年人口普查数据》，《社会学研究》2014 年第 1 期。

国务院发展研究中心课题组：《农民工市民化进程的总体态势与战略取向》，《改革》2011 年第 5 期。

国务院发展研究中心农村部课题组：《从城乡二元到城乡一体——我国城乡二元体制的突出矛盾与未来走向》，《管理世界》2014 年第 9 期。

贺巧知、慈勤英：《城镇贫困：结构成因与文化发展》，《城市问题》2003 年第 3 期。

贺雪峰：《论中国式城市化与现代化道路》，《中国农村观察》2014 年第 1 期。

胡宝荣：《论户籍制度与人的城镇化》，《福建论坛·人文社会科学版》2013 年第 12 期。

黄瑜：《大资本农场不能打败家庭农场吗？——华南地区对虾养殖业的资本化过程》，《开放时代》2015 年第 5 期。

黄宗智、高原、彭玉生：《没有无产化的资本化：中国的农业发展》，《开放时代》2012 年第 3 期。

贾英健：《公共性的出场与马克思哲学创新的当代视域》，《湖南社会科学》2008 年第 4 期。

蒋和平、崔凯：《培育创业型农民带动中国农业现代化建设》，《四川大学学报》（哲学社会科学版）2012 年第 3 期。

赖扬恩：《城镇化进程中推进城乡基本公共服务均等化研究》，《福建论坛·人文社会科学版》2014 年第 6 期。

蓝庆新、郑学党、韩雨来：《我国人口城镇化质量发展的空间差异研究》，《社会科学》2013 年第 9 期。

李斌、李拓、朱业：《公共服务均等化、民生财政支出与城市化——基于中国 286 个城市面板数据的动态空间计量检验》，《中国软科学》2015 年第 6 期。

李伯华、杨振、田亚平：《农户消费空间行为对村镇空间结构影响的实证分析——以湖北省红安县二程镇为例》，《华中师范大学学报》（自然科学版）2010 年第 4 期。

李春敏：《列斐伏尔的空间生产理论探析》，《人文杂志》2011 年第 1 期。

李飞、杜云素：《"弃地"进城到"带地"进城：农民城镇化的思考》，《中国农村观察》2013 年第 6 期。

李汉宗、贺寨平：《城市贫困人口的个人特征对社会支持网的影响——以天津市为例》，《城市问题》2010 年第 6 期。

李荣彬、王国辉：《省际省内流动人口的分布、关联及影响因素》，《城市问题》2016 年第 10 期。

李勇华：《乡村治理与村民自治的双重转型》，《浙江社会科学》2015年第 12 期。

李友梅等：《当代中国社会建设的公共性困境及其超越》，《中国社会科学》2012 年第 4 期。

林聚任：《村庄合并与农村社区化发展》，《人文杂志》2012 年第 1 期。

刘金荣：《基于农民、农村发展的农民消费行为研究》，《农业经济》2012 年第 4 期。

刘丽：《新生代农民工"内卷化"现象及其城市融入问题》，《河北学刊》2012 年第 4 期。

刘奇：《城市化背景下的乡村价值该如何定位》，《中国发展观察》2012年第 9 期。

刘世定、邱泽奇：《"内卷化"概念辨析》，《社会学研究》2004 年第5 期。

刘宇翔：《欠发达地区农民合作扶贫模式研究》，《农业经济问题》2015年第 7 期。

刘振杰：《资产社会政策视域下的农村贫困治理》，《学术界》2012 年第 9 期。

芦恒、郑超月：《"流动的公共性"视角下老年流动群体的类型与精准治理——以城市"老漂族"为中心》,《江海学刊》2016 年第 2 期。

陆益龙:《户口还起作用吗——户籍制度与社会分层和流动》,《中国社会科学》2008 年第 1 期。

陆益龙:《向往城市还是留恋乡村？——农民城镇化意愿的实证研究》,《人文杂志》2014 年第 12 期。

罗菲、谢恒峰:《返乡农民工社会适应问题研究——基于湖北省的实证调查》,《学习月刊》2015 年第 14 期。

马芒、徐欣欣、林学翔:《返乡农民工再就业的影响因素分析——基于安徽省的调查》,《中国人口科学》2012 年第 2 期。

马男、魏凤:《多元支持网络对返乡农民工再就业的影响》,《中国农业大学学报》(社会科学版)2014 年第 6 期。

马侠等:《关于墨西哥、巴西、智利的城市化和人口迁移问题》,《人口与经济》1985 年第 3 期。

毛丹、王萍:《英语学术界的乡村转型研究》,《社会学研究》2014 年第 1 期。

毛丹:《赋权、互动与认同:角色视角中的城郊农民市民化问题》,《社会学研究》2009 年第 4 期。

孟莉娟:《美国、日本、韩国家庭农场发展经验与启示》,《世界农业》2015 年第 12 期。

任常青:《进城落户农民"三权"问题研究》,《中国乡村发现》2017 年第 2 期。

任远:《人的城镇化:新型城镇化的本质研究》,《复旦学报》(社会科学版)2014 年第 4 期。

盛亚飞:《家庭农场让农民成为体面的职业》,《求是》2015 年第 5 期。

宋洪远、赵海:《我国同步推进工业化、城镇化和农业现代化面临的挑战与选择》,《经济社会体制比较》2012 年第 2 期。

宋亚平:《规模经营是农业现代化的必由之路吗?》,《江汉论坛》2013 年第 4 期。

孙德超、曹志立:《促进城镇化建设的公共服务供给改革》,《社会科学》2014 年第 3 期。

孙津：《后"三农"阶段的新问题》，《中国农业大学学报》（社会科学版）2014 年第 2 期。

孙文凯、白重恩、谢沛初：《户籍制度改革对中国农村劳动力流动的影响》，《经济研究》2011 年第 1 期。

孙宪忠：《推进农村土地"三权分置"需要解决的法律认识问题》，《行政管理改革》2016 年第 2 期。

孙远太：《城市居民社会地位对其获得感的影响分析——基于 6 省市的调查》，《调研世界》2015 年第 9 期。

田先红：《返乡农民工村庄适应的代际差异——兼谈金融危机对农民工群体的影响》，《东岳论丛》2009 年第 7 期。

田毅鹏：《乡村"过疏化"背景下城乡一体化的两难》，《浙江学刊》2011 年第 5 期。

汪宇明、崔庆仙：《城乡一体化条件的体制创新、现实响应及其下一步》，《改革》2011 年第 2 期。

王常伟、顾海英：《生产主义？后生产主义？——论新中国农业政策观念的变迁与选择》，《经济体制改革》2012 年第 3 期。

王春光：《新生代农村流动人口的社会认同与城乡融合的关系》，《社会学研究》2001 年第 3 期。

王春来：《发展家庭农场的三个关键问题探讨》，《农业经济问题》2014 年第 1 期。

王国猛、黎建新、郑全全：《多元社会支持对返乡农民工再就业影响的追踪研究——基于湖南返乡农民工的调查》，《中国农村观察》2011 年第 5 期。

王国敏、罗浩轩：《中国农业劳动力从"内卷化"向"空心化"转换研究》，《探索》2012 年第 2 期。

王乐夫：《论公共管理的社会性内涵及其他》，《政治学研究》2001 年第 3 期。

王思斌：《多元嵌套结构下的情理行动——中国人社会行动模式研究》，《学海》2009 年第 1 期。

王兴周：《农民工：跨省流动与省内流动》，《中山大学学报》（社会科学版）2006 年第 5 期。

王银梅：《中国社会化小农与农村土地流转》，《农业经济问题》2010年第 5 期。

文军：《农民市民化：从农民到市民的角色转型》，《华东师范大学学报》（哲学社会科学版）2004 年第 3 期。

吴业苗：《户籍制度改革与人的城镇化问题检视》，《学术界》2016 年第 4 期。

吴业苗：《小农的终结与居村市民的建构——城乡一体化框架下农民的一般进路》，《社会科学》2011 年第 7 期。

吴重庆：《小农与扶贫问题》，《天府新论》2016 年第 4 期。

伍开群：《制度变迁：从家庭承包到家庭农场》，《当代经济研究》2014年第 1 期。

相伟：《我国人口城镇化的难点与对策》，《宏观经济研究》2011 年第 10 期。

肖斌、付小红：《关于发展家庭农场的若干思考》，《当代经济研究》2013 年第 10 期。

肖卫东、杜志雄：《家庭农场发展的荷兰样本：经营特征征与制度实践》，《中国农村经济》2015 年第 2 期。

谢勇、周润希：《农民工的返乡行为及其就业分化研究》，《农业经济问题》2017 年第 2 期。

徐勇：《"再识农户"与社会化小农的建构》，《华中师范大学学报》（人文社会科学版）2006 年第 3 期。

徐勇：《农民理性的扩张："中国奇迹"的创造主体分析——对既有理论的挑战及新的分析进路的提出》，《中国社会科学》2010 年第 1 期。

徐增阳、古琴：《农民工市民化：政府责任与公共服务创新》，《华南师范大学学报》（社会科学版）2010 年第 1 期。

许经勇：《人口城镇化是城镇化的核心》，《学习论坛》2014 年第 2 期。

计亚萍、张广济、姜安：《农民工"内卷化"行为倾向研究》，《长白学刊》2010 年第 6 期。

严海蓉、陈义媛：《中国农业资本化的特征和方向：自下而上和自上而下的资本化动力》，《开放时代》2015 年第 5 期。

杨璐璐：《农民获得感视野的"三权分置"演进》，《改革》2017 年第 1 期。

姚毓春：《人的城镇化：内在逻辑与战略选择》，《学习与探索》2014 年第 1 期。

叶鹏飞：《探索农民工城市社会融合之路——基于社会交往"内卷化"的分析》，《城市发展研究》2012 年第 1 期。

袁祖社：《"公共哲学"与当代中国的公共性社会实践》，《中国社会科学》2007 年第 3 期。

张成福：《责任政府论》，《中国人民大学学报》2002 年第 2 期。

张洞明等：《试论中国封建社会非身份性地主经济的性质》，《学术月刊》1982 年第 10 期。

张国胜：《基于社会成本考虑的农民工市民化：一个转轨中发展大国的视角与政策选择》，《中国软科学》2009 年第 4 期。

张觉力：《关于我国实现农业现代化根本出路的思考——"圈地运动"对于我国破除农业旧体制、发展现代农业的启示》，《理论探讨》2013 年第 4 期。

张金庆、冷向明：《现代公民身份与农民工有序市民化研究》，《复旦学报》（社会科学版）2015 年第 6 期。

张康之、张乾友：《民主的没落与公共性的扩散——走向合作治理的社会治理变革逻辑》，《社会科学研究》2011 年第 2 期。

张曙光：《中国城市化道路的是非功过——兼评贺雪峰的〈城市化的中国道路〉》，《学术月刊》2015 年第 7 期。

张伟进、胡春田、方振瑞：《农民工迁移、户籍制度改革与城乡居民生活差距》，《南开经济研究》2014 年第 2 期。

张秀娥、郭宇红：《农民工返乡创业的现实困境及其化解之策》，《社会科学战线》2012 年第 11 期。

张翼：《农民工"进城落户"意愿与中国近期城镇化道路的选择》，《中国人口科学》2011 年第 2 期。

张滢：《"家庭农场+合作社"的农业产业化经营新模式：制度特性、生发机制和效益分析》，《农村经济》2015 年第 6 期。

张正河：《快速城市化背景下的村庄演化方向研究》，《农业经济问题》

2010 年第 11 期。

赵庆海、费利群：《国外乡村建设实践对我国的启示》，《城市问题》2007 年第 2 期。

赵树凯：《当代中国农民身份问题的思考》，《华中师范大学学报》（人文社会科学版）2011 年第 6 期。

赵晓峰、邢成举：《农民合作社与精准扶贫协同发展机制构建：理论逻辑与实践路径》，《农业经济问题》2016 年第 4 期。

赵晓峰：《找回村庄——〈乡村江湖：两湖平原"混混"研究〉读后》，《学术界》2012 年第 6 期。

中国人口与发展研究中心课题组：《中国人口城镇化战略研究》，《人口研究》2012 年第 3 期。

周立：《中国城乡一体化与新型城镇化的未来发展》，《中国乡村发现》2014 年第 4 期。

周世军：《城乡二元体制藩篱为何难以打破——基于制度经济学的一个理论阐释》，《理论月刊》2017 年第 1 期。

周晓燕：《"如何看待社会跟风现象"调查报告》，《人民论坛》2010 年第 22 期。

周志山、冯波：《马克思社会关系理论的公共性意蕴》，《马克思主义与现实》2011 年第 4 期。

周志山：《从分离与对立到统筹与融合——马克思的城乡观及其现实意义》，《哲学研究》2007 年第 10 期。

朱红根、解春艳：《农民工返乡创业企业绩效的影响因素分析》，《中国农村经济》2012 年第 4 期。

朱虹：《消费空间的转向——基于社会理论的营销战略分析框架》，《江苏社会科学》2011 年第 4 期。

外文文献

B. Ilbery and I. Bowler, *From agriculture a productivism to Post-productivism*, Hongkong：Longman, 1998.

Cass, R., Sunstein, *Routine and Revolution*, *Critique and Construction*：A

Symposium on Roberto Unger's Politics, New York: Cambridge University Press, 1990.

Clifford Geertz, *Agricultural Involution*, Berkeley: University of California Press, 1963.

Craik, J. , "The Culture of Tourism", in C. Rojek and J. Urry (eds.), *Touring Cultures: Transformations of Travel and Theory*, London: Routledge, 1997.

Crawford, M. , "The World in a Shopping Mall", in M. Sorokin (ed.), *Variations on a Theme Park*, New York: Hill and Wang, 1992.

Foucault, Michel, "Space, Knowledge, and Power," in Paul Rabinow (ed.), *The Foucault Reader*, New York: Pantheon, 1984.

Geertz, Clifford, *Agricultural Involution: The process of Ecological Change in Indonesia*, Berkeley and Los Angeles: University of California Press, 1963.

Giddens, A. , *The Consequences of Modernity*, California: Stanford University Press, 1990.

Harvey, David, *The Urban Experience*, Baltimore, MD: Johns Hopkins University Press, 1989.

Iceland, J. , *Poverty in America: A handbook*, Berkeley: University of California Press, 2013.

Jurgen Habermas, *Between Facts and Norms*, Cambridge: Polity Press, 1996.

Lefebvre, H. , *Critique of Everyday Life: Volume I*, London: Verso, 1991.

Lefebvre, H. , *The Production of Space*, Oxford: Blackwell, 1991.

Malcolm Darling, *Rusticus Loquitur: The old light and the new in the Punjab village*, London: Oxford University Press, 1950.

Mike Savage, AlanWarde, Kevin Ward, *Urban Sociology, Capitalism and Modernity*, New York: Palgrave Macmillan, 2003.

Paul A. Jargowsky, *Poverty and Place: Ghettos, Barrios and the American City*, Russell Sage Foundation, New York, 1997.

Samuelson, Paul, A. , *Economics. Eleventh Edition*, New York : The McGraw-Hill Companies, Inc. , 1980.

Sharon Zukin, *Point of Purchase: How Shopping Changed American Culture*, London: Routledge, 2005.

Tawney, R. H., *Equality*, London: George Allen & Unwin, 1964.

Williamson, O., *Market and Hierarchies*, New York: Free Press, 1975.

Wolman, H. and Goldsmith, M., *Urban Politics and Policy: A Comparative Approach*, Oxford: Blackwell, 1992.

AldenSpeare, Jr., "A Cost-Benefit Model of Rural to Urban Migration in Taiwan," *Population Studies*, Vol. 25, No. 1, 1971.

Backes, N., "Reading the Shopping Mall City", *Journal of Popular Culture*, Vol. 31, No. 3, 1997.

Blaine E. Mercer, "Rural Migration to Urban Settings: Educational and Welfare Problems," *International Migration Digest*, Vol. 2, No. 1, 1965.

Christopher Udry, "Gender, Agricultural Production, and the Theory of the Household," *Journal of Political Economy*, Vol. 104, No. 5, 1996.

D. Massey, "Social Structure, Household Strategies, and the Cumulative Causation of Migration," *Population Index*, Vol. 56, No. 1, 1990.

G. A. Wilson and J. Rigg, "Post-productivist Agricultural Regimes and the South: Discordant Concepts", *Progress in Human Geography*, Vol. 27, No. 5, 2003.

Granovetter, Mark, "The Strength of Weak Tie", *American Journal of Sociology*, Vol. 78, No. 6, 1973.

See J. Buchanan. "A Contract Ran Paradigm for Appling Economics," *American Economics Review*, No. 5, 1975.

Wirth, L., "Urbanism as a Way of Life," *American Journal of Sociology*, Vol. 44, No. 1, 1938.

后　记

　　我在农村出生、长大，切身感受了农村与城市的差别。一辈子干农活的父母对我最大的期望是不再像他们那样辛苦、劳累，能穿上干净衣服领工资。记得中考成绩超过中专线 3 分，我毅然决然地填报了庐江师范学校。那时上师范学校要求比较多，录取前需要面试，读一段文字，考核语言表达能力。我参加面试和体检后，就憧憬着转非农业户口、"吃公家饭"。遗憾的是，等来的却是中学录取通知书。记得我那届近两百名同学中只有一人上了中专，我至今还羡慕他。中考成绩是我这辈子最好的成绩，我被录取到安徽省重点学校庐江中学。当时庐江中学每年只招生 300 名高中新生，其中 150人招城关镇的非农业户口学生，还有 150 人招乡下学校的学生。尽管我上的高中学校很好——当时安徽省只有二十几个省重点中学，但母亲得知我没有被师范学校录取时的沮丧、无奈神情我仍记忆犹新。"不种田"可能是我这代靠读书出来的农村人最大的心愿。我最初的工作单位在庐江县一所镇中学，像我这样从农村出来再到乡镇工作的大学生非常感谢党的好政策和城镇化发展。

　　我研究城镇化和市民化始自 2009 年教育部社科规划基金项目"城乡一体化进程中苏南农民市民化的实证研究"。在苏南调研中发现，农民市民化不仅仅需要城市接纳进城农民，推进城市公共服务覆盖进城农民，而且需要增强农村公共服务供给，让居村农民过上与市民一样的文明生活。我根据部分苏南居村农民生活已经接近城市的事实撰写了以居村市民为主题的论文，于 2010 年在《社会科学》上发表，在学界较早提出居村农民市民化、居村市民概念。2011 年我又撰写了"小农的终结与居村市民的建构——城乡一体化框架下农民的一般进路"一文，再投给《社会科学》，编辑薛立勇老师收到拙文 1 个月后就刊发了。这篇文章被《中国社会科学文摘》和人大报刊复印资料《社会学文摘》转载了不同部分。衷心感谢《社会科学》为我提供了表达居村农民市民化观点的机会。

可能是我在市民化研究上有"新发现"，并有几篇转载论文，教育部项目管理部门同意我在项目中期检查时结项。教育部项目提前结项增强了我研究城镇化、农民市民化的信心——打算申报城镇化方面的国家项目。2014年底，我撰写新型城镇化方面的国家社科基金项目申报书，拟在新型城镇化背景下再研究农民市民化。项目书写好后，请我的同事莫少群教授提意见。少群教授认真阅读了申报书，并提出给力的修改意见。今天来看，他将题目中"新型城镇化"改为"人的城镇化"的建议十分宝贵。因有了这个亮点，2015年我成功获得国家社科基金重点项目"公共服务均等化视阈中'人的城镇化'实践问题与体制创新研究"。如果没有少群教授的帮助，也就没有这项成果。衷心感谢莫少群教授。

还需要感谢我的老师和学生。我的博士生导师邹农俭教授是全国著名的"三农"专家，他在2005年前后就研究江苏省农民工生活状况，并形成了系列学术成果。我能从事农民工市民化研究，得益于他的悉心指导。再次感谢恩师邹农俭教授。此外，我想借此机会表达我对几位学生的真诚谢意。在课题的实地调研中，我曾带硕士研究生周敏、王林芳和本科生戎胜楠、朱雨晴到安徽庐江县调研居村农民市民化。我所教的第一届高中毕业学生胡金国、江庆华、刘军东、方岗等，他们不仅为我联系调研农场，还一直在酷暑中陪同我调研，向我介绍农村、农业和农民发生的新情况。基于这次调研材料撰写的论文"城镇化进程中居村农民转身的依托与要求"在《中国社会科学》（内部文稿）刊发，后经允许在《江苏社会科学》正式发表，被《中国社会科学文摘》转载。撰写的研究报告"发展家庭农场，促进居村农民身份转变"，获得2017年首届"费孝通田野调查优秀奖"，成果在国务院参事室内部刊物《国是咨询》上刊发。

"人的城镇化"研究课题结项及其成果得以成功申报国家哲学社会科学文库，还得到了《中国研究》、《浙江社会科学》、《湖湘论坛》、《中国农业大学学报》（社会科学版）、《人文杂志》、《江苏社会科学》、《中国社会科学》（内部文稿）、《社会主义研究》、《贵州省党校学报》、《中共浙江省委党校学报》、《社会科学战线》、《城市问题》、《河北学刊》、《农业经济问题》、《学术界》、《阅江学刊》等刊物和社会科学文献出版社的帮助。衷心感谢这些单位的大力支持，特别要感谢编辑冯小双、方心清、俞伯灵、刘姝媛、秦开凤、王永平、李海中等老师，以及社会科学文献出版社的邓泳红、陈雪等老师。本书是我和编辑老师们共同的劳动成果。

吴业苗
2021 年 1 月于南京仙林

图书在版编目（CIP）数据

人的城镇化研究 / 吴业苗著. -- 北京：社会科学
文献出版社，2021.4
　（国家哲学社会科学成果文库）
　ISBN 978 - 7 - 5201 - 8013 - 9

　Ⅰ.①人… 　Ⅱ.①吴… 　Ⅲ.①城市化 - 研究 - 中国
Ⅳ.①F299.21

　中国版本图书馆 CIP 数据核字（2021）第 032186 号

·国家哲学社会科学成果文库·

人的城镇化研究

著　　者／吴业苗

出 版 人／王利民
组稿编辑／邓泳红
责任编辑／陈　雪
文稿编辑／郭　峰

出　　版／社会科学文献出版社·皮书出版分社（010）59367127
　　　　　地址：北京市北三环中路甲 29 号院华龙大厦　邮编：100029
　　　　　网址：www.ssap.com.cn
发　　行／市场营销中心（010）59367081　59367083
印　　装／北京盛通印刷股份有限公司

规　　格／开　本：787mm × 1092mm　1/16
　　　　　印　张：21　字　数：340 千字
版　　次／2021 年 4 月第 1 版　2021 年 4 月第 1 次印刷
书　　号／ISBN 978 - 7 - 5201 - 8013 - 9
定　　价／128.00 元

本书如有印装质量问题，请与读者服务中心（010 - 59367028）联系